Euripides: Herakles

VOLUME 1

EDITED BY ULRICH
VON WILAMOWITZ-MOELLENDORFF

CAMBRIDGE
UNIVERSITY PRESS

CAMBRIDGE UNIVERSITY PRESS

Cambridge, New York, Melbourne, Madrid, Cape Town, Singapore,
São Paolo, Delhi, Dubai, Tokyo

Published in the United States of America by Cambridge University Press, New York

www.cambridge.org
Information on this title: www.cambridge.org/9781108013031

© in this compilation Cambridge University Press 2010

This edition first published 1895
This digitally printed version 2010

ISBN 978-1-108-01303-1 Paperback

EURIPIDES HERAKLES

ERKLÄRT

VON

ULRICH VON WILAMOWITZ-MOELLENDORFF

ZWEITE BEARBEITUNG

ERSTER BAND

BERLIN

WEIDMANNSCHE BUCHHANDLUNG

1895

A L M A E · M A T R I

P O R T A E

V · S · L · M ·

9 ix 1867 ΟΥΠΑΥΣΟΜΑΙΤΑΣΧΑΡΙΤΑΣ 21 v 1889

ΜΟΥΣΑΙΣΣΥΓΚΑΤΑΜΕΙΓΝΥΣΑΔΙΣΤΑΝΣΥΖΥΓΙΑΝ

ΕΤΙΤΟΙΓΕΡΩΝΑΟΙΔΟΣΚΕΛΑΔΕΙΜΝΑΜΟΣΥΝΑΝ

22 xii 1894

VORWORT

"Als ich vor 22 jahren das kleine katheder des betsaales bestieg, um
abschied von der Pforte zu nehmen, überreichte ich ihr nach alter guter
sitte eine valedictionsarbeit, die das motto trug, das ich heute wiederhole.
es war und ist ein gelübde für's leben: den Musen und auch der alten
schule werde ich die treue halten. die abhandlung selbst gieng die
griechische tragödie an und war natürlich ein geschreibsel, ganz so grün
wie ihr verfasser. der würde tief unglücklich geworden sein, hätte er
geahnt, wie bald er so urteilen würde; aber im stillen herzen gelobte
er sich doch, wenn er ein mann würde, der Pforte ein buch zu widmen,
das denselben gegenstand wissenschaftlich behandelte. dies gelöbnis würde
er nie ausgesprochen haben, wenn er es nicht zugleich erfüllte. er tut
es heut, indem er das drama, aus dem er damals das motto nahm, erläutert und ein buch veröffentlicht, das vor allem so grünen aber von
den Musen begeisterten jünglingen, wie er damals einer war, das verständnis der tragödie erschließen soll".

So weit mußte ich das vorwort der ersten auflage wiederholen, weil
es auch für diese geltung hat; die übrigen dort folgenden geständnisse
gehören der vergangenheit an. da mein buch vergriffen war und un-
veränderten abdruck nicht vertrug, habe ich die last der neubearbeitung
auf mich genommen, sobald gesundheit und andere verpflichtungen es
mir gestatteten. dabei mußte ich versuchen, den fehler einigermaßen zu
verbessern, den ich das erste mal gemacht hatte. von dem ersten bande,
den ich als "einleitung in die attische tragödie" verselbständigt hatte,
gehörten zwar die beiden letzten abschnitte, da sie Herakles behandeln,
zu der ausgabe dieses dramas; aber die litterarhistorischen, theoretischen
und kritischen ausführungen waren für diesen zweck zu viel und für
eine einleitung in die attische tragödie zu wenig. so habe ich mich denn
zu einem schnitte entschlossen, gebe jetzt das drama mit commentar und
den beiden capiteln über Herakles als einleitung und verspreche, so weit
ein sterblicher versprechen kann, mit der zeit ein wirkliches buch über

das attische drama. jetzt kann ich das noch nicht schreiben, weil ich meinen früheren ausführungen noch nicht mit genügender freiheit und überlegenheit gegenüberstehe.

Der text erscheint ohne zweifel jetzt in verbesserter gestalt, denn gar nicht selten ist die überlieferung hergestellt und gerechtfertigt. dabei hat mich nichts so gefördert wie die kritik J. Vahlens (index lectionum von Berlin, sommer 1893); aber auch die besprechungen meines buches durch H. Weil (Journal des savans 1890) und A. Nauck (Deutsche Litt. zeitung 1890) haben mich durch positive belehrung zu danke verpflichtet. daſs ich Naucks neue vermutungen in die groſse masse der schlechthin nicht zu berücksichtigenden werfen muſste, liegt in unserer grundsätzlich verschiedenen schätzung der überlieferung und der statistik[1]). zum texte und zum commentar hat mir E. Bruhn freundlich sehr nützliche weisungen mitgeteilt.

Eine übersetzung beizufügen hatte ich schon 1889 lust; jetzt hat mir den entscheidenden anstoſs eine anregung aus England gegeben. daſs gerade ausländer verschiedener nationen dieses bedürfnis anerkennen und meinen bestrebungen teilnahme schenken, ist mir eine groſse freude. ich hoffe, mein gedicht ist nicht zu buntscheckig geworden, obwol ich seine erste schon 1879 entstandene gestalt sehr viel häufiger umgeformt habe, als ein wirklicher dichter dürfte. daſs text und übersetzung jetzt in einem andern bande stehn als der commentar, wird hoffentlich die benutzung bequemer machen; dies ist die einzige veranlassung zur teilung des buches in zwei bände gewesen.

Den commentar habe ich nicht umschreiben wollen, so groſs der reiz war, z. b. in den metrischen partien noch weiter auszuholen. ich habe nur nachgetragen was mir die lectüre an material namentlich für die sprachgeschichte zugeführt hatte; mir erscheinen untersuchungen wie sie hier z. b. über δόξα λάτρις εὐλογία neu stehen, sehr wichtig. und

---

1) Nur ein beispiel. Nauck rügt, daſs meine anmerkung zu 220 die bemerkungen Elmsleys über den anapaest in eigennamen nicht berücksichtige. in wahrheit hatte ich sie geschrieben, um jene lehre des ausgezeichneten beobachters, der mich in die textkritik der tragiker eingeführt hat, zu berichtigen, allerdings, wie ich zu tun pflege, ohne citat. da ich nicht nur die von den modernen lediglich um ihres prinzipes willen geänderten stellen anführe, sondern auch die analogie mit andern iambischen dichtgattungen, endlich die beobachtung, daſs die angezweifelte freiheit der letzten zeit der tragödie angehört, hinzufüge, so halte ich nicht nur dafür, daſs eine feinere beobachtung den an sich berechtigten zweifel Elmsleys hebt, sondern ich glaube, daſs Elmsley selbst mir beistimmen würde. denn der scharfe kritiker war keinesweges ein fanatiker der analogie.

so ist es wol mehr als eine subjective erfahrung, was ich an dieser stelle
aussprechen will. ich habe die letzten jahre gerade die classische attische
prosa intensiv treiben müssen, habe z. b. die redner einmal in einem zuge
hinter einander durchgelesen und viele reden genau durchgearbeitet, wenn
auch nicht gerade für die textkritik. trotzdem ist der ertrag für die erklärung der tragödie verschwindend gewesen. hätte ich annährend so
viel studium z. b. auf die hippokratische sammlung oder die volkstüm-
lichere schriftstellerei der Juden und der ältesten Christen verwendet, so
wäre unvergleichlich mehr herausgekommen, wie die proben zeigen: so
streng sind die stilgrenzen im attischen, so sehr bewahrheitet sich immer
wieder, daſs das drama und die κοινή dem ionischen sehr viel von ihrem
wortschatze verdanken. nach dieser richtung vornehmlich ist der commentar erweitert; aber ich hoffe, er zeigt überhaupt, daſs ich zugelernt habe.
die zusätze zu kennzeichnen geht mir wider mein gefühl: das lenkt den
leser von der sache auf den modernen schriftsteller ab, an den er möglichst wenig denken soll.
    Die einleitungscapitel sind durchgehends verbessert, zum teil um-
geschrieben; aber ich bringe in allen hauptsachen meine alte lehre wieder
vor. zwar ist über die älteste griechische geschichte, über die ich hier
in kürze meine ansicht vortrage, seitdem sehr bedeutendes geschrieben;
auch hat mich eine griechische reise die monumente der heroenzeit richtiger beurteilen gelehrt, so daſs ich nach dieser richtung vieles zu bessern
und zu präcisiren hatte, allein meine höchst unmodernen grundanschau-
ungen haben sich nur befestigt. das ist mir nicht beängstigend, denn
unmodern sind diese auschauungen wesentlich deshalb, weil sie antik
sind. ich verkenne die berechtigung der skepsis durchaus nicht, aber sie
ist nur als ein durchgangsstadium zu dem rechtfertigenden verständnisse
der überlieferung berechtigt. auch über Herakles bringe ich mein altes
lied; wie fremd es den modernen historikern und mythologen klingen
würde, wuſste ich gut genug, als ich es zum ersten male anstimmte.
aber auch das ist ja nicht mein lied; und wenn es jetzt mit überlegenem
achselzucken abgewiesen wird, so vertraue ich, daſs die zeit gar nicht
einmal fern ist, wo man bei den Hellenen anfragen wird, um zu lernen,
was sie sich bei ihren göttern gedacht haben. ich habe ein par mal gelegenheit genommen, mich mit E. Meyer und C. Robert direct auseinander
zu setzen, mit denen ich mir doch bewuſst bin auf demselben boden der
forschung zu stehn. und nur weil ich das tue und auf verständigung
hoffe, polemisire ich gegen sie. daſs Artemis ihrem namen nach die
schlächterin ist, kann angesichts der altboeotischen gefäſse, die Wolters

schön erläutert hat, nicht wol bezweifelt werden, so daſs die mondmytho-
logie diese gottheit wol frei lassen muſs. niemand hat für die verbreitung der richtigen etymologie mehr gewirkt als Robert, und doch ist
mir die heftigkeit, mit der er sie mir zuerst abwies, noch sehr deutlich
in der erinnerung. warum sollte ich nicht glauben, daſs die zeit uns
auch über Herakles oder Apollon, den ich so wenig für einen hürden-
gott wie für einen sonnengott halte, zur übereinstimmung bringen könnte?
ich meine des gottes hauch in Delphi und Delos und auf der höhe des
Ptoions gespürt zu haben.

Aber die vergleichende mythologie habe ich vielleicht allzukurzer
hand abgelehnt; wenigstens möchte ich hier noch ein wort sagen, sub-
jectiv bestimmt durch den starken eindruck, den ich eben von Oldenbergs Religion' des Veda empfangen habe. auch hier sehe ich meine
ansichten mit souveräner verachtung gestraft, auch hier habe ich dagegen
die empfindung, daſs wir eigentlich einer meinung sein sollten, und nur
deshalb polemisire ich gegen ihn. Oldenbergs Veda ist mir deshalb für
mein arbeitsgebiet eben so förderlich wie sein Buddha, den ich allerdings
noch mehr bewundere, weil er den vedischen glauben ganz rein darstellt,
ohne fremdes hinein zu ziehen; nur auf ältere sagenformen macht er
rückschlüsse aus vermeintlich verwandten überlieferungen. aber die
Hellenen miſst er mit anderem maſse; da werden die theoreme der
physikalischen mythologie ohne weiteres angenommen, und über Herakles gilt als feststehende tatsache was mir selbst zur bestreitung zu
windig war, und da geht Oldenberg selbst zu eigener vermutung vor.
damit betritt er das hellenische gebiet: ich werde seine grenzen verteidigen.

Er handelt s. 144 ffg. von der bezwingung der Panis und gewinnung
der kühe. Indra (nach Oldenbergs ansicht ursprünglich Trita Aptya,
so daſs also streng genommen der gewittergott gar nicht mit Herakles
verglichen werden darf) bekämpft den dreiköpfigen schlangenleibigen
Viṣvarūpa, schlägt ihm die köpfe ab und läſst die kühe heraus. die
parallelgeschichte, in der die räuber eine mehrzahl sind, die geizigen
Panis, die den frommen Brahmanen die kühe vorenthalten, wird als in-
dische umbildung abgesondert. die erste geschichte kehrt im Avesta
wieder, aber in abweichender form, ohne kühe. da sagt Oldenberg, daſs
der mythus der classischen völker die ursprünglichkeit der vedischen
sage beweise. "Herakles tötet den dreiköpfigen Geryoneus, Hercules den
dreiköpfigen Cacus und führt die rinderherden hinweg, welche dem ungeheuer gehören oder welche dieses dem gott geraubt und in seiner höhle

versteckt hat". eine deutung der sage steht s. 149. "ich möchte glauben,
daſs es sich um die gewinnung der morgenröten aus dem dunkeln felsen
des nachthimmels handelt. daher im griechischen mythus die roten kühe
und ihr versteck im äuſsersten westen". wenn man's so hört, möcht's
leidlich scheinen, aber es steht doch schlimm darum. sehen wir nur genauer zu. auf die farbe der kühe kommt den Hellenen gar nichts an.
folglich ist es willkür, den vereinzelten zug zur grundlage der deutung
zu nehmen, daſs sie in der apollodorischen bibliothek (2, 106) rot sind.
aber wenn auch; die bedeutung dieser farbe ist doch nicht selbstverständlich, sondern muſs ermittelt werden. dazu fällt mir gerade die analogie ein, daſs der widder der Phrixos, der meistens ein goldenes vlieſs
hat, bei Simonides (fgm. 21) purpurwolle trug, obwol derselbe dichter ihn
auch weiſs genannt hatte. die poesie sucht das wunderbare zu schmücken
und leiht ihm köstliche farben; symbolik pflegt dabei wenig mitzuspielen.
aber wenn auch; die kühe heiſsen φοινικαῖ. übersetzen mag man das
mit rot, aber was für ein rot es ist, lehrt doch erst die griechische
sprachempfindung. φοῖνιξ kommt von φόνος. auf die λευκὴ γλαυκὴ
ῥοδοδάκτυλος ἠώς paſst die blutfarbe wahrhaftig nicht. die übereinstimmung der dreiköpfigen ungeheuer scheint klar. in wahrheit haben
sie eine ganz verschiedene gestalt. denn Geryones hat drei ganze leiber,
und es ist notorisch eine wertlose ausartung, wenn spätlinge ihm nur drei
köpfe geben. Cacus aber ist ein feuerspeiender riese ohne irgend welche
vervielfältigung der gliedmaſsen: wenn der hellenisirende neuerer Properz
ihm einmal drei mäuler gibt, so ist die vermischung mit Geryones offen-
kundig. eine höhle, ein versteck, ein raub der rinder durch den riesen
ist in der Cacussage vorhanden; in der Geryonessage ist es gerade umgekehrt: Herakles ist der räuber, die rinderherden (denn die stiere fehlen
mit nichten, so daſs es falsch, wenn auch für die vergleichung mit
der morgenröte erwünscht ist, βοῦς mit kühe zu übersetzen) gehören dem
riesen, und seine hirten und hunde weiden sie auf den wiesen des ῾roten
landes᾽ im westen. es sind das feststehende und bedeutsame figuren der
sage, über die man keinesweges ohne weiteres hinweggehen darf. also
kann von einer vergleichung mit dem indischen und persischen mythos
keine rede sein, in denen ja gerade die hauptsache ist, daſs etwas ge-
raubtes aufgespürt und befreit wird. es ist also nicht nötig, zu fragen,
ob denn wirklich morgenröten (die Hellenen kennen nur eine Eos)
und rinderherden, der nachthimmel und das ῾rote land᾽ sich angemessen
entsprechen, und ob es der rechte weg wäre, gen abend zu fahren um
das morgenrot zu suchen.

Aber schlechthin unzulässig ist, daſs Oldenberg überhaupt mit der Cacussage operirt. denn es ist notorisch[1]), daſs sie gar nicht italisch ist, sondern eine entlehnung, sei es der Geryonessage, mit der sie immer verknüpft wird, sei es der Alkyoneussage. in dieser raubt zwar der riese die rinder, aber er ist nicht dreiköpfig und das bezeichnende ist, daſs ihn Herakles im schlafe tötet. eine wirkliche übereinstimmung mit der indischen geschichte ist also auch hier nicht vorhanden. beide völker haben sich geschichten erzählt von göttern oder helden die mit gräſslichen riesen kämpfen, und beiden völkern sind rinderherden ein sehr begehrter besitz gewesen, ganz veritable rinder. darin sind sie sich einig, und eben diesen zug zerstört die physikalische deutung. die for- schung über den riesen Geryones hat natürlich so vorzugehen, daſs sie seine geschichte durch alle ihre varianten und localisationen verfolgt, und zunächst mit andern hellenischen geschichten vergleicht, wozu der reichste stoff vorliegt. zu welchen ziele dieser weg führt, ist unten s. 65 kurz bezeichnet.

Im eingange seines abschnittes über Indra sagt Oldenberg s. 134. "wahrscheinlich kannte schon die indogermanische zeit einen von dem himmelsgott getrennten gewittergott, einen blondbärtigen oder rotbärtigen riesen von übermenschlicher kraft, den mächtigsten esser und trinker, der den drachen mit seiner blitzwaffe tötet". worauf er zielt, hat sich schon s. 35 gezeigt, wo ʿvon der befreiung der kühe durch Indra-Herakles- Hercules aus dem gefängnis der Pani, des Geryones oder Cacus, von der genossenschaft der Dioskuren und der sonnenjungfrau[2])ʾ die rede ist.ʾ dann muſs ich freilich mit meinem Herakles einpacken. aber das ist alles nicht nur nicht ʿwahrscheinlichʾ, das ist einfach alles nicht wahr.

---

1) Wenn R. Peter (Roschers Lexicon 2270 ffg) anders urteilt, so verschlägt das nichts. er nennt auch eine vermutung glänzend, die bei Plutarch καλῆς ἀκτῆς in σκάλης κακίης ändert. daſs er manchen mitschuldigen an dem schnitzer hat, macht objectiv die sache nicht besser. auſserdem führt er selbst an, daſs bei den annalisten Gellius Cacus ein herrscher am Volturnus war, und verwirft auch die heranziehung des bekannten bronzegefässes von Capua nicht. dann ist die sache aber abgetan, denn daſs die ganze hellenische cultur von den chalkidischen küstenplätzen über Campanien durch die porta Capena, wo die ara maxima stand, ihren einzug gehalten hat, ist eine allbekannte sache.

2) Über die Dioskuren habe ich zu v. 30 gehandelt, und Oldenberg konnte das auch bei E. Meyer finden, dem es Robert mitgeteilt hat. ich habe noch in einer anmerkung zu Oldenbergs açvins stellung nehmen können. daſs übrigens Helena noch einmal jungfrau werden würde, hat sie, die vom siebten jahre nichts ge- taugt hat, sich schwerlich träumen lassen.

Hercules ist notorisch eine entlehnung der Italiker, und gesetzt, die Indogermanen hätten besagten gewittergott gehabt, so hat ihn dieses indogermanische volk in vorhistorischer zeit wieder verloren. auch was man
als italisch in Hercules von dem entlehnten griechischen heros abziehen
mag, hat mit dem gewitter u. s. w. nichts zu tun. Herakles ist kein
riese; daſs er unansehnlich von gestalt gewesen wäre, kommt dagegen
vor (vgl. unten s. 105). Herakles hat keinen roten bart; es kommt auf
seinen bart überhaupt gar nichts an; in welchem sinne er blond ist,
steht zu v. 362 erläutert. daſs er im satyrspiel und in der komödie als
fresser und säufer, auch als unmäſsig in der liebe, geschildert wird, ist
sehr richtig: aber wir können diese umbildung vor unsern augen sich
vollziehen sehen, können die geschichtlichen socialen und litterarischen
bedingungen genau verfolgen, die sie hervorriefen; es ist also ein ana-
chronismus diesen zug in das urbild zu setzen[1]). Herakles führt die
waffen, die jeweilen für einen helden passend scheinen, auf den vasen
der ritterzeit sehr oft das schwert; daſs die pfeile das älteste sind, liegt
an der cultur des volkes und der zeit, die ihm die erste bestimmte form
gab. aber wenn er auch so ausschlieſslich ein schütze wäre wie Apollon:
den blitz kann ein Hellene in seiner waffe nie empfunden haben. ich
sehe davon ab, daſs die pfeile nie blitze bedeuten. der blitz ist ausschlieſslich die waffe des Zeus; höchstens tritt er ihn einmal seiner lieb-
lingstochter ab, die auch die aegis trägt. überhaupt ist es für jeden,
der die Hellenen kennt, eine ganz unzweifelhafte tatsache, daſs es nur
einen gewittergott gibt, eben den höchsten himmelsgott und alleinigen
träger des blitzes, Zeus. die hellenische religion straft die behauptung
der vergleichenden mythologie, von der Oldenberg ausgeht, einfach lügen.
ich kann wirklich über den notorischen tatbestand kein wort weiter sagen.
der himmels- und gewittergott Zeus fehlt den Indern und Germanen;
die träger seines namens haben bei ihnen andere functionen, und seine
functionen werden von andern göttern geübt. das ist auch notorisch.

Ohne zweifel ist es unumgänglich notwendig, sich um die religionen
anderer völker umzutun, wenn man eine bestimmte religion verstehen

---

1) Her. βουφάγος, βουθοίνας existirt auch als cultname. aber wenn wir
hören, daſs sein verzehren des pflugstieres in Lindos zur motivirung der flüche erzählt wird, unter denen man ihm opfert, so verrät sich der inhalt der sage: das
stieropfer erschien als frevel, weil kein blut vergossen werden soll. Herakles spielt
eine rolle wie Thaulon in Athen. solche sagen sind aber ein ergebnis späterer
religiosität. der mehr von viehzucht und jagd als von ackerbau lebenden urzeit
war das blutvergiessen unmöglich anstöſsig.

will. es kann nicht ausbleiben, dafs man sich zunächst an die wendet,
deren sprachen für ihre verwandtschaft zeugen; auch ich habe nicht
verfehlt, z. b. bei dem Typhonkampfe und bei dem göttergarten den
blick meiner leser nach Indien und Skandinavien zu weisen. gleichwol
halte ich es für einen verhängnisvollen irrtum, dafs man dasselbe was sich
für die sprachen ergab, ohne weiteres auf den glauben übertrug. denn
der religiöse gedanke bindet sich nicht an die sprache und lange nicht
immer an die nation. die sog. 'niedere mythologie' und der 'aberglaube'
sind deshalb mit besonders gutem erfolge bearbeitet worden, weil hier
die racenmythologie gar nicht möglich war, weil das princip der analogie
anerkannt ward, das so viel fruchtbarer ist als die ableitung aus einer
präsumirten gemeinsamen quelle. ich habe aus Oldenbergs buch auch
positiv manches bei den Hellenen richtiger zu beurteilen gelernt, aber
noch viel klarer ist mir dabei geworden, dafs der hellenische cultus den
Semiten unvergleichlich näher steht als den östlichen Ariern, und selbst
in der heldensage fordern die Babylonier wahrlich eher zur vergleichung
heraus als der Veda.

Aber die hauptsache bleibt mir, dafs für die Hellenen das gleiche
recht gilt wie für die Inder, und wer ihre religion erforscht es so machen
nicht nur darf sondern soll, wie es Oldenberg mit dem Veda macht.
wir sollen zunächst einmal die vorstellungen der Hellenen erfassen wie
sie für sie und in ihnen bestanden. ob sie dabei ältere geschichten und
gestalten umgeformt haben, ist eine zweite frage, die zweite dem range
nach, insbesondere aber der abfolge nach. denn unweigerlich strauchelt
und stürzt wer den zweiten schritt vor dem ersten tut. den ersten kann
nur tun, wer mit Pindaros und mit dem mythographischen gelehrten
materiale, auch dem bildlichen, frei schalten kann, ganz wie Oldenberg
mit der indischen überlieferung. und wenn er so weit ist und er sieht
dann, dafs er zu dem ergebnisse seiner forschung im Veda oder in der
Edda keine parallele findet, ist das ergebnis darum falsch? ganz im
gegenteil. ich weifs sehr gut, dafs mein Herakles dort nicht zu finden
ist. gerade darum ist er hellenisch. die Inder haben eben keine männer,
sie kennen das evangelium der tat nicht, sie haben keine geschichte.
dafür gibt es in Hellas keinen Br̥haspati, denn dort weifs man nichts
von der gewalt des gebetes; die erhabene absurdität des Somaopfers und
der glaube, dafs opfer zauber wäre, hat auch bei ihnen keine stätte[1]);

---

[1] Genauer, es kommt dazu erst in der theologisch ausgearteten superstition der
Orphiker.

sie stimmen darin zu Hebräern und Arabern. deshalb ist ihr cultus
dennoch kein phoenikischer import[1]). es ist immerhin ein zeugnis dafür,
wie begehrenswert die homerischen götter immer noch sind, aber es liegt
doch eine arge überhebung darin, daſs jede fremde mythologie nach ihnen
ihre hände ausstreckt. so lasse man doch jedem volke seinen glauben.
es hat doch ein jedes seine götter nach seinem bilde geformt, und raum
für alle hat der himmel.

Wir wissen alle, daſs das zwischentreten eines propheten, einer
neuen offenbarung einmal die persische religion ganz und gar umge-
staltet hat. in Indien hat eine fast allmächtige priesterkaste mehr als
einmal solche umwälzungen herbeigeführt. von diesen ist der Veda zumeist
noch frei, allein den stand setzt er doch voraus, und Oldenberg selbst
zeigt, wie stark seine einwirkung sich schon im Veda fühlbar macht.
eine ganz ähnliche krisis hat auch die hellenische religion durchgemacht,
im sechsten jahrhundert, als die vielen theogonien gedichtet wurden und
die secten entstanden, die wir nach einem hauptvertreter orphisch
nennen. diese bewegung ist niemals zum stillstande gekommen; wir
können daran sehr wol ermessen, was aus der religion und der cultur
der Hellenen geworden wäre, wenn die geschichte hier einen verlauf genommen hätte wie in Baktrien und Indien. aber die Hellenen hat in
der entscheidenden stunde ihr weg zur wissenschaft, zur philosophie geführt, wie er sie eben damals zum nationalen freien staate führte. darin
liegt ihre gröſse, das erhebt sie über alle völker. aber merkwürdig genug
sind auch ihre propheten, von denen manche, wie Empedokles, mit einem
fuſse im lager der wissenschaft stehn. und deren lehre fordert allerdings die vergleichung mit der theologie anderer völker heraus. in diesen
kreisen sind deutungen wie die des Apollon auf die sonne und der Artemis auf den mond entstanden, die sich noch heute vieler gläubigen
erfreuen. denn die Stoiker haben an dieser theologie fortgebaut und in
ihren bahnen wandeln viele jetzt mächtige systematiker. ich halte Useners
mythologie durchweg für orphisch. und ich glaube nicht, daſs die theologie den schlüssel zur religion hat. auch die analogie der Vedenerklärer
und der antiken und modernen physikotheologie ist mir bei Oldenberg
sehr merkwürdig entgegengetreten. wenn ich lese, daſs die Vedadichter
den Indra die flüsse wirklich aus dem felsen holen lassen, und erst ihre

---

1) Wie denn eben wieder jemand die semitischen reunionskammern aufgetan
hat, von denen einst Gutschmid scherzte. ich vermisse in diesen etymologien nur
eine, daſs der nemeische löwe eigentlich Levi geheiſsen und natürlich den Herakles
aufgefressen hätte.

erklärer darin eine symbolik des gewitters sehen, so ist mir diese übereinstimmung mit den modernen mythologen alles andere als ein beweis
dafür, daſs sich die dichter geirrt haben, und ich könnte diesen mit
hellenischen analogien zu hilfe kommen. das ist nicht meines amtes;
wol aber muſs ich darauf hinweisen, daſs die hellenische religion der
forschung ganz unvergleichlich mehr und besseres material bietet als
irgend eine andere, schon weil sie nie in die bande einer theologie ge-
schlagen worden ist. wenn ich die neigung hätte, die indogermanische
urreligion zu suchen, so würde ich mein hauptquartier zwar bei leibe
nicht im Homer, aber ganz gewiſs in Hellas aufschlagen. aber die vergleichenden mythologen pflegen ganz wo anders zu sitzen, verlangen aber
gleichwol über die hellenischen sagen zu verfügen. es ist wie in der
sprache; da ich jung war, sollte ich auch zugeben, daſs die Hellenen
mit ihrem e und o einen abfall von dem paradiesischen dreiklang a i u
begangen hätten. nun zieht es mich sehr wenig zu jener indogermanischen urreligion; ich habe es deutlich genug gesagt, daſs ich nicht einmal an die existenz eines panhellenischen urvolkes glaube. aber davon
abgesehen, ich verlange sehr wenig danach, über die vorstufen der religion zu grübeln, die allein in wort und bild zu mir spricht. ich be-
gegne nicht gerne den lieben göttergestalten als fohlen kälbern und
vögeln, obwol ich gar nicht für ausgeschlossen halte, daſs sie womöglich
einmal als maikäferpferde oder eselheuschrecken einhergegangen sind,
oder wie man die fratzen der inselsteine nennt. meine wünsche sind viel
bescheidener. mich verlangt zu wissen, was die Hellenen, mit denen und
für die ich lebe, bei ihren göttern, die für sie gegeben waren wie die
natur die sie umgab und die sprache die sie redeten, gedacht und empfunden haben. wissen möchte ich das zunächst gar nicht aus wissen-
schaftlicher neugier, sondern um es nachzuempfinden, denn ohne ihre
religion verstehe ich die Hellenen nicht, und religion ist empfindung in
erster linie, keine belehrung. soweit sie aber belehrung ist, hat sie einen
praktischen zweck. sie sagt den menschen zwar auch, wie begreife ich
die welt um mich; aber wichtiger noch für ihn ist es, darüber aufgeklärt
zu werden, wie begreife ich die welt in mir. denn die kraft zu leben,
trotz der welt um uns und in uns glücklich zu werden, verleiht dem
menschen nun einmal einzig und allein sein glaube. und wie soll ich nun
dazu gelangen, den hellenischen glauben zu erfassen? sagen, so geradezu
sagen können mir das meine Hellenen freilich nicht, oder doch nicht die
groſse menge von ihnen, und viele generationen können es überhaupt nicht;
aber absehen kann ich's ihnen doch einigermaſsen, wenn ich sehe, wie

sie unter ihrer götter regiment leben und handeln, geniefsen und leiden, und wie sie sich zu ihren göttern stellen. einigen bevorzugten aber haben die götter das charisma ihres geistes gegeben, dafs sie sagen können was sie empfinden; anderen sind die götter erschienen und haben ihnen die gestalten offenbart, in denen sie sie bilden, wir sie schauen. das sind meine wegweiser, auch in die zeiten, die für sie bereits vergangenheit waren. ihrer weisung folgend werde ich meinen weg gehen, unbeirrt durch die Anthropologen und die Theologen von heute: denn was mir mut gibt ist nicht das selbstvertrauen auf moderne weisheit, am allerwenigsten die meine, sondern die liebevolle hingabe an den alten glauben.

Göttingen.

U. v. W.-M.

DER HERAKLES DER SAGE.

Die geschichte unseres weltteils beginnt in Hellas. sie beginnt viele jahrhunderte früher, als den Hellenen auch nur eine ahnung davon auf-steigt, dafs sie als volk in herkunft sprache glauben recht eine einheit bildeten oder je gebildet hätten; ist doch vielmehr die entwickelung aus der zersplitterung zur einheit der inhalt ihrer geschichte. aber sie beginnt doch erst in einer zeit, wo das land das jetzt wieder Hellas heifst von menschen arischen stammes besetzt war, die gespalten in eine unzahl von stämmen und ihrer verwandtschaft unbewufst gleichwol alle unter dem namen der Hellenen, der eigentlich nur einem jener kleinen stämme zukam[1]), von uns begriffen werden können und müssen[2]). was

---

1) Σελλοί sind die verehrer des Zeus und der Dione im eichenhaine von Dodona: das sind die ältesten Europaer die wir kennen; sie waschen den staub nicht von ihren füfsen und schlafen auf dem nackten waldboden, und der älteste gott Europas redet zu ihnen im rauschen der eiche, deren früchte sie nährt, und durch die stimme der wilden taube. Ἕλληνες (eigentlich Ἑλλῆνες) sitzen am unteren Spercheios, Achilleus ist ihr held: aber dafs sie dorthin gedrängt sind, ist schon eine folge der völkerwanderung. Ἕλλοπες, eine regelmäfsig gebildete nebenform, haben auch in Thessalien, auf Euboia, in Aetolien spuren hinterlassen. ψελλίζω σελλίζω ἑλλός ἕλλοψ bieten eine lautlich unanfechtbare etymologie: und es liegt nichts vor, was den namen unglaublich erscheinen liefse, den andere stämme, z. b. die einwanderer, aufgebracht haben können. aber merkwürdig ist es freilich, dafs die Hellenen selbst sich mit einem worte bezeichnet haben, das dem sinne nach sich mit βάρβαρος deckt, und mit niemiec, wie die Slaven ihre germanischen nachbarn nennen.

2) Seit dem 8. jahrhundert gilt der Hellenenname als allumfassender sowol bei den asiatischen epikern wie im Peloponnes, und von göttern führt ihn nur Zeus und vereinzelt Athena. es mag aber erlaubt sein, ihn als collectivnamen der autochthonen Hellenen im gegensatze zu den einwanderern zu verwenden. damit treten wir freilich in gegensatz zu Herodot. er hat sich (I 56—58) die sache so zurecht gelegt: Deukalion, sein sohn Hellen, sein sohn Doros lebten in Phthiotis, in Hellas (dies nimmt er aus Hesiods Katalogen): also die Dorer sind 'Hellenen'. jetzt sitzen sie im Peloponnes, dahin sind sie vom Parnass gekommen (dessen vor-dorische bevölkerung er mit dem mythischen namen Δρύοπες 'Eichenmänner' benennt,

immer auf grund von erwägungen anderer art über vorgeschichtliche urzeit vermutet werden mag: für die geschichte sind diese Hellenen autochthonen, wie sie es selbst auch nicht anders gewufst haben.

Karer.   Auf den inseln von Samothrake bis Rhodos[3]) und an der ganzen westküste Asiens bis tief in das land hinein safs ein anderer complex von stämmen, der sich nie zu einem volke condensirt hat, sondern schliefslich in die Hellenen aufgegangen ist. er mag den collectivnamen der Karer ($Ka\varDigamma\acute\varepsilon\varrho\varepsilon\varsigma$) von dem kraftvollsten stamme tragen, der sprache und sitte in seinen bergen bis über Alexanders zeit hinaus bewahrt und sein blut als einen sehr wertvollen zusatz mit dem hellenischen vermischt hat[4]), während die minder widerstandsfähigen stämme auch an mut und

---

aus den dorischen sagen), dorthin vom Pindos, wo sie mit den Makedonen noch vereint safsen: so weit reicht die geschichtliche tradition. das mittelglied, vertreibung vom Spercheios in die berge, erschliefst er, und als die vertreibenden setzt er Kadmeier an, wie er glauben mufste, probabel, da er diese für Phoenikier hielt. für die urbewohner, die also nie ausgewanderten, greift er den namen Pelasger auf, der an einer thessalischen gegend, in dem auf autochthonie pochenden Athen und in Argos, auch für die autochthonen, haftete. aufserdem nannten zu seiner zeit die Hellenen barbarische bevölkerungen so, die in etlichen winkeln des thrakischen küstenlandes und auf Lemnos safsen. da diese unverständlich redeten, nimmt er eine barbarische pelasgische sprache an, die notwendig auch vor der dorisch-hellenischen einwanderung in Griechenland geherrscht haben mufs; z. b. die Athener kann erst Ion, der enkel des Hellen, neffe des Doros, hellenisch gelehrt haben. das ganze ist eine durchsichtige combination, die aber den pelasgischen unsinn der modernen gezeugt hat, zumal der kategorische widerspruch der Athener die Pelasger statt der Dorer-Hellenen $\pi\lambda\acute\alpha\nu\eta\tau\alpha\varsigma$ $\alpha\iota\varepsilon\iota$ nannte (Strab. 221 aus Apollodor). es liegt auf der hand, dafs zwar jedes einzelne volk, das den namen führt, eine concrete realität ist, aber Pelasger nur im gegensatze zu den Hellenen heifst. allerdings mufs ursprünglich ein volk diesen namen nicht blofs in relativer bedeutung getragen haben, das noch zu suchen, und in den penesten der Pelasgiotis von E. Meyer vielleicht gefunden ist. das volk der $\Pi\acute\varepsilon\lambda o\pi\varepsilon\varsigma$, die Peloponnesier, hat Buttmann entdeckt; es dürfte, wie $\varDelta\varrho\acute\upsilon o\pi\varepsilon\varsigma$ $\H E\lambda\lambda o\pi\varepsilon\varsigma$, eine bezeichnung sein, die die einwan-derer aufbrachten. $\Pi\acute\varepsilon\lambda o\pi\varepsilon\varsigma$ sind $\pi\varepsilon\lambda\iota o\iota$: die $\pi\varepsilon\lambda\alpha\sigma\gamma o\iota$ sind ihre verwandte, denn seit $\mathring\alpha\sigma\gamma\lambda\alpha$ $\alpha\H\iota\gamma\lambda\alpha$ feststeht, ist $\pi\varepsilon\lambda\alpha\sigma\gamma o\iota$ gedeutet, $\mathring\alpha\sigma\gamma\acute o\varsigma$ $\mathring\alpha\varrho\gamma\acute o\varsigma$ d. i. 'weifs'. sie sind nicht störche, aber wie die störche sind sie 'die schwarzweifsen'; auch $A\H\iota o\lambda o\varsigma$ $\varXi o\~\upsilon\vartheta o\varsigma$ und $\varPhi o\~\iota\nu\iota\xi$ sind farbenbezeichnungen.

3) Auf den Kykladen zieht die sage des Anios, der offenbar ein Karer ist, noch Andros in ihre kreise; auch nach Thasos greift sie über, was recht wichtig ist. dagegen fehlen karische spuren auf Euboia und Keos.

4) $\Theta\alpha\lambda\~\eta\varsigma$ $\H E\xi\alpha\mu\acute\upsilon o\upsilon$ sind zwei karische namen. $\varLambda\acute\upsilon\xi\alpha\varsigma$, der vater Herodots, $\Pi\alpha\nu\acute\upsilon\alpha\sigma\sigma\iota\varsigma$, $B\varrho\acute\upsilon\alpha\xi\iota\varsigma$ sind karisch. $\varSigma\varkappa\acute\upsilon\lambda\alpha\xi$ $K\alpha\varrho\upsilon\alpha\nu\delta\varepsilon\acute\upsilon\varsigma$ war ein Karer. $M\alpha\acute\upsilon\sigma\sigma\omega\lambda\lambda o\varsigma$ $\H E\varkappa\alpha\tau\acute o\mu\nu\omega$ zeigt uns noch, wie ein vollblutkarer aussah. sein vater heifst 'sclav der Hekate', mit hellenischem namen ($\mu\nu\omega\iota\alpha = \delta\mu\omega\iota\alpha$ in Kreta), aber einer orientalischen auffassung des verhältnisses von gott zu mensch. nach derselben göttin von Lagina

sinn schwächer gewesen sind[5]). es ist an sich wahrscheinlich, daſs die
Karer einst auf die europäischen küsten übergegriffen haben, allein im
eigentlichen Hellas war der proceſs, der sich im 5. jahrhundert in Asien
vollzieht, ein jahrtausend früher bereits abgeschlossen[6]). ohne zweifel
gab es neben den Karern auch volksstämme, denen wir eine sonder-
stellung anweisen würden, wenn wir sie kennten[7]), vermutlich sind sogar
nicht-arische, doch keinesfalles semitische darunter gewesen. allein die
geschichte muſs notgedrungen von dem absehen, was abstirbt ehe sie
beginnt.

    Karer und Hellenen waren gleichermaſsen darauf angewiesen, die
civilisation von den Asiaten zu empfangen. die see befuhren beide, und
so werden sie als räuber und händler selbst an die küsten von Syrien
und Aegypten gelangt sein; ebenso werden schiffe aus jenen längst höher
civilisirten ländern zu ihnen feindlich und freundlich die fahrt gewagt
haben. daſs die Aegypter selbst nicht seefahrer waren, verschlägt wenig,

Orien-
talischer
einfluſs.

hieſs der Milesier rein hellenisch Ἑκάταιος. Ἀρτεμισία, abgekürzt Ἀρτεμίς (bei
Herodas, auf Karpathos 1078 Hiller, in Knidos 3537 Bechtel, und schon in Platons
testament Diogen. 3, 42) heiſst nach derselben göttin in anderer übersetzung.

    5) Das gilt namentlich von den Maionern und Lydern, in denen aber auch,
wie die sprache zeigt, innerasiatische elemente stecken. andere stammnamen werden
Teukrer, Gergither (in der Troas, bei Milet, auf Kypros), Igneten (auf Rhodos) sein;
die rhodische localsage enthält noch mancherlei karisches. auf Kreta zeugen für
sie ein stadtname wie Μίλατος, ein eigenname wie Θαλήτας. an andern orten haben
die hellenischen einwanderer ihre feinde mit heimischen namen genannt; daher finden
wir im inneren atramyttenischen golfe, wo die Hellenen nie festen fuſs fassen
konnten, Pelasger und Leleger, die letzteren auch an andern orten. damit ist über
die race dieser bevölkerungen gar nichts gesagt, so viel unfug auch jetzt mit dem
Lelegernamen getrieben wird. wo dieser zu hause ist, lehrt die hesiodische völkertafel.

    6) Mit einigem scheine sind für karische bevölkerung dort nur bergnamen
angeführt, allein auch dieser schein dürfte trügen. ehe man den namen Καρία für
die burg von Megara verwenden kann, muſs man wissen, ob das α lang oder kurz
ist: der Zeus Κάριος oder Καραιός in Boeotien hat schon den Herodotos getäuscht.
dagegen ist die thrakische küste wol sicher von Karern besetzt gewesen, denn
allerorten von Neapolis bis Byzantion verehrt man ihre groſse jungfräuliche göttin,
unter wechselnden namen, Παρθένος Φωσφόρος Ἑκάτη Ἠλεκτρυώνη, Ἕλλη Ἡρώ. ihre
anwesenheit auf den inseln, Ikaros Leros Patmos Delos (Ἑκάτης νῆσος), ist besonders
wichtig. die ephesische Artemis ist wol ursprünglich ein anderes wesen, innerasiatischen ursprungs.

    7) Dahin mögen die 'echten Kreter' gehören, die sich in Praisos bis in die
schreibende zeit gehalten haben, wenn sie nicht karisch waren; auch die Kaunier,
die unsere gewährsmänner von ihren umwohnern absondern. die wichtigsten sind
die Tremilen, die ich von den Troern nicht mehr zu sondern wage. sie sind in
der Troas wie in Lykien ersichtlich zuwanderer von der seeseite.

1*

da Kypros und lange zeit auch Syrien ihnen gehörte, also ihre cultur
verbreitete. dieser asiatische einfluſs ist von groſser bedeutung; dagegen
kann von einer herrschaft oder gar ansiedelung der Asiaten in Hellas
keine rede sein. auf die vermitteler kommt auch nicht sehr viel an, und
die Phoenikier, die schoſskinder des modernen philosemitismus, sind niemals mehr gewesen; selbst von der vermittelung aber fällt ihnen in diesen
ältesten zeiten sehr viel weniger zu als noch immer geglaubt wird[8]. die
nächsten dazu waren selbstverständlich die Karer, und für sie bedeutete
die dauernde berührung mit ihren innerasiatischen nachbarn notwendigerweise noch mehr als der seeverkehr. diese binnenländische cultur, die
eben in unseren tagen erst deutlicher hervorzutreten beginnt, wird die
wichtigsten aufschlüsse bringen. die phrygisch-armenischen Arier, die
Semiten Nordsyriens und die vielleicht eine eigene race bildenden ein-
wohner des Taurus (Solymer, Milyer, Lykaoner, Isaurer, Kiliker) be-
rühren und vermischen sich; was sie aber übermitteln ist babylonischer
oder doch mesopotamischer herkunft, und im grunde dasselbe ward von
Byblos und Sidon über die see geführt; von hier kam aber daneben
auch aegyptisches, und der macht des neuen Reiches entsprechend über-
wiegt das aegyptische in der entscheidenden zeit. von allem importirten
kleinkram abgesehen kam von den Aegyptern der anstoſs zu der bearbeitung von stein und erz und zu der stilisirung von haus und hausrat.

Dem übermächtigen einfluſse einer jahrtausende älteren civilisation
gaben sich die Hellenen mit kindlicher unbefangenheit hin, aber Hellenen
waren sie damals schon: sie flöſsten dem fremden das sie aufnahmen den
hauch ihres geistes ein. ihr fürstenhaus ist in der anlage das gehöft
eines bauern, und das spätere hellenische haus zeigt die grundlinien derselben anlage[9]. auf dem groſsen hofe, der eigentlich für das vieh bestimmt war[10], steht der altar des *Zεὺς ἑρκεῖος*, und in der männer-
halle, d. h. dem wohnraume nimmt *ἑστία* die mitte ein: das sind die

---

8) Die homerischen zeugnisse über sidonische händler und sidonische industrie
gelten nur für die zeit ihrer entstehung und gehören gerade sehr jungen partien
des epos an, wol um ein halbes jahrtausend jüngeren als die zeit, von der hier
die rede ist. sie entsprechen erst dem orientalischen einfluſse, den die 'proto-
korinthischen' vasen zeigen. semitische lehnwörter fehlen der alten sprache fast
ganz: denn es ist unerlaubte unwissenheit, die immer noch mit *βωμός ἑορτή ὀϑόνη*
χιτών (Studniczka beitr. z. altgr. tracht 18) operirt. *Φοῖνιξ* selbst ist ein gut
griechisches wort. die wirklichen lehnwörter *ϝοῖνος ϝρόδον σῦκον ἐλαία χρυσός*
fordern oder ertragen die vermittelung anderer sprachen.

9) Vgl. zum botenbericht.

10) Daher wälzt sich der trauernde Priamos *αὐλῆς ἐν κόπρῳ*.

malstätten der althellenischen religion, die noch mit sitte und recht zusammenfällt. der ʽgott des gehöftesʼ ist der gott des selbstherrlichen mannes, den der grund- und hausbesitz macht, und der selbst könig und priester ist. um den herd sammeln sich die hausgenossen, gäste und clienten, die in der herren hand und schutze stehn. die toten der familie finden ihre ruhe unter dem steinernen kuppelzelte, das so weiträumig ist und so stattlichen zugang hat, damit die lebenden den verkehr mit ihren vorfahren nicht vergessen: nur ein seßhaftes volk, das auf die dauer und die heiligkeit des geschlechtes das höchste gewicht legt, konnte diese gräber so anlegen. der baukunst, die aus der fremde kam, stellte der hellenische boden neue aufgaben; in dem berglande galt es hochstraßen zu schneiden und zu festigen, schluchten und runsen zu überbrücken. die wilden wasser wurden häufig von felsschlünden aufgenommen, die zwar die natur geschenkt hatte, die es aber zu reinigen und zu erweitern galt, und wenn Athamas sein gefilde durch deiche (γέφυραι) dem Kephisos abgewann, so mußte Danaos das seine (τὸ ἄργος ist ja ʽdas gefildeʼ) durch bewässerung anbaufähig machen.

So gewaltige werke sind nicht möglich gewesen ohne starke centralisation der politischen macht und das aufgebot frohndender massen. Orchomenos und Mykene müssen herrscher gehabt haben, wie sie später jahrhunderte lang nicht aufgetreten sind; aber schon die menge der burgen dieser periode, die wir kennen und die ohne zweifel noch sehr stark vermehrt werden wird, gebietet sich vor übertriebenen vorstellungen zu hüten[11]). man hört am besten auf die schilderungen des epos, die sich in überraschender weise von tag zu tage mehr bewahrheiten. Homeros und Hesiodos erzählen von der heroenzeit, da vielerorten prachtvolle burgen standen, mit mauern, die keine sterblichen arme geschichtet, voll von kleinoden, die kein irdisches feuer geschmiedet hatte; in ihnen allen saß als haupt seiner sippen und knechte ein selbstherrlicher fürst, und höchstens für eine weitaussehende unternehmung wählten sie sich einen herzog mit sehr prekärer gewalt. schon für Homeros ruht über der heroenzeit jener schimmer, der eine gestürzte welt zu umgeben pflegt. sie wissen und sagen es, daß ihre gegenwart durch eine kluft von der

11) E. Meyer hat den einfall vorgetragen, daß der völkerwanderung ein großes reich von Argos vorhergienge; indem er an Karl den großen erinnert, widerlegt er sich selbst. der hatte ja in dem römischen weltreiche ein allgemein bekanntes vorbild. so etwas gab es wol in Asien, aber nicht in dem bergländchen Hellas. gegen Theben zieht nicht Adrastos, sondern ziehen die Sieben, und Agamemnon ist den andern königen keineswegs in allen liedern übergeordnet.

heroenzeit geschieden ist. wie sollten sie darin irren? sie haben es auch nicht getan. sehen wir uns das Hellas des Hesiodos an. die stolzen burgen sind gebrochen; die athamantische flur ist versumpft; der verkehr mit den auslande hat fast ganz aufgehört. dafür sind die Karer auf den inseln und an der asiatischen küste verdrängt oder bezwungen, haben sich in neuen städten neue stämme, hat sich mit den gemeingefühle, das der gegensatz in der diaspora erzeugte, der gemeinsame Hellenenname gebildet, und der überschufs dieser hellenischen jugendkraft gewinnt sich noch beständig neue ferne gebiete[12]).

So würde uns die vergleichung der zustände das factum erschliefsen lassen, auch wenn es die frivol angezweifelte überlieferung nicht selbst darböte, dafs eine gewaltige katastrophe der 'heroischen' zeit[13]) und cultur ein ende gemacht hat. eine völkerwanderung hat stattgefunden, die fast dem ganzen alten Hellas neue bewohner oder doch neue herren gebracht hat. die alten stämme sind fast alle zerschlagen, es haben sich aber dafür in Asien die aeolische und namentlich die ionische nation gebildet, die es vermocht hat, eine cultur zu erzeugen, der sich schon vor 500 die Aeoler und Dorer Asiens willig unterordnen, und mit fug und recht sind dem ganzen oriente 'Ιάϝονες und Hellenen identisch[14]). im mutterlande

---

12) Gewifs richtig nimmt E. Meyer an, dafs die völkerwanderung nach dem osten, vielleicht auch dem westen, schon in der heroischen zeit begonnen hat und nicht erst des anstosses der einwanderer bedurfte. aber gerade wenn sie mit erfolg begonnen war, wichen die Hellenen um so leichter dem ansturme der einwanderer aus. und es war doch die not, der Lyder und Karer nicht herr werden zu können, die später die colonien Milets, die unüberwindlichkeit Lykiens, die die colonien von Rhodos erzeugt hat.

13) Wir müssen den ganz üblen namen 'mykenäische cultur' u. dgl. mit diesem alten und guten vertauschen.

14) Der volksname ist gebildet wie "Αϝϝες Χάϝες, also kein lehnwort aus dem orient, wie Müllenhoff (D. A. I 59) wollte. obgleich im mutterlande kein volk nachweisbar ist, das den namen getragen hat, kann man nicht umhin, auch in ihm einen solchen stammnamen zu sehen, der, weil die eigentlichen träger untergegangen waren, zur bezeichnung des neuen volkes gut schien. der in Athen aus Euboia zuwandernde Ion, Xuthos sohn, zeigt schon darin, dafs er niemals in der älteren namensform begegnet und den accent so trägt, dafs die contraction nicht empfunden ist, dafs er erst durch die hesiodische völkertafel entstanden ist, oder vielmehr durch die dieser zu grunde liegende in Asien entstandene völkerscheidung. das geschlecht Ἰωνίδαι (später auch gemeindename) kann schon eher auf zugewanderte Ἰάϝες zurückgehn. jedenfalls ist es älter als die identification der Ἰάϝες mit den Athenern, welche in einem sich durch vieles fremdartige selbst ausscheidenden stücke der Ilias N 685—700 auftritt: und selbst dieses hat Androtion dazu benutzt die Ἰάϝες Ἀθηναῖοι von den Ἴωϝες zu unterscheiden (schol. BT zu N 685). sucht man die

waren die verwandten der Aeoler und Ionier aufser am ostrande (Athen, Euboia, Kynuria) und im arkadischen gebirge untergegangen oder geknechtet oder mit den einwanderern zu neuen stämmen verschmolzen. diese alle waren zwar unter den gemeinsamen Hellenennamen mit getreten. die volksstammbäume trugen dem eben so wol rechnung wie die einzelner familien. aber der gegensatz, der zur zeit ihrer einwanderung jede ursprüngliche stammesverwandtschaft überwogen haben mufs, ist deshalb nicht beseitigt. denn fremden geistes sind die einwanderer alle zeit geblieben. deshalb ist die völkerwanderung für die geschichte Griechenlands so verhängnisvoll. denn der peloponnesische krieg ist der letzte act des jahrhunderte langen kampfes, der, fast immer den kämpfenden unbewufst, darum geführt ward, die Hellenen und die einwanderer zu einer nationalen einheit zu verschmelzen. als auch dieser versuch scheitert, ist ihr politischer untergang unvermeidlich.

Wir stellen uns die völkerwanderung unwillkürlich als eine schiebung von nord nach süd vor und rücken damit die örtlich gesonderten einzelnen acte in eine zeitliche reihe. damit machen wir ganz unbeweisbare voraussetzungen; aber das gesamtbild wird schwerlich dadurch unrichtig. dagegen ist es ein schwerer mangel, dafs wir die bewegung auf die Balkanhalbinsel beschränken. nach allen analogien mufs vielmehr angenommen werden, dafs die völkerbewegung in den ebenen nördlich des Balkans

---

Ἰάονες, so weist Herodot, der sie aus Achaia ableitet und die Kynurier für Ionier erklärt, auf den Peloponnes. da treffen wir in der Pisatis auf Ἰωνίδες νύμφαι (Strab. 356, Pausan. VI 22, wol aus im grunde identischer tradition, Nikander georg. bei Athen. 683ᵃ). diese sind mit ἰᾶσθαι zusammengebracht, denn eine heifst Ἴασις, und sie sind die mädchen einer heilquelle; ebenso mit ἴον (Nikander), und man denkt an Iamos; endlich auch mit Ion, der sohn des Gargettos heifst: auch der flufs, in den das quellwasser rinnt, Κύθρος oder Κυθήριος, stimmt zu einem attischen dorfnamen, Κύθηρρος. an die Ionier denkt niemand, obwol Nikander die namensform Ἰαονίδες sich erlaubt. der namensanklang ist in der tat zu vielen zufälligkeiten ausgesetzt, als dafs man auf ihn bauen könnte: die contraction sollte doch im Peloponnes Ἰανίδες ergeben. Ἰάων selbst findet sich nur einmal, als name eines arkadischen flusses (Kallim. an Zeus 22; Dionysios perieg. 416 schreibt ab), der sich nicht localisiren läfst: aber diese anknüpfung darf man wol festhalten. der Ἰόνιος πόντος kann mit Ἰάονες so wenig wie mit Ἰώ etwas zu tun haben: er führt auf Ἴονες. diese sind vielleicht nach dem vorgange Theopomps (schol. Pind. Pyth. 3, 120) in Illyrien zu suchen. übrigens heifst auch der westliche teil des Pontos Ἰόνιος (Apoll. Rhod. IV 289), was mit dem glauben an die umschiffbarkeit der Balkanhalbinsel zusammenhängt. ein thessalischer flufs Ἴων bei Strabon VII 327 darf nicht herangezogen werden, denn diese namensform trägt keine spur einer contraction an sich, und Ἰάϝων würde im thessalischen schwerlich so contrahirt worden sein.

und der Donau noch viel stärker gewesen ist und mindestens die Apennin-halbinsel ebenso heimgesucht hat, auf der sich die bevölkerung zum teil sicher in schichten zerlegt, die successive von nordosten zugewandert sind. die erschütterung hat sich vermutlich noch viel weiter hin fühlbar ge-macht, und die forschung wird, sobald sie erst mit einiger sicherheit ihren horizont erweitern kann[15]), auch die griechischen völkerzüge richtiger beurteilen, die immer das wichtigste bleiben werden. ihnen gilt die folgende überschau.

Thraker. Der erste stoſs brachte die arischen aber unhellenischen stämme in bewegung, die wir unter dem namen der Thraker ($\Theta\varrho\acute{\epsilon}\iota\varkappa\epsilon\varsigma$) begreifen. sie verdrängten die Karer von den küsten sammt den inseln davor, ver-suchten auch noch, wenn auch ohne erfolg, auf den Kykladen fuſs zu fassen[16]) und zogen mit macht nach Asien hinüber. hier haben sie neben den Karern die innerasiatische bevölkerung verdrängt oder unter-jocht, die den Armeniern nächst verwandt war, und ein thrakischer stamm, den wir als $B\varrho\acute{\upsilon}\gamma\epsilon\varsigma$ in Europa kennen, kommt nicht nur bei Kyzikos als $B\acute{\epsilon}\beta\varrho\upsilon\varkappa\epsilon\varsigma$ in voller thrakischer wildheit wieder zum vorschein, sondern hat im inneren Asien für die Hellenen seinen namen als $\Phi\varrho\acute{\upsilon}\gamma\epsilon\varsigma$[17]) an die alteinheimische bevölkerung abgegeben, in der er sich eben so verlor wie die Myser, deren namensvettern gar jenseits des Balkan wohnen, und die im Kaikostale schon zu Herodotos zeiten ihre nationalität so weit eingebüſst hatten, daſs sie für vettern der Lyder galten. im nordwesten haben sich die thrakischen einwanderer, verstärkt durch häufigen zuzug aus der heimat (der Kimmerierzug fällt als letzter schon in die geschicht-

---

15) Busolts und E. Meyers griechische geschichten haben mit glück die aegyptischen berichte über invasionen von der seeseite herangezogen. die identifi-cation der namen erscheint indessen noch verfrüht.

16) Namentlich von Naxos sind traditionen der art erhalten, die durch den dortigen Dionysoscult wichtig und glaublich werden. Thraker sind auch die Sintier von Lemnos, die man erst spät mit den sagenhaften namen Pelasger und Tyrsener nennt. Imbros hat einen karischen namen, aber der ithyphallische gott $\acute{O}\varrho\vartheta\acute{a}\nu\nu\eta\varsigma$ ist wol von dem thrakischen $\Pi\varrho\acute{\iota}\eta\pi o\varsigma$ nicht verschieden, der in Parion mit Eros, in Ainos mit Pan geglichen ward.

17) Es ist sehr wichtig, diese doppelnatur der Phryger und Myser zu er-kennen. Midas und der Silen, die rosengärten, der Dionysoscult gehören notwendig den thrakischen einwanderern an, die göttermutter den Asiaten, und wenn sie auch am Ida und Dindymon verehrt wird, so ist das ein rest der vorthrakischen zeit. daſs beide götter sich verbinden, ist ein ausdruck der mischung. die Phryger, die das drama verhöhnt und denen der spruch $\Phi\varrho\grave{\upsilon}\xi$ $\grave{a}\nu\grave{\eta}\varrho$ $\pi\lambda\eta\gamma\epsilon\grave{\iota}\varsigma$ $\grave{a}\mu\epsilon\acute{\iota}\nu\omega\nu$ gilt, sind im charakter von den Lydern nicht verschieden: die satrapie $\Phi\varrho\upsilon\gamma\acute{\iota}a$ $\grave{\epsilon}\varphi'$ $\acute{E}\lambda\lambda\eta\sigma$-$\pi\acute{o}\nu\tau\varphi$ hat eine ganz andere bevölkerung.

lich controllirbare zeit), länger rein erhalten, der hellenisirung starken widerstand geleistet, aber schließlich im gegensatze zu den schlaffen und innerlich hohlen Asianern, die auf lydisch-phrygischem boden erwuchsen, die kräftigsten hellenischen männer der römischen kaiserzeit hervorgebracht[18]).

In Europa ist die südgrenze der Thraker schwer zu bestimmen; daß schwärme von ihnen auch hier tief in das land gedrungen sind, kann man an sich schwer bestreiten, und gerade so gut wie die thrakischen Treren mit den Kimmeriern gezogen sind, mögen andere selbst mit den Boeotern gekommen sein; jedenfalls hat man dort von ihnen erzählt und die übertragung des Musencultus vom Olympos Pieriens nach dem Helikon ihnen zugeschrieben[19]). noch schwerer ist es über die ursprüngliche nationalität der vielen kaum mehr als den namen nach bekannten stämme zu urteilen, die allmählich in das volk der Makedonen aufgegangen sind[20]). dieser sicher der griechischen familie angehörige stamm saß am tiefsten in den flußtälern des Ludias Axios und Haliakmon, kam deshalb sehr früh in berührung mit den Hellenen und bewirkte die einigung seiner nation und die einverleibung der griechischen und thrakischen stämme durch die gemeinsame hellenisirung.

Auf althellenisches gebiet drang ein gewaltiger strom der einwanderer im westen, besetzte Epirus Akarnanien Aetolien und drang sogar über das ionische meer nach dem südlichen Italien. die schwierigkeit der sonderung, die im westen gegenüber den Thrakern stattfindet, ist hier gegenüber den Illyriern vorhanden, und auch illyrische spuren fehlen in Süditalien nicht[21]). hinzu kommt, daß die althellenische bevölkerung

Westliche einwanderer.

---

18) Die beiden Dion und Arrian gegenüber Aristides, Lollian, Polemon zeigen das ergebnis der verschiedenen blutmischung am deutlichsten. aber derselbe unterschied läßt sich durch alle jahrhunderte hinauf verfolgen.

19) Tereus war den Athenern ein Thraker, als er noch in Megara wohnte, und Orpheus hat ebenfalls schon für einen Thraker gelten müssen, ehe er an das Pangaion versetzt ward. Tegyrios, der Thrakerkonig, zu dem Eumolpos flieht (Apollod. bibl. 3, 202), ist offenbar eigentlich der vertreter des Apollonorakels in Tegyrion.

20) Für die einwanderung der Thraker und Makedonen sind die volkssplitter besonders bezeichnend, die hier und da am rande haften blieben und schon den gelehrten des 5. und 4. jahrhunderts unrubricirbar waren, bis wohin sich reste von ihnen erhielten. es sind 'gottlose' Thoer vom Athos, die Doloper von Eion und Skyros, deren namen im epos ein hellenischer stamm/führt, der auch im oetäischen berglande sich erhalten hat, die 'Pelasger' von Krestone, und die mit den Messapiern (auf dem wege einer kretischen wandersage) gleichgesetzten Bottiaeer.

21) Die sonderung der bevölkerungen in Apulien und Calabrien, also auch die auseinandersetzung mit den gelehrten combinationen, denen sie E. Pais in seiner *storia della Sicilia* unterzogen hat, fällt außerhalb meines urteils.

an der auswanderung nach westen auch nicht ganz unbeteiligt geblieben
sein wird: daſs sie als äuſsersten vorgeschobenen posten Ithaka schon
in heroischer zeit besetzt hatte, ist selbst den auswanderern im fernen
Asien nicht aus dem gedächtnis geschwunden. wenn wir *Χάονες* oder
Χαῦνοι um den fluſs *Χῶν* in Epirus und *Χῶνες* bei Kroton antreffen,
so ist ein stamm der einwanderer unverkennbar. wenn der stamm der
Graer am fluſse Oropos in Epirus, eben derselbe an einem gleichnamigen
fluſse gegenüber von Eretria vorhanden ist, so ist das ein althellenischer
ausgewanderter stamm: nennen aber die Italiker mit diesem namen die
Hellenen überhaupt, so wird das eine übertragung sein, die die einwanderer in Epirus vollzogen hatten und mit nach Italien brachten. wenn
in Boeotien wenig nördlich von den letzten sitzen der Graer ein *Μεσσά-
πιον* (boeotisch *Μεττάπιον*) *ὄρος* liegt, in Süditalien *Μεσσάπιοι* wohnen,
und *Μέταβον* liegt, derselbe name in wenig geänderter form auch in
Elis und Kreta vorkommt, so hat sich ein althellenischer name auf einwanderer übertragen, doch wol, weil sie sich mit jenen gemischt hatten[22]).

22) Melanippe, die dem Poseidon (von Onchestos) den vertreter des boeotischen
(onchestischen) bundes, den Boiotos, und den vertreter der asiatischen Aeoler, Aiolos,
gebiert, ist notwendigerweise am *Μεττάπιον ὄρος* und nicht bei den Messapiern zu
hause, die man um des namens willen mit jenem verband (Phot. s. v.). so war es
bei Asios: denn er lieſs Melanippe den Boiotos (wol aus furcht vor ihrem vater)
im hause des Dios gebären: das ist der sohn des Anthas, gründers von Anthadon
(Steph. Byz. s. v.), am fuſse des Messapions. ganz richtig hat mit diesem verse
und mit dem nachweise, daſs der alte name des gründers von Metapont *Μέταβος*
wäre, Antiochos die zu seiner zeit und trotz ihm auch später herrschende ansicht
widerlegt, die von Strabon mit folgenden worten zusammengefaſst wird (265) *ἐνταῦθα*
(in Metapont) *καὶ τὸν Μετάποντον μυθεύουσι καὶ τὴν Μελανίππην τὴν δεσμῶτιν
καὶ τὸν ἐξ αὐτῆς Βοιωτόν.* auf wen Strabon deutet, zeigt das beiwort Melanippes.
also hat man mit recht immer die handlung der euripideischen Melanippe nach
Metapont verlegt: die auch im einzelnen fast durchweg verkehrte behandlung der
sage durch R. Wünsch (Rh. M. 49) wird das nicht umstoſsen. aber Antiochos zeigt,
daſs Euripides nicht der vater dieser übertragung ist, und Beloch (Herm. 28, 604) hat
mit recht die attischen ansprüche auf Siris damit verbunden. weiteres bleibt zu suchen.
beiläufig, die worte, mit denen Strabon über Antiochos referirt, sind so wie sie
überliefert sind und immer wieder nachgedruckt werden, kein griechisch. es ist
auſser richtiger interpunktion eine partikel nötig: *δοκεῖ δ᾽ Ἀντίοχος τὴν πόλιν Με-
ταπόντιον εἰρῆσθαι πρότερον Μέταβον, παρωνομάσθαι δ᾽ ὕστερον, τήν τε Μελανίππην οὐ πρὸς τοῦτον ἀλλὰ πρὸς Δίον κομισθῆναι ἐλέγχειν ⟨δ᾽⟩ἡρῷον τοῦ Με-
τάβου καὶ Ἄσιον τὸν ποιητήν* u. s. w. die verpflanzung der boeotischen heroine
nach Italien braucht keinerlei boeotische einwanderung zur erklärung, falls sie nur
eine in dem genealogischen epos gefeierte figur war: die gründer von Boeotien und
Aiolis bei Euripides gehn Italien doch nichts an. die combinationen von Pais (Stor.
di Sic. I app. X) schweben also in der luft, auch abgesehen davon, daſs eins seiner

es haben sich auch die hintersassen des prächtigen städtekranzes, den später die Hellenen an der italiotischen küste gründeten, der cultur sogar leichter erschlossen als die Epiroten. unter diesen hat sich nur das heiligtum von Dodona als hellenisches zu behaupten gewußt[23]). die stolzen burgen von Kalydon und Pleuron in Aetolien sanken in trümmer, die weingärten des Oineus verödeten, und ein ungeschlachtes volk, ohne staatliche einigung, feste wohnstätten und selbst das braten des fleisches verschmähend entzog das land, dem der alte name Aetolien blieb, bis in das 4. jahrhundert völlig der gesittung. die hellenische bevölkerung floh nach dem Peloponnes und bis nach Chios; aber wie das heldenbild des Meleagros an die kämpfe, so bewahrten die flüchtigen Tydeus und Oineus die erinnerung an die flucht; ihr feind Agrios ist der eponym des stammes der Agrianer. so ist hier die überlieferung einmal ganz unzweideutig, und es kann sich so leicht niemand unterfangen, die richtigkeit der aus den sagen gezogenen schlüsse zu bestreiten. auch wie die einwanderer sich den alten namen und die alten sagen schließlich aneignen, ist unverkennbar: erst als sie sich hellenisiren, nennen sich die Aetoler mit dem alten namen, und als sie münzen, wählen sie Atalante zum münzbilde.

Auch nach dem Peloponnes hat eine welle dieser flut hinübergeschlagen. ein nicht eben zahlreicher stamm, der das gedächtnis seiner herkunft nie verloren hat, besetzte zunächst das obere Peneiostal und nannte sich nach dieser Ϝᾶλις (vallis) Ϝαλεῖοι. auch er erbte alten sagenruhm, und zwar schon früh, den der selbst verschwindenden Epeer. es ist den eindring-

---

fundamente geradezu nichtig ist. ein jugendlicher gehörnter kopf auf den münzen von Metapont (Head D. N. 63) ist wahrhaftig nicht Arne, ein ganz toller einfall, der leider auch in der neuesten auflage der Prellerschen mythologie stehen geblieben ist; da neben dem bartlosen kopfe auch bärtige vorkommen, ist er sicher männlich. ich halte für wahrscheinlich, daß er eine umbildung des älteren typus, des 'Acheloos' ist.

23) In der sage von der heimkehr des Neoptolemos und des Odysseus ist vielleicht noch ein nachhall an das alte Hellenentum von Epirus erhalten, aber da die epen verloren sind, ist die entscheidung schwer. der ruhm der Aeakiden kann von Thessalien hinübergebracht sein: um 470 heißt ein Molotterfürst Admetos nach einem altthessalischen heros. die aufnahme heroischer namen in dem makedonischen adel zu Philipps zeit ist keineswegs bloß durch genealogische verbindungen, wie bei Neoptolemos und Pyrrhos von Epeiros, eingegeben. man wählt die litterarisch berühmten Hellenennamen seit alter zeit und jetzt nur mehr, entsprechend der steigenden bekanntschaft mit der litteratur. Ἀλέξανδρος Κάσσανδρος Μενέλαος Μελέαγρος Πολυδάμας Ἀρσινόη Τήλεφος Τληπόλεμος Εὐρυδίκη sind solche namen, welche lediglich für die sucht der eltern zeugen, mit griechischer bildung zu prunken:

lingen allmählich gelungen, bis an den Alpheios, ja bis an die Neda
überzugreifen, aber stammfremd im Peloponnes sind sie immer geblieben
und erst im 5. jahrhundert zu städtischer siedelung übergegangen, auch
da noch unvollkommen.

Denn alle bisher aufgezählten völker haben niemals vermocht, die
hellenische cultur voll in sich aufzunehmen, wie ihnen denn die hellenische politie innerlich fremd geblieben ist. sie haben die hellenische
entwickelung lediglich gehemmt und sind doch selbst eben durch diese an
der entfaltung ihrer eigenen art verhindert worden. nur die Makedonen,
die eben nicht auf hellenischem untergrunde safsen, sind im 4. jahrhundert
zu positivem schaffen auch für das Hellenentum berufen worden, doch
selbst sie um den preis, auf ihr volkstum zu verzichten.

Boeoter
und
Thessaler.

Diesen stämmen, die man zu einer einheit kaum zusammenfassen
darf, stehen die gegenüber, welche sich aus der mitte der halbinsel nach
süden und osten wandten, und sie gehören, trotz allen unterschieden,
auch positiv zusammen. der vortrab waren die Boeoter, die wir zuerst
im südlichen Thessalien antreffen, offenbar schon gedrängt von ihren
brüdern, den Thessalern, welche dann dieser althellenischen, hoch-
gesegneten und hochcivilisirten landschaft den namen gaben, die civilisation aber so gut wie ganz vernichteten. sie behaupteten als ein üppiger
herrenstand nur die herrschaft sowol in den ebenen wie über das
perrhaebische und magnetische bergland, während die alten bewohner
in den bergen unvermischt und über das ganze land hin als knechte
und hörige weiter arbeiteten, die reste ihrer verkümmerten cultur und
zuletzt sogar ihre aeolische sprache den bedrückern mitteilend. reiner in
der sprache hielten sich die Boeoter in dem lande, das sie benennen,
nachdem sie es in harten kämpfen von Koroneia und Theben um sich
greifend sehr allmählich erworben haben, eine bewegung, welche bis in
das 6. jahrhundert hinabreicht und eigentlich erst in den kämpfen um
Oropos ein ende findet. aber die Boeoter sind innerlich viel tiefer
hellenisirt als die Thessaler und auch viel rascher zu der hellenischen
städtischen politie übergegangen. diese war auch diesen einwanderern
von haus aus fremd, aber über die zersplitterung, in welcher die west-

---

selbst Πτολεμαῖος kommt in der Ilias vor. es ist verkehrt, diese übereinstimmung
auf urverwandtschaft zu deuten. die politisch-militärische terminologie, wie sie
Philippos eingeführt hat, entspricht dem zeitgenössischen griechisch. ἑταῖροι macht
davon keine ausnahme: es sind die 'kameraden' des königs, benannt nach dem per-
sönlichen verhältnisse, nicht nach dem militärischen. der ausdruck gilt genau so
z. b. für die sokratische schule.

lichen völker so lange beharrten, waren sie doch schon bei der einwanderung hinaus. die Thessaler waren sicher, die Boeoter wahrscheinlich[24])
wie die Kelten in tetrarchien gegliedert, die sich im notfalle unter einem
herzog zusammenfanden. aber die hellenische civilisation safs auf der
ostküste, trotzdem die kräftigsten elemente auswanderten, zu tief, als dafs
sie die herren nicht sehr bald zu sich hinübergezogen hätte. die verhältnisse gemahnen an die besetzungen altromanischer landstriche durch
die Germanen, die auch ihr volkstum unweigerlich einbüfsen müssen. in
geistiger beziehung hat sich der gegensatz zwischen Hellenen einerseits,
Thessalern und Boeotern andererseits niemals ganz verwischt. die Aleu-
aden und Skopaden Thessaliens ziehen an ihre fürstenhöfe allerdings
auch den fahrenden hellenischen sänger und weisheitslehrer und arzt; sie
können den sold reichlich zahlen, um den das lob der litteraten jederzeit feil ist. aber das haben auch bithynische und kappadokische fürsten
vermocht; weiter hat es Thessalien nicht gebracht. Boeotien hat in Pindaros einen dichter ersten ranges erzeugt, und trotz seines stammbaums
wird er ein Boeoter sein; bitter beschwert er sich über den spott der
nachbarn über die ὗς Βοιωτία, aber wie schwer ihm die hellenische form
geworden ist, zeigt sofort die vergleichung mit dem Keer Simonides.
dagegen offenbart die boeotische malerei mit ihren lustigen caricaturen
eine dem attischen ebenso fremde wie den Italioten verwandte sinnesart.

In den bergen zwischen Thessalien und Boeotien und rings um
Parnassos und Oeta sitzen eine menge von stämmen, die zumeist althellenische namen tragen, wol sicher auf grund ihrer abstammung[25]).

---

24) Noch im peloponnesischen kriege ist die entscheidende behörde eine vereinigung von τέσσαρες βουλαί (Thuk. V 38); das nähere ist unbekannt. später hat
der bund lediglich die form einer hellenischen symmachie. es mag wol sein, dafs
namen wie Ἄονες Τέμμικες Ἐκτῆνες boeotische gaunamen sind, aber sie sind von
nachweislich vorboeotischen wie Ὕαντες Ἄβαντες nicht sicher zu sondern.

25) Die Lokrer von Opus erscheinen als ein herrenstand über geknechteter
dienender bevölkerung, die auch bei Trachis in den Kylikranen vorliegt. diese
herren waren dann wol einwanderer, wenn auch die verbindung mit Elis erst von
Pindaros (Ol. 9) gemacht ist. die Phoker sehen in Thessalern und Boeotern und
den dorischen priestern Delphis ihre gebornen feinde, ihren namen trägt eine der
ionischen städte und eine tausendschaft in Methymna, sie wohnen in kleinen orten ohne
jede centralisation: sicherlich sind sie also ein zurückgedrängter rest der alten bevölkerung. aber ihre sprache hat sich, so weit wir sie kennen, im wesentlichen
mit der der nachbarn ausgeglichen. Φῶκος der bruder von Peleus und Telamon
ist wol nicht ihr eponym, sondern eine füllfigur, nur bestimmt von den brüdern
umgebracht zu werden, damit sie in die verbannung gehen, und er heifst 'robbe',
weil ein meerweib ihn geboren hat.

aber ihre sprachen, selbst wo wir sie bis in das 6. jahrhundert hinauf
verfolgen können, wie bei den Lokrern, stehen einander sehr nahe und
dem aeolischen und ionischen und arkadischen, also den althellenischen
mundarten, sehr viel ferner als dem boeotischen und der sprache, die
nicht nur die Achaeer im Peloponnes und Italien, sondern auch die helleni-
sirten Aetoler und Epiroten reden. es hat also in diesen ganzen land-
strichen in folge der völkermischung eine ausgleichung stattgefunden,
sich ein 'nordgriechisch' gebildet, ähnlich wie später im Peloponnes eine
art dorischer κοινή. dem entspricht die ganze cultur: die amphiktionie
der Demeter von Anthela, später des delphischen Apollon hat diesem
verhältnis einen auch politisch wirksamen ausdruck gegeben.

Dorer.   Am Parnassos lagen ein par unbedeutende dörfer, deren bewohner
uns nicht verschieden von ihren nachbarn vorkommen würden; aber sie
nennen sich Dorer, und wie sie ihre selbständigkeit allein den mächtigen
verwandten im Peloponnese verdankt haben, so haben sie wesentlich dazu
beigetragen, die erinnerung lebendig zu erhalten, daſs die späteren herren
des Peloponneses einst längere zeit am Parnassos gesessen haben[26]).
auch der priesteradel von Delphi ist abgesehen von vorübergehenden
occupationen immer dorisch geblieben[27]), und so ist Apollon, der althellenische gott, als Πύθιος Πυθαεύς Καρνεῖος[28]) zu einem Dorer-
gotte geworden, was ganz ebenso einen längeren aufenthalt der Dorer
in seiner nähe beweist. das gedächtnis ist auch unverloren geblieben[29]),

----

26) Schon Tyrtaios nennt uns eins der dörfer, Erineos, und gibt die tradition
an. sie ist im altertum unangefochten geblieben und steht auſserhalb jedes ver-
nünftigen zweifels.

27) Die priester hielten es, als der homerische hymnus gedichtet ward, für
vornehmer, zugewanderte Kreter zu sein; auch mit Knidos gab es eine verbindung
(schol. Patm. Bull. Corr. Hell. I 138, Robert Nekyia Polygnots 82): Dorer wollten
sie immer sein, aber lange nicht immer folgten sie der peloponnesischen politik.
die epiphanie des gottes als delphin ist vollends undorisch.

28) Die beinamen wechseln in Kreta Argos Sparta u. s. w. die sage von Karnos,
dem eponymen der Akarnanen (τῶν ἀμφὶ Κάρνον), den ein Dorer erschlägt, hängt
mit der einwanderung vom Parnasse her zusammen, und die riten des sühnfestes
der Κάρνεια haben wol wesentlich zur erhaltung des gedächtnisses an die ferne
zeit beigetragen. auſserdem lebt die geschichte in orakeln fort, die gar nicht gering
zu schätzen sind (z. b. Oinomaos bei Euseb. pr. ev. V 21); die gegnerschaft des
gottes ist unverkennbar. über den hellenischen Apollon vgl. Arist. und Ath. II 44.

29) Auch in einer Heraklessage spiegelt sich die occupation des orakels:
Herakles raubt den dreifuſs, und der conflict der götter schlieſst mit einem compromiſs. aber nie und nimmer ist das verhältnis dieser brüder ein freundliches
geworden wie das zwischen Hermes und Apollon, die einst auch mit einander ge-

daſs Apollon eine ursprünglich feindliche und erst allmählich gewonnene
gottheit für die Dorer war. aber daſs sie sich mit sämmtlichen Hellenen
in seiner verehrung und der anerkennung des delphischen orakels zusammenfanden hat für die erweckung eines neuen panhellenischen natio-
nalitätsgefühles sehr segensreich gewirkt.

Hier also, um den Parnass und, wo die berge es gestatteten, wie
bei Kirrha und Naupaktos, angesichts der lockenden küste des Peloponneses, haben eine weile diejenigen einwanderer gesessen, die allein
geschichtlich bedeutend und schaffend geworden sind und sich schon
damals mit dem namen *Δωριεῖς* nannten, den wir nicht verstehen[30]).
schwerlich auf tradition, aber auf naheliegender richtiger erwägung beruht es, wenn wir von älteren sitzen derselben in Thessalien und am
Pindos hören. sehr gute und alte sagen bestätigen dagegen, was die
betrachtung der gegenden selbst zu lehren genügt, daſs die Dorer nicht
aus freiem willen vor dem Peloponnese halt machten, sondern an der
überschreitung des Isthmus durch die Peloponnesier verhindert wurden.
es hatte begreiflicherweise eine starke zuwanderung der aus dem norden,
namentlich aus Thessalien und dem nördlichen Boeotien, vertriebenen
Hellenen nach dem Peloponnes stattgefunden. auch hier war die cultur
früher vorwiegend auf der ostseite entwickelt gewesen; jetzt hatte sie
sich nach dem westen, namentlich südwesten, mit gröſserer stärke aus-
gedehnt. dort treffen wir selbst eine groſse zahl thessalischer ortsnamen
wieder, und religion und sage sind voll von den spuren dieser, um einen

---

stritten haben. es heiſst die dinge erst entstellen, damit man sie deute, wenn man
Her. ʽden dreifuſs’, den ʼfeuertopf’ besitzen läſst: einen ganz bestimmten, den delphischen dreifuſs hat er sich genommen, also nicht aus seinem wesen allgemein
oder aus dem des Apollon, sondern aus den besonderen delphischen verhältnissen
ist die sage zu deuten, und ist sie auch leicht verständlich. man kann es aber z. b.
einem künstler nicht verargen, wenn er Her. allein den dreifuſs tragend darstellt:
tatsächlich hat er sich des apollinischen heiligtums bemächtigt, und so trägt er etwas
fremdes, wenn er den dreifuſs trägt. hätte der dreifuſs für das wesen des Her.
eine bedeutung, so müſste er irgendwo in seinem culte vorkommen, oder müſste
doch Her. mit ihm etwas machen wollen. übrigens führt Apollon ihn als wahrsager,
und zwar als wahrsager aus *ἔμπυρα*: deshalb werden im Ismenion von Theben, wo
die weissagung aus *ἔμπυρα* galt (Philochoros im schol. Soph. OT. 21), dreifüſse
geweiht, für jeden jüngling, der in das mannesalter tritt, einer, und das ist bekanntlich auch für Herakles geschehen.

30) Hinzustellen kann man *Δωρίς*, bei Hesiodos die gattin des Nereus. aber
damit wird zunächst nichts gewonnen. auch *Πανδώρα* ist wenigstens zu der zeit,
da Prometheus mit *Ἡσιόνη-Ἀσία* verbunden ward, als die Alldorerin gefaſst worden;
und die hesiodische etymologie ist sprachlich nicht minder anfechtbar. damit soll

späteren volksnamen vorwegzunehmen, aeolischen[31]) zuwanderung. Pylier, Minyer, Lapithen nennt man sie im süden und westen; im norden und osten vertreten sie einzelne heroen, wie die oben genannten Aetoler, oder geschlechter, wie vor allem die Amythaoniden. die geschichtliche bedeutung dieser vordorischen zuwanderung tritt aller orten stark zu tage, und man kann sie nicht leicht zu hoch schätzen. dadurch war nun aber die widerstandskraft der an sich schwer zugänglichen insel der Peloper bedeutend gekräftigt, und die Dorer safsen am meere, sahen drüben die ersehnte küste, aber konnten nicht hinüber. sie waren kein seevolk, die Hellenen selbst waren erst durch die not über die see gedrängt. aber die not zwang nun auch die Dorer. es hat sich damals ein ereignis abgespielt, das sein analogon in den zügen hat, welche die Skythen des Dexippos, d. h. die Germanen, im 3. jahrhundert n. Chr. unternommen haben. das gedächtnis daran ist in späterer zeit verkümmert, weil man die tatsachen zu Ephoros zeit wirklich nicht mehr begreifen konnte, aber die spuren sind unverloren, dafs man bis dahin die geschichtliche überlieferung noch bewahrte. in Naupaktos haben die Dorer schiffe, kielschiffe, νᾶες, gebaut: zum überschreiten der meerenge zwischen den Rhia brauchten sie keine. die ältesten dorischen ansiedelungen liegen nicht auf dem Peloponnes, sondern um ihn, auf den inseln Thera Melos und namentlich Kreta. es konnte nicht fehlen, dafs zu der zeit, wo der Peloponnes eine dorische insel geworden war, diese besiedelung angesehen ward als von ihm aus vollzogen, und ein anschlufs der meisten dorischen inseln an Sparta war damals eine politische notwendigkeit. aber es ist ganz undenkbar, dafs z. b. Kreta nicht früher von Dorern besetzt wäre, als Spartas dorische macht sich bis an die südküste des Peloponnes erstreckte: und wie wären die Pamphylier, die den namen einer dorischen tribus führen, von Sparta aus an die südküste Kleinasiens gesandt, sie, die wirklich jeden zusammenhang mit Griechenland verloren haben[32])? aber nicht für solche fahrten in nebelhafte ferne bauten die Dorer ihre schiffe, sondern um die einnahme des Peloponnes durch irgend welche hinter-

---

über den mythos und seine träger nichts positives ausgesagt sein; aber dafs er kein althellenischer, sondern ein dorischer ist, scheint mir klar zu sein.

31) Die von den modernen vielfach ganz verkehrt ausgedeutete bezeichnung vieler gänzlich unverwandter stämme als aeolisch beruht auf der hesiodischen völkertafel, und jeder der diese sich überlegt, mufs in ihr selbst die verpflanzung südthessalischer heroen und stämme nach dem Peloponnes wahrnehmen.

32) Wozu es führt, wenn man die überlieferung einmal vergewaltigt hat und nicht umkehren will, dafür ist ein guter beleg, dafs man Pamphylien von den Πάμφυλοι hat trennen wollen.

pforte zu erzwingen, weil der frontangriff aussichtslos war. von der see kam ein könig, dessen wirklicher name sich durch einen ortsnamen und durch den cult erhalten hat, Temenos[33]), an die argolische küste. es gelang ihm sich zunächst am strande festzusetzen, unter harten kämpfen wurden erst einzelne burgen erobert, die in der Argolis so dicht lagen und liegen wie nirgend; am längsten hielt sich Larisa-Argos, welches schliefslich der hauptsitz des peloponnesischen Dorertums geworden ist[34]). ein anderer seekönig, dessen name verschollen ist, den aber die sage um so bezeichnender den 'ellenden ritter' nennt (Ἀλήτης Ἱππότου), landete im innersten winkel des saronischen busens und bezwang von der küste aus den schlüssel zum Peloponnes, wo er eine neue stadt, Korinthos, gründete, die berufen ward, der zweite hauptort des Dorertums zu werden. doch ist diese eroberung erst gemacht, als das Dorertum in der Argolis schon festen fufs gefafst hatte, also wol viel später als wenigstens einem starken schwarme der direkte übergang an der schmalsten stelle des Korinthischen busens geglückt war, wie die überlieferung[35]) berichtet, weil von den westlichen auswanderern zuzug gekommen war, die späteren Eleer unter ihrem könig 'Führer' (Ὄξυλος[36]). aber so glücklich wie diese hatten die Dorer es nicht. sie mufsten lange irren, ehe sie im oberen Eurotastale eine dauernde stätte fanden, und immer hat ihr gemeinwesen die spuren davon bewahrt, dafs ein kriegerischer, unstäter haufe sich für sein lagerleben diese formen geschaffen hatte. in den kämpfen, welche viele ihrer geschlechter mit den hellenischen einwohnern zu bestehen hatten, sind

---

33) Der name verwuchs so sehr mit dem volksbegriffe von Argos, dafs neben den Herakliden ein sohn des Pelasgos Temenos trat, der den cult der Hera in Stymphalos gründete (Pausan. 8, 22): was nichts bedeutet, als die erinnerung daran, dafs dieser dienst aus Argos übernommen war.

34) Hier hat zwar sicherlich auch in frühheroischer zeit eine burg gelegen (natürlich auf der Aspis, nicht oben), aber damals war die macht bei Mykene. dagegen ist Argos der hauptort in den geschichten, die wesentlich helden einführen, deren zuwanderung aus dem norden anerkannt ist; dahin gehörte sicher Abas, der Abante, wahrscheinlich auch die Danaer. der eigenname Δαναὰ ist noch in Thessalien nachweisbar.

35) Es ist allerdings zweifelhaft, ob dies überlieferung oder combination ist, die namentlich durch die verbindung zwischen Sparta und Elis im 8. jahrhundert nahe gelegt war. aber auch als combination bleibt es immer noch die glaublichste erklärung für das auftreten der Dorer im oberen Eurotastale.

36) Das nur in der vocalisation unwesentlich abweichende Ἄξυλος erscheint nicht nur bei Homer Z 12, sondern wird mit dem bewufstsein seiner bedeutung vom dichter gebraucht. ξύλον hat in Ὄξυλος der herakleotische epiker Pherenikos gesehen, Athen. 78ᵇ: das ist spielerei.

die Spartiaten erstarkt; zu einer wirklich grofsen macht wurden sie jedoch
erst, als der letzte act dieses kampfes ihnen die ungleich gesegnetere
landschaft Messenien überantwortete. denn es läfst sich bis zur vollen
evidenz bringen, dafs der s. g. erste messenische krieg nicht, wie die
sowol von Sparta wie von Argos aus getrübte überlieferung will, ein
dorischer bruderkrieg war, sondern den Spartiaten die arkadische und
pylische Hellenenbevölkerung erlag, welche gleichzeitig von den südwärts
vorstofsenden Eleern bedrängt ward[37]). gegen ende des achten jahrhunderts ist das Hellenentum des Peloponneses, an welches die Ἑλλα-
νοδίκαι in Olympia die zulassung zu den Zeusspielen binden, ein anderes,
dorisches; die alten angestammten träger des namens sind teils geknechtet,
teils in die berge gejagt, wo sie fast allerorten in bedeutungslosigkeit
sinken, teils ausgewandert, wie die Pylier nach Athen und von dort
nach Ionien. jetzt beginnt der antagonismus zwischen Argos, dem schon
früher weithin mächtigen, und Sparta. die Πελόπων νᾶσος aber ist eine
Δωρὶς νᾶσος, wie Sophokles sie nennt.

Der hellenische untergrund hat die Dorer nicht weniger beeinflufst
als Thessaler und Boeoter, und es war das ihrer cultur selbst zum segen.
weil die Spartiaten sich gegen das Hellenentum immer mehr ablehnend
verhielten, sind sie zu einer kriegerkaste, schliefslich zur szlachta hinab-
gesunken, während das lebenspendende meer die korinthischen nachkommen des 'Ritters' zu rhedern und ruderern machte, und in der Argolis
das hellenische und dorische sich fast bis zur unscheidbarkeit amalgamirte.
aber die Dorer hatten eine wirkliche eigenart, die sich mit nichten ganz
verlor, vielmehr dadurch, dafs sie die bedeutendste politische und militä-
rische macht in Griechenland wurden, selbst für die allgemein hellenischen
sitten und anschauungen mafsgebenden einflufs gewann. die weise, wie
man in ernst und spiel das waffenhandwerk übt, die begriffe von mannesehre und eingebornem adel, die ständische gliederung der gesellschaft,
die zurückdrängung des weibes und ihr notwendiges correlat, die knaben-
liebe, die verachtung des handwerks und die adligen passionen für jagd
und pferde: das alles ist dorisches gewächs. die lebensformen, die in
Griechenland allgemein für vornehm gelten und demgemäfs verherrlicht
werden, bis Ioniens aufklärung und Athens demokratie sie bricht, sind
das erzeugnis dieser dorischen cultur. zwischen Homer und dem drama,
zwischen Odysseus und Themistokles steht etwas beiden gleichermafsen

---

37) Der nachweis mufs einer besonderen untersuchung vorbehalten bleiben:
täusche ich mich nicht, so ist hier der punkt gefunden, wo man den hebel ansetzen
kann, um die chronologie des epos einzurenken.

fremdes. der gegensatz, den Vergil in den schönen versen schildert, die auf *tu regere imperio populos Romane memento* ausgehn, gilt vielleicht in höherem grade zwischen Dorern und Hellenen als zwischen Römern und Griechen. es gemahnt vieles im dorischen wesen an Latium, ganz besonders die gliederung der bürgerschaft in drei tribus und das vorwalten der magistratur gegenüber der gemeinde, und wenn es jemals irgend etwas gegeben hat, was den namen graecoitalische periode verdient, so kann dieses schlechterdings nur eine dorisch-italische gewesen sein[38]).

Die wurzel des ganzen dorischen wesens ist der glaube an die göttlichkeit des rechten dorischen mannes. ϑεῖος ἀνήρ nennen die Spartiaten einen der ihren, wenn er das leistet, was sie von dem manne fordern. dieser glaube durchdringt das ganze leben. frauen und kinder, hörige und knechte haben gar keine andere existenzberechtigung als in beziehung zu dem manne, für den sie da sind[39]). die ganze sittlichkeit ist darauf begründet, daſs er seine existenz erfüllt und genieſst. der ganze zuschnitt des lebens ist darauf berechnet. als dies ideal einmal aufgestellt ist, opfert man ihm ohne bedenken alles andere, mag es auch so teuer sein wie die familie, und man opfert ihm selbst das eigene streben über die gegenwart hinaus. selbstgenügsamkeit und selbstgerechtigkeit wohnen nah bei einander. über dem einzelnen manne steht nur die summe der männer, der stand. der stand muſs den staat ersetzen, und der individualismus, welcher nichts über sich erkennt, führt schlieſslich zur verleugnung der individualität. es ist eine äuſserst beschränkte, aber wahrhaft groſse erscheinung, einzig in ihrer art, dieses dorische wesen. um so viel mehr muſs dasselbe von dem religiösen ausdrucke dieser alles durchdringenden empfindung gelten. daſs die Dorer eine göttliche person geglaubt hätten, in welcher sich ihr mannesideal verkörperte, müſste man a priori fordern, wenn anders sie nur ein wenig hellenisch zu empfinden wuſsten. nun steht diese überwältigend groſse religiöse schöpfung vor unser aller augen: Herakles, der ἀνὴρ ϑεός, wie ihn Pindar und Sophokles nennen. er ist die einzige groſse gestalt, welche die einwanderer der hellenischen religion zugeführt haben, wie das ihrem wesen entspricht.

Herakles
ein Dorer.

---

38) Es ist ein ziel der geschichtlichen forschung, das man wol bezeichnen kann, das aber erst eine spätere generation erreichen wird, die mit der griechischen parallele völkerwanderung auf der Apenninhalbinsel ethnographisch zu bestimmen.

39) Das lied des Hybreas von Kreta (Athen. 695ᶠ) drückt das sehr schön aus. wie viele stolze Dorer werden es beim männermahle gesungen haben; wie unmöglich aber wäre es in ionischem munde.

aber sie ist dafür auch eine der großsartigsten schöpfungen, zu der je
die phantasie eines volkes emporgestiegen ist.

Dafür legt schon das zeugnis ab, daß es unmöglich erschien, das
wesen des Herakles zu erfassen und darzustellen, ohne die geschichte
der völkerwanderung in ihren hauptzügen darzustellen und die völker-
gruppen zu sondern. nur so ist aussicht vorhanden, ordnung in das
chaos der sagenmasse zu bringen und das gemeinsam dorische zu erfassen.
andererseits würde die Heraklesreligion selbst unweigerlich haben dargelegt werden müssen, wenn die aufgabe gewesen wäre, die geschichte
der dorischen wanderung zu erzählen. die griechische geschichte und die
griechische religion und sage gehören zusammen, weil der inhalt teils
identisch ist, teils eines das andere bedingt: nur wer sie beide zu erfassen versucht, hat die möglichkeit, auch nur eine zu verstehn.

H. fehlt den Hellenen.   Die Hellenen, d. h. also die autochthone bevölkerung hat den Herakles
nicht gekannt. Aeolern und Ioniern ist er fremd gewesen und immer
ein fremder geblieben. die auswanderer haben ihn nicht an die asiatische
küste mitgenommen, und die ältere asiatische schicht des epos kennt
ihn nicht. erst als die von der ostseite des Peloponnes colonisirte
dorische hexapolis auf das epos einwirkt, und dann vollends, als das
epos nach dem mutterland übergreift, dringt Herakles, immer jedoch als
fremder, ein. diese tatsache ist notorisch; sie wird nicht im mindesten
dadurch beeinträchtigt, daß der cult des Herakles sich auch bei Ioniern
verbreitet hat, als die politische vormacht und die gesellschaftliche führung bei den Dorern stand. es ist aber auch nicht zu verwundern, dass
unsere trümmerhafte kenntnis an einzelnen orten zwar einen alten Heraklescult nachweisen kann, aber keine altdorische bevölkerung. besondere aufmerksamkeit verdienen diese ausnahmen, allein mit ihnen wird
so leicht niemand wagen die regel zu bestreiten⁴⁰).

---

40) Es handelt sich einmal um die Heraklessagen an der thrakischen küste,
in Habdera (colonie von Opuntiern und leuten dieser von einwanderern durchsetzten
gegend) Sithonia, Torone, Thasos u. s. w. diese weisen auf die inseln zurück, wo
Her. jedoch kaum vorkommt; nur auf Tenos, wo er die Boreaden züchtigt, sind Ἡρα-
κλεῖδαι nachgewiesen (Maass Gött. Gel. Anz. 89, 830). eine gute erklärung steht noch
aus: die verbreitete annahme, den Heraklescult von Thasos, der doch von der nach-
barschaft nicht getrennt werden darf, auf Phoenikier zu beziehen, ist von Furtwängler
(Roschers mythol. lex. 2142) gut zurückgewiesen, doch bleibt noch unerklärt, wieso
Thasos bruder des Phoinix sein kann. — der einzige auf altertum anspruch er-
hebende asiatische Heraklescult ist in Erythrai, und auch über ihn handelt Furtwängler (s. 2137) sehr gut. Erythrais name kehrt im südlichen Thessalien wieder
und in Boeotien; von Thessalien sind notwendig auch Boeoter mit den Aeolern ausge-

Auch der westlichen gruppe der einwanderer ist der ursprüngliche H. fehlt den Eleern.
besitz des Herakles abzusprechen, und leicht lösen sich die scheinbar
widerstrebenden instanzen auf. die sage von Herakles bei Augeias mit
allem was daran hängt, geht höchstens die hellenischen vorgänger der
Eleer, die Epeer, an, und sieht die heimat des Herakles in Argos[41]). die
olympischen spiele sind den arkadischen Pisaten erst von den Eleern
abgenommen und für eine stiftung des Herakles erklärt, als der dorische
adel bei diesen spielen die erste rolle hatte, und Sparta mit Argos zu
rivalisiren begann. eine bevölkerung, welche selbst den Herakles als
fremden ansah, kann noch weniger auf diesen heros anspruch machen
als die autochthonen Arkader, bei denen er in Tegea, Pheneos, Stymphalos einzeln auftritt, nämlich wenn er von Argos aus auf abenteuer zieht.

Bei den Achaeern, d. h. den bewohnern des nordrandes von Dyme H. fehlt den Achaeern.
bis Pellene hat Herakles zwar ein par merkwürdige stätten der verehrung, aber sie liegen an den grenzen, bei Dyme[42]) und Bura[43]), und

---

wandert, sonst ist die anwesenheit von Peneleos und Leitos vor Ilios ganz unerklärlich:
ein vereinzeltes Heraklesheiligtum in der gegend, wo Aeoler und Ionier sich kreuzen,
ist also nicht mehr befremdlich als jene epische singularität: wir bilden des Thukydides schluss, dass Boeoter vor der Boeotischen einwanderung in Boeotien gesessen haben
müssten (I 12) nur ein wenig um. eine grosse bedeutung wird diesem vorgeschobenen
posten des Heraklescultes notwendigerweise beigelegt werden müssen.

41) Der Heliossohn Augeias mit den sonnenrindern, die Molioniden, eine der
merkwürdigsten formen des vordorischen Dioskurenpares (vgl. zu vers 29), der ent-
wässerungscanal, dessen reste noch heute sichtbar sind (Curtius Peloponnes II 34)
gehen alle die Eleer nichts an. der zug des Herakles gegen Elis gehört vielmehr
in eine reihe mit denen gegen Neleus und die Pylier, Eurytos, den herrn des messenischen Oichalia, Hippokoon von Sparta: es ist ersichtlich argolische sage und
spiegelt die versuche wieder, welche die argolischen Dorer machten, sich die suprematie im Peloponnes zu erringen. eine andere frage ist, ob sie in Elis noch die
Epeer wirklich zu bekämpfen hatten, oder ob schon die Eleer an deren stelle safsen.
das letztere ist wahrscheinlich, ändert aber an dem nichts, was hier in frage steht.

42) Das merkwürdige epigramm von Dyme, Kaibel 790, erzählt von Polystratos,
einem schönen liebling des Herakles, der im kampfe wider die Eleer fiel und von
dem heros beklagt und bestattet ward. Kaibel hat die geschichte erläutert, die auf
ältere dichterische gestaltung deutet, vielleicht durch Antimachos, Steph. Byz. Δύμη.
aber das gegebene war offenbar der cult eines heroengrabes, dessen bewohner
Πολύστρατος hiefs. solcher heroengräber gab es in Peloponnes sehr viel. oft sind
ihre bewohner, weil man von heilungswundern erzählte und incubation geübt ward, zu
Asklepiossöhnen oder Asklepios selbst geworden. die sage, wie der heros starb, und
damit das eingreifen des Herakles ist nach allen analogien für secundär zu erachten.

43) Hier heifst Herakles sogar Βουραικός und hatte ein archaisches cultbild,
Imhoof Gardener numism. comment. von Pausan. taf. S II. III., Pausanias VII, 25.

lassen ganz deutlich erkennen, daſs er und seine sagen eindringlinge sind.
die ganze landschaft tritt in der älteren geschichte seltsam wenig hervor;
die sprache ist auch wenig bekannt, stellt sich aber fern von dem ionischen und arkadischen, nahe zu den nordgriechischen mundarten. ihr
entspricht das griechisch der achaeischen colonien Unteritaliens, während
die sonst sehr glaubhafte anknüpfung der asiatischen Ionier an diese
Achaeer von der sprache her schlechthin keine unterstützung erhält. die
geistige bedeutung dieser Achaeer ist um kein haarbreit höher als die
der andern einwanderer, das haben sie im sechsten jahrhundert in Italien,
im dritten zu hause bewiesen. so stehen sie charakterlos zwischen Peloponnesiern und Ioniern, und der besonnene forscher lernt an ihnen am
besten, sich vor dem schillernden Achaeernamen hüten[44]) und begreift,

---

aber der ort des cultes war eine höhle und der verehrte daemon gab orakel: schon
darin zeigt sich, daſs Herakles einen älteren inhaber verdrängt hat. so hat die stadt
auch eine doppelte heroische etymologie. einmal ist ihre eponyme tochter Ions
(Steph. Byz. *Βοῦρα*, aus Lykophronscholien), Kallimachos leitet sie von den rindern
des Kentauren Dexamenos ab (hymn. 4, 102. E. M. *Βοῦρα* ist scholion dazu), der
ein doppelgänger des Nessos ist, von Herakles erschlagen, wie die vasenbilder zeigen.
da ist das eindringen des Herakles und die anlehnung an den aetolischen sagenkreis
offenbar. Aischylos fgm. 403, das ich früher falsch behandelt habe, ist sicher in
Βοῦράν τ' ὀρείαν (*ϑ'ἱεράν* überliefert) zu bessern: jede beschreibung der örtlichkeit
wird davon überzeugen.

    44) Weil er so schillernd ist, ist er heut zu tage beliebt, und habe ich ihn
vermieden. die bedeutung (*χαιοί* die erlauchten) empfahl ihn dem epos als collectivnamen, und so mag, wer will, ihn da verwenden, wo ich Hellenen gesagt habe; es
ist nur etwas hart, die Athener zu den Achaeern zu rechnen. als stammname sitzt
er ebenda fest, wo auch die *Ἕλληνες* Homers wohnen, in Phthia: leider ist gerade
diese achäische mundart auch noch dunkel. ferner gibt es die *Δημήτηρ Ἀχαία* in
Boeotien, auch in Theben die älteste göttin, die landschaft *Ἀχαία*, deren ansprüche
zweifelhaft sind, und die Achaeer als gegner der Spartiaten. ihnen traten die nachkommen des Agamemnon gegenüber, der in der Ilias Achaeer ist, übrigens in wahrheit ein Aeoler so gut wie Achilleus. auch hier also kann der name aus dem epos
übertragen sein. wie viel durch einander geht, sehe man daran, daſs Antimachos
bei Athen. XI 468 und Aischylos Sieb. 324 die Peloponnesischen feinde der Boeoter
Ἀχαιοί nennen können. die vielberufene stelle Herodots (V 72), wo könig Kleomenes
sich keinen Dorer sondern Achaeer nennt, ist ganz einfach: er stammt ja von
Herakles dem Perseiden. die genealogie der königshäuser Spartas mit Aristodemos
und den söhnen Eurysthenes Prokles ist übrigens erst ersonnen, als die wirklichen
königsgeschlechter längst feststanden: *Ἀγιάδαι* und *Εὐρυπωντίδαι* sind die wirklichen geschlechtsnamen, geltend lange ehe ihre träger die verpflichtung empfanden,
die Heraklidenabstammung besonders für sich in anspruch zu nehmen. die geringe
bedeutung und üble rolle, welche Aristodemos spielt, zeigt auch, daſs diese genealogie, Hyllos, Kleodaios u. s. f. nicht in Sparta entstanden ist: alles weist auf Argos.

dafs die historisch wirkenden stammesindividualitäten sich in Asien erst gebildet haben, im Peloponnes aber die Dorer allein schaffenskraft besitzen. sie haben über Sikyon und Phleius hinaus nicht dauernd fufs gefafst: so weit gibt es noch individuelles leben; die mischbevölkerung Achaias hat keins zu erzeugen vermocht. so verschwinden auch die achaeischen inseln Zakynthos und Kephallenia vor dem erst von Euboeern, dann Korinthern besetzten Korkyra, das jene Ionier schon so fest für ihre heroischen traditionen von Odysseus und Diomedes in beschlag genommen hatten, dafs die Korinther wol noch ihre Medeia, aber nicht mehr Herakles anzuschliefsen vermochten.

Auch die Aetoler, d. h. die fälschlich den alten namen usurpirenden einwanderer, haben mit Herakles nichts zu tun. Deianeira, könig Oineus tochter, welche Herakles vom werben des Acheloos befreit, ehelicht, am Euenos vor der zudringlichkeit des Kentauren Nessos schützt, die mutter des Hyllos, nach dem die vornehmste tribus der Peloponnesier heifst, schliefslich die schuldlose mörderin ihres gatten, ist gewifs die bedeutendste weibliche gestalt, welche in seiner umgebung auftritt. schon deshalb ist sie nicht national aetolisch. ist doch auch in dieser sage der vertreter Aetoliens der hellenische Oineus. Acheloos ist vollends nur durch fehlgreifende willkür mit dem aetolischen flufse gleich gesetzt. nicht ein flufsgott, sondern der herr des meeres kann das füllhorn, das symbol der ewigen seligkeit, bieten[45]). der kampf ist also nur eine form dieses hauptabenteuers, und zwar eine bereits sehr entstellte.

---

was Herodot VI 52 als spartiatische tradition von Aristodemos erzählt, ist nur umbildung der vulgärsage. nicht nur praktisch, sondern auch mit ganz bestimmten traditionen zu belegen, ist der vorschlag, den ich früher gemacht habe, den Achaeernamen für die vordorische einwanderung nordhellenischer stämme im Peloponnes zu verwenden, also die leute um Bias und Melampus, Neleus, Eurytos u. s. w. allein das fordert eine darlegung anderer verhältnisse, und ist mit der anm. 37 bezeichneten untersuchung verquickt.

45) Niemals ist vergessen worden, dafs Ἀχελώϊος das wasser überhaupt bedeutet. und der gegner des Herakles benimmt sich in dem kampfe ganz wie der ἅλιος γέρων Πρωτεύς in der Odyssee oder die meerjungfrau Thetis bei Hesiodos: er hat die gabe der verwandlung. es ist wertvoll festzustellen, dafs dasselbe der meergreis tat, den Herakles im westen bezwang. so hat Stesichoros, natürlich in der Geryoneis, erzählt. das bruchstück steht in dem von Rohde entdeckten paradoxographen 33 (Rer. nat. scr. ed. Keller s. 110) παρ' Ὁμήρῳ Πρωτεὺς εἰς πάντα μετεμορφοῦτο, καὶ Θέτις (καθάτις cod. καθὰ Θ. Rohde) παρὰ Πινδάρῳ, καὶ Νηρεὺς παρὰ Στησιχόρῳ, καὶ Μήστρα — leider fehlt für diese der autor. die bedeutung des füllhorns hat Furtwängler (Roschers lexicon s. 2157) richtig geschätzt.

H. fehlt den Makedonen. Bei den Epiroten und Makedonen[46]) ist von Herakles keine spur. seit Alexandros I wollte das makedonische königshaus freilich von Herakles stammen, und noch der grofse Alexander hat einen sohn Ἡρακλῆς genannt (wovor sich sonst die menschen doch scheuen), aber das ist erst eine folge davon, dafs sie gern Hellenen sein wollten, und der name ihres geschlechtes Ἀργεάδαι an Argos anklang[47]).

H. in Grofs-griechen-land. Stutzig machen kann nur die fülle von Heraklesculten und Heraklessagen bei den unteritalischen auswanderern. es gibt dort eine einzige Dorerstadt Tarent (das Herakleia erst spät gründet), auf welche dieser reichtum um so weniger zurückgeführt werden kann, als die Parthenier des Phalanthos aus ihrer heimat Sparta weder reiche sagen noch die neigung weiter zu dichten mitbringen konnten. die versuchung liegt also nahe, Messapiern und Chonern (Chon gilt selbst als sohn des Herakles) den cult zuzutrauen, und leicht möchte man dann selbst die Italiker heranziehen. allein die zeit der hellenischen auswanderung nach Italien[48]) ist erst spät, wenn man von einzelnen vorschüben absieht, hervorgerufen erst durch die grofsen kämpfe des 8. jahrhunderts, in denen Sparta emporkam. die peloponnesischen Achaeer hatten sich damals schon mit den einwanderern, die Herakles verehrten, vermischt oder doch die poetisch mächtige argolische sage in sich aufgenommen. neben ihnen kamen viele aus dem nördlichen Hellas, wie die Lokrer, die sich am Zephyrion eine neue heimat gründeten, und die geistig bedeutendsten Italioten waren vollends Chalkidier, zu denen längst der boeotische heros übergegangen war, und auf deren schiffen ächte Heraklesverehrer nicht gefehlt haben.

46) Die anknüpfung der Illyrier an Herakles ist nicht anders zu beurteilen als die von anderen barbaren, und da die Korinther für die anwohner des adriatischen meeres die wichtigsten culturträger geworden sind, lag diese anknüpfung nahe. so kann man die Hylleer, einen illyrischen stamm, nur durch namensangleichung an Hyllos den Heraklessohn geknüpft glauben, wie der lydische flufs Ὕλλος mit diesem so wenig zu tun hat wie mit dem hyläischen see in Boeotien. indessen mufs die möglichkeit offen bleiben, dafs die später dorischen Hylleer, die doch einen stammnamen tragen, mit den später illyrischen Hylleern urverwandt waren, wie die Myser am Kaikos mit den Moesern an der Donau u. dgl. m.

47) Dies mittlerweile näher begründet Arist. u. Ath. II. 175.

48) Den wunsch, den ich in der ersten auflage aussprach, die geographie des westens, wie sie Timaios gegeben hat, herzustellen, hat inzwischen J. Geffcken erfüllt, und die geschichtliche ausdeutung der sagen hat aufser diesem auch E. Pais in seiner *Storia della Sicilia* I gefördert. ich glaube allerdings, dafs eine scharfe kritik nunmehr not tut, die die spreu autoschediastischer combinationen erst einmal wegfegt, sonst behauptet die negation, schon weil sie so bequem ist, das feld. hergestellt mufs jetzt vor allen Ephoros werden.

gerade weil sich die verschiedensten völker vermischten und im gemeinsamen gegensatze zu den barbaren ihrer verwandtschaft sich bewußt
wurden, erhoben sie gern eine allbekannte heldengestalt zum allgemein
hellenischen vorkämpfer, und es ist bezeichnend, aber sehr begreiflich,
daß in Himera, einer ionischen stadt mit stark dorischer mischung, um
600 der dichter aufstand, der den abenteuern des Herakles zuerst die
ungemessene weite der welt zum schauplatz gegeben hat.

Von diesen auswanderern in Großgriechenland ist Herakles zu den H. in Rom.
Italikern gelangt, bei denen er, wenn auch in starker umbildung und
so, daß der ursprüngliche inhalt der religion ganz vergessen ward, einen
überaus starken cultus fand, verflochten in die ältesten sagen Roms,
verehrt bis in die innersten Abruzzentäler. es haben sich natürlich vereinzelt italische sagen an den fremden heros geheftet, und die Italiker
haben dem körper, den sie übernahmen, den odem ihrer eigenen seele
eingeblasen: aber wie der name ist die gestalt des Hercules hellenischer
import. die versuche, eine urverwandte oder auch durch zufällige namens-
ähnlichkeit identificirte italische gottheit in ihm zu sehen, sind zum glücke
fast allgemein aufgegeben[49]).

Verhältnismäßig unbedeutend, meist jung und ganz durchsichtig H. bei den
sind die trotz aller vielgestaltigkeit eintönigen erscheinungen, in welchen barbaren.
fremde gottheiten von den Griechen mit ihrem Herakles identificirt worden
sind. es ist das ja mit allen möglichen gottheiten geschehen. was Caesar
und Tacitus mit den germanischen göttern tun, hat schon Homer mit den
teukrischen getan. die Artemis von Perge, von Ephesos, von der taurischen
Chersones, die Athena vom libyschen Triton, vom mons Garganus, von
Sais, Dionysos Çiva, Dionysos Jahwe, Dionysos Osiris weiß man auch

---

49) Die lage der *ara maxima* in Rom würde allein den fremden gott erweisen;
doch führt die untersuchung von jedem ausgangspunkt zu demselben ergebnis. die
geschichte von Cacus ist, wie wir sie haben, so gut eine griechische dichtung wie
die Romulussage, und deshalb läßt sich das epichorische element, für das der name
und die *scalae Caci* zeugen, nicht aussondern. der interessante versuch von Reiffer-
scheid (Annali dell' instituto 39, danach R. Peter über Hercules in Roschers Lexicon)
operirt mit einem materiale, das immer vieldeutig, nicht selten sicherlich fremdartig
ist. doch ist selbstverständlich, daß die herkunft des cultes und des namens nicht
im mindesten darüber entscheidet, was die Italiker in Herclus empfanden und
glaubten. nur hat das was davon italisch ist mit Herakles eben nichts zu tun.
übrigens folgt aus der entlehnung, daß es unerlaubt ist, die vorstellungen, welche
der Latiner mit Herclus verbindet, ohne weiteres auf den Campaner Samniten
Brettier zu übertragen, vielmehr wird nur die differenziirung ein wissenschaftlich
haltbares ergebnis liefern.

ohne weiteres richtig zu beurteilen; auch wenn die gewährsmänner
Herodots die abstammung der Skythen auf Herakles und Echidna zurückführen, macht man aus Herakles keinen Skythen. aber weil die Hellenen
den stadtgott von Tyros oder besser den in den verschiedensten formen
auftretenden semitischen himmelsherrn und sonnengott (wenn er das
wirklich war) in einzelnen bestimmten formen mit ihrem Herakles identificirt haben, weil ferner im altertume schon die neigung bestanden hat,
das entlehnte und zumal das orientalische für ehrwürdiger und vornehmer
zu halten, und deshalb vereinzelt auch Heraklesheiligtümer für orientalische stiftungen erklärt sind — aus diesen nichtigen und in unzähligen
anderen fällen als nichtig anerkannten gründen hat sich die meinung
bilden können, daſs Herakles ein von den Phoenikiern importirter sonnengott wäre. nun bricht sich freilich die erkenntnis bahn, daſs die phoe-
nikische cultur selbst etwas ganz unselbständiges und als zwitterwesen
zeugungsunfähiges gewesen ist. aber dafür geht man nur noch bis in
das bodenlose weiter und findet in altbabylonischen sagen Herakles und
seine taten wieder. die kluft der zeit, die nach vielen jahrhunderten zählt,
die kluft des raumes, die jeder vermittelung spottet, achtet man für
nichts; die leute die so reden kennen freilich Herakles und die griechische
geschichte meistens nur als reminiscenz von der schulbank. sie wissen
nicht, was sie tun. es sind leute darunter, die schaudern würden, wenn
ihnen solche blöde unwissenheit und unwissenschaftlichkeit auf ihrem
eigenen arbeitsfelde begegnete. so weit sie nicht wissen, was sie tun,
wollen wir ihnen gern verzeihen: aber weil sie alle unwissenschaftliches
tun, sind sie keiner sachlichen berücksichtigung wert[50]). von interesse
würde es dagegen sein, zu wissen, ob Dorer die identification des Herakles
mit dem Melkart (den namen einmal zu brauchen) vollzogen und auch
die skythische archaeologie ersonnen haben. möglich ist es in beiden
fällen, da sich hier die megarischen colonisten in Herakleia und seinen

---

50) Durch die ablehnung der platten identificationen gewinnt die schätzung
der parallelen erscheinungen in religion und sage, cult und sitte nur um so mehr.
und die ähnlichkeit des Herakles mit "Izdubar-Nimrod" (A. Jeremias, Leipzig 1891)
ist allerdings höchst merkwürdig. natürlich ist sie auch den alten aufgefallen und
hat da notwendig zur identification geführt, wie z. b. die kyprische darstellung
des Geryonesabenteuers Journ. of Hell. Stud. 13, 74 zeigt. aber das geht viel viel
weiter: die ganze babylonische sage steht in der semitischen welt so singulär wie
die hellenische in der indogermanischen. offenbar kommen wir mit den auf die
sprache gebauten racen nicht aus, und die probleme der urzeit sind nur so lange
einfach, als man gar nichts von ihr weiſs. um so nötiger ist die isolirte verfolgung
des continuirlich verfolgbaren.

pflanzstädten, dort die Rhodier[51]) bequem darbieten. allein nötig ist es durchaus nicht. als diese gleichungen aufkamen, war Herakles längst eine zwar nicht allerorten verehrte, aber allerorten wolbekannte heroengestalt, die in folge der wanderungen des heros, wie sie die poesie ausgebildet hatte, für solche identificirung besonders passend erscheinen mußte[52]).

Von besonderem interesse ist nur eine solche verknüpfung des barbarischen mit Herakles: das lydische herrschergeschlecht, welches Gyges stürzte, hat für heraklidischen blutes gegolten, und die Omphalefabel ist in Lydien localisirt worden und hat anderes nach sich gezogen. es wird sich unten zeigen, daß hier nur eine oetäische sage in äußerlicher weise nach Asien übertragen ist. aber gesetzt auch, es hätte sich wirklich an diesem einen punkte asiatisches und hellenisches verquickt, so dürfte man eben nicht hier das verständnis der Heraklessage suchen: ihr wesen wird sie allein in ihrer heimat offenbaren können.

So bleibt also Herakles ein angestammter besitz lediglich der völkergruppe, welche sich vom Pindos östlich wandte. Thessaler[53]) Boeoter Dorer sind wesentlich an dieser gemeinsamen religion als zusammengehörig zu erkennen. sie alle haben Herakles als den vertreter ihres wesens verehrt, haben von seinen taten erzählt, seine ehre als die ihre betrachtet, und sie sind irgend wie im spiele, wo immer uns Herakles begegnet.

Herakles der Dorer.

Ist Herakles vielleicht nichts anderes als der vertreter dieses volkstumes, das a potiore dorisch heißen mag? und ist die entwickelung

---

51) Von diesen ist Herakles zu den Lykiern gelangt, die ihn früh als münzbild haben.

52) Besonders merkwürdig ist, daß die Phokaeer in Massalia den heros ihre ligurischen feinde bezwingen ließen. dieses sehr eigentümliche abenteuer, das schon Aischylos seinen Prometheus prophezeien läßt, kann nur in Massalia gedichtet sein, da es das bestimmte local, die steinwüste an der Rhonemündung, voraussetzt. aber der ganze zug des Herakles von Erytheia-Tartessos nach Italien auf dem landwege setzt die massaliotische küstenbesiedelung voraus. unmöglich ist freilich nicht, daß vor den Phokaeern dorische seefahrer (von Knidos und Rhodos her) auch hier sich festzusetzen versucht haben. gerade auf der *île de la Camargue* soll ein Herakleia gelegen haben, CIL XII p. 500. den radicalismus, der die Rhodier aus dem westen durch seine großen worte vertreiben will, kann man nur zum belege verwenden, daß die zeugnisse für die ansicht stehen, die er überwunden zu haben wähnt.

53) Entsprechend ihrer geringeren geistigen kraft und selbständigkeit kommen die Thessaler am wenigsten in betracht, obwohl gerade Thessalos selbst ein Heraklessohn ist, Boiotos nicht. im Peloponnes ist das verhältnis ähnlich zwischen Argos Korinth einerseits, Sparta Kreta andererseits. für die Heraklessage haben die südlichen Dorer fast nichts geleistet.

seiner sage so zu betrachten, daſs er allmählich vertreter des Hellenen-
tumes geworden wäre, zuerst in Groſsgriechenland, schlieſslich aber vertreter der menschheit? eponyme heroen der art gibt es in Hellas und
bei anderen Ariern genug; semitische völker zeigen deutlicher als die
Arier auch götter in solcher function. selbst Jahwe, der zuerst ein gott
gewesen sein mag, der an einen bestimmten ort, den Sinai, gebunden
war, hat seine bedeutung dadurch erhalten, daſs er der träger des
israelitischen volkstums ward, und hat nur um den preis der zertrüm-
merung dieses volkstumes ein gott der welt werden können. es kann
aussichtsvoll erscheinen, Herakles in dieser nationalen weise erklären zu
wollen. denn gewesen ist er allerdings vertreter der Dorer, und die
jahrhunderte 8 bis 6 haben seine sage ganz vorwiegend nach dieser seite
ausgestaltet. unübersehbar ist die masse dieser sagen, reichste fülle geschichtlicher überlieferung birgt sich in ihnen. der zusammenhang, in
den die abenteuer schon durch die sagenschreiber des 5. jahrhunderts
gebracht sind, ist vorwiegend durch solche nationalen momente bedingt:
aber selbst sie haben nie vergessen, daſs dies alles für die eigentliche
Heraklessage nebensächlich ist, und haben alle diese taten als $\pi\acute{\alpha}\varrho\alpha\vartheta\lambda\alpha$
oder $\pi\acute{\alpha}\varrho\varepsilon\varrho\gamma\alpha$ bezeichnet. das ist eine strenge aber allerdings treffende
beurteilung ihres wertes. um das wesen des Herakles im kerne zu erfassen,
könnte man von dem vertreter der Dorer ganz absehen. allein dieses spätere
gezweige, die wirren schöſslinge und wasserreiser decken jetzt den stamm:
auch wenn man sie nur beseitigen wollte, müſste man sie näher betrachten; nun haben sie aber nicht nur eine hervorragende geschichtliche bedeutsamkeit, sie sind auch äuſserst belehrend für die methode,
welche in der analyse der heroenmythen erfordert wird, weil sie vielfach
sehr jung und relativ, zum teil sogar absolut datirbar sind.

Sagen geschicht- lichen inhalts.   Die besitzergreifung des Peloponneses selbst ist nicht zu einer tat
des Herakles geworden, sondern hat sich in wie auch immer getrübter
geschichtlicher erinnerung selbst erhalten. die Dorer haben vielmehr die
legitimation ihrer einwanderung darin gesehen, daſs ihr ahn, Herakles,
selbst ein sproſs der argolischen herrscherfamilie gewesen wäre, nur
widerrechtlich seines erbes beraubt. somit ist in der ganzen sage, soweit
sie die geburt in Tiryns, die dienstbarkeit bei Eurystheus, die vertreibung
aus dem Peloponnes voraussetzt, ein zug als voraussetzung in das bild
gebracht, der lediglich dorische geschichte zum ausdruck bringt. es gibt
ferner eine anzahl sagen, welche Herakles Elis Lepreon Messenien (Pylos,
Oichalia) Lakedaimon erobern lassen; allein sie sind weder sehr volks-
tümlich noch reich ausgebildet, der poesie fast, der bildenden kunst ganz

fremd, führen auch nicht zur besitzergreifung, lassen zudem den heros als heerkönig wenigstens meistens auftreten, was immer etwas secundäres ist, so daſs sie durchaus nicht als ein niederschlag der erinnerung an die einwanderung gelten können[51]). daſs Herakles hier stets als Argeier auftritt, zeigt deutlich, daſs wir es vielmehr mit dem niederschlage der kämpfe zu tun haben, in denen Argos die suprematie über den Peloponnes anstrebte. man ermiſst vielleicht mehr einen gegensatz der zeiten als der begabung daran, daſs das übergreifen Spartas im achten jahrhundert keine entsprechenden Heraklestaten mehr hervorgerufen hat. der nationale dorische held war eben Herakles der Argeier geworden, so daſs Sparta ihn nicht mehr und noch nicht wieder als vertreter brauchen konnte.

In Boeotien hat die überwindung von Orchomenos, die spät und nach hartem kampfe gelang[55]), und die friedliche besitzergreifung von Thespiai[56]), neue, wenn auch farblose Heraklessagen erzeugt. die be-

---

54) Natürlich müssen auch diese sagen in irgend welcher poetischen form in alter zeit umgegangen sein, wie hätten sie sich sonst erhalten? aber von dieser form wissen wir nichts, weil nichts die archaische zeit überdauert hat. es erheben sich hier die unten am Dodekathlos genauer behandelten schwierigkeiten. z. b. ist Herakles die Hippokoontiden überwindend von Alkman so breit dargestellt, daſs schon um der fülle von namen willen eine feste, wol sicher poetische tradition zu grunde liegen muſs, aber nichts hindert diese für argolisch oder korinthisch anzusehen. localspartanisches ist gerade in dieser geschichte, wenigstens so weit sie bekannt ist, so gut wie gar nichts. — nach den untersuchungen von Kaibel (Herm. 27, 258) und Wide (Lak. Culte 18. 298. 322) ist diese behauptung in so weit einzuschränken, daſs Herakles eine ältere Dioskurensage occupirt hat; um so sicherer ist die gestaltung, der Alkman folgt, nicht spartanisch. Wides versuch, einen kampf mit den chthonischen mächten darin zu sehen, ist methodisch verkehrt, da er doch die secundäre fassung nur heroisch deuten durfte. auſserdem kann man doch nur lächeln, wenn hohes alter und tiefe symbolik darin gesucht wird, daſs eine hündin mit einem steine tot geworfen wird. womit erwehren sich denn jetzt die menschen der gerade in Griechenland unausstehlich frechen köter? und wenn's diesmal eine hündin ist, so sollte man doch den Kerberos aus dem spiele lassen.

55) Vgl. zu vers 50. 280.

56) Die verschmelzung der alten bevölkerung mit den zuwanderern gibt die boeotische sage naiv so wieder, daſs Herakles in einer nacht den 50 töchtern des Thespios zu söhnen verhilft. übrigens fuhr man fort als urbesitzer des landes sieben δαμοῦχοι zu verehren (Diodor IV 29), wie sieben ἀρχαγέται in dem benachbarten Plataiai (Plut. Arist. 11), und diese letzteren sind niemals zu Heraklessöhnen gemacht worden, da das boeotische in Plataiai nicht dauernd fuſs faſste. in Thespiai trieb das misverhältnis der 50 und 7 notwendig zu einer auswanderungssage. was aber den Iolaos von Theben und die söhne der Thespiaden nach Sardinien gebracht hat, ist noch unklar.

kämpfung und verpflanzung der Dryoper um Delphi ist vielleicht ein
nachhall sehr alter zustände; vielleicht ist sie aber auch nur ein versuch,
zu erklären, weshalb die Dorer von Argolis und Sparta ihre gegner in
Hermion, beiden Asine und Korone eben so benannten, wie ehedem ihre
phokischen gegner; vielleicht ist auch Herakles als Dryoperfeind an stelle
des Phlegyerfeindes Apollon getreten[57]). denn wo die einwanderer sich
des übergewichtes der älteren sagen nicht erwehren konnten, die im kreise
ihrer untertanen fortlebten, da begnügten sie sich damit, ihren heros
nur an die stelle eines älteren zu setzen, wie er im kampfe mit Kyknos
den Achilleus verdrängt[58]), oder ihn wenigstens mit helfen zu lassen, wie er
neben Peirithoos und den Lapithen gegen die Kentauren zieht[59]). das
sind thessalische umbildungen. vollends durchsichtig sind die Heraklessagen, welche die dorische besetzung von Kos Rhodos Kyrene erzeugt
hat, und die thrakischen und großgriechischen, deren oben gedacht
ward, führen den heros eben auch nur als vertreter seiner auswandernden
verehrer ein.

Es ist nicht dieses ortes, das material zu erschöpfen; aber noch ein
par charakteristische und datirbare sagen derselben art mögen kurz be-
sprochen werden, weil der commentar des euripideischen dramas keine
veranlassung geboten hat, sie zu erläutern.

Die Argonautensage ist im kerne uralt und schon in Thessalien
ausgebildet, wo sie immer haften geblieben ist. aber diese älteste form
wird sich niemals mit einiger sicherheit wieder gewinnen lassen. zur
zeit kennen wir noch nicht einmal die jüngeren formen genügend, die
sie in Miletos und Korinthos erhalten hat: das kann und muß die
forschung leisten. Milesische seefahrer haben schon im achten jahrhundert den Pontos befahren und seine südseite besetzt. damals ist
Kolchis als das ziel der fahrt festgestellt, die eigentlich die geraubte frau
aus dem lande der aufgehenden sonne heimholen wollte. gleichzeitig
sind viele ionische heroen auf die Argo gekommen: Herakles natürlich·
nicht. die form der sage, welche uns geläufig ist, ward von den Korinthern
festgestellt, als diese ihre seemacht im westmeere begründeten. damals
ist Hera, die ἀκραία von Korinth, die beschützerin des Iason geworden,

57) Obgleich mittlerweile einzelnes richtig gestellt worden ist, muß doch erst
eine besondere untersuchung sich über die traditionen aller s. g. dryopischen gegenden erstreckt haben, ehe man mehr als diese vielleicht trügerischen allgemeinheiten
sagen kann.
    58) Vgl. zu vers 110.
    59) Vgl. zu vers 181. 304.

ist die rückfahrt durch das adriatische meer gelenkt, und ist wieder eine
anzahl heroen zugetreten. aber den Herakles mochten seine korinthischen
nachkommen nicht zuziehen, weil er keine seiner würdige stelle erhalten
konnte. sie begnügten sich also, sein fernbleiben angemessen zu motiviren, dafs das schiff ihn nicht getragen, kein ruder stark genug für ihn
gewesen wäre oder ähnlich. um 550 gründeten Megarer und Boeoter
eine zukunft verheifsende pflanzstadt an der pontischen küste, die sie
nach Herakles nannten. natürlich wollten sie auf den spuren ihres
eponymos wandeln, aber an die Argofahrt knüpften sie doch nicht an,
sondern an den zug wider die Amazonen, der längst in den fernen nordosten verlegt war. sie fanden in ihrem gebiete auch einen schauerlichen
erdspalt und einen wilden bergstrom: das ward ihnen ihr Acheron und
der mund der hölle. nun war für sie natürlich Herakles mit dem Kerberos hier emporgestiegen. nicht wirkliche sage, sondern das glückliche
spiel eines dichters, den wol anklingende namen anregten, hat ein bithy-
nisches volkslied, die klage um den schönen Hylas, das früher mit einem
Argonauten, dem gründer von Kios, Polyphemos, verbunden war, auf
Herakles bezogen: nun mufste er wenigstens bis Kios mitgefahren sein,
und die alten motive für sein zurückbleiben rücken nun von Thessalien
nach Bithynien[60]). erst die willkür von romandichtern, frühestens aus
Alexanders zeit, hat es gewagt den vornehmsten helden nach Kolchis zu
führen, endlich gar an Iasons stelle zu setzen.

Der kampf um Ilios war durch das aeolische epos geschaffen. schon
als die Ionier dieses übernahmen, liefs der vorrang der aeolischen helden
es unstatthaft erscheinen, ihnen die vornehmsten Ioniens an die seite
zu stellen. man führte also ihre 'epigonen' ein: nicht Tydeus sondern
Diomedes. dadurch ward für die relative chronologie der heroensage der
grund gelegt. das epos wanderte an der asiatischen küste südwärts und
kam zu den Dorern von Kos und Rhodos. für sie war die ausschliefsung
des Herakles auch selbstverständlich. aber es genügte ihnen nicht, seine
nachkommen einzuführen, zumal diese ihre gegner auf die troische seite
nachzogen: dafür ist der kampf zwischen Tlepolemos und Sarpedon das
leuchtende beispiel. und doch durfte Asien nicht ohne Herakles erobert
sein. so entstand der zug des Herakles gegen den vater des Priamos.

---

60) In der ersten auflage hatte ich die sache falsch dargestellt, weil ich die
klage der Mariandyner um Priolas oder Bormos mit der der Bithyner von Kios um
Hylas vermischt hatte, die nur im letzten grunde identisch sind. die untersuchung,
deren ergebnisse ich oben vorlege, ist zu lang für diese stelle. über den namen
Hylas Aristot. u. Ath. II 176.

asiatische Dorer haben ihn erdacht, denn sie, die aus der Argolis stammten, haben die argolische geschichte von Perseus und Andromeda auf Herakles und Hesione übertragen und den zug wider Troia mit den älteren fahrten verbunden, in denen sie Herakles ihren eigenen kämpfen um Kos und Lindos hatten vorarbeiten lassen. später, als das epos nach dem mutterlande kam, steigerte man den zug zu einer großen heerfahrt, und eine regelrechte belagerung trat zu dem einfachen kampfe mit einem ungeheuer. die beteiligung der Aeakiden, für deren ruhm besonders sorge getragen ward, lehrt, daß diese letzte bearbeitung unter dem drucke der aeginetischen macht, im 6. jahrhundert, vorgenommen ist[61]).

Ebenfalls im 6. jahrhundert drang die hellenische besiedelung in Sicilien mächtig nach westen vor. im süden hatten Dorer megarischer herkunft in Selinus einen sicheren stützpunkt gefunden; an der nordküste Chalkidier Himera weit vorgeschoben. die eingebornen gegner waren Elymer, wahrscheinlich iberischer abkunft[62]), in Entella, Halikyai, namentlich aber in Egesta und auf dem Eryx. die ionischen Himeraeer, deren phantasie von homerischen bildern erfüllt war, sahen in ihnen nachkommen der Troer, mit denen ihre ahnen gefochten hatten, um so mehr als sie die göttin des Eryx Aphrodite nannten, die ja dem volke des Paris beigestanden hatte. so ward der eponym dieser feinde, Eryx, ein sohn Aphrodites und eines ʽhirtenʼ, des $Βούτης$[63]), ein anderer Aineias; Aineias war ja längst der vertreter erst der geretteten Troer, dann der feindlichen völkerschaften geworden, in denen die Hellenen ihre troischen gegner wiederfanden[64]). Die Dorer rechneten zuversichtlicher darauf, die

---

61) Auch ein attisches skolion spricht die tendenz unumwunden aus, 18, $τὸν$ $Τελάμωνα$ $πρῶτον$, $Αἴαντα$ $δὲ$ $δεύτερον$ $ἐς$ $Τροῖαν$ $λέγουσιν$ $ἐλθεῖν$ $Δαναῶν$ $καὶ$ $Ἀχιλλέα$. des Herakles hat man hier ganz vergessen; selbst Achilleus ist nur annex. so mögen die nachkommen des Eurysakes oder Philaios gesungen haben.

62) Der iberische graffito auf einer sicilischen vase, den Löschcke erkannt hat (Benndorf Gr. Vasenbild. taf. XXXXIII) ist ein unverdächtiger und gewichtiger zeuge für diese ansicht, die ich hier nicht verfolgen mag.

63) Bei Apollonios Rhodios ist Butes sohn des Teleon (wie er statt $Γελέων$ gesagt haben soll, auf grund eines schreibfehlers oder einer umdeutung, $Τελέων$ steht schon bei Eurip. Ion 1579) von Athen, er stürzt ins meer, als die Argo an den Sireneninseln bei Neapel vorbeifährt, und Aphrodite rettet ihn nach Lilybaion. daß der Elymer Athener wird, ist wol eine nachwirkung des verhängnisvollen bündnisses der beiden völker, und die Argo haben wol auch die korinthischen Syrakusaner in ihre gewässer geführt. — über Butes vgl. jetzt Böhlau in den Bonner Studien für Kekulé. auch hier mag ich nicht tiefer eingehen.

64) So ist das auftreten des Aineias in Ainos, Aineia, auf Kreta und in Epirus leicht erklärlich.

Elymer zu bezwingen. sie beanspruchten den berg Eryx, weil ihr Herakles seinen eponymos (einen Poseidonsohn, wie so viele frevler) im ringkampfe überwunden hätte, als ihr erbe. das motiv des ringkampfes ist ein geborgtes, von den dorischen Kyrenaeern ebenso in der Antaiossage verwandtes. mit den in dieser sage ausgesprochenen rechtsansprüchen verlockten um 505 die seher einen spartiatischen königssohn Dorieus zu einem zuge wider die Elymer. der zug mislang, Dorieus fiel, und niemals hat die geschichte diese erfindung der begehrlichkeit zur wahrheit gemacht. nichts desto weniger dauerte die sage, die nun einmal verbreitung gefunden hatte, und Timaios, der die schließlich maßgebende darstellung der west-griechischen Heraklesabenteuer gegeben hat, reihte sie mit besonderen hilfsmotiven in den rückzug von Erytheia ein.

Die weit überwiegende mehrzahl der Heraklessagen hat einen solchen geschichtlichen sinn. sie sind leicht verständlich, sobald man die con-creten verhältnisse erfassen kann, die sich in ihnen wiederspiegeln; aber auch wo das nicht mehr möglich ist, sieht man es einer Heraklestat bald an, ob sie einen geschichtlichen inhalt hat oder nicht. nicht zu allen öffnet dieser schlüssel das verständnis. im gegenteil, die sagen, in denen Herakles nur der vertreter des Dorertums ist, fordern selbst als eine vor-bedingung ihrer entstehung eine Heraklesgeschichte, in welcher er mehr war. zunächst ist er in jeder einzelnen mit nichten ein vertreter des ganzen Dorertums, sondern nur eines ganz bestimmten stammes, der Selinuntier, Rhodier, Herakleoten. erst wir wenden uns an die übergeordnete gemein-schaft, von welcher diese stämme alle nur teile sind, weil sie sich alle denselben helden als mythischen vertreter gewählt haben. das könnten sie nicht, wenn sie nicht an ihn geglaubt hätten, als sie noch eine ein-heit waren: wir haben also den ursprünglichen Herakles in der zeit zu suchen, wo das volk, von dem Thessaler Boeoter Dorer teile sind, noch vereinigt war und tief in den bergen Makedoniens saß, und wir dürfen sein ursprüngliches wesen nur aus dem erklären, was sich auf diese ur-zeit zurückführen läßt und in allen diesen später erwachsenen sagen vorausgesetzt wird. vorausgesetzt wird das tatenreiche leben eines helden, denn jede neue geschichte sucht sich innerhalb eines älteren zusammen-hanges ihren platz. aber es ist nur ein handelnder held, der vorausgesetzt wird, zwar ein übergewaltiger und des höchsten gottes sohn, aber doch nur ein mensch, der menschlich leidet und genießt. eben deshalb ist das wesen des Herakles hiermit nicht erschöpft, denn Herakles ist ja auch ein gott.

Bei den stämmen die den Dorernamen mit stolz führen, würde es freilich schwer halten, diesen gott aufzuweisen. in Sparta mahnt Tyrtaios

Herakles
der gott.

den adel an sein heraklidisches blut, an der tafel des königs spendet
man regelmäfsig dem ahnherrn[65]); aber seine cultstätten sind spärlich,
und im festkalender wüfste ich ihn nicht zu zeigen. noch weniger läfst
sich über das früh demokratisirte Argos sagen, trotz dem löwen von
Nemea und der hydra von Lerna. nur als stand hat sich der adel auf
Herakles zurückgeführt, die einzelnen geschlechter taten das nur vereinzelt (wie es in Athen keine besonderen nachkommen des Kekrops
Erechtheus Aigeus mehr gibt), und als die revolutionen den adelsstand
zurückdrängten, griff man zum teil auf die heroen der unterworfenen
älteren bevölkerung, die heroen Homers zurück, in Argos z. b. auf Diomedes,
oder erzeugte junge abstractionen, mochten diese schemen auch der lächer-
lichkeit verfallen wie ὁ Διὸς Κόρινϑος. Herakles ward somit lediglich
der held, der vorkämpfer des volkstumes, das man nicht verleugnete,
und das vorbild der mannestugend: als held erstritt er sich die göttlichkeit. sein gefährte Telamon errichtet ihm als καλλίνικος einen altar,
als sie gemeinsam Ilios erobert haben: das ist die auffassung der Aegi-
neten; höher werten sie seine gottheit nicht mehr.

Kaum mehr erfolg hat es, wenn man in Boeotien nach cultstätten
des Herakles sucht[66]). hier offenbart sich vielmehr mit überraschender
deutlichkeit, dafs er vielfach an die stelle anderer älterer personen getreten ist, die in beinamen oder besonderen riten fortleben[67]). Theben
allein ist eine wahrhaft bedeutende cultstätte. das Theben, das in dieser
oder jener form die suprematie über Boeotien und dadurch eine grofs-

---

65) Ion eleg. 2.

66) Weihungen gymnastischen inhaltes späterer zeit (z. b. Inscr. Boeot. 2235,
2712) wird kein verständiger mitzählen. was den orchomenischen krieg angeht,
kann bestenfalls geschichte Thebens sein.

67) In Thespiai, dessen adel auf sein heraklidisches blut hielt (anm. 56), war
ein tempel (Paus. IX 27, 6. Inscr. Boeot. 1739 Ditt.) und entsprechend in den
dörfern des thespischen gebietes Kreusis (Paus. 32, 2), Siphai (Paus. 32, 4), Leuktra
(Inscr. Boeot. 1829). aber Pausanias verwundert sich mit grund über diesen cult,
dem eine jungfräuliche priesterin vorstand, und meint, er gelte einem andern
Herakles. ebenso beurteilt er den Herakles von Mykalessos (19, 5), der ein diener
der Demeter ist. in der tat scheint die lösung am besten, hier die übertragung
eines älteren cultes in verhältnismäfsig später zeit anzunehmen; dasselbe ist sicher
von dem heilgott Herakles in Hyettos (Paus. IX 24): das war ein ἥρως ἰατρός
wie in Lebadeia Oropos Aigosthena Bhamnus Athen Eleusis u. s. w. in Koroneia
gibt es Ἡρακλῆς Παλαίμων (Inscr. Boeot. 2874, Hesych, Lykophr. schol. 663,
Et. M Πολέμων, aus den Ἐπικλήσεις): da ist der sohn der Ino, die als gattin des
Athamas in den see vor ihrem schlosse gesprungen ist und nicht bis Megara lief,
zum beinamen des fremden degradirt. am Laphystion geht ein schlund in die

machtstellung anstrebt, hat seinen Herakles als vertreter dieser ansprüche und siege verherrlicht, wie das namentlich die bundesmünzen Boeotiens zeigen. in Theben gibt es ein Heraklesfest; es ist aber vielleicht mit den Iolaien identisch. in Theben steht der tempel des gottes Herakles neben dem geburtshause des heros und den erinnerungsstätten der seinen. das entspricht auf das beste dem glauben des Thebaners Pindaros, der dem gotte und dem heros gleiches verständnis und gleiche liebe gewidmet hat. allein das haus des gottes erwähnt dieser nicht; wir vermögen nicht zu sagen, dafs es älter wäre als der uns allein bekannte bau des vierten jahrhunderts, also eben der zeit, wo jene mit Herakles verbundene politik ihre schönsten triumphe feierte. vor allem aber, wie eng oder weit man Thebens mauern ziehe: sämmtliche Heraklesstätten liegen vor ihnen. wenn irgendwo, so ist es gerade in Theben sinnfällig, dafs dieser gott und dieser heros ein zuwanderer ist, gebracht von einem volke, das sich vor den mauern der burg des Kadmos und Amphion angesiedelt hat. diese stätte für den ausgangspunkt der Heraklesreligion anzusehn, wie es nicht mit naiver, sondern mit verstockter ignorirung der topographie und epigraphik gewagt worden ist, schlägt nicht nur den zeugnissen des altertums ins gesicht, sondern führt gerades weges zu dem schlechthin absurden. den thebanischen Herakles hat man wol für einen herauf-gekommenen menschen gehalten, und das ist zwar verkehrt, aber doch an sich denkbar: ihn zu einem denaturirten gotte zu machen widerspricht den Thebanern (sie haben nicht einmal die priorität für ihren cult be-hauptet), dem thebanischen cultus, der religion Pindars und ist über-haupt eine ausgeburt widergeschichtlicher geschichtsmacherei und religions-loser 'mythologie'.

Nein, wenn es denn wahr ist, was so viele als ein axiom betrachten, dafs die heroen denaturirte götter seien, so fordert unerbittliche logik, in Herakles einen ionischen und speciell einen athenischen gott zu sehen. die überlieferung des altertumes und die zeugnisse des cultes stimmen zu einander und sind ganz unzweideutig. nur Marathon und daneben das von Chalkidiern gegründete Leontinoi[68]) haben so vornehme und alte

unterwelt; danach heifst der berg. natürlich erzählten die Bocoter dort von dem Kerberosabenteuer, und man verehrte einen Ἡρακλῆς Χάροψ (Paus. 34, 4): aber an die höllenpforte gehört der daemon, den wir mit anderem suffixe Χάρων zu nennen pflegen. Herakles ist auch hier erst hinzugetreten.

68) Diodor IV 24. er nennt seine vaterstadt Ἀγύριον besonders und fügt ohne zweifel eigenes ein. aber sie liegt im Λεοντῖνον πεδίον, wie er selbst hervorhebt, und hat ihren cult doch nur von den griechischen herren desselben. auch ist eine

Heraklestempel, dafs sie den anspruch erheben können, mit seiner göttlichen verehrung begonnen zu haben. fast jedes dorf hat in Attika sein
heiligtum des gottes Herakles [69]): welcher gegensatz zum Peloponnes und
Boeotien. nirgend bei den Dorern, gewöhnlich bei den Athenern ist
Herakles schwurzeuge, sowol in feierlichen formeln wie im gewöhnlichen
leben. und wiederum: die Dorer als Dorer stammen von Herakles, die
Boeoter haben ihn als ihren himmlischen vertreter, so wie Athena ihre
stadt vertritt: in Athen ist Herakles allezeit ein fremdling gewesen. hie
der gott, dort der heros, das ist der gegensatz, den es zu begreifen und
zu erklären gilt. der gegensatz ist notorisch, mögen ihm die auch ihre
augen verschliefsen, die den Herakles einen althellenischen gott nennen,
obwol er ein eindringling im Homer ist, oder einen boeotischen, obwol
ihn die Boeoter weder als gott noch als Boeoter beanspruchen.

Die sagen des streitbaren Dorerhelden, so weit sie geschichtlichen
gehaltes sind, haben wir kennen gelernt: er gieng die Athener und Chalkidier nichts an, die höchstens unter den schlägen seines armes gelitten
hatten. aber eben dadurch erfuhren sie, wie gewaltig seine macht war,
nicht die eines menschen, der längst ab und tot war, sondern eines gegenwärtig und überirdisch, also göttlich wirkenden. nach der huld und nach
dem beistande dieser macht verlangten sie. geht es denn überhaupt
anders zu, wenn jemand an einen fremden gott glauben lernt, als dafs
er seiner macht inne wird und sich seiner gunst versichern will? freilich
mufs dann etwas lebendiges, wirkendes in dem gotte sein, etwas allgemein, absolut göttliches. von wem auch immer man blofs weifs, dafs
er früher einmal gewirkt hat, der ist ab und tot, gott oder mensch:
wozu sollte man ihm huldigen? eine göttliche person ist der exponent
für die göttlichen wirkungen, die der glaube empfindet. will man wissen,
was an ihm ist, mufs man diese betrachten. was das allgemein göttliche
in Herakles war, lernen wir nur so, dafs wir zusehen, was der Athener
von Herakles glaubte und erflehte. Ἡράκλεις ruft er, wenn ihm bei
irgend etwas nicht geheuer ist; der ausruf ist sehr abgeschwächt, es ist

wendung wie νομίσας ἤδη τι λαμβάνειν τῆς ἀθανασίας τοῦ ἄθλου δεκάτου τελου-
μένου nur unter voraussetzungen denkbar, welche nicht Diodors erzählung gibt,
sondern z. b. die apollodorische bibliothek. also er contaminirt, wie so oft. der
text, dem er seine localpatriotischen zusätze beifügt, ist Timaios, der den Heraklescult von Leontinoi angegeben haben wird.

69) Die attische kleruchie Eretria feierte Heraklesspiele, doch wol in fort-
setzung des cultes der freien Eretrier. vaseninschrift Πρακτικά 90, 95 Ἐρετριᾶθεν
ἄθλον παρ' Ἡρακλέος.

ein milder 'fluch', wie unsere blasphemische weise zu reden ist. aber zu
grunde liegt doch eine angstempfindung. das schutzbedürfnis dessen der
sich fürchtet und hilfe braucht ruft den furchtlosen rettenden geist.
ἀλεξίκακος ist das beiwort, welches das wirken bezeichnet, das der
Athener von Herakles erwartet; καλλίνικος ist das beiwort, in welchem
er seine göttliche verklärung ausspricht. ὁ τοῦ Διὸς παῖς καλλίνικος
Ἡρακλῆς ἐνθάδε κατοικεῖ· μηδὲν εἰσίτω κακόν schreibt der Athener
auf seine schwelle: damit ist alles wesentliche gesagt[70]).

Der höchste gott im himmel hat einen sohn, der allezeit bereit ist
den menschen hilfreich beizuspringen, und der die kraft hat aus jeder
not und gefährde zu erretten. das ist der glaube des Atheners. "Zeus
hat den Herakles erzeugt, auf daß den menschen und göttern ein schirm
wider jegliches unheil erwüchse, ὥς ῥα θεοῖσιν ἀνδράσι τ' ἀλφηστῇσιν
ἀρῆς ἀλκτῆρα φυτεῦσαι": so redet ein hesiodisches gedicht (die Eoee
vor dem Schilde 27), und dem dichter ist bewußt, daß der sohn mit
dieser tätigkeit im geiste und wesen des vaters wirkt, denn er spielt mit
bedacht auf das an, was der alte Hesiodos selbst zu Zeus sagen ließ
ἀλκτὴρ δ' ἀθανάτοισιν ἀρῆς γένεο κρυεροῖο (Theogon. 657). und daß
zum dritten ein zeugnis des cultes nicht fehle: auf Kos verehrt man als
gatten Hebas, d. h. als verklärt zu ewiger jugend, gott geworden, den
Ἡρακλῆς Ἄλεξις d. i. ἀλεξίκακος[71]). da haben wir, was die verbindung
zwischen dem gotte der Athener und dem heroischen ahnherrn und vorkämpfer der Boeoter und Dorer gibt: Καλλίνικος, ἀλεξίκακος, der in
jedem kampfe sieger blieb und nun in jeder not helfen kann. das ist
Herakles. er ist leicht zu fassen, sollte man meinen, und wahrlich, kein
Olympier läßt sich so kurz analysiren. es ist auch ohne weiteres klar,
daß diese gestalt von zwei seiten erfasst werden kann. wer an den jetzt
vom himmel her waltenden denkt, mag sein irdisches leben vergessen; wer
den blick auf die taten und leiden richtet, die dem menschen Herakles

---

70) Daß dieser wie jeder gott auch die universale potenz einschließt, die im
gottesbegriff an sich liegt, also subjectiver glaube seine gegenwart bei einer belie-
bigen gelegenheit empfinden kann, die nicht in seinem gewöhnlichen machtbereiche
liegt, ist eigentlich selbstverständlich. dem Sophokles erscheint er im traume und
sagt ihm, wo eine verlorene silberne schale Athenas verborgen ist: zum danke wird
eine capelle des Ἡρακλῆς μηνυτής errichtet. das ist nicht für Herakles bezeichnend,
sondern höchstens für den der also träumte. die weitere entwickelung eines göttlichen wesens mag hierhin oder dahin gehen, das accessorische mag schließlich überwiegende wichtigkeit erlangen: für die erfassung der alten echten religion kommt
nur der kern in betracht.

71) Aristides 5, p. 60. Cornut. 31.

die göttlichkeit erworben haben, der mag ihm lieber nachleben und nach-
streben und den verklärten der verdienten seligkeit geniefsen lassen-
eins aber fordern beide vorstellungen, auf dafs sie sich vereinigen lassen:
ein irdisches leben sowol wie eine ewige verklärung des Herakles. er
würde jetzt vom hohen himmel herab nicht in jeder gefährde unerschrocken
und unüberwindlich eingreifen, wenn er nicht einst selbst in jeder gefährde unerschrockenheit und unüberwindlichkeit bewährt hätte. jetzt
ist er gott, denn also wirkt er: aber er mufs mensch gewesen sein.

Grund-
bedeutung
der gestalt. Mensch gewesen, gott geworden; mühen erduldet, himmel erworben:
das ist das wesentliche an dem Herakles, den die Hellenen, alle Hellenen,
geglaubt haben. weder den menschen noch den gott kann entbehren,
wer auch nur ihren ersten keim recht erfassen will, wer aber soviel begriffen hat, der ist jede deutung los, die nur eine seite des doppelwesens
betont. keinesweges blofs, weil die Herakliden den gott in ihrem ahn
fast aufgegeben haben (obwol auch das genügt), ist die modern am
meisten verbreitete lehre falsch, die in Herakles einen gott sieht, also in
allen seinen irdischen taten zusätze oder misdeutungen. billig ist es gewifs, sie alle in elementare vorgänge umzusetzen, auf dafs je nach belieben feuer oder wasser, gewittergott, lichtgott, jahrgott immer wieder
hervorspringe. die alten Stoiker, deren methode seltsamerweise bei den
heutigen mythologen gleichzeitig herrscht und in miscredit ist, haben diese
billigen künste schon genug geübt. aber wahrheit ist so billig nicht zu
haben. welche kolossale überhebung liegt darin, den alten Hellenen
ihren glauben an einen zum gotte erhobenen menschen schlankweg um-
zudrehen und sie zu bedeuten: ihr habt an einen zum menschen herunter-
gekommenen gott geglaubt. wer das verständnis eines gottes bei denen
sucht, die an den gott geglaubt haben, wird vielmehr finden, dafs eine
solche ansicht nichts beweise als ihre eigene verkehrtheit. die entgegengesetzte auffassung, die ebenfalls im altertume ihre vertreter gehabt hat
und heute noch bekenner zählt, selbst über die kreise hinaus, die unsere
schulbücher machen und für den königssohn Herakles eine jahreszahl
haben (mit fug und recht, so lange Abraham eine hat), ist der rationalismus in seinen verschiedenen spielarten, und die ehrlichkeit zwingt mir
das zugeständnis ab, ich wüfste den nicht zu widerlegen, der also argu-
mentirte: es habe einmal ein mensch gelebt, der sich durch die abwehr
von wilden tieren und menschen vor seinen stammesgenossen so sehr
hervortat, dafs sie ihn für überirdischer herkunft hielten, nach seinem
tode als gott verehrten und demgemäfs durch gebet und opfer sich geneigt zu machen suchten. zu dem zugeständnis könnte man den vertreter

dieser ansicht schon bringen, daſs weder der name Herakles noch irgend
eine der überlieferten Heraklestaten geschichtlich wäre (obwol das mit
der bezwingung des löwen schwierig sein würde): aber das würde ihn
aus seiner entscheidenden position nicht herausschlagen. immer könnte
er sagen, ja, warum sollte es solchen menschen nicht gegeben haben, an
den sich die sagen und die verehrung geknüpft hätten? da gibt es nur
die gegenfrage, warum soll es solchen menschen gegeben haben? wenn
ihm weder der name noch die taten gehören, ist er nicht ein messer ohne
schaft und klinge? aber mit solcher frage überwindet man den rationalismus nicht. das tut man erst, wenn man ihm seine letzte position läſst.
gut; gesetzt, solch ein mensch hat gelebt, was erklärt man damit? doch
höchstens das, was dem dorischen volke in den klüften des Pindos den
anstoſs gegeben hat, die Heraklessage zu dichten. diese selbst bleibt eine
freie dichtung so oder so. jenes individuum ist wie sein name dahin,
verweht, vergessen: der Herakles der sage hat sein eignes ewiges leben,
und nur ihn gilt es zu erfassen. eine moderne analogie wird das verhältnis aufklären. es hat ein Dr. Johannes Faust wirklich gelebt, er ist
eine geschichtlich sehr wol controllirbare person: aber für die Faustsage,
welche die welt beherrscht, ist er ganz gleichgiltig, und er hat ihrem träger
weder den namen noch den inhalt gegeben, beide sind vielmehr über 1000
jahre älter. der Faust, der den conflict zwischen den zielen, den τέλη, des
menschlichen strebens verkörpert, glücklich sein, weise sein, gut sein, hat
mit dem dunklen ehrenmann, oder vielmehr dem obscuren lumpen Dr. Faust
nichts zu tun, dessen geburt und tod in den acten aufgestöbert wird.
der Faust von fleisch und bein ist gar nicht der wirkliche Faust: der
ist vielmehr eine conception der volksphantasie, ein sohn derselben mutter,
die in den schluchten des Pindos vom göttlichen geiste den Herakles empfangen hat. wer immer strebend sich bemüht, den können wir erlösen.
diese antwort hat in harmonie mit der empfindung seines volkes unser
dichter auf die frage gegeben, welche die Faustsage stellt. das glück
das im genusse liegt, ist des teufels; das glück das in irdischer weisheit
liegt, führt zum teufel: nur die ergebung in die gesetze gottes, der glaube,
kann den menschen in die ewige seligkeit führen: so hatte die alte
antwort gelautet, nicht nur zu Luthers zeiten, sondern schon zu denen
des Clemens Romanus. dieser glaube hat sich in der geschichte vom
Faustus verkörpert, der glaube an die eingeborene schlechtigkeit der
menschennatur, welcher als rückschlag gegen das Hellenentum eben aus
diesem hervorgehen muſste, als es dem tode verfallen war. wir haben
jetzt diesen pessimismus überwunden: unsere heiligste überzeugung duldet

nicht mehr, daſs Faust der hölle verfällt. doch was wir selbst empfinden,
gehört nicht her: die übermenschliche gröſse der Faustsage, ihre sittliche
bedeutung als verkörperung einer ganzen erhabenen weltanschauung
leuchtet ein, ganz abgesehen davon, ob wir diese weltanschauung teilen.
so gewaltig ist diese sage, daſs der gröſste dichter vergeblich ein langes
leben danach gerungen hat, ihr aus eigner kraft einen neuen abschluſs
zu geben, der der veränderten sittlichen überzeugung genug täte: jeder
ehrliche mensch muſs zugestehn, daſs Goethes Faust inhaltlich in ebenso
kümmerlicher weise durch einen deus ex machina abgeschlossen wird
wie nur irgend ein euripideisches drama. aber die Faustsage ist der
beste commentar zur Heraklessage. Faust ist das widerspiel des Herakles,
denn dieser verkörpert die weltanschauung, welche das christentum ab-
löst mehr als überwindet, denn auch in seinem gegensatze zeigt es seine
zugehörigkeit zu der hellenischen cultur; Faustus oder sein lehrer Simon
ist in der altchristlichen sage der vertreter der hellenischen cultur, die
nur irdisches ‘glück’, aber ewigen tod bringt. darum hat er Helene zur
gattin, die Helene des Stesichoros.

Diese analogie habe ich mit so vielen worten vorgeführt, weil con-
ceptionen der volksphantasie, wie die Heraklessage eine ist, bei den
Hellenen so gar oft verkannt und in falsche kategorieen eingepresst
werden. sie sind dichtungen, die den tiefsten gefühlen und gedanken einer
noch völlig sinnlichen reflexion gestalt verleihen. die zeit, die abstract
zu denken nicht vermag, bewältigt die ewigen probleme in ihrer weise.
sie schafft gestalten; sie wird sich zuerst bewuſst gewesen sein, daſs sie
sie schuf. bald aber gieng es ihr, wie es uns allen geht, sie geriet in
die gewalt der creaturen die sie machte. zu anfang war Herakles ein
paradigmatisches wesen, bestimmt das sittliche ideal der zeit zu verkörpern
und die lehren ihrer sittlichkeit zu verkünden. aber weil er das tat,
weil dieses ideal jenen menschen eine realität war, wie gott eine ist, so
war er gott und ward er gott. es war eine bestimmte concrete menschen-
gesellschaft, die vorfahren der Dorer, die jenes ideal bekannten und die
Heraklessage dichteten. ist es nicht natürlich, daſs ihnen mehr an der
dichtung gelegen hat als an dem erzeugnis derselben, dem Herakles im
himmel, während die Athener, mit dem glauben an diesen eher als mit
der sage vertraut geworden, beide demgemäſs gewertet haben?

Die älteste sage.   Versuchen wir uns nun jener dorischen weltanschauung zu bemeistern, welche sich in der Heraklessage verkörpert hat, und zwar
zunächst in der abstracten form, die dem modernen verständlicher ist
als die bildlichkeit, obwol man trotz allem umformen und bessern an

den eigenen worten sicher sein kann, hier zu viel, dort zu wenig zu sagen. denn es gibt dinge, für welche die abstracte sprache zu arm ist, wo nur das bild genügt, wo nicht die wissenschaft reden kann, sondern nur die poesie.

Die Heraklessage spricht zu dem dorischen manne: nur für ihn ist sie das evangelium; sie kennt keine menschen aufser ihm, sondern nur knechte und bösewichter. also spricht sie: "du bist gut geboren und kannst das gute, so du nur willst. auf deiner eignen kraft stehst du, kein gott und kein mensch nimmt dir ab, was du zu tun hast. aber deine kraft genügt zum siege, wenn du sie gebrauchst. du willst leben: so wirke. leben ist arbeit, unausgesetzte arbeit, nicht arbeit für dich, wie der egoismus sie tut, noch arbeit für andere, wie der negative egoismus, die asketische selbstaufopferung, sie tut, sondern schlechtweg zu leisten jeden tag, was immer man kann, weil man es kann und weil es zu leisten ist. du sollst eben tun wozu du da bist. und du bist aus göttlichem samen entsprossen und sollst mitarbeiten das reich deines gottes auf-zurichten und zu verteidigen. wo immer ein böser feind dieses reiches sich zeigt, stracks geh auf ihn los und schlag ihn nieder ohne zagen; mit welchen schreckbildern er dich grauen machen, mit welchem zauber er dich verführen will, packe kräftig zu und halte fest: wenn du dich nicht fürchtest, wird der sieg dein sein. eitel mühe und arbeit wird dein leben sein: aber der köstlichste lohn ist dir gewiss. du mufst nur nicht die breite heerstrafse wandeln, wie die feige masse die von der erde stammt, an der erde klebt: den schmalen pfad mufst du gehen, so wahr du göttlichen samens bist, und dann vorwärts, aufwärts. droben wirkt dir die himmelspforte, und wenn du anpochest, dann bereiten dir die seligen himmelsherrn einen platz auf ihren bänken und bieten dir zum willkomm die schale, in der der himmelstrank des ewigen lebens schäumt. für die ἀρετή, manneskraft und ehre, bist du geboren: sie sollst du erwerben. feil ist sie nur um das leben: aber wer diesen preis einsetzt, hat sich das ewige leben gewonnen."

Ein volk das diesen glauben im herzen hat, ist jugendfrisch und jugendstark. wenn Michel Angelos Adam aufgesprungen sein wird und eignes blut in seinen adern spüren wird, dann wird er also empfinden, der mann, der dieses selbstvertrauen im busen hat, wird unwiderstehlich sein — vor seinem anblick würde Faust auch in den staub sinken, und doch würde er in ihm seinen bruder erkennen, dem das evangelium der tat noch nicht verkümmert ist. nicht mit dem kümmerlichen stecken der pflicht, der in jede hand gleich gut pafst, wird er die flache heerstrafse des lebens

hinab ziehen, einer unter vielen, null unter nullen, niemand zu schaden,
niemand zu frommen, sondern die keule wird er sich brechen, die kein
anderer heben kann, und in den wilden wald sich stürzen, zu bezwingen
die drachen und löwen, zu überwinden tot und teufel: der ehre gehorchend,
die ihm im busen wohnt, und deren gebote ihm allein gelten, weil er allein
sie erfüllen kann. ein freier mann wird er sein, das haupt vor niemandem
beugend und die sklavenseelen verachtend: aber seine kraft wird er ein-
stellen in den dienst des allgemeinen, in den dienst der gesittung und
des rechtes, in den dienst gottes, auch dies nicht als knecht, sondern
als der sohn, an dem der vater ein wolgefallen hat. und so sind sie
hervorgetreten aus ihren wäldern, die jugendfrohen Heraklessöhne, und
haben sich mit kräftigen schlägen die besten plätze am tische des hellenischen lebens genommen. als wir sie kennen lernen, ist die schöne
jugendfrische zeit vorüber; die ehre, der sie als höchster sittlichkeits-
norm nachleben, beginnt schon die conventionelle standesehre zu werden,
der eingeborne adel zu dem gemeinen adel, in welchem ἀρετὴ πατέρων
die eigene ἀρετή ersetzt, und der selbstherrliche mann geht selten mehr
den schmalen pfad, fordert vielmehr den vortritt auf dem breiten wege
zu gütern und genüssen. die schatten sind tief geworden; es verletzt
den beschauenden, daſs dieser glaube für das weib keine stätte hat, daſs
die seelenkräfte nur nach der seite des willens, nicht nach der des ver-
standes ausgebildet werden: aber die alten züge trägt auch jetzt noch
das volk, und der alte adel verleugnet sich nicht in ihnen. das reine
Hellenentum, das Homer und Sappho, Archilochos und Solon, Herakleitos
und Xenophanes hervorgebracht hat, ist ein anderes, reicheres, weiterhin
wirkendes, menschlicheres, die mahnungen an ϑνητὰ φρονεῖν, γνῶϑι
σαυτόν, καιρὸν ὅρα, φιλοκαλεῖν μετ᾽ εὐτελείας καὶ φιλοσοφεῖν ἄνευ
μαλακίας sind wahrlich dem herakleischen wesen sowol fremd wie überlegen: aber die kraft und erhabenheit des Heraklesglaubens wird von
keiner einzelnen manifestation des hellenischen geistes erreicht. man ermiſst den unversöhnlichen gegensatz der stämme am besten, wenn man
den Dorer Herakles zwischen den helden der Ilias oder den göttern
des Olympos erblickt. das Ionertum, elastisch aber nervös, feurig aber
scheu, klug und seelenvoll, aber eitel und trotzig: ein edles rofs neben
dem dorischen stier, dessen wuchtiger nacken jedes joch zerbrach, dessen
auge nur dem verzärtelten stadtmenschen blöde oder rasend blickt, weil
er treuherzig und stolz nicht versteht. auch der stier ist ein edles
tier, dauerbar und unwiderstehlich und besonders gern zeigen sich groſse
götter, Jahwe und Dionysos z. b., in seiner gestalt. aber stier und rofs

soll man nicht zusammenspannen. das war das verhängnis des Griechen-
volks. Ioner und Dorer konnten keinen staat bilden. und doch, zu
einem haben sie mitgewirkt, zu der höchsten, der attischen cultur. und
deren edelste blüte, die sokratische philosophie hat eine ihrer wurzeln
auch in dem Heraklesglauben: auch sie bekennt in stolzer zuversicht,
daſs der mensch gut ist, daſs er kann was er will, und daſs er wirken
soll im dienste des allgemeinen sein leben lang, ein leben, das in seinen
mühen und seiner arbeit zugleich seinen lohn hat. und an dem dufte
dieser blüte stärkt auch heute noch der culturmüde mensch seinen mut,
in der entgotteten welt zu leben und zu wirken.

Diese sätze mögen den vorwurf verdienen, das versprechen abstracter
behandlung schlecht gehalten zu haben, und sie werden dem schicksale
nicht entgehen, verspottet und verlacht zu werden. diesem schicksal
muſs der den mut haben die stirn zu bieten, der den inhalt einer religiösen idee darlegen will. denn das ist schlechterdings nicht möglich,
wenn man nicht empfindung hat und empfindung wecken will. vom
heiligen soll man nur aus dem herzen zum herzen reden. wer nicht
empfindet, dem muſs solche reden torheit scheinen, und dem gemäſs
wird er urteilen und verurteilen. weit schmerzlicher als fremder hohn ist
das eigene gefühl der unzulänglichkeit gegenüber dem schlichten aber
lebendigen bilde, das der alte glaube sich geschaffen hat, ohne irgend
etwas von den moralischen und metaphysischen abstractionen zu verstehn. und ginge es nur an, dieses älteste bild in einigermaſsen festen
strichen zu umreiſsen und wenigstens die grundfarben herzustellen, gern
würde man sich darauf beschränken, es allein wirken zu lassen; es be-
dürfte dann keiner langen reden für die, welche poesie zu empfinden
im stande sind, andere aber überzeugt man doch niemals. allein nur
einzelne züge gelingt es der ursage zuzuweisen, weil sie zugleich mit der
religiösen conception gegeben sind, oder aber als stamm aus den vielen
ähnlichen sprossen zu erkennen sind, die sich in späterer zeit bei den
verschiedenen Heraklesverehrern finden; und selbst von diesen geschichten
läſst sich nur das farblose motiv in die urzeit zurückführen, keine der
einzelnen lebensvollen darstellungen. endlich fehlt überhaupt eine anschauung jener primitiven dorischen cultur, so daſs selbst der versuch
einer nachdichtung ausgeschlossen ist.

Für uralt muſs gelten die abstammung von dem höchsten gotte.
das ist nicht viel; διογενεῖς sind die adlichen alle im Gegensatze zu den
γηγενεῖς, die nur knecht sein oder als feind erschlagen werden können.
der unterschied ist nur, daſs die nachkommen des Herakles, d. h. seine

ursprünglichen verehrer, an dem göttlichen blute durch ihn teil haben,
er aber unmittelbar. eine adliche mutter muſs er auch gehabt haben
und in einem geschlechtsverbande muſs er gestanden haben. das gibt
einen anhalt für verschiedene bedeutende geschichten, ist aber nichts
wesentliches, denn nur im geschlechtsverbande kann sich die älteste
zeit den vollwichtigen mann denken[72]). im wesen des helden liegt, daſs
er alles was er tut durch eigene kraft leistet. von seinen taten hat
sich natürlich sein volk in den schluchten des Pindos auch schon vielerlei
erzählt, was den späteren geschichtlichen sagen analog gewesen ist; das
konnte sich unter veränderten geschichtlichen umgebungen nicht erhalten,
war aber auch für die Heraklesreligion nicht von wesenhafter bedeutung.
in diesen sagen ist der held bogenschütze gewesen, weil sein volk damals
noch diese waffe bevorzugte. die alte sitte hat sich in geschichtlicher
zeit nur bei den kretischen Dorern gehalten; aber Herakles blieb ein
schütze, trotzdem der dorische adel die hellenische verachtung der waffe
nicht nur annahm, sondern besonders stark ausbildete. von den kämpfen
gehört zum allerältesten bestande der löwenkampf, der immer der erste
geblieben ist, an verschiedenen orten erscheint, und geglaubt sein muſs,
ehe die einwanderer die althellenischen landstriche betraten, in den
es keine löwen mehr gab, wenn sie je da gewesen waren[73]). ferner ge-

---

72) Vgl.ˑ über diese rechtsverhältnisse Herm. XXII 236 ff. die einsicht in
dieselben ist eine unerlässliche vorbedingung für das verständnis der sage, da sie
in ihr vorausgesetzt werden. E. Meyers bedeutendes werk ist der deutliche beweis
dafür, daſs ihre vernachlässigung die ganze entwickelung des griechischen staates
auf ein falsches fundament stellt.

73) Furtwängler (Arch. Zeit. 1883, 159) hat die löwen, deren existenz in
Griechenland Herodot leugnet, als bewohner des Peloponneses in alter zeit angenommen,
wenn ich ihn richtig verstehe, mindestens bis in das 8. jahrhundert. sein grund
ist die darstellung von löwenjagden auf mykenäischen schwertern, auf dem proto-
korinthischen gefäſse, das er publicirt, und bei Homer. aber Homer beweist für
Hellas gar nichts, sondern für Asien, und es ist vielmehr für die herrschaft des
epos ein neuer beleg, daſs die tierkämpfe, welche in ihm verherrlicht sind, auch in
gegenden dargestellt werden, wo sie dem leben fremd sind. wäre dem nicht so, so
müſsten die künstler doch die ungleich häufigeren tierkämpfe schildern, welche
notorisch in Hellas den hirten drohten. wo sind die bären? die gab es doch im
'Bärenland' Arkadien? und gar die wölfe: noch Solon hat um sie auszurotten jagd-
prämien ausgesetzt. und ferner müſste die sage doch wol löwen in Hellas kennen.
aber es gibt nur einen, den des Herakles, denn der des Kithairon ist von dem von
Nemea nicht verschieden: die Boeoter und Megarer haben nur das hauptabenteuer
des helden den Argeiern nicht abgetreten. auſser ihm kenne ich nur noch den
löwen von Keos: der liegt noch da, in lebenden fels gemeiſselt, es war vermutlich
eine felskuppe gewesen, in der die volksphantasie einen löwen sah, und der die

hört die überwindung der γηγενεῖς durch den διογενής zum wesen der
sage; aber diese gibt eben niemals etwas anderes als ganz concrete bilder.
zu jeder zeit und an jedem orte hat sie den bösewichtern und ungeheuern
die gestalten gegeben, die in ihrer phantasie gerade lebten. was für
vorstellungen von riesen und teuflischen mischwesen in der phantasie
der ältesten Dorer lebten (man bedenke die scheusale der hellenischen
inselsteine), welche geschichtlichen gegensätze den oben behandelten histo-
rischen sagen analog den feinden des Herakles ihre farben gaben, das
vermag niemand zu sagen. die spätere entwickelung bewegt sich, selbst
wenn sie keine neue historisirung vornimmt, in zwei wegen. sie läfst dem
Herakles bald einen einzelnen gegner entgegentreten, bald eine gleich-
artige vielheit. neben Triton Typhon Geryones Halkyoneus Kakos[74])
stehen Kentauren Dryoper Giganten, und wenn Halkyoneus einer der
Giganten wird und so das einzelabenteuer eine episode des grofsen
kampfes, so steht der Kentauromachie ebenbürtig in den aetolischen und
achaeischen sagen ein Kentaur, Nessos[75]) oder Dexamenos. altertümlicher

kunst nachgeholfen hat. vgl. *de Eurip. Heraclid.* 8. dieser löwe ist ein wunderwesen, er scheucht die nymphen selbst; also zu den gewöhnlichen waldbewohnern
gehört er nicht. der nemeische ist aus dem monde gekommen: also gab es auf erden
keine andern im gesichtskreis der Argeier. der lesbische löwe (schol. Theokrit. 13, 6)
ist vielleicht dem keischen verwandt. denn dieser scheucht die Βρῖσαι (Βρεῖσαι),
die nymphen, und dieser name kehrt nur auf Lesbos wieder, wo Βρῆσα liegt und
Διόννσος Βρησεύς Βρεισεύς zu hause ist.

74) Die drei letzten sind wol differenziirungen derselben urform. auf den
namen Kakos ist kein verlafs; aber die an ihn geknüpfte chalkidisch-campanische
sage ist wol eher eine parallele als eine nachbildung der Geryonessage gewesen,
doch nur in dem sinne, dafs Geryones bereits ein blofser riese war. ursprünglich
ist er der herr des totenreiches gewesen, und züge, die nur unter dieser voraussetzung verständlich sind, haben sich bis in die späte mythographische vulgata
erhalten.

75) Sehr bezeichnend ist dafür die gewaltige attische grabvase mit Herakles
und Net(t)os, Ant. Denkm. I 57, wo Nessos einfach ὁ Κένταυρος, der gegner des
Herakles, aber nicht der räuber Deianeiras ist. beiläufig, man sollte sich nicht ge-
wöhnen Netos umzuschreiben (so wenig wie Kitylos, bruder des Dermys von Tanagra,
oder Katandra): das einfache t bezeichnet den laut, der dem attisch-boeotischen
eigentümlich ist und sonstigem doppeltem s entspricht. sehr merkwürdig aber ist,
dafs der Kentaur einen eigennamen führt, der zugleich der eines schon dem Hesiodos
(Theog. 341) bekannten flusses ist und der λίμνη Νεσσωνίς in Thessalien ihren
namen gegeben hat. in der geschichte von Deianeira ist Nessos ganz offenbar eigentlich der flussgott und somit von dem freier Acheloos nicht verschieden, man sieht
recht deutlich, wie der ionische epiker die alten motive auch hier unverstanden
verwirrt hat, und wie andererseits die mischbildungen in ältester zeit durcheinander
giengen, der rofsmensch und der βούπρωρος Ἀχελῷος.

scheint wol der einzelkampf; aber beide formen werden immer neben
einander bestanden haben, da wir doch die älteste sage nicht in einer
festen form denken dürfen. als besonders bedeutsam hebt sich aus dieser
gruppe ein kampf hervor, den der heros als bundesgenosse der götter
oder seines himmlischen vaters mit den feinden des göttlichen regimentes
ausficht. dem einen Typhon oder den Giganten, daſs die guten himmels-
götter mit finsteren irdischen gewalten streiten, ist eine vorstellung, die
bei den Indogermanen so weit verbreitet ist, daſs wir sie, ohne über die
besondere form irgend etwas auszusagen, auch den ältesten Dorern nicht
absprechen dürfen: und da ergibt sich die teilnahme des göttersohnes,
der sich die göttlichkeit erwirbt, eigentlich von selbst. endlich muſs der
held den tod überwinden und in den himmel eingehen, beides in möglichst sinnlicher form. der herr des todes mag in dem erdinnern hausen
als ein gräſslicher hund, oder in den schlüften des meeres mit all den
schauerlichen künsten des dem landbewohner doppelt unheimlichen ele-
mentes; er wird gern gedacht als der besitzer ungeheurer schätze, die
sich die volksphantasie immer gern im erdinnern und am meeresboden
denkt. sie erscheinen bald den lebensverhältnissen der alten zeit entsprechend als ungezählte rinderherden, bald in dem symbole des füll-
hornes mythisch verkörpert[76]). indem der überwinder des todes sich seiner
schätze bemächtigt, erwirbt er sich zugleich für den naivsten sinn die
ewige seligkeit. aber wol schon der ältesten sage wird die daneben
hergehende erzählung angehören, nach der der held selbst in den göttergarten zieht und die äpfel der unsterblichkeit bricht. in jedem falle ist
so sein leben beendet: den irdischen tod schlieſst die ganze dichtung
ihrem wesen nach aus. und er ist auch nicht gestorben: nirgend hat
ein grab des Herakles bestanden. wer diese eine tatsache zu begreifen
versteht, namentlich im hinblick auf die formen des hellenischen cultus,
der weiſs, daſs Herakles unmöglich ein bloſser heros gewesen sein kann,
geschweige denn ein mensch. andererseits ist die ganze reihe seiner taten
eine absurdität, wenn er ein unsterblicher ist. mit dem tode ficht kein
gott, denn ihn ficht der tod nicht an.

---

76) Acheloos muſs dem Herakles das füllhorn geben, vgl. oben s. 23, anm. 45.
der preis des Tritonkampfes ist derselbe. wenn Theseus in das meer taucht um
sich von Amphitrite den kranz zu holen, der jetzt in den sternen der himmlischen
krone stralt, so ist das, wenn nicht übertragung, so doch inhaltlich das nämliche,
eine hochaltertümliche variante ist es, daſs Herakles in den schlund eines see-
ungeheuers hineinsteigt: den schlund des todes. das mag mitgewirkt haben bei dem
troischen kampfe für Hesione, obwohl diese rhodische geschichte im wesentlichen
übertragung von Perseus ist.

Damit ist, wenn auch notgedrungen in farblosen grundlinien die ursprüngliche sage gezeichnet. zwischen den zeiten da sie entstand und der ältesten für uns immerhin auch nur durch rückschlüsse erreichbaren concreten form liegen jahrhunderte, und in der zwischenzeit sind die Dorer in Hellas sesshaft und herrschend geworden. ein ganzer wald von neuen sagentrieben hat den grund der sage überwuchert. die räumliche ausdehnung und trennung der dorischen stämme hat die alte einheitlichkeit zerstört. indessen das dickicht lichtet sich, sobald die lediglich geschichte reflectirende sagenmasse abgesondert wird. immerhin bleiben noch drei sagenkreise oder kreisabschnitte, die für die gesammte folgezeit mafsgebend geworden sind, durch die mythographie nicht ohne gewalt neben einander gerückt, der thebanische für die geburt und jugend des Herakles, der oetäische für sein ende, der argolische für seine haupttaten, den Dodekathlos. die oetäischen sagen mögen zunächst bei seite gestellt werden; die epische bearbeitung durch nicht dorische Homeriden hat ihnen einen fremdartigen charakter aufgedrückt. auch die boeotischen sagen sind in der importirten epischen weise zur darstellung gebracht worden, zum teil mit grofsem erfolge, in den hesiodischen gedichten, allein niemals in einem gröfseren zusammenhange, und niemals ohne die argolische sage bereits vorauszusetzen. die nahe beziehung Boeotiens zu Chalkis und seinem culturkreise, der den westen beherrscht, und die fruchtbarkeit dieses kreises an dichtern der chorischen lyrik im sechsten jahrhundert hat sehr vielen der altargolischen erzählungen eine neue farbe gegeben, welche dann die herrschende geblieben ist: aber auch so weist alles auf den argolischen ursprung zurück. die argolische sage allein ist in sich ein organisches ganzes, sie bildet das fundament der späteren Heraklessage und läfst allein den echten sinn der ursprünglichen conception unmittelbar hervortreten. hier gelingt es ein grofsartiges altdorisches Heraklesgedicht zu erfassen: der Herakles, der nicht blofs die welt sondern auch die herzen erobert hat, ist Argeier.

Eine argolische neubildung ist vor allem der name Ἡρακλῆς, *Frobert*, wie Benseler gut übersetzt hat, denn das altertum selbst hat, abgesehen von einigen schrullenhaften etymologen, den 'Heraberühmten' in ihm gesehen, und wir tun immer am besten dem verständnisse des volkes über seine eigne sprache zu trauen, trotz einer unregelmässigkeit in der vocalisation[77]).

---

77) Man erwartet Ἡροκλῆς. Ἡράκλειτος kann dem namen des gottes nachgebildet sein, Βουλακράτης Τιμαγένης u. dgl. weichen in der quantität des α ab. Θεάγενης hat man von Θεογένης differenziirt, um die geburt durch hilfe einer göttin von der durch einen gott sondern zu können. die bildungen Πυλάδης Ἀθηνάδης

nebenformen existiren nicht[78]). nun ist Hera die göttin von Argos, und nur von Argos[79]). wenn wir sie ihre herrschaft über Arkadien bis Sparta und Olympia[80]) ausdehnen sehen, so ist zu bedenken, dass dem das gebiet des argolischen einflusses genau entspricht. Argos ist ja von hause aus nicht stadtname; Heras uraltes heiligtum liegt auch nicht in der stadt oder dem unmittelbaren herrschaftsgebiete der Larisa, und die Ἥρη Ἀργείη Homers ist die des Peloponneses in dem sinne wie der könig von Mykene herr desselben ist. aber Hera ist eine hellenische göttin. wenn der dorische heros den namen 'Heras ruhm' erhält, so kann er ihn erst in Argos, also nach der einwanderung erhalten haben. wenn er unter diesem namen ein allen Hellenen gemeinsamer heros und gott geworden ist, so ist damit die übermacht der argolischen sage unmittelbar bewiesen. nicht minder zwingend ist der schluss, daſs allerorten und zuerst in Argos ein namenswechsel stattgefunden hat. das gedächtnis an einen solchen ist unverloren geblieben[81]).

Θηβάδης mit kurzem α bilden eine gruppe für sich. trotzdem wird man die möglichkeit der alten ableitung nicht bestreiten dürfen. ich möchte jedoch nicht unterlassen auf bildungen wie Ἀλκαμένης Θηραμένης hinzuweisen, die von consonantischen stämmen kommen. da Ἥρα, wie die ἠρϜαῶιοι (IGA. 110) lehren (das anlautende heta fehlt, weil die Arkader es überhaupt verloren haben) ursprünglich ἩρϜα ist und zu ἥρως sich stellt wie Nerio zu nar, Nero, so daſs die gattin des himmelsherrn höchst passend frouua heiſst, kann man wol auch vermuten, daſs eine wurzel hēr bestanden habe, von der sowol die göttin als δέσποινα, wie der held als Ἀνδροκλῆς benannt wäre. ich habe meine darstellung durch diesen einfall nicht stören lassen.

78) Ἥρυλλος (Hesych u. a.) ist das correcte hypokoristikon wie Διυλλος von Διοκλῆς. Ἀριστυλλος von Ἀριστοκλῆς, Ἴουλλος von Ἰοοκλῆς. Ἡρύκαλος bei Sophron ist spielerei, bei der italische umformungen mitgewirkt haben werden. Ἥραιος (Hesych., so zu betonen) ist auch ein correctes hypokoristikon, wie Διαιος Θεαιος Ἀρισταιος Ἰσαιος.

79) Euboia und Plataiai (Theben nicht) haben auch alten Heracult, und die Κιθαιρωνία greift bedeutend in die Oidipodie ein. das wird mit den völkerschiebungen zusammenhängen, die oben s. 16 und 17, anm. 34 berührt sind. Samos hat seine göttin von Argos, da Admeta, die Tochter des Eurystheus, dort ebenfalls Herapriesterin ist (Menodotos von Samos bei Athen. XV 672).

80) Das für die religion bedeutendste was Olympia den besucher lehrt ist, daſs Hera seine alte herrin ist, entsprechend der arkadisch-argolischen (d. h. vordorisch-argolischen) herkunft der bevölkerung. Zeus ist durchaus secundär, und es scheint, als hätte er wirklich durch einen blitzschlag, der das sog. haus des Oinomaos traf, von dem Heraheiligtum besitz ergriffen. Pheidon von Argos mag wol das anrecht seiner göttin verfochten haben.

81) Probusscholien zu Verg. buc. 7, 61 Alcides Hercules ab Alcaeo monte (dies in avo zu ändern, ist eine textkritik, die wir dem Egnatius nicht nachtun

kein geringerer als Pindaros soll berichtet haben, dass Herakles diesen namen erst erhalten hätte, nachdem Heras gebote zu seinem ruhme ausgeschlagen waren; vorher aber hätte er Ἀλκείδης geheiſsen[82]. dies letzte wenigstens möchte man ihm ungern zutrauen, da andere mit berufung auf ein delphisches orakel vielmehr den namen Ἀλκαῖος angeben, der von Herakles auf den vater des Amphitryon allgemein übertragen ist. Ἀλκαῖος stimmt zu der mutter Ἀλκμάνα und dem geschlechtsnamen Ἀλκεΐδης, dessen gentilicische bedeutung um so deutlicher ist, da keine person vorhanden ist, auf die er patronymisch bezogen werden könnte[83]. da nun die thebanische herkunft der tradition von dem namenswechsel auch abgesehen von Pindar sicher ist, so ergiebt sich der schluſs, daſs der held in Boeotien ursprünglich wirklich Ἀλκαῖος geheiſsen hat. in Megara hat man nicht wie in Theben dem neuen argolischen Herakles den alten namen opfern mögen, so daſs nun eine differenziirung in zwei ursprünglich identische personen stattgefunden hat. Alkathoos ist den taten nach der 'Herakles' von Megara[84]. sein name aber ist einer der

dürfen, mag auch nichts als ein misverständnis vorliegen) *sive ἀπὸ τῆς ἀλκῆς.* *Pindarus* (fgm. 291) *initio Alcidem nominatum, postea Herculem dicit ab Hera, quod eius imperiis opinionem famamque virtutis sit consecutus.* ähnlich Apollodor 2, 73, Serv. zu Aen. 6, 392. bessere tradition nennt den namen Ἀλκαῖος, auch mit berufung auf das orakel, von dem es auch eine fassung gibt, die töricht ἦρα φέρειν heranzieht. eine dritte ist aus dem versfragment ἠέριον κλέος ἔσχε (Cram. An. Ox. II 445) zu erschlieſsen; sie lag nahe, da ja Ἥρα = ἀήρ vulgär ist. Matris (Diod. IV 10 = I 24) und Sextus *adv. phys.* I 36 genügen den thebanischen ursprung zu sichern. sonst in dem epigramme der albanischen tafel, Aelian V. H. 2, 32, Et. M. Ἡρακλῆς, schol. T zu Ξ 323 u. s. w.

82) Über die bedeutung dieser ableitung habe ich mittlerweile eingehender gehandelt Arist. u. Athen. II 180. die Boeoter bilden bekanntlich die patronymica überhaupt anders.

83) Pindar empfand natürlich die schwierigkeit und hat einmal Ἀλκαΐδαι gesagt (Ol. 6, 63), was schol. T zu Ν 612 als besonders citirt. die Athener meiden Ἀλκείδης, den groſsvater Ἀλκαῖος kennen sie und auf ihn deutete dort Pindar. aber ware er zur erklärung von Ἀλκεΐδης erfunden, so würde er Ἀλκεύς heiſsen.

84) Dieuchidas (schol. Apoll. I 517), auf den, d. h. die megarische chronik, am letzten ende Pausan. I 41 zurückgeht, erzählt die überwindung des löwen, und zwar mit dem märchenmotiv, daſs Alkathoos sich als wahren besieger des untiers durch die ausgeschnittene zunge ausweist, während andere ihm den ruhm schon fast vorweg genommen hatten. der löwe ist ὁ Κιθαιρώνιος. vertreter Megaras ist Alkathoos, seit der ort besteht. er wird mit dem Peloponnes (Pelops) verbunden: der megarische adel war eben von Korinth zugewandert. aber ganz deutlich ist auch hier, daſs Megara vorher zu Boeotien gehörte; der löwe ist vom Kithairon, er hat den sohn des Megareus zerrissen, der zu Megara und Megareus von Theben oder Onchestos gehört, und als Alkathoos den mauerring um seine stadt zieht, hilft die leier des

v. Wilamowitz I. 4

vollnamen, zu denen Ἀλκαῖος abkürzung sein kann. in der boeotischen
sage steht neben Herakles ein zwillingsbruder Ϝιφικλῆς, der mit seltsamer ungunst als ein unwürdiges gegenbild zu ihm gezeichnet wird[85]).
es ist, zumal um des sinnes willen, verführerisch zu vermuten, daſs
Ϝιφικλῆς der argolische name ist, der durch Ἡρακλῆς ersetzt ward,
so daſs die Boeoter, so lange sie sich gegen die argolische sage sträubten,
den vertreter derselben ihrem Ἀλκαῖος unterordneten. wie dem auch
sei: selbst für die urzeit des ungeteilten volkes dürfen wir glauben,
dass der träger der sage statt Frobert ein Ellenbert oder Starko aus
dem geschlechte der Starkunger gewesen ist.

Von natur gehen sich Hera und Herakles nichts an, ja sie muſsten
sich zunächst feindlich sein, da die Heraklesverehrer sich mit gewalt
zwischen die Heraverehrer eindrängten. deshalb gibt die argolische sage
den Herakles dem hasse Heras während seines erdenlebens preis und

---

Apollon, wie die des Hermes dem Amphion in Theben. Pausan. I 42, Anth. Planud.
4, 279. also werden auch den namen Alkathoos schon leute mitgebracht haben, die
von norden zuzogen. die zugehörigkeit des megarischen landes zu Boeotien, für
welche religion und sage viele belege liefern, ist noch im homerischen schiffskataloge
anerkannt. der widerspruch E. Meyers ignorirt die fülle der traditionen. schwerlich
wird übrigens das grab der Alkmene in Megara (Paus. I, 41) ursprünglich die
mutter des Herakles angegangen haben: die motivirung ist kläglich, aber seit der
differenziirung des Alkathoos konnte sie nicht anders ausfallen.

85) Iphikles wird in der vulgären sage sehr schlecht behandelt. als sohn des
sterblichen vaters ist er in der geburtsgeschichte die folie für den gottessohn. weiter
hat er wesentlich nur den Ϝιόλαος zu zeugen, der dann seines oheims knappe wird;
er selbst verschwindet völlig: nur dieses verschwinden zu motiviren werden ärmliche
sagen ersonnen. aber eine merkwürdige überlieferung ist in dem epos vom schilde
des Herakles (88) erhalten, einer nicht lange vor 600 verfertigten einlage in die
hesiodischen Eoeen. hier ist Iphikles der unwürdige bruder des Herakles, der zum
Eurystheus geht, sein diener wird und diesen schritt vergeblich bitter bereut, während Herakles nicht von Eurystheus, sondern vom δαίμων seine arbeiten auferlegt
erhält. so versucht der dichter die dienstbarkeit, die aus der argolischen sage
stammt, von dem boeotischen helden abzuwälzen, den sie ursprünglich nichts angeht;
daſs v. 94 direct auf λ 622 hinweist, hat Leo gesehen. übrigens ist die umdichtung
nicht geschickt gemacht, denn wie Iolaos trotzdem als Ἰφικλείδης und παῖς ἀμύ-
μονος Ἀλκείδαο (des Amphitryon) neben Herakles auftreten kann, hat der dichter
nicht erklärt. Iolaos hatte in Theben grab und cult und fest. seine verbindung
mit Herakles ist das abbild der kampfgenossenschaft, die im ἱερὸς λόχος fortlebte.
wo er in der sage auftritt, ist thebanischer einfluſs sicher. man wird in ihm entweder wirklich einen führer der einwandernden Boeoter oder den vertreter eines
ihrer stämme anzuerkennen haben. bedeutsam ist der namensanklang von Ϝιόλαος
an Ϝιόλεια, die tochter des Eurytos von Oichalia: aber eine verbindung läſst sich
nicht erkennen.

stellt seine aufnahme in den himmel als eine aussöhnung mit der argolischen göttin dar, die ihm ihre tochter zum weibe gibt. aber nur so
lange als hellenisch und dorisch als scharfe gegensätze von den dorischen
herren der Argolis empfunden wurden, konnten sie sich darin gefallen,
den haſs ihrer vornehmsten göttin gegen ihren vornehmsten helden aus-
zumalen. so kommt es, daſs wir zwar in der Ilias manches der art
lesen, in die es ersichtlich durch die südasiatischen Dorer gelangt ist,
die ja aus der Argolis stammten. aber die sagen, in welchen sonst
Heras einwirkung besonders hervortritt, der kindermord, die schlangen-
würgung, die sendung des krebses im hydraabenteuer[86]), sind erweislich
nicht argolisch, und gerade die haupttaten, löwe, Triton, Giganto- und
Kentauromachie, Geryones und Hesperidenfahrt wissen nichts von Heras
groll. es ist das begreiflich. die neidische stiefmutter war ein sehr frucht-
bares motiv für dichterisches spiel und ist in dieser weise fortdauernd
ausgenutzt worden. aber in Argos war der feind Heras längst 'Heras
ruhm' geworden. es ist durchaus wahrscheinlich, daſs die ausgebildete
argolische Heraklee (der Dodekathlos) ihren zorn nur zur motivirung der
dienstbarkeit des Herakles benutzt hat.

Diese konnte nicht aufgegeben werden, obwol sie eine neubildung   Die dienst-
von lediglich geschichtlicher bedeutung war[87]). denn sie legitimirte die   barkeit.

---

86) Dem krebse entspricht das eingreifen des Iolaos; diese fassung ist also
thebanisch. sie beherrscht die bildende kunst seit dem ende des siebenten jahrhunderts, wie namentlich das attische giebelrelief beweist. und die selbst in neben-
dingen ganz feste bildliche tradition bezeugt ein einfluſsreiches gedicht: schon Hesiodos
selbst (Theogon. 314) hat es gekannt, da er den zorn der Hera und die beteiligung
des Iolaos erwähnt. Herakles führt übrigens das schwert selbst bei diesem kampfe.
die vergiftung der pfeile ist also vielleicht etwas secundäres; dann also auch die
gewöhnliche form der peloponnesischen Kentauromachie, welche die vergifteten pfeile
voraussetzt. in diesem falle würde es nahe liegen, Stesichoros diese wendung zuzuschreiben, der von Herakles bei Pholos erzählt hat.

87) Ich muſs nach erneuter erwägung den zweifel äuſsern, ob ich recht getan
habe, die dienstbarkeit der ursage abzustreiten. die formen, in denen sie auftritt,
dienstpflicht des vasallen in Argos, knechtschaft bei Omphale, landflüchtigkeit in
Theben, sind gewiſs alle secundär und in sich sehr verschieden; aber der erfolg
ist im wesentlichen derselbe. Herakles ist vereinzelt, ihm fehlt der beistand, den
sonst der mann durch sein geschlecht und seinen stamm findet, und er handelt unter
einem zwange, nicht aus freiem willen, wie etwa die plan- und gedankenlosen irren-
den ritter der mittelalterlichen romane. nun verstehen das die dichter gewiſs
richtig, die da sagen, er handele im auftrage des $\delta\alpha i\mu\omega\nu$ oder $\tau o\tilde{\nu} \chi\varrho\varepsilon\grave{\omega}\nu \mu\acute{\varepsilon}\tau\alpha$, und
Euripides zumal hat den mangel des freien willens in seinem handeln scharf erfaſst
(575—84), aber die alte sage muſste dafür ein sinnlicheres bild finden. sie muſste

dorische herrschaft. es war unvermeidlich, daſs Herakles auf alle länder
alte rechtsansprüche haben muſste, die seine nachkommen besetzten. so
ward er denn hier an die alten eingebornen heroengeschlechter ange-
gliedert, wie nicht anders möglich, durch seine mutter, so daſs er ein
nachkomme des Perseus, und Tiryns seine heimat ward. da er gleichwol
nicht zu einem alten landesherrn werden konnte, seine nachkommen auch
Argos den Persiden erst mühsam abgenommen hatten, so ergab sich, daſs
ihm sein erbe wider das recht vorweggenommen war, und das eben
hatte Hera verschuldet, so daſs er während des lebens dem schlechteren
manne dienen muſste. die rhodische überlieferung, die wir in der Ilias
lesen, hat das schon mit lebhaften farben durchgeführt[88]). und der
jämmerliche feigling Eurystheus, Sthenelos sohn[89]), sammt seinem herolde
'Dreckle' (Κοπρεύς), sind zu ausdrucksvollen burlesken figuren geworden,
an denen sich der Dorerhochmut gütlich tat, der auf seine periöken
schnöde herabsah. trotzdem blieb Admata, Eurystheus tochter, als Herapriesterin immer eine würdige figur[90]).

Her. in Theben.   Auſserhalb von Argos hat weder die abstammung aus dem blute des
Perseus noch die dienstbarkeit bei Eurystheus irgend welche bedeutung.
aber obwohl gerade in Boeotien der cultus der Alkmene so lebhaft war

---

ihn aus dem geschlechtsverbande loslösen, auf daſs er alles aus eigener kraft voll-
bringe, und sie durfte ihn nicht zu einem landstreicher wie Gawan oder Iwein de-
gradiren, denen das abenteuern an sich spaſs macht, weil sie mit leerer seele ein
leeres leben führen. denn er sollte ja gott werden.

88) T 99 nennt als geburtsort Theben. aber das kann man nicht umhin für
eingeschwärzt aus der späteren sage zu halten. es ist gar nicht zu verstehen, wie
Eurystheus über ein kind macht haben soll, welches in der fernen stadt geboren
wird, und ausdrücklich handelt es sich um die herrschaft über die Ἀργέιοι (123),
zu denen Theben nicht gehört. sonst illustrirt die sage auf das trefflichste die ver-
fassung zur zeit der geschlechterherrschaft: der ἄρχων τοῦ γένους, hier τῶν Διο-
γενῶν, übt eine sehr reale macht. Matris (Diod. IV 9), obwol Thebaner, verlegt
die geburt ganz offenbar nach Tiryns; erstorben war diese natürliche tradition also nicht
ganz. der rhodische einfluſs hat in einem punkte sich immer behauptet: Alkmene ist
Elektryons tochter geblieben, und so ist sie doch nur genannt worden, weil sie in
Rhodos mit Ἀλεκτρώνα, der auf dieser wie auf vielen inseln verehrten vorhelle-
nischen göttin, ausgeglichen war. vgl. Hermes XIV.

89) Sthenelos ist in dieser reihe ein füllname. und doch ist er der eines der
vornehmsten helden für die aus der Argolis nach Asien ausgewanderten Hellenen:
dort ist er sohn des Kapaneus und epigone. daſs Eurystheus kein alter Perside
ist, zeigt das vorkommen des vollnamens Εὐρυσθένης in der von Argos beeinfluſsten
genealogie der spartanischen Herakliden.

90) Für Argos bezeugt es namentlich die albanische tafel, über Samos oben
anm. 79.

wie nirgend sonst[91]), Theben die geburtsstätte des Herakles ohne widerspruch geworden ist, seine erzeugung und seine jugend durch boeotische
dichtung verherrlicht ward, hat doch schon ehe unsere tradition beginnt
der übermächtige einfluſs der argolischen sage gesiegt, oder vielmehr
einen compromiſs erzwungen. Alkmene war eine Tirynthierin, und eben
daher sollte auch der irdische vater des Herakles stammen, den er in
Amphitryon erhielt. dieser hatte in wahrheit gar nichts in Argos zu
suchen, sondern war ein thebanischer held. der zug Amphitryons gegen
die Teleboer oder Taphier, der ganz ungewöhnliche und unverständliche
völker- und machtverhältnisse voraussetzt, die verbindung mit Kephalos,
die jagd des teumesischen fuchses, das sind sagen die schon im 5. jahrhundert halb verklungen sind, um so mehr aber beweisen, daſs Amphitryon eine selbständige bedeutung neben Herakles gehabt hat, und für
ihn die stellung als nährvater des Zeuskindes ein degradation bedeutete.
aus dieser empfindung heraus ist der conflict zwischen Alkmene und Amphitryon entstanden, ein conflict, der für antikes und modernes empfinden
ein guter prüfstein ist. wer einfach antik empfindet, wird den gatten,
dem ein gott aus seinem weibe einen übermenschlich herrlichen sohn
schenkt, demütig und stolz zugleich die gnade hinnehmen lassen, wie
Tyndareos, Ariston der vater Platons, Joseph der zimmermann tun. wer
modern empfindet, wird einen hahnrei sehen: den komisch oder tragisch
zu nehmen gleichermaſsen eine errungenschaft der christlich germanischen
weltanschauung ist. man muſs diesen gegensatz zu verstehen und nach
zu empfinden gelernt haben, um das ganz singuläre zu schätzen, das in
der Amphitryonfabel liegt. und man muſs die glänzende und völlig ge-
lungene leistung Molières bewundern, aber auch den mislungenen versuch Heinrichs von Kleist, die ehrwürdige und heilige sage nach ihrem
werte verständlich zu machen, würdigen können, damit man die freiheit
des sinnes habe, weder blasphemische frivolität in der Amphitryonsage
zu finden, noch die romantisch krankhafte gefühlsverwirrung hineinzu-
tragen. dann erkennt man zweierlei. erstens, daſs es zu unerträglichen
consequenzen führt, wenn solch ein irdischer vater mehr ist als eine
füllfigur. Amphitryon ist mehr, und deshalb kann er nicht ursprünglich
vater des Herakles sein, hat vielmehr die verquickung zweier ursprünglich
selbständiger sagen den keim zu diesen unzuträglichkeiten gelegt. zweitens
aber muſs ein groſser, aber die consequenzen auch um den preis der

91) Pausan. V 17, 8 bezeugt, daſs der samische genealoge Asios unter den
kindern des Amphiaraos eine Alkmene nannte. das hat mit der mutter des Herakles
nichts zu tun. der genealoge borgt den namen von dem bruder Ἀλκμάν.

zerstörung des mythos ziehender dichter das Amphitryonmotiv ernst behandelt haben, ehe die travestie, wie sie bei Plautus vorliegt, sich daran machen konnte. dieser dichter ist nachweislich Euripides gewesen. er liess in seiner Alkmene den gatten so weit gehen, die ehebrecherin auf den scheiterhaufen zu werfen, dessen feuer die erscheinung des gottes in sturm und hagel löschte. von der sittlichen behandlung des problems können wir nichts mehr erkennen[92]), aber Euripides zog auch hier nur hervor, was in der sage lag, und zwar muſs schon vor der knappen darstellung in den hesiodischen Eoeen eine lebhafte dichterische behandlung sowol des Taphierzuges wie der erzeugung des Herakles und auch der ersten tat, in welcher sich das göttliche blut bewährte, der schlangenwürgung, bestanden haben: eine boeotische dichtung[93]). und da diese in ihrem inhalte widersprechende motive enthält, so führt sie auf ältere und zwar argolische dichtung zurück. dafs Zeus zu Alkmene in ihres gatten gestalt herabgestiegen ist und ihr als gewähr für seine gnade einen goldnen becher geschenkt hat, ist zudem noch als peloponnesische tradition nachweisbar[94]).

92) Der inhalt der euripideischen Alkmene ist von R. Engelmann (zuletzt Beitr. zu Eur. Berlin 1882) erkannt. wenn jüngst jemand behauptet hat, der vers des Plautus (Rud. 86) *non ventus fuit, verum Alcumena Euripidis* bedeute, *personam aut fabulam turbulentam dissolutamque esse*, so ist Plautus an dieser windbeutelei unschuldig: der fährt fort *ita omnis de tecto deturbavit tegulas*. das unwetter ist selbst im plautinischen Amphitruo noch beibehalten.

93) Über den Taphierzug zu v. 60, 1078, wo gezeigt ist, daſs die Eoee (Aspis anfang) nur einen auszug der reichen sage liefert. Pherekydes (schol. λ 265), der sonst zu ihr stimmt, wuſste von der schlangenwürgung zu sagen, daſs Amphitryon das ungeheuer geschickt hätte, zu erkennen, welcher der zwillinge aus götterblut wäre (schol. Pind. N. 1, 65). die gewöhnliche fassung dieser sage repraesentirt für uns am reinsten Pindar N. 1, allein von ihm weichen die andern zeugen nicht ab, so daſs man in ihm den urheber hat sehen wollen. und thebanisch ist die sage freilich, wie die einführung des Teiresias zeigt; prägen doch auch die Thebaner den schlangenwürgenden Herakles im 5. jahrhundert auf ihre münzen. aber das pindarische gedicht hat zwar dem Theokrit und Philostratos vorgelegen: dafs es die vulgata beherrscht hätte, ist minder glaublich, als dafs im 5. jahrhundert noch andere auſser ihm eine boeotische darstellung benutzt hätten, der eben auch der Taphierzug angehört haben wird.

94) Das erstere folgt daraus, daſs Zeus in des gatten gestalt mit Kassiepeia den Atymnios zeugt, also eine rhodische sage, Clem. Rom. hom. 5, 13, Robert Bild und Lied 116. das zweite daraus, dafs der besuch des Zeus bei Alkmene nicht nur auf der altspartanischen basis dargestellt ist (Löschcke *de basi Spartana* Dorpat 1879, diese darstellung war von den Spartanern aus dem allgemeinen peloponnesischen typenschatze entlehnt, da dieselbe darstellung auch auf der korinthischen Kypsele stand), sondern dafs der becher des Zeus in Sparta gezeigt wurde: man wird sich

Auf Argos weist also selbst diese verschollene Heraklesdichtung Boeotiens zurück. die argolischen Ἡρακλέους γοναί können wir nicht mehr erkennen, dürfen aber vielleicht annehmen, dafs sie in dem gedichte nicht behandelt waren, das es zu erwecken gilt. denn es ist unmöglich, hier die sage von dem werke eines dichters zu sondern, der sie planvoll und tiefsinnig in festen rahmen gespannt hat. in 10 kämpfen hat er die dienstbarkeit des Herakles zur anschauung gebracht, deren inhalt ist ἐξημερῶσαι γαῖαν, die welt, das war für den horizont des dichters Argos, für die menschheit und ihre friedliche arbeit bewohnbar zu machen. und mit den zwei aus der ursage stammenden, höllenfahrt und himmelfahrt, hat er den kreis vollgemacht, der dann für alle jahrhunderte gegolten hat, nach dem wir sein werk den Dodekathlos nennen wollen. der inhalt läfst sich ganz wol angeben, wenn der erzähler die entsagung übt das detail abzustreifen, und der hörer den guten willen mitbringt sich nicht an das detail zu klammern.

Nackt und blofs[95]), wie der mensch aus dem mutterleibe in diese welt tritt, zieht der Zeussohn Herakles, geknechtet von dem schlechteren manne, von Mykene zu dem ersten straufs, den er bestehen soll. einen ast bricht er sich im walde, das ist seine wehr. und auch sie versagt gegenüber dem ungeheuer, das es zu bezwingen gilt, dem löwen von Nemea, dem bewohner des Apesas, des bergzuges, der des Zeus wiese (νέμεα) von dem mykenischen hochlande trennt. aber die faust versagt nicht: sie erwürgt die bestie, deren vliefs das kleid des helden wird. der nächste zug geht in die Inachosniederung: die wasserschlange von Lerna erliegt der keule. in die benachbarten berge, welche Arkadiens hochebene von Argos scheiden, führt die bezwingung der hirschkuh. sie wird erschlagen, weil sie die argolischen fluren zerwühlte[96]). wie die hindin dem löwen, entsprechen die gewaltigen vögel, die auf dem see von Stymphalos schwimmen, dem lernäischen wassertier. und weiter geht es in der be-

---

nun wol hüten, die überlieferung bei Athenaeus 475ᶜ anzutasten, der dies aus Charon von Lampsakos erhalten hat. seltsamer weise hat der Thebaner Pindar (Isthm. 7, 5) einen zug erhalten, der geradezu für rhodisch ausgegeben werden mufs: Zeus läfst, als er zu Alkmene in Amphitryons haus kommt, um mitternacht gold regnen. so geschah es auf Rhodos bei Athenas geburt, und so ist Perseus, der Argeier, erzeugt. das war also in jenes thebanische gedicht aufgenommen: der hagelschlag der euripideischen Alkmene ist das widerspiel dieses goldenen regens.

95) Die kunst bewehrt Her. auch in den beiden ersten kämpfen mit dem schwerte; das bedeutet nicht mehr, als dafs sie ihm die gewöhnlichen heroischen waffen gibt: da sie die kämpfe vereinzelt, liegt ihr an dem für das ganze wichtigen motive nichts.

96) Vgl. zu v. 375.

friedung des Argos, des Peloponneses. der eber, der Arkadiens felder
zerstörte, wird bis in den schnee des Erymanthosgebirges verfolgt, wo
Herakles den verklamten auf die schulter nimmt; als er ihn heim bringt,
kriecht der feige Eurystheus in ein faſs. vom Erymanthos geht es nach
dem westlichen Arkadien, wo die Kentauren der Pholoe zu bezwingen
sind⁹⁷). in diesen sechs kämpfen ist die befriedung des Ἄργος vollendet.
die folgenden vier führen sie weiter, so weit der horizont der Argolis
reicht. aus süden holt Herakles den kretischen stier, aus dem thrakischen
norden die rosse des Diomedes, aus dem osten den gürtel der Hippolyte, aus
dem westen die rinder des Geryones. das ἐξημερῶσαι γαῖαν ist vollbracht.
der knechtschaft ist Herakles nun quitt, aber die knechtschaft ist gleich
seinem erdenleben. auch das muſs nun zu ende gehen. er hat keinen platz
mehr auf der erde, wenn er nichts mehr auf ihr zu wirken hat. und doch
hat das gemeine menschenschicksal keine macht über ihn. das Alter⁹⁸)
schlägt er nieder, als es ihn heimtückisch in die grube locken will: er
ist kein blinder Faust, den die Lemuren äffen. und den tod sucht er
sich selber auf in seiner höhle: die götter, auf die der Peloponnesier
bei schwerem werke vertraut, Hermes, der geleiter auf gefahrvoller bahn
und vermittler des himmlischen willens, Athana, die gewappnete jungfrau
des himmels, zu der der Dorer von dem Hellenen beten gelernt hat,
stehn dem Herakles bei⁹⁹). er steigt bei Tainaron hinab in die hölle, bei
Hermion empor mit dem höllenhunde, der vom lichte geblendet heulend
entflieht durch die Kynadra von Argos: er wird dem sieger über den tod
nimmer nahen. und nun geht der weg westwärts nach dem göttergarten, Triton und Helios werden bezwungen, der Ladondrache erschlagen,
die schicksalsjungfrau bricht selbst den apfel der unsterblichkeit, Athana
führt den verklärten in den göttersaal, und Hera verlobt ihm ihre tochter,
die ewige jugend¹⁰⁰).

---

97) Vgl. zu v. 182.

98) Vgl. zu v. 637. gerade dieser nur in der bildenden kunst rein erhalteue
zug ist als argolisch gesichert.

99) Zu den vasenbildern stimmen die Homerstellen Θ 367, λ 623; allerdings
ungenügende zeugnisse für die altargolische sage, da sie der allerjüngsten schicht
angehören. indessen liegt in dem wesen und der landschaftlichen geltung der götter
nichts, was verböte, die verbindung dem altpeloponnesischen glauben zuzusprechen.

100) Vgl. zu v. 637. Ἥβα die person ist erwachsen aus dem wesen Heras, die
jedes frühjahr wieder jungfräulich wird, und die bildende kunst lehrt am besten,
daſs sie zu Hera gehört wie Peitho zu Aphrodite und Nike zu Zeus und Athena.
wenn Hebe den göttern bei Homer die himmelsspeise kredenzt, so ist das zwar nur
ein ausdruck dafür, daſs die götter durch diese speise ewige jugend haben, aber

Die öffentliche meinung verwirft jetzt die annahme eines alten cyclus,
wie er hier mit zuversicht auf Argos und auf das 8. jahrhundert zurückgeführt wird[101]. man hält sich zunächst daran, daſs ein für die Heraklessage kanonisches epos nicht existirt hat, am wenigsten im Peloponnes.
auch die bildende kunst, die von einzelnen scenen ausgeht, kann keinen
cyclus beweisen, denn für sie überwiegen künstlerische rücksichten, selbst
wenn sie mehrere taten zusammenstellt. sie kann ihn aber eben deshalb
auch nicht widerlegen; das alter der einzelnen taten bezeugt sie dagegen
vollauf. aber diese taten sind teils wirklich als einzelne ursprünglich gedacht, teils ist man jetzt geneigt sie zu vereinzeln. wenn die stymphalischen
vögel sturmdaemonen, der erymanthische eber ein bergstrom, die hindin
eine jagdbeute des sonnengottes, Geryones der winter ist, so hat in der
tat die verbindung solcher abenteuer keinen inneren wert, und wenn
Herakles ein gott ist wie Apollon oder ein heros wie Theseus, so löst sich
die Heraklee in ἐπιφάνειαι Ἡρακλέους entsprechend den ἐπιφάνειαι
Ἀπόλλωνος[102]) auf, oder sie erscheint so compilatorisch wie die Theseus-
taten. dagegen fordert die hier vorgetragene ansicht von der Herakles-

die jungfräuliche dienerin, die in ihrer mutter hause dienstbereit ist, ist doch die
argolische gestalt. sie sollte dann aber über die äpfel selbst verfügen, und jedenfalls hat die ehe mit Hebe eigentlich denselben sinn wie die gewinnung der goldenen
äpfel. diese gehört in die sage; die ehe ist der ausdruck, den der cultus, nachweislich in Kos und Athen, für die apotheose hat. auch die poesie, selbst Sappho, hat
sie viel verherrlicht. der Dodekathlos hat also bereits zwei parallele motive verbunden.
kinder aus der ehe hervorgehen zu lassen, ist widersinnige mythographenfaselei.
ist doch die ehe von Zeus und Hera zwar gewiſs nicht unfruchtbar, aber man
kennt keine kinder von ihnen als eben Hebe, die ewige seligkeit. daſs Ares und
Hephaistos zu den eltern nicht passen, hat die sage selbst gefühlt.

101) Kein geringerer als Zoega hat den cyclus der 12 kämpfe für ganz spät
erklärt (bassoril. II 43), kein geringerer als Welcker hat ihn auf die Heraklee des
Peisandros zurückgeführt, welche er geneigt war sehr hoch zu schätzen (kl. schr.
I 83). letzterer aufsatz ist das wertvollste, was Welcker zur Heraklessage geschrieben
hat; in der Götterlehre hat er diese gestalt ganz verkannt. Zoega hat den grund
für die mythographische wie die monumentale forschung auch auf diesem sagen-
gebiete gelegt. seine arbeit ist auch jetzt noch reiner genuſs für den leser.

102) Beide titel sind für werke oder teile eines werkes von dem Kallimacheer
Istros bezeugt; die ἐπιφ. Ἡρακλέους kürzlich durch ein bruchstück des Zenobios bei
Cohn (Zu den paroemiogr. 70) bekannt geworden. die Heraklesgeschichte (δειλότερος
τοῦ παραχύπτοντος) ist in wahrheit die erklärung eines naturspiels an irgend einer
tropfsteinhöhle, aber der ort fehlt, und damit die hauptsache. daſs Istros eine zusammenhängende darstellung der Heraklestaten gegeben hätte, ist nicht glaublich.
ἐπιφάνειαι Διός hat Phylarchos geschrieben. bald danach kommt ἐπιφανής als titel
göttlicher, plötzlich rettender könige auf. Horaz übersetzt es mit *praesens* (carm. 3, 5, 2).

religion eine zusammenhängende lebensgeschichte, führt also von selbst
zu der neigung, dem in der späteren zeit geltenden cyclus ein möglichst hohes alter zuzuschreiben. aber die neigung ist kein ersatz
für den beweis. er lässt sich mit aller wünschenswerten sicherheit
führen.

Die zwölfzahl der kämpfe, ihre folge und zumeist auch ihr inhalt,
wie ich ihn skizzirt habe, ist dem späteren altertum ganz wie uns aus der
schule geläufig, und die den bedürfnissen der schule angepasste mythographische litteratur ist es, die uns die überlieferung am bequemsten
bietet. die fruchtbare arbeit der letzten zwanzig jahre hat nicht nur gelehrt, dafs die erhaltenen handbücher sammt der sehr wichtigen in-
schriftlichen parallelüberlieferung unmittelbar in das erste vorchristliche
jahrhundert zurückführen, sondern dafs ein rhetor Matris von Theben,
dem Diodor neben einem solchen handbuche folgt, von der nämlichen
gelehrsamkeit abhängt, natürlich ganz wie sein publicum. damit ist die
blütezeit der wissenschaftlichen philologie erreicht: sie wufste wol, dafs ihre
aufgabe nicht war an den alten sagen fortzudichten, sondern das echte zu
erhalten, und sie wufste auch, wo das echte zu finden war. das ergebnis
ihrer forschung, wie wir es lesen, ist freilich kein auszug aus einem alten
poetischen oder prosaischen buche[103]), sondern eine musivische arbeit, und
nur weil wir blofs noch auszüge haben, fällt uns die schwierige aufgabe zu,
für alles einzelne den alten gewährsmann zu suchen, der ursprünglich
namhaft gemacht war. für den ordnenden gedanken, der den Dodekathlos
als solchen zusammenhält, brauchen wir das nicht, ja wir dürfen es
nicht, denn er gehört zu den voraussetzungen der gesammten mythographie; es mag sich einer oder der andere schriftsteller, der mehr roman-
dichter sein wollte, von dem alten emancipirt haben: dann durchschaute
die gute gelehrsamkeit seine willkür und verschmähte es, ihm zu folgen.
ausdrücklich ist uns überliefert, dafs Kleanthes 'die 12 kämpfe' auf
den gott, den er in Herakles sah, mit behandlung des ganzen details

---

103) Ich hatte die hoffnung, dafs sich zusammenhängende reste der alten mythographen, speciell des Pherekydes, bei den späteren erzählern würden aufzeigen lassen,
und hatte dem in der ersten auflage mehrfach ausdruck gegeben. dafs das irrig ist
oder doch nur in beschränktem mafse statt hat, mufs ich nunmehr leider zugestehn.
für Pherekydes gibt den beweis Lütke, Pherecydea (Göttingen 1893). über die ganze
spätere mythographie handelt vortrefflich E. Schwartz unter Apollodoros von Athen
in Wissowas Realencyclopädie. Schwartz hat aber auch darin recht, dafs die Heraklee besonders einheitlich überliefert ist: an ihr könnte jemand passend eine probe
der notwendigen sammlung des ganzen zusammengehörigen materiales machen.

ausgedeutet hat[104]): also die theologie fand den cyclus um 250 vor. die
sexta aerumna Herculi bei Plautus Epid. 179 ist jetzt nicht ganz deutlich:
um so sicherer wird der bearbeiter zwar die pointe zerstört, aber gar die
ordinalzahl in seinem originale vorgefunden haben, das um 290 verfaſst war[105]). bald darauf redet Apollonios von den ʿzwölf kämpfenʾ
und kennt die Argofahrt des Herakles zwischen sie eingeschoben[106]).
Kallimachos redet ihn an (fgm. 120) χαῖρε βαρυσκίπων, ἐπίτακτα μὲν
ἐξάκι δοιά, ἐκ δ᾽ αὐταγρεσίης πολλάκι πολλὰ καμών. wenn Theokrit den ausdruck braucht, der alte Peisandros habe in der Heraklee
namhaft gemacht ὅσσους ἐξεπόνησεν ἀέθλους, so ist für jeden ehrlichen grammatischen verstand klar, daſs er einen bestimmten begriff
mit den ἄθλοι verbindet, und daſs dies kein anderer als der des Dodekathlos ist[107]). damit springen wir eigentlich gleich in das sechste jahrhundert. daſs Pindaros und die Athener die zwölfzahl nicht nennen,
kann bei einiger überlegung nicht befremden. wie sollte der Thebaner
seinen vaterländischen helden in diese argolische enge bannen? wie
sollten die Athener nicht die tätigkeit des panhellenischen helden

---

104) Cornut. 31. τοὺς δὲ δώδεκα ἄθλους ἐνδέχεται μὲν ἀναγαγεῖν οὐκ ἀλλό-
τρίως ἐπὶ τὸν θεόν, ὡς καὶ Κλεάνθης ἐποίησεν· οὐ δεῖ δὲ δοκεῖν ἐπὶ πάντων
εὑρεσιλογεῖν πρὸς βίαν (verbessert *Coniect.* 12).

105) Eine ganze anzahl *aerumnae* zählt der eingang des Persa auf; darunter
den Antaios, den auch Praxiteles unter die 12 gerechnet hatte.

106) 1, 1317 offenbart Glaukos den eigentlichen grund, weshalb Herakles nicht
weiter mit fahren darf Ἄρχει οἱ μοῖρ᾽ ἐστὶν ἀτασθάλῳ Εὐρυσθῆι ἐκπλῆσαι μογέοντα
δυώδεκα πάντας ἀέθλους ναίειν δ᾽ ἀθανάτοισι συνέστιον, εἴ κ᾽ ἔτι παύρους ἐξανύσῃ.
offenbar kannte Apollonios die Argofahrt etwa wie bei Diodor (IV 15) zwischen der
achten und neunten arbeit eingeschoben. übrigens wird ein unbefangener stellen
wie Kallim. 3, 109 ἀέθλιον Ἡρακλῆι ὕστερον ὄφρα γένοιτο oder Eurip. Temen. 740
ἄθλων ἕνα δεινὸν ὑποστάς, beides von der hirschkuh gesagt, als zeugnis für den
platz dieser arbeit in einer festen reihe gelten lassen. ja die vorstellung, daſs Herakles
nach so und so viel arbeiten von Eurystheus frei kommen wird, wie sie z. b. Euripides gibt, ist im grunde gar nicht denkbar, ohne daſs die zahl fixirt, in der poesie
also die einzelnen benannt sind.

107) Über Peisandros unten anm. 121 mehr. Suidas gibt correct mit ἔστι
δὲ τὰ Ἡρακλέους ἔργα wieder, was Theokrit poetisch sagt. daſs Robert (Berl.
Winckelmannsprogramm L 88) sich so weit vergessen hat, den vers zu übersetzen
ʿund alle die vielen abenteuer, die Her. zu bestehen hatte, hat Pisander gemeldetʾ
(schnitt Theokrit so dumm auf?) und zu behaupten ʿvor Matris hat von einem
cyclus der zwölf Heraklesarbeiten niemand etwas gewuſstʾ, und daſs E. Meyer eine
so manifest falsche und, was die autorität des obscuren rhetors angeht, geradezu
unbegreifliche behauptung für eine widerlegung meiner ansicht ausgegeben hat, bedaure
ich und hoffe, daſs sie es selbst bedauern werden.

möglichst universell fassen? für ihre auffassung waren die tierkämpfe
wahrlich nicht das bedeutendste[108]). gleichwol bezeugt Euripides den
Dodekathlos: wozu flöchte er sonst gerade 12 kämpfe zu seinem ehren-
kranze? neun von diesen sind aus dem kanonischen kreise der 12. dafs jeder
dichter und jeder künstler die freiheit hatte im einzelnen zu wechseln,
sollte sich von selbst verstehen; so ist Praxiteles in Theben verfahren[109]),
und so finden wir an dem s. g. Theseion in Athen 9 kämpfe, alle aus
der kanonischen reihe, dieselben wie bei Euripides, nur den eber statt
der Kentauren, die in der mythographischen vulgata mit einander verbunden zu sein pflegen: die Kentaurromachie musste mit rücksicht
auf den sonstigen tempelschmuck, der die theseische enthielt, notwendig
fehlen. das wichtigste zeugnis sind die olympischen metopen, also aus
der zeit des Pindaros. denn sie geben nicht nur die zwölfzahl, sondern
elf von den zwölfkämpfen selber, und wenn die Kentauromachie fehlt, so
lag für die künstler ein zwang vor, da der westgiebel diesen stoff vorweggenommen hatte[110]). statt ihrer hat die aller älteren kunst und poesie
fremde speciell eleische reinigung der Augeasställe platz gefunden. wenn
wir nun diese an demselben platze bei den mythographen finden, so kann
man kaum umhin, darin die autorität eben der olympischen metopen zu

---

108) Jeder, der den ganzen Herakles, wie er im bewufstsein der Hellenen lebte,
einführte, kannte nunmehr was ihn unendlich bedeutender dünken mufste, gigantomachie, eroberung Oichalias, den ganzen oetaischen kreis, und selbst die dienstbarkeit bei Eurystheus mufste davor zurücktreten. man kann lange im Pindar lesen, ohne
auf eine spur von ihr zu stofsen. bei der hindin (Ol. 3) und dem Geryonesaben-
teuer (fgm. 169) erwähnt er sie, aber wie sehr treten die ἄθλοι überhaupt hinter
den πάρεργα zurück. es wäre doch überhaupt ohne eine alte übermächtige autorität
gar nicht zu ertragen gewesen, dafs ein bulle und ein wildschwein ἔργα sein sollten
gegenüber der eroberung von Troia und der schiffbarmachung der Syrte.
    109) Pausan. IX 10. er hatte, wie alle höhere kunst und poesie Athens, die
vögel und vollends die ställe fortgelassen, aber Antaios aufgenommen. über das
schatzhaus der Athener in Delphi weifs ich noch zu wenig, um seine auswahl zu
verwerten.
    110) Was dieser giebel darstellt, ist gänzlich ungewifs. Herakles ist nicht zu
erkennen, die überlieferte deutung auf Theseus und Peirithoos verkennt notorisch
eine hauptfigur und kommt offenbar nur daher, dafs eine Kentauromachie, auf welcher
Herakles fehlt, die thessalische sein müfste. an diese in Olympia, unterhalb der
Pholoe, zu denken, ist eine tollheit, zu der nur ein archaeologe kommen kann, der
nichts von geschichte weifs. dargestellt ist die eleische Kentauromachie in der
form welche Herakles erst verdrängt hat. unmittelbar überliefert ist diese nicht,
sie ist aber vielleicht zu finden. übrigens haben die leute von Phigaleia auf dem
friese ihres Apollontempels dieselbe Kentauromachie verstanden, mochten auch die
athenischen künstler eine andere gemeint haben.

finden; will man das nicht, so ist die annahme unvermeidlich, dafs für die bildhauer um 470 dieselbe sehr specialisirte tradition mafsgebend war, die es für die quelle unserer mythographen geworden ist, und dafs eleische locale rücksichten auf beide gewirkt haben. von diesen rücksichten auf Elis ist die ältere parallele überlieferung in litteratur und kunst frei: um so höher hinauf sowol in der zeit wie im werte mufs die für alles verbindliche urform des cyclus rücken. die archaische zeit ist erreicht.

Was wichtiger ist und mit solchen zeugnissen nicht bewiesen werden kann lehrt der cyclus selbst: er ist nicht ein conglomerat einzelner geschichten, sondern eine wirkliche einheit und ein wirkliches ganze. gerade bei den mythographen, die vorn die thebanische jugend, hinten die aetolische hochzeit und den oetäischen tod anflicken, spürt man das am besten. es ist doch wol ein widersinn, dafs der Herakles, der wider den nemeischen löwen zieht, bereits Orchomenos bezwungen, den dreifufs geraubt, kinder erzeugt und erschlagen haben, ja schon das fell des Kithaironischen löwen tragen soll. und nicht minder widersinnig folgt auf Kerberos und Hesperiden die oetäische sage, ja sie zerstört völlig den sinn der schönsten beiden geschichten, der höllenfahrt und himmelfahrt, so dafs sie auf den rang der tierkämpfe hinabsinken. darin dafs sie diese beiden absondert und in der richtigen folge berichtet, bewährt sich die trefflichkeit unserer besseren mythographie[111]), und man sollte meinen, wer nur diesen einen zug zu würdigen den guten willen hat, müsste die selbständigkeit und die vollständigkeit des heldenlebens in dem Dodekathlos anerkennen.

Auch der charakter, den dieser Herakles in den sehr überlegt ausgewählten kämpfen bewahrt, ist bestimmt und einheitlich. er erfüllt wol die aufgabe, wie es der chor des Euripides von ihm rühmt, μοχϑήσας ἀκύμον᾽ ἔϑηκεν βίοτον βροτοῖς πέρσας δείματα ϑηρῶν. aber er tut es in dem sinne, wie sich für den Dorer des 8. jahrhunderts die ehrenpflicht des rechten mannes darstellen mochte. er baut den acker nicht, aber er gibt den ackerbauern die sicherheit ihrem geschäfte nachzugehen; so sind die ersten sechs kämpfe alle gefasst und in sofern fügen sich auch die ställe der Augeas gut an. die folgenden vier aber zeigen, wie dem streitbaren mann die schätze der welt zu gebote stehn, die er nach allen vier winden siegreich durchzieht. so erhalten wir das idealbild

---

111) Hesperiden hinter Kerberos rücken die albanische tafel, Diodor und die apollodorische bibliothek in älterer fassung (Bethe *qu. Diod.* 43).

eines streitbaren adels, der über perioeken herrscht, des wehrstandes, der die schlachten schlägt, während die bauern ihn nähren, und der tatendurstig und beutelustig nach allen seiten übergreift. Herakles ist auch nicht mehr der alte bogenschütze; er ist auch nicht hoplit, sondern greift jede aufgabe an, wie es am besten geht, er würgt den löwen, läuft hinter der hindin, jagt den eber in den schnee, schiefst mit der schleuder die vögel, mit den pfeilen die flüchtigen Kyklopen, schlägt den dreileibigen Geryones mit der keule nieder. hier ist es die mannigfaltigkeit der ausführung, die eine überlegte einheitliche dichtung beweist.

Dasselbe zeigt sich in der auswahl und der behandlung der kämpfe. die tiere sind fast alle so aufgefafst, dafs sie umgebracht oder vertrieben werden müssen, weil sie das land unbewohnbar machen und die bestellung des ackers verhindern, das gilt selbst von dem löwen, der doch ohne frage als $\vartheta\acute{\eta}\varrho$ $\varkappa\alpha\tau'\dot{\varepsilon}\xi o\chi\acute{\eta}\nu$ eigentlich eine universelle bedeutung hatte. niemand wird so verwegen sein, die echte form aller einzelnen geschichten gewinnen zu wollen. manches, wie der löwenkampf, ist von so einfacher gröfse, dafs es wesentlich unverändert sich erhielt. von der hydra gibt Hesiodos und die kunst schon des 7. jahrhunderts eine erweiterte fassung[112]). bei dem eber läfst die festigkeit der bildlichen tradition und die drastische verhöhnung des Eurystheus den schlufs zu, dafs das echte sich immer erhielt; aber eben deshalb ist diese geschichte früh in den hintergrund getreten. die form der Kentauromachie ist ganz verloren: denn die analogie fordert auch hier einen einzelnen gegner und einen auftrag des Eurystheus[113]). die bezwingung der Hydra hat hier die ganz durchsichtige bedeutung der entwässerung des lernäischen sumpfes, der auch eine fassung der Danaidensage gilt; noch wer das ausbrennen der nachwachsenden köpfe zugefügt hat, hat diesen sinn verstanden. aber seit die Echidna Hesiods auf dem Typhongiebel ans licht getreten ist, wird man zugeben, dafs der drachenkampf eigentlich ein pendant zu dem löwenkampfe von universeller bedeutung war[114]). die

---

112) Vgl. oben anm. 86.

113) Bei Apollodor II 4 wird das sehr seltsame erzählt, dafs Argos $\pi\alpha\nu\acute{o}\pi\tau\eta\varsigma$ (eigentlich der stadtgründer) einen arkadischen stier erschlägt, der die fluren verwüstet, und seine haut zum kleide nimmt, Echidna, die menschen raubt, im schlafe tötet und den Satyros umbringt, der den Arkadern ihre herden stiehlt. das ist eine parallele zu Herakles, und der Satyr sieht hochaltertümlich aus: er entspricht dem Kentauren, den wir suchen. hier sind wieder zwei mischwesen verwechselt wie oben anm. 75 Kentaur und flufsgott.

114) Auch die Echidna in der vorigen anm. bestätigt das. der einfall Tümpels (festschrift für Overbeck), die wasserschlange in einen polypen zu verwandeln, ist

vertreibung der stymphalischen vögel hat eine ähnliche umdeutung erfahren, denn hier besagt sie dasselbe was Hellanikos ohne bild berichtet,
dafs Herakles das βάραθρον des stymphalischen sees angelegt hätte.
aber die wundervögel, die in der Argonautensage wiederkehren, werden
wir uns richtiger ähnlich den vögeln mit menschenkopf oder gar den
Harpyien und Sirenen denken: die phantasie der alten zeit hat sich viel
mit solchen ungeheuern beschäftigt, und dem helden steht es an die
schrecknisse der luft so gut wie die in land und meer zu bestehn[115]). dann
haben aber diese vogelwesen mit Stymphalos und seinem see nichts mehr
zu schaffen. der eber hat zwar hier seine ursprüngliche bedeutung, dieselbe wie sein bruder von Kalydon; es ist nur fraglich ob dieser bruder
nicht vielmehr ein doppelgänger mit besserem rechte ist. denn wenn in
Tegea als reliquie ein eberzahn liegt und die Arkaderin Atalante den
ruhm seiner bezwingung hat, so ist wenig glaublich, dafs sie das untier
in Kalydon geschossen hat. wie wichtig die geschichte den Tegeaten war,
zeigt das giebelfeld ihres tempels; dafs Skopas die seinerzeit herrschenden
epischen aber nicht arkadischen traditionen von der kalydonischen jagd
befolgen und schliefslich die Arkader selbst diese übernehmen mufsten,
war unvermeidlich. aber wir erschliefsen mit notwendigkeit eine im einzelnen unbekannte arkadische eberjagd, und dann kann man kaum

---

sinnreich; aber es bleibt eine rationalistische verirrung, die zoologie eines monstrums
zu untersuchen. auf die inselsteine angewandt kann das weit führen. an den gräu-
lichen animismus, der in den nachwachsenden köpfen und den Stymphaliden seelen
sieht, verliere ich kein wort. gottesfürchtige zeiten fürchten keine gespenster: der
spiritismus ist ein kind der gottlosigkeit.

115) In der argolischen sage, wo sie einen see vertreten, sind die Stymphaliden
schwimmvögel, das ist in der ordnung. dementsprechend braucht Her. eine schleuder
Gaz. archéol. II 8, später die pfeile. die monumentale überlieferung läfst ganz überwiegend die vögel getötet werden, während die litterarische in älterer zeit (Peisandros und Hellanikos werden genannt, schol. Apoll. Rh. II 1052. 1055. 1088. Paus.
8, 22.) nur von ihrer vertreibung redet, und dieser allein dient die klapper, die
Athena dem Her. gibt: wenn Pherekydes die klapper zum aufscheuchen des wildes
verwenden läfst, das nachher doch erschossen wird, so ist das offenbar contamination.
die vögel kehren auf einer Aresinsel des Pontos in der Argonautensage wieder, und
wer dies festhielt, konnte sie freilich nur vertreiben lassen; daraus folgt aber nicht,
dafs die vertreibung secundär wäre. denn wenn die vögel wunderwesen wie Harpyien
und Sirenen waren, so waren sie wol gar unsterblich, oder es reichte doch vertreibung aus, und nur für solche passt der apparat einer von Hephaistos gefertigten
klapper. dafs die vögel der Aresinsel in der Argonautensage den Sirenen entsprechen,
genau wie die Plankten den Symplegaden, halte ich für evident; die lokalisirung im
Pontos ist das ältere für beide sagen. in der tat heifst der sitz der Sirenen *petra
Martis*, d. h. Ἀρητιάς, bei Lutatius zu Ovid Met. V fab. 9.

umhin anzunehmen, daſs der Herakles von Argos sich in eine althellenische geschichte eingedrängt hat, allerdings nur so, daſs das motiv
übernommen ward; die ausgestaltung ist neu und originell. im grunde
steht es mit der eleischen Kentauromachie, so weit wir sie kennen, nicht
anders. noch viel deutlicher ist dasselbe an den beiden taten, die zwar
die bildliche tradition als sehr alt erweist, die aber von den Athenern
mit fug und recht unterdrückt oder ganz umgebildet werden, weil ihr
Theseus, der in so vielem nur ἄλλος οὗτος Ἡρακλῆς ist, hier einmal
das bessere recht hat. das sind die kretische stier und die Amazonen.
der zug des Theseus nach Kreta führt den stier noch in der altertüm-
lichen mischgestalt ein und zieht eine reihe bedeutender gestalten, Minos
Ariadne Phaidra heran: davon ist der herakleische stier eine ziemlich
ärmliche nachbildung. das wird besonders deutlich, da der Minotauros auch
in der Theseussage selbst einmal zu einem gewöhnlichen stiere geworden
ist, in der marathonischen sage. die Amazonen sind in der Theseussage
deshalb ursprünglicher, weil sie als feinde nach Athen oder Megara oder
Trozen kommen, während Herakles sie aufsucht. auch in der asiatischen
sage sind die Amazonen die angreifer, mögen sie wider Ephesos oder
für Ilios zu felde ziehen. man kann daher nicht umhin den reflex von
angriffen fremder völker in allen diesen sagen zu erblicken, und es ist
offenbar, daſs die küsten des saronischen busens solche erfahrungen gemacht haben mögen (wie ja auch Minos Athen und Megara erobert),
aber nicht das Inachostal. ganz begreiflich war es dann, daſs die Dorer von
den ihnen so nahe wohnenden Theseusverehrern Trozens einen Amazonen-
kampf für ihren heros borgten. wohin ihre vorstellung den sitz der
Amazonen verlegt hat, von denen Herakles den gürtel für die tochter
des Eurystheus oder für Hera geholt hat[116]), ist bisher nicht ermittelt.

    Es ist das bedauerlich, denn gerade der enge geographische horizont
ist es, der zeit und ort der entstehung des Dodekathlos deutlich erkennen
läſst. die ersten sechs kämpfe sind sehr reich an genauen ortsangaben,
die von Mykene bis an die Pholoe reichen, aber nicht weiter. die drei
südlichen spitzen des Peloponneses bleiben unberücksichtigt, obwol die
politischen ansprüche, die Argos auf die herrschaft im Peloponnes erhob,
die sagen von Herakles wider Hippokoon Eurytos Neleus erzeugt haben.
Kreta und das unbekannte ostland der Amazonen stammen aus der
Theseussage, das Thrakien, wo die rosse des Diomedes zu hause sind,
darf recht nahe, am Kithairon und Helikon gesucht werden. das ist

---

116) Vgl. zu v. 417.

zwar nirgend überliefert, aber der gewöhnliche ansatz bei den Bistonern ist eine durchsichtige umbildung, die die gründung von Abdera voraussetzt[117]. und dem berechtigten verlangen, sich zunächst an die nächsten Thraker zu halten, kommt die existenz menschenfressender rosse in Potniai entgegen, also gerade auf boeotisch-thrakischem gebiete[118]. diese gehören einem Glaukos; Herakles holt die seinen von einem Diomedes. in der Ilias führen zwei befreundete helden diese namen, und der Diomedes ist für Homer in Argos zu hause und ist der besitzer der edelsten rosse. Herakles erschlägt auch die rosse nicht wie ungeheuer, sondern er holt sie nach Argos als einen wertvollen besitz, und von ihnen stammt die pferderace des ἱππόβοτον Ἄργος[119]. es ist ganz begreiflich, daſs dieselben Dorer, die den Sthenelos zum vater des Eurystheus machten, in Diomedes, der immer ein nordländer gewesen war, einen feind ihres helden fanden und seine berühmten rosse diesem zum preise gaben. gelingt es so, diese geschichte zu localisiren, so muſs das mit dem 'Rotland' Ἐρύϑεια, noch in der schwebe bleiben, wo Geryones mit seinem gefolge und seinen rindern sicherlich auch im Dodekathlos lebte: das darf man auf Hesiods zeugnis hin (Theog. 287) unbedenklich glauben. so sicher es aber ist, daſs Rotland ein mythischer name für das totenreich jenseits der abendröte und Geryones der herr dieses reiches im jenseits ist, so wenig ist damit ausgeschlossen, daſs der dichter des Dodekathlos wie alle seine nachfolger Erytheia an einem bestimmten realen orte suchte. nur erscheint es verfrüht zu bestimmen, wo für ihn die welt westwärts zu ende war; es gibt spuren, die auf den westrand des Peloponneses deuten, wo Πύλος Νηλήιος liegt.

Nichts beweist so gut wie die enge des geographischen blickes, wo wir den ursprung des Dodekathlos zu suchen haben: man möchte am liebsten sagen, bei der Hera von Argos, denn weder die stadt Mykene noch die stadt Argos treten bedeutend hervor. und über die zeit, der der süden und

---

117) Vgl. zu v. 380.

118) Glaukos heiſst ein Thraker im schol. Eur. Phoen. 1124; er füttert seine pferde mit menschenfleisch bei Asklepiades von Tragilos, Probusschol. zu Verg. georg. 3, 267. zu der stelle bringen die verschiedenen scholien vielerlei, darunter auch die gleichsetzung der rosse von Glaukos und Diomedes. aber der inhalt des aischyleischen Γλαῦκος Ποτνιεύς bleibt ganz unklar. geradezu nach Potniai setzt Eustathios zu B 503 die rosse des Diomedes. aber das ist eigne verwirrung, da seine vorlagen, Strabon 409 und die Euripidesscholien, nichts davon bieten.

119) So erzählt Matris (Diod. IV 15), und der glaube bestand noch in Ciceros zeit, was die hübsche geschichte vom *equus Seianus* zeigt, Gellius III 9 aus Gavius Bassus.

westen des Peloponneses und das land jenseits des Isthmos ganz nebel-
haft ist, kann auch füglich kaum ein zweifel bestehn. noch viel weniger
aber darüber, daſs ein bewuſster dichterwille diesen cyclus gestaltet hat.
denn es ist nirgend das bestreben kenntlich, Herakles zum vertreter der
politischen aspirationen von Argos zu machen, nirgend auch erscheint
er als der heros eines stammes, und wie viel auch immer von dem
groſsartigeren urbilde abgezogen ist, es bleibt ein universales heldenbild.
es wäre eine vermessenheit, von der ich mich frei weiſs, für jeden zug,
ja nur für jedes abenteuer zu wähnen, daſs die fassung erreicht oder
erreichbar wäre, die ihm der dichter gegeben hatte, ja es mag zukünftige
forschung ermitteln, daſs der cyclus ursprünglich eine geringere zahl von
kämpfen umfaſst habe, oder daſs hier oder da eine vertauschung vorgekommen sei: daran wird sich nicht viel ändern, daſs eine solche groſs-
artig einfache dichtung in dem Argos des 8. jahrhunderts entstanden ist.

Die
Herakleen.   Unabweisbar tritt da die frage hervor: welcher art war die form der
dichtung, und wie ist der dichter zu denken? die antwort wird unbefriedigend
ausfallen, aber der versuch muſs gemacht werden. zunächst fragt man nach
den Heraklesepen, von denen uns eine kunde geblieben ist. wir wissen
sehr wenig, aber genug, um sie alle auszuschlieſsen. in den romantischen
bestrebungen des 3. jahrhunderts, die bei den kleinasiatischen Dorern
besonders lebhaft waren, hat man auf Rhodos ein nicht eben umfang-
reiches[120]) gedicht hervorgezogen, von dem in älterer zeit nicht die leiseste
spur ist. die Rhodier schrieben es jetzt einem gewissen Peisandros von
Kamiros zu und setzten dem plötzlich auftauchenden dorischen Homer
eine statue. die grammatiker wuſsten woł, daſs dieser verfassername nicht
mehr beglaubigung hatte als die allmählich für viele stücke des homerischen nachlasses hervorgesuchten; indessen haben sie das gedicht geschätzt und für mythographische dinge, vereinzelt auch für anderes ein-
gesehen. über die zünftigen kreise ist es jedoch nicht hinausgelangt.
den poetischen wert können wir nicht schätzen. immerhin gestatten die
reste den schluſs, daſs es nicht älter als das 6. jahrhundert gewesen sein
kann[121]). also zeit und ort der entstehung würde die von Welcker ver-

---

120) Suidas gibt 2 bücher an, d. h. es waren noch nicht 2000 verse.

121) Theokrits epigramm Anth. Pal. IX 598, das unter der statue stand, ist
das beste geschichtliche zeugnis. die wertlosigkeit des autornamens gesteht Erato-
sthenes, vgl. Homer. Unt. 347. derselbe ist auch für andere, wahrscheinlich prosaische werke über heldensage verwandt worden; seltsamerweise nennt man das 'den
falschen Peisandros', als ob die Heraklee ächter wäre. bei Eumelos und Kreophylos
liegt dieselbe erscheinung vor. für die zeit der Heraklee ist wesentlich 1) das aben-

mutete herleitung des Dodekathlos aus diesem epos ausschliefsen, gesetzt
auch, es hätte auf die verbreitung und gestaltung der sage überhaupt
nachweisbaren einflufs gehabt — wovon doch nicht das mindeste bekannt
oder wahrscheinlich ist. aber enthalten hat es allerdings den Dodekathlos, das ist überliefert und müfste auch ohne zeugnis angenommen
werden. das ist die einzige Heraklee der archaischen zeit, von der wir
wissen. ein par gar nicht näher zu bestimmende notizen von anderen
Herakleen helfen nicht weiter[122]). die nach den spärlichen proben äufserst
anmutige umfangreiche dichtung des Halikarnassiers Panyassis gehört in
das 5. jahrhundert und hat weder auf den attischen culturkreis noch
gar auf die durch ihre nationalität mit Herakles verbundenen völker
gewirkt; selbst die mythographen benutzen sie nur selten. der verfasser
trägt einen karischen namen und ist aus einer ganz ionisirten stadt;
was er von stoff neu zugeführt hat, sind karische lydische lykische
sagen: für das echtdorische ist also von ihm nicht viel zu erwarten.
im übrigen liegt der beste beweis für das fehlen eines mafsgebenden
Heraklesgedichtes darin, dafs sich ein ionisirter Karer im fünften jahrhundert diesen stoff wählt, der also keine Ilias post Homerum war.
litterargeschichtlich ist nicht sowol das gedicht bedeutsam als die tatsache, dafs sich schon zu Sophokles zeit jemand an dieselbe aufgabe
macht, an der sich im dritten jahrhundert, als das epos neubelebt wird,
Diotimos von Adramyttion[123]), Phaidimos von Bisanthe[124]) und Rhianos

---

teuer des Antaios in Libyen, also nach der colonisation von Kyrene (schol. Pind.
Pyth. IX 183), 2) die beteiligung des Telamon an dem zuge gegen Troia (Athen.
XI cap. 24), wo er bereits das ἀριστεῖον erhält, also aeginetische tendenz, 3) die
feste einführung der tracht des Her. mit löwenhaut und keule, vgl. Furtwängler
bei Roscher Mythol. Lex. 2143. Megakleides (Athen. XII 513) hat den Peisandros
entweder für jünger als Stesichoros gehalten oder, was ungleich wahrscheinlicher
ist, gar nicht gekannt. ein altes epigramm, das Nikolaos von Damaskos als besonders vortrefflich irgendwo gelobt hat (Bergk. Lyr. II 22), trägt den namen des
Peisandros: das bedeutet nicht mehr als die namen Archilochos, Sappho, Epicharmos
bei anderen.

122) Der scholiast zu Apollonios (I 1165 und 1357) citirt für pontische dinge
eine Heraklee, deren verfasser einmal Κόνων, einmal Κιναίθων heifst. das bleibt
ganz unklar; der inhalt setzt die gründung von Herakleia voraus. Aristoteles (poet. 8)
kennt vielleicht mehrere Herakleen, aber nicht einmal die mehrzahl ist unzweifelhaft.

123) Der von Arat (z. b. bei Stephanus s. v. Γάργαρα. alle citate gehen auf
Epaphroditos zurück) verhöhnte dichter, dessen zeit und vaterland so bestimmt wird,
hatte ἆθλα Ἡρακλέους verfafst. erhalten ist nur ein citat über die Kerkopen durch
einen paroemiographen (ob Zenobios, ist fraglich) bei Suid. Εὐρύβατος und in den
Wiener Lukanscholien zum Alexander. dann hatte ein alter mythograph die leitende

von Bena versuchen, auch sie ohne erfolg; obwol Rhianos, der in an-
ziehender weise die vorliebe für das rauhste altertum mit der pflege des
raffinirtesten modelebens zu verbinden wufste, die bedeutung der zwölf
kämpfe verstanden hat[125]), so dafs man bei ihm vielleicht alte traditionen
finden könnte; aber er ist so gut wie ganz verschollen. für die archa-

---

erfindung des Diotimos ausnotirt, dafs Her. aus liebe zu Eurystheus die arbeiten
vollbracht hätte. auf ihn gehen durch verschiedene canäle zurück Athen. XIII 603ᵈ,
schol. Townl. zu O 639, Clemens Rom. hom. V 15. epigramme des Diotimos hatte
Meleager aufgenommen (γλυκὺ μῆλον ἀπ᾽ ἀκρεμόνων Διοτίμου in seiner vorrede 27).
davon sind erhalten A. P. VI 267, 358, VII 227, 475, 733. denn IX 391 Plan. 158
gehören dem spätling aus Milet, von dem Philippos V 105 erhalten hat. VII 261
möchte man dem Διότιμος Διοπείθους Ἀθηναῖος geben, den Meleager VII 420 nennt.

124) Die herkunft war unsicher; Herennius Philo bei Steph. Βισάνθη. Meleager
hat ihn ausgezogen und vergleicht ihn mit φλόξ (51). erhalten sind durch ihn vier
gedichte, von denen XIII 2 in Athen verfafst ist. die polymetrie veranlafst, den
dichter noch in das 3. jahrhundert zu setzen. aus der Heraklee ein vers bei Athen.
XI 498 e.

125) Der name des Rhianos ist nur unter einer ἱστορία zu T 119 erhalten, die
jetzt niemand mehr für ihn in anspruch nehmen darf, wie Meineke An. Al. 117. sie
ist aus dem inhalt der Homerstellen und ein par mythographischen scholien zusammen-
gebraut, von denen eines, über die mutter des Eurystheus, daneben rein erhalten
ist (in A und T). auf Rhianos ist nur der letzte satz bezüglich, und auch in diesem
ist ein irrtum: τοὺς ἄθλους τελέσας κατὰ τὰς Ἀθηνᾶς καὶ Ἀπόλλωνος ὑποσχέσεις
τῆς ἀθανασίας μετέλαβεν. denn dieses scholion kehrt im Townl. wieder zu O 639
φασὶν Ἥρας αὐτῷ παραστάσης ἐπιτάσσειν (nämlich Eurystheus), τὸν δὲ Ἑρμοῦ
καὶ Ἀθηνᾶς εἰπόντων ὡς διὰ τοῦτο ἔσοιτο ἀθάνατος καταδέχεσθαι (es folgt das
motiv aus Diotimos Heraklee, das scholion ist also vorzüglich gelehrt). Hermes und
Athena sind die geleiter des Her.: Apollon hat da nichts zu suchen. dem com-
pilator im schol. zum T schien der orakelgott passender. also Rhianos hat genau
die stimmung des dodekathlos eingehalten. dafs er gleichwol die selbstverbrennung
hatte, darf man aus der erwähnung der Ἀσέληνα ὄρη bei Trachis im vierten und
letzten buche schliefsen, EM s. v. denn dafs hier ἐν τῷ δ᾽ aus τῷ ιδ᾽ zu machen
ist, nicht bei Suidas βιβλία δ᾽ in ιδ᾽ zu ändern, liegt auf der hand. die knaben-
liebe, der Rhianos in seinen zierlichen epigrammen huldigt, hat er auch in die
Heraklee geschmackvoller als Diotimos einzuführen gewufst; auf ihn geht ja die
später so geläufige erotische motivirung von Apollons dienstbarkeit bei Admetos
zurück. sie findet sich auch bei Kallim. hymn. 2, 49; aber dieser setzt den zug als
bekannt voraus. das deutet darauf, dafs Rhianos ein zeitgenosse des Aratos und
Zenodotos ist, nicht des Euphorion, wie bei Suidas steht. in der tat spricht vieles
gegen diesen späten ansatz, zumal die Homerkritik des Rhianos, und die Suidasdaten
sind nirgend so unzuverlässig wie in den dichtern des 3. jahrhunderts. aber ich
möchte nicht mehr zuversichtlich reden, obwol andere auf diesem grunde weiter gebaut haben. Rhianos war kein höfling (Kaibel Herm. 28, 57). wo er dichtete, wissen
wir nicht. in anderer umgebung konnte sich wol ein stil erhalten, der in Alexandreia längst überwunden war. auf Suidas zu bauen ist natürlich auch ganz unsicher.

ische zeit wendet man seine augen natürlich auch auf die hesiodischen
gedichte, und gewiſs hat in ihnen vielerlei gestanden, was Herakles angieng, nur gewiſs nicht der Dodekathlos, ja überhaupt nirgend eine volle
lebensgeschichte des helden. das stück der Eoee, das seine erzeugung
schildert, und schon die stellen der Theogonie des echten Hesiodos und
die für die Ilias jungen, aber absolut genommen immer noch alten homerischen erwähnungen zeigen auf das deutlichste, daſs bevor sie so
gedichtet werden konnten, eine überaus reiche und weit bekannte Heraklessage in fest durchgebildeter erzählung bestand. aber selber liefern sie
diese erzählung nicht: die hesiodische dichtung gehört ja auch nicht
nach dem Peloponnes. ihrem einfluſs werden in der Heraklessage vielmehr die erweiterungen des Dodekathlos, meistens sagen von geschicht-
lichem inhalte, und dann eine anzahl boeotischer und nordgriechischer
zusätze verdankt: diese dichter waren sich wol bewuſst, parerga zu
liefern.

Hesiodos kennt die Heraklessagen als allbeliebte und allbekannte.
das ionische epos, von dem er doch wesentlich abhängt, konnte sie
ihm nicht liefern: wo hat er sie denn her? er weist auf eine dorische
dichtung zurück, der er zwar nichts von seiner form, aber viel von
seinem inhalte schuldet. wie war diese dorische dichtung beschaffen?
niemand kann das sagen, jede spur ist verweht, ist schon zu Aristoteles
zeit verweht gewesen; Pindaros Pherekydes Euripides hätten wol noch
antwort geben können. mag es eine dorische volkspoesie gegeben haben
in unvorstellbarer form, mag es prosaische erzählung, dann aber gewiſs
auch sie in einer festen stilisirung, gewesen sein, mögen die edel-
knaben beim male die taten der ahnen erzählt haben, wie die greise sie
ihnen eingeprägt hatten, mag ein stand von fahrenden verachteten und
doch gern gehörten spielleuten neben possenhaften tänzen auch ernste
volkslieder vorgetragen haben: das ist verschollen wie das germanische
epos der völkerwanderung. aber wie dieses wird das dorische erschlossen,
weil seine stoffe auch in veränderter form sich erhalten haben. nicht
blofs die taten des Herakles, auch die stamm- und familiensagen, ja selbst
geschichtliche überlieferungen, wie die messenischen, zwingen zu der
annahme einer solchen poesie. was sie zerstört hat, ist leicht zu sehen.
schon vor 700 ist das homerische epos herüber gekommen, reich an an-
ziehendsten neuen geschichten, die sich um so eher die herzen eroberten,
weil sie vielfach in denselben gegenden spielten, zu denen sie zurück-
kehrten, vor allem aber in der ausgebildeten bequemen bildsamen form.
Chalkis Theben Korinth Delphi hat Homer sehr bald ganz erobert;

auch Argos hat homerische dichter gestellt[126]), selbst Sparta vielleicht[127]).
allein recht heimisch ist das fremde im Peloponnes nicht geworden, und
namentlich den schritt hat man hier nicht in voller freiheit getan, der
in Korinth und nördlich vom Isthmos gelang, die bearbeitung der nationalen stoffe in homerischer form. wie die hellenische cultur Ioniens
sich allmählich das mutterland zurückerobert hat, wie die peloponnesische
sprache sitte und religion, so weit sie sich nicht dem ionischen, später
dem attischen anbequemen mochte, verkümmert und vergessen ist, so ist
es zuerst von allen lebensäuſserungen dem peloponnesischen heldenge-
sange ergangen. vergessen sind die dichter, nicht nur ihre namen, nein,
daſs es sie je gab; vergessen ihre werke, ja, daſs es deren je gab: aber
der geist ist nicht sterblich. die seele der dichtung überdauert nicht
nur das sterbliche gemächte, den dichter, auch ihr kleid überdauert sie,
wenn es nicht durch den göttlichen geist der Muse gefeit ist: all das mag
vernichtet werden, wie das irdische des Herakles in dem oetäischen feuer.
die Heraklee hat dennoch, wie der ἀνὴρ θεός, das ewige leben und die
ewige jugend. und wer seinen gedanken nachdenken mag, der wird
heroische ehren auch ihm gerne weihen, dem altdorischen dichter des
Dodekathlos, von dem er nichts weiſs, dessen stimme vor dritthalbtausend
jahren schon verklungen war, weil ihn der hauch seines stolzen und
frommen geistes umwittert. und doch ist es nicht eigentlich der dichter,
dem wir huldigen, sondern die sage, die durch ihn gesprochen, deren
geist auf ihm geruht hat. aber es ist etwas groſses, der prophet der sage
zu sein. das volk selbst würde sein köstlichstes kleinod zerstoſsen und
zerstümmelt haben, wenn es nicht die sorgliche künstlerhand rechtzeitig
gefaſst hätte: nun dauert es, mag auch die fassung geborsten sein. ohne
den dichter des Dodekathlos würden wir schwerlich die Heraklesreligion
in ihrem wesen erfassen können.

Kreophylos. Das empfindet man am deutlichsten, wenn man einen anderen be-
deutenden sagenkreis vergleicht, dessen örtlicher mittelpunkt Trachis ist,
und dessen wichtigstes stück, die selbstverbrennung des siechen Herakles,
die oberhand gewonnen hat, so daſs der ausgang des Dodekathlos, so viel
höher er an innerem gehalte auch steht, ganz und gar in vergessenheit
geraten ist.

126) Hagias ist als verfasser für mehrere epen genannt, aber auch von Ἀργολικά.
vgl. Homer. Unters. 180, auch Homer heiſst zuweilen Argeier.
127) Kinaithon wird schon von Hellanikos als verfasser der μικρὰ Ἰλιάς angegeben, später für mehr homerisches, aber auch für genealogien; über das citat
einer Heraklee von ihm anm. 122.

Es kann und soll hier der untersuchung nicht vorgegriffen werden, ob es schon der Homeride gewesen ist, den man meist Kreophylos von Samos nennt, der dichter der Ἡράκλεια oder Οἰχαλίας ἅλωσις, oder ob erst Sophokles in den Trachinierinnen die geschichten von Deianeira Omphale Iole in einen engen und sinnreichen zusammenhang gebracht hat. wol aber muſs hervorgehoben werden, daſs allen diesen sagen eine behandlung gemeinsam ist, die sie von der herben folgerichtigkeit des Dodekathlos eben so weit entfernt, wie sie der menschlich heldenhaften aber liebenswürdig läſslichen weise Homers angenähert werden. erst nach beseitigung dieser anmutigen und poetisch höchst wirksamen neubildungen tritt das alte Heraklesbild hervor, das dann die züge gemeinsamer abstammung mit dem des Dodekathlos nicht verleugnet. und in einem ist der oetäische Herakles sogar altertümlicher: seine waffe ist durchgehends der bogen. es hat eben die cultur der peloponnesischen adelsstaaten auf das bergland des Oeta nicht gewirkt, und die homerische poesie hat dem helden, den sie übernahm, seine charakteristische ausstattung gelassen.

Eins muſs vorab beseitigt werden, was von auſsen zugetan ist und alles verwirrt, das lydische local der Omphalesage. daſs das sich noch allgemein behauptet, liegt nicht etwa an irgendwie guter begründung, sondern lediglich daran, daſs seltsamer weise O. Müller in diesem punkte den orientalisirenden tendenzen entgegengekommen ist. gewiſs ist die üppige frau in der löwenhaut mit der keule neben dem helden im weiberrock mit der kunkel in der hand ein hübsches bild, und Priap als dritter im bunde gibt ihm einen besonders pikanten zug. Simson und Delila, Antonius und Kleopatra, Rinaldo und Armida, August der starke und die Königsmarck zeigen, wie fabel und geschichte an diesem motive gefallen haben. aber so hübsch es sein mag: daſs es ernsthaft genommen werden könnte als ein zug der Heraklessage irgendwie ernster zeit, davon ist keine rede. es existirt einfach nicht vor der hellenistischen zeit, derselben die auch Priapos unter ihre götter einreiht, und wer es ernsthaft nimmt, kann mit demselben rechte den Eurystheus zum ἐρώμενος des Herakles machen[128]). zwei ionische dichter des 5. jahrhunderts, Ion und Achaios,

---

128) Aspasia ist von einem komiker die neue Omphale genannt worden (schol. Plat. Menex., Plut. Per. 24). das heiſst für jeden, der die Trachinierinnen kennt (mehr ist nicht nötig), Perikles ist der sclave seiner asiatischen concubine. dieselbe ward Deianeira genannt, natürlich weil sie dem gatten verderblich sein sollte. trotzdem hat jemand behauptet 'die psychologische motivirung, nach welcher Her. in Omphale derartig (so!) verliebt war, daſs er sich ihr mit wollust (so!) unterordnete,

haben sich allerdings schon des dankbaren motives bedient, den plumpen
Dorer Herakles als diener der üppigen Asiatin in einem satyrspiele Omphale einzuführen, und sie bezeugen, daſs damals diese bereits eine
Lyderin war, was wegen ihrer descendenz, der lydischen könige aus
Herakles stamme, schon für viel frühere zeit unbestritten bleibt; aber
der Herakles des Ion war weit entfernt sich im schoſse der wollust zu
vergessen. während das übrige gesinde noch in feierlicher stille den
sinn auf das opfer gerichtet hatte, verspeiste er nicht bloſs den braten,
sondern auch das holz und die asche, auf denen dieser gebraten war, mit:
seine zähne erlaubten ihm diese leistung, denn er hatte drei reihen hinter
einander[129]. also gerade darin lag der reiz dieser spielenden erfindung,
daſs Herakles auch als knecht Herakles blieb und seine natur nicht
verleugnete. hätte sich seine begierde zu der schönen herrin erhoben
(was unbeweisbar, aber möglich ist), so würde er wie Sir John von frau
Page, oder wie von der Bitinna des Herodes ihr leibsclave behandelt
sein[130]. das war schon eine umbildung, allein es war noch weit entfernt
von der hellenistischen Omphalesage, welche die erfahrung voraussetzt,
daſs die gewaltigen männer der tat ebenso gewaltig im sinnengenusse

---

war dem attischen komiker bekannt' (Rh. Mus. 46, 249). dagegen soll der verkauf
des Her. 'wegen der ermordung des Eurytos (so!)' erst in 'späteren quellen' stehn.
eine solche ignoranz, die eben nicht mal die Trachinierinnen kennt (wol aber das
'mutterrecht'), und ein solches deutsch würde ich keiner zeile würdigen, aber es
ist nicht in der ordnung, daſs männer, die etwas bedeuten, so skandalöses geschreibsel
citiren, gleich als stünde etwas darin.

129) Ion fgm. 29. 30. wenn er von Herakles gesagt haben sollte (59), daſs er
ein lydisches leinenhemd angezogen hätte, das ihm nur bis auf die mitte der schenkel
reichte, so war damit nur seine gröſse geschildert, und wie schlecht ihm die sclaven-
tracht paſste. die κύπασσις der Omphale, welche Diotimos der dichter der Heraklee
(Anth. Pal. VI 358) als weihgeschenk eines Artemistempels besingt, hat mit dieser
vertauschung der kleidung nichts zu tun; denn Omphale hat sie zwar ausgezogen,
aber Herakles nicht angezogen. Diotimos sagt, das kleid war selig, bis sie es auszog,
und ist es jetzt wieder, wo es im ϑησαυρός der Artemis als schaustück liegt.

130) Die worte der pseudojustinischen *oratio ad gentiles* 3 ὡς νήπιος ὑπὸ
σατύρων καταχυμβαλισϑείς, καὶ ὑπὸ γυναικείου ἔρωτος ὑπὸ Λυδῆς γελώσης κατὰ
γλουτῶν τυπτόμενος ἥδετο würden den sinn gestatten, daſs Herakles wie Falstaff
geprellt wäre, und wenn man die satyrn in die Omphalefabel einbezieht, könnte man
hier sogar an Ion denken. aber die satyrn sollen für sich stehen: sie bezeichnen nur
das ἥττων μέϑης, wie Omphale das ἥττων ἔρωτος. und die prügel sind die gewöhnlichen des pantoffelhelden. das wird gesichert durch Lukian *dial. deor.* 13. Kyniker
und christen bestreiten ihre polemik mit demselben aus grammatischen sammlungen
entlehnten materiale. dieses war trefflich, und so wird Herakles der pantoffelheld
allerdings eine erfindung der besten hellenistischen zeit sein.

sind: Demetrios Poliorketes konnte ein solches bild eingeben[131]). dagegen hatte die einfachere tradition Herakles eben nur als sclaven der Omphale gedacht, der auch in dieser stellung, wie in Argos für Eurystheus, herumzog und heldentaten verrichtete. schliefslich entscheidet diese parallele darüber, was ursprünglich ist, und auch hier bezeugen die kämpfe das local der sagen. Diodor (IV 31) läfst Omphale freilich über die Maioner-Lyder herrschen, aber Herakles züchtigt in ihrem dienste die Kerkopen, den Syleus und die Itoner; und als Omphale diese taten ihres sclaven sieht, den sie gar nicht gekannt hat, läfst sie ihn frei und gewährt ihm ihre liebe, aus welcher Lamos hervorgeht. nun, in Lydien kennt Itoner keine karte[132]), aber am malischen golfe liegt Ἴτων oder Ἴτωνος, und da hat Herakles allerdings mit Kyknos einen schweren straufs gehabt. die Κερκώπων ἕδραι neben der πέτρῃ Μελαμπύγου kennt Herodot an den Thermopylen (VII 216)[133]). Syleus gehört an den Strymon[134]). Lamos

---

131) Man täuscht sich, wenn man in der verbindung von Ares und Aphrodite eine gleiche symbolik sieht: die ist eben auch erst in derselben hellenistischen zeit hineingetragen. der schwank, welcher Aphrodite sich zu dem strammen krieger lieber als zu dem biedern ehegespons Hephaistos halten läfst, heifst nichts anderes, als dafs der weibliche geschmack zu Demodokos und Alkaios zeiten kein anderer als heute war. ernsthaft ist die verbindung nur in der genealogie, welche Ἁρμονία als tochter des ungleichen pares dem Κάδμος-Κόσμος gesellt, der die drachensaat des Ares gesäet und gefällt hat. das hat die symbolische bedeutung, dafs die versöhnung und der friede durch Aphrodite bewirkt wird. jede politische hochzeit will Ares durch Aphrodite bändigen und dadurch harmonie erzielen. die peloponnesische Ἀφροδίτη ἀρεία ist lediglich die 'streitbare', so genannt, weil sie gewappnet war. das ist eine göttin, welcher der name Aphrodite vielleicht, sicherlich nicht das wesen derselben, wie es in Ionien galt, zukommt: dem wesen nach ist Ἀφροδίτα ἀρεία vielmehr Ἀθάνα. aber sie widerlegt allerdings den glauben, dafs Aphrodite nichts als eine Semitin sei.

132) Nonnus Dion. 13, 465, Steph. Byz. s. v. können ihr lydisches Ἴτων oder Ἰτώνη eben aus dieser sage haben. dagegen verlegt die apollodorische bibliothek (II 155) Kyknos nach Iton.

133) Noch Diotimos (anm. 123) versetzt die Kerkopen nach Oichalia. nach Ephesos kommen sie, weil Εὐρύβατος, ein ephesischer nichtsnutz, unter sie aufgenommen wird. vgl. im allgemeinen Lobeck Agl. 1296. die alte monumentale überlieferung zeigt, dafs die sage im korinthischen culturkreis beliebt war; die Athener lassen sie fallen. ob das homerische Kerkopengedicht sie behandelt hat, ist sehr fraglich, da die Kobolde keinesweges eine so enge wirksamkeit gehabt haben; sie haben auch den Zeus zu betrügen versucht und tragen gar von den Aloaden einen namen.

134) Syleus und sein bruder Dikaios sind redende namen, der frevler und der biedere, aber sie sind fest localisirt, denn Συλέος πεδίον liegt bei Stagiros (Herodot 7, 115), Dikaia heifsen zwei städte, die eine, ἡ Ἐρετριέων, irgendwo am thermäischen busen, die andere παρ' Ἄβδηρα, beide haben schon gemünzt, ehe sie glieder des

ist als eponymos von Lamia sogar ausdrücklich bezeugt[135]), und was ist
endlich Ὀμφάλη anders als die eponymos von Ὀμφάλιον, der stadt

---

attischen reiches wurden (Head Doctr. Numm. 189. 218). die echte geschichte, die
Syleus von Herakles umbringen, Dikaios ehren liefs, gehört also in eine zeit, wo
die umgegend der Strymonmündung sich der hellenischen besiedelung noch wider-
setzte, und Herakles tritt als züchtiger des Poseidonsohnes Syleus eben so berechtigt
auf wie in den thasischen sagen von den Proteussöhnen und in der Abderossage.
dem entspricht es, dafs die vasenmalerei diese geschichte kennt (Annali 1878 C, Jahrb.
II 229), und so berichtet der falsche brief des Speusippos an Philipp (Epistologr.
Gr. 630 Herch.) ganz correct, dafs Dikaios die landschaft Φυλλίς von Herakles als
παρακαταθήκη erhielt, natürlich bis rechtsnachfolger des eroberers kämen. der
brief nennt schon die stadt Amphipolis, deren gründung durch Athen aus dem land-
namen Φυλλίς die neue sage schuf, die den Athener Demophon einführte; sie begegnet nicht vor der mitte des 4. jahrhunderts. aber wie Phyllis um Demophons
willen, so stirbt die tochter des Syleus aus sehnsucht nach Herakles bei Konon 17.
das läfst man besser bei seite, denn es kann seinerseits nach der Phyllissage gemacht sein; es genügt aber dazu, das lokal, das Konon angibt, das thessalische Pelion,
zu verwerfen. bei Apollodor II 132 ist der ortsname ἐν Αὐλίδι überliefert, dafs
aber Φυλλίδι von Hercher richtig verbessert ist, folgt daraus, dafs Herakles auf der
heimfahrt nach Asien über die insel Ikaros kommt. die geschichte ist natürlich an
sich ganz selbständig, und ihre verknüpfung mit Omphale beruht für uns nur auf
einem zeugnis, der quelle von Diodor und Apollodor. aber es spricht für sie, dafs
in ihr von dem Lyder Lityerses von Kelainai keine spur ist, eigentlich dem namen
eines schnitterliedes, auf dessen träger die Syleussage übertragen worden ist, nicht
vor der hellenistischen zeit: denn die Θερισταί des Euripides, die den vermerk οὐ
σώζεται tragen, also keine spur in der überlieferung hinterlassen konnten, darf man
überhaupt nicht deuten wollen. es hätte viel näher gelegen, Lityerses an Omphale
anzuschliefsen als an den fernen Syleus, wenn dieser nicht schon eher platz gefunden
hatte. hinzu tritt das euripideische satyrspiel Syleus, in dem Hermes den Herakles
verkaufte: das ist das motiv der Omphalefabel, und der schlufs liegt nahe, dafs
Euripides geschickt gekürzt hat, um den umweg, verkauf an Omphale und auftrag derselben, zu vermeiden. dann gelangen wir zu einer erzählung, die sowol für
Euripides wie für die mythographen quelle war. dazu stimmt das vorkommen der
localsage in der bildenden kunst und die entstehung der sage spätestens ende des
6. jahrhunderts, wahrscheinlich beträchtlich früher. das epos des Kreophylos würde
vortrefflich passen. fgm. 694 sichert, dafs Herakles die tochter des Syleus tröstete;
Dikaios war eliminirt: dann war der sprofs jener verbindung legitimer erbe der landschaft Phyllis, wo die Athener 438 endlich Amphipolis gründeten, das 424 verloren
gieng; obwol keine beziehung auf den ort mehr kenntlich ist, hat es grofse wahrscheinlichkeit, die abfassungszeit des dramas in diese kurze frist der athenischen
herrschaft zu rücken. die erhaltenen verse klingen nach der *prima maniera* des
dichters. — Nauck trag. fgm. s. 575 hat eine stelle des Origenes gegen Celsus mit
unrecht hieher gezogen: sie geht die bekannte Λινδίων ἀρά an.

135) Steph. Byz. ἀπὸ Λάμου τοῦ Ἡρακλέους. nach Lydien gezogen hat ihn der
Karer Apollonios, der diese fabeln breiter behandelt hat, Geffcken *de Steph. Byz.* 40.

der Ὄμφαλες¹³⁶)? in dem parallelbericht der apollodorischen bibliothek
II 131 fehlen die Itoner; die Kerkopen werden nach Ephesos versetzt,
aber Syleus wohnt richtig in Phyllis am Strymon. offenbar liegt
diesen berichten eine erzählung zu grunde, welche nur ganz äußerlich
die Lyderin (bei Apollodor witwe des Tmolos) eingesetzt hat. allmählich
hat man dann in diesem sinne weiter gedichtet. aber auch wo mehr
asiatische localfarbe ist, fehlen hindeutungen auf das echte local
nicht¹³⁷).

136) Es ist natürlich derselbe ort, den Steph. Byz. s. v. nach Thessalien, Pto-
lemaeus III 14 nach Epirus verlegt und dessen bewohner Rhianos in den Θεσσαλικά
neben den makedonischen Parauaiern (Steph. Byz. s. v.) angeführt hat. neben den
Molossern stehn die Ὄμφαλες auf der dodonäischen freilassungsurkunde Gött. Dial.
Insch. 1347. Ὀμφάλη geht kaum in den hexameter, was hinderlich scheinen kann,
wenn man die sage dem Kreophylos zutraut. aber von Ὀμφάλιον ließ sich ebenso
gut auch Ὀμφαλίη bilden, und wirklich gebraucht eben Diotimos von Adramyttion
diese form, A. P. VI 358. Omphales vater Ἰάρδανος wird natürlich von den modernen
mit dem Iordan identificirt, und dasselbe muß sich der gleichnamige fluß in Tri-
phylien gefallen lassen (H 133). daß in Lydien einer gleichen namens bestanden
hat, ist lediglich durch eine verdorbene oder verwirrte stelle bei Steph. Byz. bezeugt
(s. v.). da aber die geographischen namen der peloponnesischen westküste so oft in
Thessalien wiederkehren, wird man Ἰάρδανος nicht anders beurteilen als Πηνειός
und Ἐνιπεύς, und wem es gelingt, Omphalion zu finden, der mag den fluß des
ortes getrost Iardanos nennen.

137) Hellanikos führte die lydische stadt Ἀκέλης (Steph. Byz.) auf einen sohn
des Herakles zurück, aber die nymphe, die ihn gebiert, heißt Μαλίς, weist also nach
Trachis. zu ihr gehört Μῆλας, sohn des Her. und der Omphale, schol. Townl. zu
Σ 219, der bei der heimkehr der Herakleiden hilft, die von Trachis ausgieng. er
ist einfach der eponym der Melier. aber als Μήλης steht er in der lydischen königsliste, nicht bloß bei Nikolaos-Skytobrachion-Xanthos, sondern schon bei Herodot I 84.
der Ἀκέλης des Hellanikos ist sohn der Omphale im schol. Townl. zu Ω 616 und
heißt Ἀχέλης, dort werden auch νύμφαι Ἀχελητίδες aus Panyassis angeführt, der
also, wie von vornherein bei dem Asiaten glaublich war, diese sagen behandelt hat.
hier sind also ein epichorischer name und der hellenische Ἀχελῷος einander an-
geähnelt. dasselbe ist mit dem lydischen flusse Ὕλλος geschehen, der in wahrheit
zu Ὕλη, dem alten namen von Sardes, gehört, aber dem Heraklessohne angepaßt
ward. die penesten der Trachinier hießen Κυλικρᾶνες. daß Herakles sie bezwungen
und dort angesiedelt hätte, darüber sind sich die vorzüglichen gewährsmänner des
Athenaeus XI 461 einig: aber die einen lassen sie aus Lydien, die andern aus Atha-
manien stammen, andere aus Bithynien (Apollonios I 1357 mit schol.). ein wertvoller
zug ist bei Hygin (poet. astr. II 14, daraus mythogr. Vat. II 155) aus Aratscholien
erhalten. Omphale läßt Her. frei, weil er am Sangarios einen mörderischen drachen
bezwungen hat. zur erinnerung daran ist das sternbild des Ὀφιοῦχος am himmel.
das darf man in dieser region der gelehrsamkeit dreist für Panyassis in anspruch
nehmen.

Das ist also unzweifelhaft, dafs die Omphalesage in einem kreise
oetäischer sagen bereits fest war, als die willkür eines sehr erfolgreichen
dichters sie nach Lydien übertrug. dieser und sein publicum war dem
eigentlichen locale so fern, dafs er die anderen sagen ruhig herüber
nehmen konnte, aber ganz entwurzeln konnte er die oetäische sage nicht.
was sie so fest hielt, war die motivirung der dienstbarkeit durch den frevel
wider Iphitos Eurytos sohn, und damit hängt wieder die zerstörung
Oichalias zusammen. das ist nicht immer so gewesen. denn der kampf
des dorischen und des hellenischen bogenschützen ist keineswegs blofs
in diesem zusammenhang erzählt; die messenisch-arkadische localisirung
Oichalias schlofs diese ganze verbindung aus, hat sogar die ermordung
des Iphitos schwerlich anerkannt, der in Elis ein mächtiger könig blieb[138]),
es giebt ja auch mehrere begründungen für den zorn des Herakles gegen
Eurytos[139]), auch für die dienstbarkeit bei Omphale[140]), und gerade die
abweisung des Herakles als freier kehrt in einer anderen thessalischen
sage wieder[141]). aber um so deutlicher wird nur, dafs es ein ganz bestimmter
und planvoller zusammenhang ist, in dem der frevel an Iphitos, die
knechtschaft bei dem weibe, und die liebe zu Iole, die ihrem ganzen hause
verhängnisvoll wird, vereinigt sind. auch dafs Oichalia nach Euboia gerückt
ist, obwol es dort nie wirklich gelegen hat, in Thessalien nie ganz ver-
schwunden ist[142]), erklärt sich am besten, wenn der dichter dem locale

138) Als solcher ist er freund des Odysseus und des Lykurgos und könig von
Elis; Eurytos aber ist als name für einen der Molionen verwandt worden.

139) Soph. Trach. 260. 353, der mit grofser feinheit die beiden widersprechenden
traditionen von Lichas erzählen läfst.

140) Dazu wird der kindermord gebraucht von Hygin fab. 32, und dasselbe ist
aus der ordnung der ereignisse auf der albanischen tafel zu schliefsen. es lag nahe
ein motiv, welches die dienstbarkeit bei Eurystheus zu motiviren pflegt, auf die bei
Omphale zu übertragen.

141) Apollodor II 155 erzählt uns, dafs Herakles den Amyntor von Ormenion
erschlägt, weil er ihm den durchzug weigert. in der parallelstelle, IV 37, hat Diodor
aus flüchtigkeit den namen des königs mit dem der stadt zusammengeworfen und
einen Ὀρμένιος erzeugt, den man beseitigen mufs. aber die werbung um Astydameia,
Amyntors tochter, hat er erhalten. Her. erzeugt mit ihr Ktesippos, nach Apollodor
einen sohn der Deianeira. das bestreben alle andern söhne aufser Hyllos zu bastarden
zu machen, ist auch sonst öfter kenntlich: das sind adelsrancünen, wie bei den söhnen
Jakobs, die meist im einzelnen unkenntlich sind. sohn der Astydameia ist eigentlich
und war bei Hesiodos der Rhodier Tlepolemos, und zwar gab es auf Rhodos wirklich
ein geschlecht von Amyntoriden: so weist auch auf dieser insel einzelnes nach Thessalien neben Argos, ganz wie auf Kos und am Triopion. vgl. schol. Pindar. Ol. 7, 42.

142) Das hat endgiltig der wichtige stein von Hypata gelehrt, Athen. Mitteil. IV 216.

seines stoffes ganz fern lebte. Ioles liebe und das euböische Oichalia
sind nun wenigstens nachweislich in dem epos des Kreophylos-Homeros
vorgekommen. damit sind wir in einer region, in welche die umgestaltung
der thessalischen sagen und die einführung Lydiens ganz vortrefflich pafst.
wahrlich, kaum könnte man sich etwas anderes als ein homerisches gedicht denken, um zugleich den durchschlagenden erfolg der lydischen
localisation und die anknüpfung der lydischen dynastie an Herakles begreiflich zu machen[143]).

Die sagen selbst können nunmehr erst verstanden werden, wo sie
auf ihren heimischen boden zurückgeführt sind. die einzelheiten der
kriegszüge sind freilich kaum aufzuhellen, da von den stämmen um den
Oeta zu wenig bekannt ist. aber dafs der gegensatz der einwanderer
zu den eingebornen zu grunde liegt, ist im allgemeinen deutlich genug.
Herakles bezwingt zum teil die althellenischen heroen, oder aber er erbt
ihre taten; dafür ist namentlich der berühmte kampf mit Kyknos ein
beleg[144]). in diesem handelt er im dienste des Apollon, und Apollon
ist vertreter der delphisch-pyläischen Amphiktionie, die in der tat in
diesen gegenden, wo sich nie ein mächtiger einzelstaat erhoben hat, die
einzige macht war, die die sonderinteressen einigermafsen zu bändigen
und landfrieden einigermafsen einzuführen vermochte. da lag es nahe,
dafs Herakles der vollstrecker des apollinischen willens ward, und so
wird es zu fassen sein, wenn wir ihn die feinde des gottes, Lapithen und
Dryoper, bezwingen sehen. aber er erbte noch mehr von ihm. in der

---

143) Man darf hier wieder daran denken, dafs das asiatische Erythrai einen
wirklich alten Heraklescult hat (oben anm. 40), und dafs es den namen einer stadt
führt, die dicht neben dem thessalischen Oichalia liegt: auf demselben steine bezeugt
wie jenes. dafs das königsgeschlecht der Lyder, das durch Gyges gestürzt ward,
selbst so hellenisch dachte, um Herakles als ahn zu beanspruchen, ist nicht glaublich, auch würden sie nicht eine sclavin des Iardanos, sondern Omphale als ahnfrau
angesehen haben (so erst später: die naivetät bei Herodot I 7 unter δούλη Ἰαρδάνου
Omphale zu verstehen, verdient keine widerlegung). wol aber mufs diese verbindung
zu einer zeit aufgebracht sein, als die Hellenen für dieses alte haus sympathie empfanden, und die Lyder sich schon stark hellenisirt hatten. das trifft auf die zeit
des Alyattes, vielleicht auch schon auf etwas frühere zu: in diese wird dann auch
das homerische gedicht zu setzen sein. von den fabeleien des Skytobrachion bei
dem Damascener Nikolaos ist einschlägliches von belang nicht erhalten: das ist zu
verschmerzen, denn es war ein roman, und man sollte einen alten epiker Magnes,
der die taten der Lyder gegen die Amazonen besungen haben soll (fgm. 62), nicht
ernsthaft nehmen und so zu einer lydischen epik gelangen, die womöglich auch
in die Heraklessage übergreifen könnte.

144) Vgl. zu v. 110.

Alkestissage hat die faust des Herakles die gnade der todesgöttin ersetzt, welche Apollon beschwor[145]). und so ist die dienstbarkeit des Herakles auch eine parallelsage zu der dienstbarkeit des Apollon[146]), die ursprünglich auf denselben fluren gespielt hat, und die bei beiden durch eine blutige tat begründet ist.

In unserer überlieferung verknüpft, aber dennoch vielleicht von haus aus gesondert ist die sage von der werbung um Deianeira, die tötung des Nessos, das vergiftete gewand und der tod des Herakles. diese vier stücke bedingen einander. es fehlt in der erzählung, wie wir sie kennen, ein unerläfsliches motiv, wenn die liebe zu Iole ausgesondert wird. aber es ist zuzugeben, dafs die nötige eifersucht sehr gut auch durch irgend ein anderes erbeutetes mädchen, z. b. Astydameia von Ormenion, erweckt werden konnte. nicht Herakles sondern Deianeira hält diese sagen zusammen; ihre bedrängung durch den ungeheuren freier, ihre eifersucht und verzweiflung ist die seele der dichtung. sie ist Aetolerin, und die frauen dieses stammes sind von der sage mit lebhaftesten zügen ausgestattet, da ist Althaia, Deianeiras mutter, die Meleagros durch eine ähnliche tücke tötet, wie die tochter den Herakles, und sich wie sie aus reue den tod gibt; da ist Marpessa, die aus liebe den Idas dem Apollon vorzieht, Kleopatra, die leidenschaftliche gattin des Meleagros, Periboia die vielumfreite; auch die unselige gattin des Protesilaos ist in dieses geschlecht eingereiht worden[147]). unverkennbar haben wir hier alt-

---

145) Die hesiodische form der sage ist hergestellt Isyllos s. 70. durch sie wird das gemälde einer attischen pyxis erklärt (Wien. Vorleg. Bl. N. S. I 8, 5). Admetos führt lebhaft die Alkestis, welche ein mädchen geleitet, auf das haus zu, vor dem der alte Pheres steht, den ein anderes mädchen anspricht. die mädchen vertreten das hochzeitsgeleit. aber zwischen beiden gruppen stehen Apollon und Artemis, den blick voll ernster teilnahme auf das junge par gerichtet. man lese Eur. Alk. 915—25 nach, die stimmung zu finden; aber das gemälde wirkt durch die gegenwart der götter weit ergreifender: Apollon hat die ehe gestiftet; Artemis wird sie lösen.

146) Aischylos sagt καὶ παῖδα γάρ τοι φασὶν Ἀλκμήνης ποτὲ πραθέντα τλῆναι δουλίας μάζης βίον, Ag. 1040. bei Euripides sagt Apollon ἔτλην ἐγὼ θῆσσαν τράπεζαν αἰνέσαι θεός περ ὤν (Alk. 1). man sieht, dafs beides ganz gleich empfunden wird. O. Müller ist durch diese sagen zu seinem folgenreichen irrtume verführt, Herakles und Apollon überhaupt als ganz nahe verwandt zu betrachten. er hat verkannt, dafs die sagen deshalb nicht älter sind, weil sie auf einem boden spielen, den die Dorer früher einnahmen, als sie in den Peloponnes zogen. die Dorer, die fortzogen, haben sie ja eben nicht erzeugt noch erhalten, sondern die am Oeta bleibende bevölkerung. und der Apollon, welcher hier verehrt ward, ist kein dorischer, sondern der althellenische, vgl. s. 14.

147) So die Kyprien, welche Laodameia Polydora nannten, Pausan. IV 2. in dieser geschichte sind sie also nicht die quelle des B.

hellenische gestalten vor uns, reste einer herrlichen poesie, von der nur
noch das Meleagerlied der Litai eine unmittelbar wirkende probe gibt.
vereinigt also sind diese Heraklessagen durch hellenischen dichtergeist[148]).
damit ist zugleich gesagt, dafs wir diese vereinigung lösen müssen. und
in der tat, zwei der drei Heraklestaten sondern sich selbst ab. der kampf
mit Acheloos ist in wahrheit der mit dem herrn des meeres, der mit
Nessos die Kentauromachie.   beide abenteuer sind ihrer typischen bedeutung zu gunsten einer individuellen entkleidet, und in beiden ficht
Herakles ritterlich für ein weib: ihr besitz ist sein lohn. das ist menschlich und schön; nur erwirbt man mit solchen taten nicht erst im himmel
den lohn.   was poetisch vielleicht eine steigerung scheinen kann ist für
das religiöse eine degradation.   für den tod liegt keine parallele fassung
vor, denn der Herakles des Dodekathlos ist nicht gestorben.   um so
deutlicher ist die entstellung.   dieses ende, der selbstmord als rettung
vor unheilbarem siechtum, der allsieger das opfer eines eifersüchtigen
weibes und der tücke eines geilen ungeheuers, mufs dem wie eine blasphemie erscheinen, der die erhabenheit des argolischen gottmenschen dagegen hält.   so war es wahrlich nicht gemeint; wenn Herakles ein held
wie alle andern ist, mag er ja auch elend zu grunde gehen wie Meleagros oder Odysseus, nur für die echte Heraklessage mufs auch aus
dieser geschichte die hellenisch-epische motivirung, mufs das weib hinaus.
dann bleibt die selbstverbrennung, an sich auch eine grofsartige conception von echtester empfindung für den gottmenschen.   auch dies ist
ein würdiger abschlufs des irdischen lebens und ein übergang zu dem
himmlischen, eine parallele zu dem eintritt in den himmelsgarten.   wie
soll Herakles sterben?   kein feind kann ihn fällen; soll er den stroh-
tod sterben, wie ein weib oder ein sclave?   nein, als er fertig ist mit
seinem lebenswerke, als er das füllhorn von dem meergreise erhalten
hat, da steigt er empor auf den berg seines vaters, der ehedem auch
der götterberg gewesen ist[149]), und auf dem wie im garten der Hera in

---

148) Gewifs liegt es nahe, auch dies auf Kreophylos zurückzuführen.   aber
dazu fehlt ein positiver anhalt bisher.   die aetolischen sagen haben viele beziehungen
nicht zu Samos (wo aber der Homeride ja gar nicht zu hause gewesen zu sein
braucht), sondern zu Chios.   dort kehrt Oineus-Oinopion und der tod des Ankaios
durch das wildschwein wieder, kommt Tydeus als eigenname in vornehmem hause
vor u. dgl., auch Νεσσᾶς und ähnliche namen finden sich da und stimmen zu Νέσσος.
149) Dies zeigt sich namentlich darin, dafs morgenstern und abendstern auf ihm
wohnen, nicht blofs für die beiden lokrischen stämme, sondern noch für die lesbischen
Aeoler.   natürlich ist diese anschauung hellenisch, nicht dorisch, vgl. zu v. 394.

ewigem blumenflor eine wiese prangt[150]). hier schichtet er sich einen
scheiterhaufen. seine kinder, seine getreuen umgeben ihn; dem liebsten
waffengefährten[151]) schenkt er seinen treuen bogen zum danke dafür,
daſs er den feuerbrand anlegt und die lichte flamme entzündet, welche
die sterblichkeit von der göttlichen seele wegläutert[152]), die sich in den
hohen himmel an des vaters seite emporschwingt, während drunten die
älteste, die einzige tochter die letzte schwere ehrenpflicht vollzieht und
die irdischen reste des vaters sammelt[153]). das ist wol auch etwas er-
habenes, und wem die götter das herz jung erhalten haben, daſs er die
alten einfachen klänge aus dem gewirr der lärmenden und rauschenden
compositionen gesteigerter kunst und cultur herauszuhören und ihrer
melodie zu folgen vermag, der wird nicht zweifeln, daſs dieses wirklich
die altoetäische sage war. das feierliche siegesopfer anf dem Kenaion,
mit dem Herakles dem Zeus für die vollendung seiner irdischen
mühen dankt, ist in wahrheit kein anderes, als das, wozu er auf dem
Oeta den scheiterhaufen erbaut. und auch Sophokles, der doch kurz
vorher die Deianeirasage mit allen ihren consequenzen dargestellt hatte,
empfand das groſse würdig, als er den chor des Philoktetes die heim-

---

150) ἔστιν ἐν Τρηχῖνος αἴῃ κῆπος Ἡρακλήιος, πάντ᾽ ἔχων θάλλοντα, πᾶσι
δρεπόμενος πανημαδόν, οὐδ᾽ ὀλιζοῦται, βέβριθε δ᾽ ὑδάτεσιν διηνεκές. das gibt
der klarische Apollon als ein allgemeines orakel, wie aus der polemik des Oinomaos
(Euseb. praep. ev. V 214) hervorgeht: es bedeutet, wandele wie Herakles den rauhen
pfad der tugend, so gehst du zum ewigen leben ein. der gott verstand also die
religion sehr wol. als ἄτομος λειμών des Zeus, als Οἴταιον νάπος erwähnt dieselbe
wiese Sophokles Trach. 200, 436.

151) Dem Malier Philoktet. die sagen, welche diese waffenbrüderschaft verherrlichten, sind ganz verschollen, aber sie müssen bedeutend gewesen sein, denn
Philoktet erscheint jetzt nur als träger des herakleischen bogens in der troischen
sage. und wenn man auch denken kann, daſs er zuerst selbst der beste schütze war,
so braucht man für die umbildung einen anlaſs.

152) Das feuer tut hier dasselbe wie in der phthiotisch-magnetischen sage, wo
Thetis ihre kinder ins feuer hält, und ihren parallelen. ὑπὸ δρυὶ γυῖα θεωθεὶς sagt
sehr fein Kallimachos, an Artem. 159.

153) Duris in den scholien zu Plat. Hipp. I 293ᵃ. wenn dieser hinzufügt, daſs
die makedonische sitte von der ältesten tochter diesen liebesdienst forderte, so war
eben nur dort im norden diese wie manche andere einfache sitte, die ehemals die
Dorer geteilt hatten, bis 300 v. Chr. erhalten geblieben. daſs Herakles nur eine
tochter gehabt hat, ward als charakteristisch empfunden, und selbst Aristoteles notirte
es in der Tiergeschichte (VII 6, 45). hieran anknüpfend hat Euripides den heldentod
einer jungfrau, den viele sagen seiner heimat boten, auf diese jungfrau übertragen
und so seinen Herakleiden die wirksamste scene eingefügt. vgl. mein programm *de
Eur. Heraclidis.*

kehr wünschen liefs nach dem vaterlande, ἵν' ὁ χάλκασπις ἀνὴρ θεοῖς πλάθη θεὸς θείῳ πυρὶ παμφαὴς Οἴτας ὑπὲρ ὄχθας (736). Wie aus den flammen des oetäischen feuers der ἀνὴρ θεὸς sich emporhob, so tritt er in ursprünglicher erhabenheit aus den oetäischen sagen hervor, wenn das feuer der kritischen analyse sie läutert und das irdisch-epische wegschmelzt. erst die epik, die ihn zu einem ganzen menschen, aber auch zu einem blofsen menschen machte, hat ihm irdische schwäche, den mord des Iphitos, irdische strafe, die knechtschaft, irdische liebe und irdisches siechtum verliehen. ursprünglich ist dem oetäischen Herakles all das nicht minder fremd gewesen als dem argolischen.

Aber eine sage scheint ihn doch in tiefster schuld verstrickt zu zeigen: der kindermord. auch hier ist eine mühsame voruntersuchung nötig, um aus dem verstreuten materiale[154] die älteste gestalt der geschichte zu gewinnen, die dem urteil über ihre bedeutung allein zu grunde gelegt werden darf. dafs von dem drama des Euripides nichts verwandt werden darf als was der neuerungssüchtige dichter notwendig vorgefunden haben mufs, wird jeder sofort zugeben; aber lange vor ihm ist die epische vermenschlichende poesie auch hier, ähnlich wie in den oetäischen sagen, tätig gewesen.

In Theben vor dem elektrischen tore, wo das haus des Herakles stand und mancherlei monumente an ihn und die seinen erinnerten, ist zu Pindars zeiten ein altar neu erbaut worden, auf dem acht söhne, die Megara Kreons tochter dem Herakles geboren hatte, und die χαλκοάραι gestorben waren, leuchtende brandopfer erhielten, und zwar am abend des ersten tages der Herakleen, an denen dem heros ein mal gerüstet ward, während turnspiele den zweiten tag füllten: heroischem, nicht göttlichem culte entsprechend. das wort χαλκοάραι ist im strengsten sinne unverständlich, aber es mufs etwas wie 'erzgerüstet' oder 'mit erzwaffen umzugehen geschickt' bedeuten[155]. die acht Heraklessöhne waren also nicht

Der kindermord.

---

154) Die hauptsachen sind Pindar Isthm. 3, 105 mit dem scholion, das aus Lysimachos stammt (fgm. X Radtke), aber von dem epitomator nicht gut behandelt ist. aus dem mythographischen handbuche ist der beste auszug Apollodor II 72, bei Diodor IV 11 spielen fabeleien des Skytobrachion hinein. Pausanias IX 11, der seine citate der beschreibung der delphischen lesche X 29 verdankt; Asklepiades im scholion λ 269, schol. Lykophr. 38 (daraus schol. Lucian. dial. deor. 13); Nikolaos von Damaskos III 369 Müll. wertloses übergehe ich.

155) Die scholien, im banne der vulgata, deuten χαλκοάρης als βιαιοθάνατος. aber das verträgt sich mit Μέμνων χαλκοάρας Isthm. 5, 51 nicht. nimmt man die τέκτονες χαλκοάραι Pyth. 5, 33 hinzu, so findet man ungefähr die bedeutung. aber verstehen kann ich die bildung nicht.

als knäblein, sondern waffenfähig und auch mit den waffen in der hand
umgekommen. Pindar verweilt bei dem culte an den ʿneuerbauten altärenʾ
geflissentlich. die aufgabe seines gedichtes führte ihn zwar dazu den
heros zu verherrlichen, da er einen landsmann feiert, der einst an
den Herakleen gesiegt hatte, und die parallele zwischen diesem und
Herakles zieht, daſs sie beide klein von statur und gewaltige kämpen
wären, aber der Heraklessöhne zu gedenken trieb ihn kein äuſserer
anlaſs. wenn er sie unmittelbar hinter der himmlischen verklärung ihres
vaters einführt und χαλκοάραι ϑανόντες nennt, so schlieſst er die
traurige geschichte aus, die sie als hilflose kinder vom vater getötet
werden lieſs, und da diese sage schon damals weit verbreitet war, so ist
eine bei ihm nicht ungewöhnliche beabsichtigte correctur der unfrommen
und falschen sage anzuerkennen. er und die Thebaner seiner zeit bestritten
nicht den tod der söhne Megaras, aber wol den kindermord des Herakles.
wenn sie recht hatten, war das ganze ein für das echte wesen des heros
unverbindliches spiel der dichter. in dem falle wären wir schon am
ziele. aber sie hatten trotz ihrer richtigen empfindung schwerlich recht.
Pindar selbst sagt, daſs die altäre eben erst errichtet waren. da Theben
479 eine schwere belagerung ausgehalten hatte, wird zumal die südliche
vorstadt in trümmern gelegen haben, und nach 479 scheint das gedicht ohne dies zu fallen[156]). aber ein neubau zieht sehr leicht auch
eine neuordnung des cultes mit sich, und daſs Pindar die ganze sache

---

156) Was sich aus dem nicht datirten gedichte bei sorgfältiger exegese ergibt,
ist folgendes. Melissos des Telesiadas sohn hatte an den Isthmien im pentathlon
gesiegt, und Pindar war mit dem gedichte für ihn fertig, da trug das gespann
des Melissos an den Nemeen den sieg davon; dieser weit höheren ehre zu liebe
dichtete Pindar einen neuen anfang (die erste triade) und änderte den alten, so daſs
das vorliegende gedicht beiden siegen gilt, nicht ohne daſs einige incongruenzen geblieben wären. die familie der Kleonymiden, der Melissos angehörte, war vor diesem
erfolge, der auch einigen wolstand voraussetzt, sowol im vermögen heruntergekommen,
wie namentlich dadurch gebrochen, daſs in einer schlacht vier familienglieder gefallen waren. erst Melissos war dabei sich wieder eine stellung zu erringen. von
dem alten ruhme zeugte ein siegesgedicht auf den alten Kleonymos, das dem Pindar
vorlag (45), und dem er entnahm, daſs das geschlecht die delphische proxenie besaſs und in weiblicher linie mit dem alten königshause der Labdakiden zusammen-
hieng (ein unschätzbares zeugnis für die thebanische königssage). da der stil des
pindarischen gedichtes zu den gedichten der fünfziger jahre nicht stimmt, so kann
jene verlustreiche schlacht nur die von Plataiai sein, oder sie reicht in das sechste
Jahrhundert zurück. da mit dem tode der Kleonymiden auch die ganze stellung des
geschlechtes gesunken war, liegt es am nächsten, in ihnen compromittirte Perser-
freunde zu sehen; dazu stimmt alles gut. so wird das gedicht etwa ende der siebziger
jahre verfasst sein.

mit ausführlichkeit bespricht, erweckt den verdacht, dafs man in Theben gelegenheit genommen hatte, die wahrheit, d. h. die dem glauben an den unsträflichen helden entsprechende form der geschichte, durch den altarbau und den heroencult sicher zu stellen. die existenz eines grabes der Megarakinder wird dadurch für die ältere zeit nicht notwendig in frage gestellt[157]).

Wie lautete nun die epische version, gegen die Pindar sich gewendet hat? in den Kyprien erzählte Nestor mit anderen geschichten dem Menelaos auch τὴν Ἡρακλέους μανίαν. davon wissen wir zunächst nur diese angabe des Proclus. Aber der dichter der homerischen Nekyia, der an die Kyprien angeknüpft hat[158]), führt Megara im Hades ein, so dafs er den tod ihrer kinder nicht erwähnt, ihren tod durch Herakles ausschliefst[159]). das führt nicht weiter, als dafs der wahnsinn des Herakles in den Kyprien wirklich den mord der kinder Megaras zur folge hatte[160]). Stesichoros und Panyassis hatten die geschichte auch erzählt, „im wesentlichen so wie die Thebaner", sagt unser gewährsmann Pausanias,

---

157) Lysimachos bei dem Pindarscholiasten führt auch benannte und jetzt (d. h. durch schuld des scholiasten) unbenannte zeugen an, die die kinder durch andere umbringen liefsen. aber darin ist nichts, das für vorpindarisch gelten, ja nur mit seiner unausgesprochenen meinung sicher identificirt werden könnte. auch dafs einige die kinder Ἀλκαΐδαι nannten, wird kaum mehr bedeuten als einen schlufs der mythographen; der namenswechsel wird z. b. in der apollodorischen bibliothek unmittelbar nach dem wahnsinn erzählt, und er stand ganz passend da, wo der held ein neues leben begann.

158) Hom. Unters. 149. ich finde nicht, dafs diese meine ansicht mit erfolg bekämpft worden ist.

159) Sonst könnte es von ihr, zumal sie als schatten erscheint, nicht blofs heifsen, τὴν ἔχεν Ἀμφιτρύωνος υἱός λ 270. auch Polygnot, der sie auf grund dieser stelle in seiner Nekyia malte, hat nicht mehr hineingelegt. das ist erst auf den apulischen unterweltvasen geschehen, die Megara mit den kindern einzuführen pflegen, eine sehr wirksame gruppe, da Herakles selbst als mensch, den Kerberos holend, vor den opfern seines wahnsinns erscheint. mit recht ist die scene der Heraklessage als inhalt des attischen gemäldes bezeichnet worden, das die Italioten ihrem mysterienglauben anpassten (Kuhnert, Arch. Jahrb. 8, 108). da Megara neben den kindern mit getötet sein mufs, haben wir einen schlagenden beleg für die wirkung des Euripides auf die malerei der unmittelbar folgenden zeit. dafs auch Theseus und Peirithoos unter Dikes aufsicht gegenwärtig sind, fordert keine berücksichtigung des Kritias.

160) Die behandlung der sage in dem epos darf man sich nicht umfänglicher vorstellen als etwa die Lykurgosgeschichte in der Ilias, denn Nestor erzählte daneben noch anderes. aber wenn alle ethopoeie fortfiel, konnten auch zwanzig verse ausreichen.

d. h. in übereinstimmung mit dem, was zu seiner zeit vulgata war. darin
liegt, daſs Herakles im wahnsinn, den Hera gesandt hat, seine uner-
wachsenen kinder umbringt, aber nicht die gattin, die er nur an Iolaos
abtritt[161]). über die todesart ergibt sich hieraus nichts. da tritt eine

---

161) Das sagt Pausanias X 29, ist die mythographische vulgata und kennt als
feststehend auch Plutarch (Erot. 9), der verfasser einer Heraklesbiographie. die
heroine, die den namen der stadt Megara trägt und einen bruder Megareus hat
(Soph. Antig. 1303, vgl. de Eurip. Heraclid. 10), muſs den Thebanern sehr wichtig
gewesen sein, da sie als gattin der beiden boeotischen heroen geführt ward. aber
sie hat keine descendenz und eigentlich auch keine ascendenz, denn ihr vater Κρέων
ist ein lückenbüſser, hier sowol wie in der Labdakidengenealogie. daſs Herakles in
Theben nie an die wirklichen personen der königsliste angeschlossen ist, würde für
sich ausreichen, den eindringling zu beweisen. das anonyme epyllion, das Megaras
namen trägt, liefert gar keine für die sage brauchbaren züge, wie namentlich die
behandlung des Iphikles neben Herakles lehrt. aber die absicht seines dichters
dürfte ein wort der erklärung verdienen. was er erzählt, ist wenig und scheinbar
ganz abgerissen. Megara und Alkmene sitzen in Tiryns, während Herakles im
dienste des Eurystheus irgendwohin fortgezogen ist. sie verzehren sich in angst
und sehnsucht. Megaras rede gibt wesentlich nur die exposition, aber die sonst
ruhigere mutter ist durch ein traumgesicht tief erschüttert, das sie erzählt und
am ende ihrer rede, zugleich dem ende des gedichtes, fortwünscht, ἀποπέμπεται.
der leser wird in dem traume die hauptsache sehen und natürlich den traum als
wirklich vorbedeutend betrachten. sein inhalt ist, daſs Herakles ὡς ἐπὶ μισϑῷ
beschäftigt ist einen graben zu ziehen. als er fertig ist, will er sein gewand anlegen,
das er zu seinem geschäfte abgelegt hat. da schlägt ihm aus diesem eine lohe
flamme entgegen, der er vergeblich zu entrinnen sucht, während Iphikles, als er
ihm helfen will, wie tot hinfällt. das ende hat Alkmene nicht mehr geschaut, sie
ist offenbar vor angst aufgewacht. der hellenistische dichter hat auf leser gerechnet,
die sich dieses bild aus der allbekannten sage deuten würden, aber auf leser, die
das bild mit dem gedanken verwechseln würden, und nach dem graben fragen, den
Herakles gezogen hätte, hat er nicht gerechnet. das bild enthüllt so viel, daſs
Herakles, wenn er mit dem werke, das er auf sich genommen hat, fertig sein wird,
statt ruhe zu finden, einem plötzlichen unentrinnbaren unheil verfallen wird, vor
dem ihn nichts retten kann, auch nicht seine irdische verwandtschaft: die kann den
weg nicht gehen, den er gehen muſs. so ist es ihm ja gegangen; die Trachinierinnen geben dieser selben stimmung lebhaften ausdruck. die flamme des traumes
bedeutet nicht die flamme des Oeta direct, sondern nur den gewaltsamen untergang.
auf Iphikles ist eine empfindung übertragen, welche träumende sehr oft haben, beim
besten willen und in höchster not nicht von der stelle zu können, schon von Homer
(X 199) angewandt. der dichter, in allem vermenschlichend, hat den traum so gehalten, daſs er keiner himmlischen offenbarung bedarf. so viel kann einer mutter
das herz, unter dem sie ihn getragen hat, von dem sohne sagen, den sie von gefahr
zu gefahr schreiten sieht: es ist keine ruhe für ihn; auch die vollendung, auf die
er jetzt hofft, wird sie ihm nicht geben. so kennt sie den πονηρότατος καὶ ἄριστος,
wie sie ihn bei einem Eoeendichter nannte, der den Alexandriner angeregt haben

andere erwägung hilfreich ein. bei Euripides droht den kindern der
feuertod durch Lykos, und diese qual ist in dem drama herzlich schlecht
motivirt, wird auch rasch fallen gelassen. es ist oft beobachtet, daſs die
tragiker in dieser weise fassungen der sage, die sie verschmähen, gelegentlich zugleich benutzen und abweisen[162]). daſs Herakles die kinder in das
feuer geworfen hätte, stand bei Pherekydes, und es hat sich neben der
euripideischen erfindung in der mythographischen vulgata erhalten, so
daſs es Pausanias sehr wol mit λέγουσι Θηβαῖοι einführen konnte.
endlich hat noch zu Alexanders zeit der maler Asstea s von Paestum
sehr anschaulich dargestellt, wie Herakles allerhand hausrat zusammen-
getragen und angezündet hat und eben im begriff ist einen seiner knaben
hineinzuwerfen[163]). bei ihm ist keine spur von Euripides; er gibt offenbar
die geschichte wieder, wie sie in Italien verbreitet war. somit kann die
verbrennung der kinder mit wahrscheinlichkeit als die litterarische tradition bis auf Euripides angesetzt werden. die geschichte geht bei Euripides weiter; Herakles ist im begriffe seinen vater zu töten, als Athena
erscheint und ihn durch einen steinwurf betäubt. auch das sind wir
berechtigt seiner vorlage zuzuweisen. denn Athenas einwirkung hat nicht
nur für die oekonomie des dramas keine bedeutung, wird dem Herakles
sogar nicht einmal bekannt, sondern sie wird durch einen zweifel des
boten an dem wunder herabgesetzt (1002). unmöglich kann sie Euripides erfunden haben. dagegen paſst die intervention der schutzgöttin

mag. was dieser aber bezweckte, war nur in zweiter linie, den leidenden Herakles als
solchen darzustellen, obwol dazu die breite ausführung des kindermordes dient. es
ist sein, wie überhaupt der besseren hellenistischen poeten, zweck, die allbekannten
alten stoffe dadurch zu erneuern, daſs er das licht auf andere personen fallen läſst.
für die sage sind mutter und gattin des helden nur relativ bedeutsam, so weit sie
für ihn in betracht kommen: hier werden mutter und gattin hell beleuchtet, und die
sage hat nur noch den relativen wert, diesen typen individuelle persönlichkeit zu
verleihen. das gedicht ist nicht hervorragend, aber mit den balladen unserer roman-
tiker darf es ohne zu verlieren verglichen werden.

162) Dies hatte ich übersehen; Weil hat darauf hingewiesen.

163) M. d. I. VIII 10. Alkmene und Iolaos schauen zu; die mutter muſste jeder
in Theben voraussetzen, sie fehlt bei Euripides aus dramaturgischem interesse.
Iolaos ist der spätere gatte Megaras, die hier in ein zimmer entflieht; das feuer
brennt im peristyl. auſserdem ist Μανία anwesend: sie allein kann ja dem beschauer sagen, daſs Herakles wahnsinnig ist. das bild ist ganz verständlich; kein
gedanke an eine 'nacheuripideische tragoedie'. ich hatte in der ersten auflage Tarent
oder Paestum als heimat des Asstea s angegeben; jetzt habe ich mich durch Winne-
feld (Bonner Stud. für Kekulé) bestimmen lassen, Paestum geradezu zu nennen.
andere vorschläge scheinen mir in der luft zu schweben.

des helden vortrefflich in ein epos als gegenstück zu der sendung des wahnsinns durch Hera. nun behauptet Pausanias, die bedrohung des Amphitryon wäre bei Stesichoros und Panyassis, die er anführt, nicht vorgekommen, aber die Thebaner hätten von ihr erzählt, und der stein, σωφρονιστήρ genannt, hätte in Theben an dem platze der tat gelegen. dabei ist mißlich, daß ein negatives zeugnis des Pausanias über dichter, die er nie mit augen gesehen hat, wenig gewicht hat, und vollends verwegen wäre der logisch sonst unanfechtbare schluß: dann hat es eben in den Kyprien gestanden, und ist dies gedicht, das er auch sonst sehr gut kennt, die quelle des Euripides. aber der stein σωφρονιστήρ war doch da. damit ist ein vollkommener widerspruch über den thebanischen glauben zwischen Pindar und Pausanias aufgedeckt. wenn Herakles die kinder umgebracht hat und nur durch Athenas steinwurf an dem vatermorde verhindert worden ist, dann stimmt Pindars angabe von den χαλκοάραι ὀκτὼ θανόντες nicht: wenn die Thebaner geglaubt haben, was bei Pindar steht, so hat damals kein stein ʿder zur besinnung brachteʾ neben dem grabe der kinder gelegen. mehr als ein halbes jahrtausend war zwischen unsern beiden zeugen über Theben hinweggegangen, mehr als einmal war die stadt zerstört worden, die euripideische poesie aber hatte längst ein kanonisches ansehen erlangt: wir werden uns nicht wundern, daß man in Theben keinen anstand mehr nahm, den Herakles die tat begehen zu lassen, von der die kinder in jeder schule hörten, und noch weniger, daß sich mittlerweile der stein angefunden hatte, der den Herakles zur raison brachte. aber um so unversöhnlicher steht Pindar der epischen tradition gegenüber.

Kindermord ist ein motiv, das in boeotischen sagen öfter vorkommt[164]), bei Aedon, der gattin des Zethos (Hom. τ 523) und, wol im anschluß hieran, bei Themisto, dann bei Agaue, wo wahnsinn hinzutritt, und bei Athamas,

---

164) Daß Alkathoos seinen sohn Καλλίπολις erschlägt, weil er ihm beim opfer den tod seines älteren bruders Ἰσχέπολις meldet (Pausan. I 42, 6), hat mit der tat des Herakles keine ähnlichkeit, geschweige daß es eine dublette des kindermordes wäre. Alkathoos handelt so in ausübung seiner väterlichen gewalt, weil er die handlung des sohnes für οὐχ ὅσιον hält, er handelt formell gerecht, macht sich freilich selbst durch seine strenge kinderlos. das ist eine novelle, angesetzt an ein monument, dessen wirkliche bedeutung man nicht mehr verstand. offenbar ist in der periegese des Pausanias neben dem, was auf die chronik des Dieuchidas zurückgeht, ein element, das die reste der stadt, die nach den katastrophen von 306 und um 264 übrig waren, ohne wirkliche kenntnis zu deuten sucht. so ist das αἰσίμνιον offenbar das alte sitzungshaus der αἰσιμνᾶται, aber jetzt fabelt man, es wäre ein grab eines Αἴσιμνος, und Ἰφινόη, der die mädchen ihr har vor der hochzeit weihen, ist offenbar ehedem eine nebenform der Ἰφιγόνη gewesen, keine königstochter, u. s. w.

wo auch Hera den wahnsinn sendet. von diesem wird noch erzählt, daſs er
einen seiner söhne in einen siedenden kessel wirft, was dem Herakles,
der die kinder ins feuer wirft, nahe kommt. aber die ausgestaltung
wird doch den dichtern gehören; für die beurteilung des inhaltes der
geschichte kommt alles darauf an, welchem zwecke sie dient. in dem
innern leben des Herakles macht sie keine epoche, wol aber in dem
äuſsern. Hera macht ihn heimatlos und einsam; das gelingt ihr, aber
sie hemmt seine heldenlaufbahn nicht. er löst sich von Theben, tritt
seine gattin dem Iolaos ab und zieht, wenigstens nach der mythographischen vulgata, in die dienstbarkeit des Eurystheus. die geschichte ist
also ein hilfsmotiv ohne innerliche bedeutung, vergleichbar den vielen
totschlägen, freiwilligen und unfreiwilligen, mit denen die sagen ihre
helden von einem schauplatz auf den andern zu bringen pflegen. von
einer moralischen verantwortung konnte nicht die rede sein: Hera hatte
ja den wahnsinn gesandt, und wie das verhältnis zu Megara gefaſst
ward, lehrt ihre abtretung genugsam. hilfsmotive gelten nun allerdings
nur für eine zusammenhängende erzählung, diese geschichte aber begegnet zuerst als einzelnes exempel in den Kyprien. daraus folgt aber
nur, daſs ein homerischer epiker die fruchtbarkeit der geschichte als
solcher begriffen und sie demgemäſs ausgeführt hat; die erfindung an sich
rückt dadurch nur zeitlich höher hinauf. und trotz Pindaros werden wir
nach Theben selbst gewiesen. denn in der geburtsstadt des heros war
es eine unvermeidliche schwere frage: wie kommt es, daſs euer Herakles
ein Argeier geworden ist und bei euch so wenig geleistet hat? und die
einführung der Megara als gattin des Herakles und des Iolaos trat dazu,
der mangel eines herakleischen geschlechtes auch. wir haben es heute
leicht die frage damit zu beantworten, daſs die argolische dichtung die
parallelen boeotischen sagen verdrängt hat, daſs Herakles selbst einen
fremden namen trägt, und daſs der echte thebanische Alkaios nur einiges
dem argolischen doppelgänger, anderes dem Amphitryon und Iolaos ab-
geben muſste, diesem sogar die Megara. aber die Thebaner im siebenten
jahrhundert muſsten sich und den andern begründen, weshalb ihr
Herakles ausgewandert war. dafür mochte es viele möglichkeiten geben,
uns genügt es, die eine zu durchschauen, für die sie sich entschieden
haben. wenn wirklich damals schon ein grab von Herakleiden oder
Alkeiden gezeigt ward, so war das zunächst das familiengrab des geschlechtes, denn einmal muſs der nationale held doch eine descendenz
gehabt haben, und man verlangt solche gräber neben denen des Amphitryon und Iolaos. aber die vaterhand hatte diese kinder damals noch

nicht umgebracht, und in so fern hatten die Thebaner und Pindaros ganz recht, gegen die epische geschichte front zu machen. es ändert aber wenig, wenn wir das grab und erst recht seine pindarische deutung für secundär halten wollen. die hauptsache bleibt, daſs Pindar das richtige gefühl gehabt hat, dieser kindermord könne seinem Herakles nicht zugetraut werden. der protest war vergeblich; die einfachen gestalten der religiösen sage müssen sich nun einmal der gewalt und der willkür der poeten fügen; bald sollte Herakles unter die hände des Euripides und dann noch in viel entwürdigendere kommen. aber es ist erfreulich, daſs unsere analyse den anschluſs an Pindaros erreicht hat und den kindermord als eine erfindung aussondern kann, die den echten Herakles gar nichts angeht, sondern ein erzeugnis der combinirenden reflexion ist, den helden weder zu erhöhen noch zu verkleinern bestimmt, sondern lediglich zwei sagenkreise zu verbinden, in deren jedem der echte Herakles steckt. eine solche erfindung pflegt ziemlich unfruchtbar zu sein, und das schweigen der bildlichen, eigentlich aber auch der litterarischen tradition in der voreuripideischen zeit, beweist, daſs der kindermord nicht wirklich populär war. nur die homerische poesie hatte mit richtigem gefühle hier eine stelle entdeckt, wo sie den dorischen helden menschlich fallen und leiden lassen konnte, sie legte den grund, auf dem der chalkidische und der karische dichter weiterbauten; der thebanische protestirte. dann kam der Athener, und vor ihm muſste der protest verstummen; er durfte es auch, denn hier war Herakles zwar ein anderer geworden, aber dieser mensch hatte kaum geringeren adel als der halbgott des Pindaros.

Die Herakles-religion seit der archaischen zeit. Pindar war der letzte prophet des Dorertums und seiner ideale; er war auch der letzte, der den glauben an den echten Herakles ungebrochen bewahrte und verkündigte, mitten in einer welt, die weder für ihn noch seinen Herakles mehr raum hatte. unschätzbar für uns, daſs wir diesen propheten noch hören können. wie nebel vor der siegreichen sonne sinken irdische fabeln vor der erhabenheit des göttlichen bildes, das er entwirft, eben da, wo er den kindermord still ablehnt.

er hat zum Olympos empor sich geschwungen,
nachdem er die ränder des erdenrundes
und die see durchmessen, so weit sie brandet und blauet,
den schiffern die pfade befriedend.
nun lebt er beim vater, dem schwinger der blitze,
in seligkeit.
willkommen der götter empfieng den genossen
und Hebe den gatten:
so wohnt er im himmel im güldenen schlosse
als Heras eidam.

Das erste nemeische gedicht hat Pindar eigentlich dem Herakles mehr als dem Chromios gewidmet, für den es bestimmt war. denn die aufgabe, das lob des siegers und seiner heimat, macht er würdig aber kurz ab und bahnt sich gewaltsam, wie er pflegt, den übergang ʿʿwir menschen leben allzumal in mühsal und furcht und hoffnung: ich aber halte mich gern an Herakles und will von ihm bei gelegenheit dieser trefflichen tat eines trefflichen mannes eine alte geschichte erzählen̓̓. und nun folgt, offenbar im anschluſs an ein altes gedicht, die schlangen-würgung des kindes, und wie Teiresias den eltern alles vorherver-kündet hat,

> alle die tiere des landes und meeres,
> scheusale, reiſsende, recht- und friedlose,
> die ihm zu bändigen, alle die menschen,
> wildeigennützige, frevelnden fuſses
> auſser den bahnen des rechts hinwandelnde,
> die ihm mordend zum rechte zu führen
>   vom geschick beschieden war.
> ja, wenn die götter zum krieg der giganten
> schreiten, dann werden des Herakles pfeile
> niederstrecken die himmelstürmenden riesen;
> und die blonden häupter der Erdensöhne
>   schleifen im staube der mutter.
> er aber wird den köstlichen lohn für die mühen
> finden, im seligen hause den ewigen frieden:
> Hera führt ihm die Jugend als braut entgegen,
> an dem tische des Zeus begeht er die hochzeit:
> und in ewigkeit preist er des hehren
>   weltenvaters regiment.

eine rhythmische paraphrase schien nicht unpassend; bedürfen doch die meisten einer vermittelung, um im Pindar nicht nur die poesie, sondern auch nur die gedanken zu finden. und es hilft hier eben so wenig auf die alten wie auf die neuen erklärer zu verweisen. sie stehn ratlos vor der willkür des dichters, der ganz ohne ʿinneren bezugʾ von Herakles redet. nun, vielleicht leuchtet unbefangenen gemütern ein, daſs es groſs-artig ist, wie der stolze Aegide sein lied emporhebt von der kleinlichen aufgabe, das rennpferd ein sicilischen marschalls zu besingen, zu dem preise des heros, in dem sich das mannesideal seines standes verkörpert, an dem sich die κοιναὶ ἐλπίδες πολυπόνων ἀνδρῶν aufrichten. daſs er aus dem himmel herabstiege und sein fabula docet zufüge, kann nur ein pedant von ihm verlangen. mit dem glanze des ewigen ruhmes, wie ihn Herakles zum lohne genoſs, und wie ihn des dichters wort nicht nur verhieſs, sondern selbst zu verleihen sich berühmte, suchte Pindaros

seine standesgenossen auf den pfad der mannesehre zu leiten, von dem
er selbst nimmer gewichen ist. eigne tiefe gedanken gibt er oft;
hier aber malt er die selbe seligkeit, die viele menschenalter früher
sein landsmann Hesiodos gepriesen hatte, und zwar in den letzten versen,
die wenigstens in unserer fassung der Theogonie ihm angehören[165].
"Herakles hat nach vollendung der arbeiten auf dem wolkigen Olympos
die Hebe gefreit, der selige, der nach der lösung einer gewaltigen aufgabe in ewigkeit ohne schmerzen und alter unter den unsterblichen lebt"[166].

---

165) Die vorzügliche arbeit von A. Meyer (*de comp. Theogon.* Berlin 87) hat
in erfreulichster weise in diesem chaos ein licht werden lassen. aber freilich ist im
einzelnen noch viel zu tun. so ist die schilderung der unterwelt, oder besser der
welt aufser himmel und erde, deshalb nicht unhesiodisch, weil sie entbehrlich ist, und
wenn auch an 735 881 gut anknüpfen könnte, so ist doch nichts triftiges dagegen
einzuwenden, dafs der dichter neben den Hundertarmen, welche die übrigen Titanen im
gefängnisse bewachen, den Atlas erwähnt, dessen strafe eine besondere ist, und die
Nacht, für ihn eine so wichtige urgewalt, nun in der sphäre zeigt, wo sie in der
jetzigen weltordnung wohnt. dafs hier aber ein altes echtes stück vorhanden ist
(nachgebildet von Empedokles 369—82 St.), folgt daraus, dafs zwei parallele erweiterungen daneben stehen, 736—45 und 807—19, nach deren beseitigung die
einzelanstöfse zu schwinden scheinen. von dem Typhoeuskampfe 820—80 sollte
niemand mehr reden. es spricht sich und seiner kritik jeder selbst das urteil, der
bezweifelt, dafs er formell ein junges machwerk ist und inhaltlich erst nach der
gründung von Katane verfafst sein kann, und sogar viel später, als der Aetna im
mutterlande bekannt geworden war, denn es gibt ja kein sicilisches epos. dafs die
descendenz des Zeus hesiodisch ist, hat A. Meyer selbst erkannt, und auch mit recht
die Metis als einen jetzt nicht mehr rein zu beseitigenden zusatz bezeichnet. nur
den grund hat er nicht angeführt, der doch hier, wie für die obigen zusätze gilt:
auch die Metis ist in doppelter gestalt erhalten, einmal in unsern handschriften, zum
andern bei Chrysippos (Galen *de Hipp. et Plat.* III 351). es ist nicht hübsch, dafs
unsere Hesiodausgaben ein solches stück ganz ignoriren. hat man aber in der descendenz des Zeus den stoff dieser hesiodischen partie erkannt, so ist damit gesagt,
dafs 930—37, 945. 6 und alles was auf 955 folgt fremdartig ist, und zu dem kitte
gehört, welcher die Theogonie mit den Katalogen verband, aus denen ja 987 schon
citirt wird (Herm. 18, 416). an die letzte göttin, mit welcher Zeus göttliche kinder
gezeugt hat, schliefsen sich die sterblichen oder doch des götternamens unwürdigen,
welche ihm auch götter geboren haben, Maia den Hermes, Semele den Dionysos,
dessen gattin auch gott geworden ist, und Herakles: der war bekanntlich der letzte
Zeussohn, und seine göttlichkeit ist in seiner ehe ausgesprochen. hier endet, was
wir von Hesiods Theogonie haben; was folgte und wie viel, weifs niemand.

166) Theog. 950. Ἥβην δ' Ἀλκμήνης καλλισφύρου ἄλκιμος υἱός, ἲς Ἡρακλεέος,
τελέσας στονόεντας ἀέθλους παῖδα Διὸς μεγάλοιο καὶ Ἥρης χρυσοπεδίλου αἰδοίην
θέτ' ἄκοιτιν ἐν Οὐλύμπῳ νιφόεντι, ὄλβιος, ὃς μέγα ἔργον ἐν ἀθανάτοισιν ἀνύσσας
ναίει ἀπήμαντος καὶ ἀγήραος ἤματα πάντα. im vorletzten verse ist keineswegs
ἐν ἀθανάτοισι mit dem nächststehenden ἀνύσσας zu verbinden, wie man getan hat,

aber die zeit- und standesgenossen Pindars waren nicht mehr dieselben wie die des Hesiodos. die dorische cultur war überlebt, und die Herakles-sage genügte um 500 nicht mehr dem herzen, weil das herz nicht mehr empfand wie um 700.

Dazu trug ganz äufserlich schon die ausgestaltung der sagen selbst bei. indem immer neue taten und gefahren hinzutraten, ward die schale der irdischen mühen immer voller, mochte auch der held in jedem neuen kampfe siegreich sein. die ewige seligkeit ist ein ewiges einerlei, von ihr lässt sich unter keinen voraussetzungen viel erzählen. so hält sie in vieler augen den leiden und arbeiten nicht die wage. und der lohn hatte seine realität nur im hoffenden glauben: die mühen und leiden des irdischen lebens erschienen als tatsächliche gewifsheit. so ward das geschick des helden mehr beklagt als beneidet. wenn ihn in einer Eoee seine mutter mehrfach *πονηρότατον καὶ ἄριστον* genannt hatte (Hesiod. fgm. 159. 160), so stellte ihn der parische künstler der olympischen metopen gerade nach dem ersten glücklich bestandenen kampfe mit der gebärde tiefer trauriger ermattung dar, rührend genug[167]), und allerdings nicht ohne diesem irdischen gefühle den himmlischen trost in der helferin Athena zur seite zu stellen, wie denn dies schwesterlichste verhältnis der liebsten tochter des himmlischen vaters zu seinem liebsten sohne von der archaischen kunst auf das zarteste ausgebildet ist[168]). der dichter des Schildes schlägt schon fast euripideische töne an, wenn er Herakles

um die gigantomachie zu verstehn. diese ist nicht die haupttat, wenn sie Hesiodos, der dichter der titanomachie, überhaupt gekannt und anerkannt haben sollte. bei Pindar Nem. 1 ist sie nur ein exempel für die bewältigung der *ἄνδρες σὺν πλαγίῳ κόρῳ στείχοντες*. es sollte doch klar sein, dafs *μέγα ἔργον* sein lebenswerk ist, ganz im allgemeinen, und ebenso, dafs die vorher genannten *στονόεντες ἄεθλοι* einen festen kreis von aufgaben bezeichnen, den er 'zu ende geführt hat', ganz wie der fortsetzer, der diese worte 994 übernimmt, die bestimmten aufgaben meint, die Pelias dem Iason stellte. die wortstellung in v. 954 ist erträglich, da *ναίει* ohne den zusatz *ἐν ἀθανάτοισι* gar nicht denkbar wäre. die einfache alte poesie scheut sich vor dergleichen nicht, z. b. Theognis 997 *τῆμος δ' ἠέλιος μὲν ἐν αἰθέρι μώνυχας ἵππους ἄρτι παραγγέλλει μέσσατον ἦμαρ ἔχων.* 1317 *σὲ δὲ μήτις ἁπάντων ἀνθρώπων ἐσορῶν παιδοφιλεῖν ἐθέλοι.*

167) Furtwängler (Festschrift für Brunn 79) ist dem künstler nicht gerecht geworden, gerade da, wo er das schöne ergebnis erzielt, die herkunft der sculpturen zu ermitteln. überhaupt ist, so viel ich sehe, der schatz von poesie, der in den metopen steckt, noch längst nicht gehoben.

168) Es sind ganz überwiegend Ionier, die sich in der ausführung dieses der litteratur fremden verhältnisses gefallen; das epos hatte Athena neben Diomedes und Odysseus ähnlich eingeführt, und ihre intervention bei dem kindermorde ist auch epische erfindung. die bildende kunst lehrt auch, dafs Athena ihren schütz-

darüber grübeln lässt, dafs sein vater Amphitryon sich schwer an den
göttern vergangen haben müfste, da Iphikles sich in schande gestürzt hätte,
αὐτὰρ ἐμοὶ δαίμων χαλεπούς ἐπέτελλεν ἀέθλους (94), und wahrhaft
erschütternd wirkt (was diesem dichter vorlag), was der orphische er-
weiterer der Nekyia ihm als anrede an Odysseus in den mund legt. "du
ärmster, hast du denn auch ein elendes geschick zu schleppen, wie ich
es auf erden ertrug? der sohn des Zeus war ich, aber unermefsliches
unheil war mein teil (λ 613)". so spricht freilich nur sein schatten,
und der dichter verfehlt nicht hervorzuheben, dafs der heros selbst im
himmel als Hebes gatte weilt[169]). aber es ist um die frohe zuversicht
des glaubens geschehen, wenn auch nur der schatten des Herakles sein
leben also beurteilt. aus dieser trüben auffassung ist der gedrückte und
ermüdete held hervorgegangen, den uns spätere kunstwerke und doch
nicht nur späte, darstellen: ein schönes bild, gewifs; aber dafs das
menschenleben eitel mühe und arbeit ist, ist darin auf die bedeutung
herabgesunken, welche der verfasser des 90. psalmes mit diesem spruche
verband, während der echte Herakles so dachte, wie wir den spruch
umdeuten. so ist Herakles allmählich dazu gekommen den jammer
des menschenlooses darzustellen, und für diese betrachtungsweise waren
die geschichten besonders erwünscht, die ihn schwach und sündig
zeigten, der kindermord, der frevel an Iphitos, die vergiftung und selbstverbrennung. und indem man sich von diesem standpunkte aus ein vollbild des charakters von dem heros zu entwerfen versuchte, ist die merkwürdige ansicht von dem Ἡρακλῆς μελαγχολικός entstanden, die kein
geringerer als Aristoteles in geistvoller weise durchführt, indem er Herakles
mit in die reihe der gröfsten staatsmänner, denker und künstler stellt,
die alle μελαγχολικοί gewesen waren[170]). das ist in dem verbreiteten

ling auf dem Olympos einführte, wovon Pindar nichts sagt. allein die olympischen
metopen sind doch den Peloponnesiern verständlich gewesen, Athena ist selbst in
Sparta und Korinth eine grofse göttin, und gerade ein volk, das das weib sonst nur
grob sinnlich zu nehmen weifs, wird eine göttliche jungfrau zu würdigen befähigt
sein. Athena ist neben Herakles für sie die himmlische ἀρετά.

169) Vgl. Homer. Unters. 203.

170) Problem. 30, 1. dafs die lehre aristotelisch ist, kann nicht bezweifelt
werden, namentlich die charakteristik von Platon, Sokrates, Lysandros ist bezeichnend.
auch wird der inhalt als aristotelisch von den grammatikern (Erotian Ἡράκλεια νόσος),
Cicero (Tusc. I 80) nnd Plutarch (Lysand. 2) angeführt. die Ἡρακλήη νόσος der spät-
hippokratischen schrift über die weiblichen krankheiten I 17 (II 623 Kühn) meint
die epilepsie, es ist also ein parallelname zu ἱερὴ νοῦσος und bedeutet nur die
'ungeheuerliche', wie Ἡράκλεια λίθος den wunderbaren magnetstein; so haben die
grammatiker richtig erklärt (Erotian, Galen zu Epidem VI 7, XVIIᵇ 341 K. schol.

worte von der melancholie der genialen naturen zur sinnlosigkeit ver-
dreht, weil μελαγχολᾶν und melancholie kaum etwas mit einander zu
tun haben; selbst Dürers Melancholie kann man zur erklärung der aristotelischen gedanken nicht herbeiziehn[171]. besser geschieht das durch die
vergleichung, die Aristoteles selbst gibt, dafs die schwarze galle auf
die gemütsart etwa so wirkt wie ein köstlicher starker wein. wir dürfen
etwa sagen, dafs in der seele dieser höchstbegnadigten unter den sterblichen ein vulkanisches feuer brennt; so lange es nur in der tiefe treibt
und wärmt, bringen sie hervor, was reicher und köstlicher ist, als sonst
ein mensch vermag, aber wehe, wenn es durchbricht: dann verzehrt es
alles und vernichtet sie selbst zuerst. schweres blut, schwerer mut: "der
blick der schwermut ist ein fürchterlicher vorzug". sie sind mehr als
die ehrenfesten biedermänner, die eingepfercht zwischen die schranken der
σωφροσύνη den sichern weg ziehen, den die meilenzeiger des νόμος
weisen. aber sie sind was sie sind und leisten was sie leisten nur im
gewaltsamen bruche dieser schranken; das büfsen sie, am schwersten
im eignen innern. sie sind eben doch auch keine götter, denen allein
das leben leicht ist. Aristoteles hatte ja einen solchen heros gesehen,
und er nennt Platon auch in dieser reihe: seit wir die enttäuschung erlebt
haben, die uns sein bild bereitet hat, verstehn wir, dafs er μελαγχολᾷ.
wenn Herakles in die reihe der heroen des geistes und der sittlichen kraft
eingeführt ist, so ist das in unserm sinne keine degradation, die gewalt
der alten sagengestalt macht sich auch darin noch fühlbar. aber das ideal
des höchsten menschentumes war doch ein anderes geworden; die Hellenen
hatten gelernt, wo die grenzen der menschheit stehen, und dafs der ruhm,
ein woltäter der menschheit[172] zu werden, nur mit dem eignen herzblut
erkauft werden kann.

Aus derselben wurzel, welche den μελαγχολικὸς Ἡρακλῆς getrieben Herakles
hat, ist schliefslich das gerade gegenteil auch erwachsen, der Herakles, der der genufs-
mensch.

Oribas. III 683). Herakles selbst ist nicht epileptisch wie Caesar und Muhammed
gewesen, wol aber Alexander μελαγχολῶν wie Herakles.

171) Aber Dürers Ritter zwischen Tod und Teufel möchte man am liebsten
Herakles benennen.

172) Als εὐεργέτης βροτῶν hat Aristoteles wie Euripides den Herakles gefafst,
in dem er natürlich eine geschichtliche person sah. als solchem sollen ihm die
säulen des westens geweiht sein, Aelian. V. H. V 3 (Rose fgm. 678 zieht zu wenig
aus und verdirbt den sinn). die heroen als verehrer der ἀρετή feiert Aristoteles in
seinem threnos auf Hermeias, und zwar stellt er Herakles und die Dioskuren zuerst,
den ἀλεξίκακος und die σωτῆρες, natürlich, weil sie den himmel sich erworben haben,
schon ganz wie Horaz.

als vertreter der ϕιληδονία eingeführt werden konnte[173]).   die breite
masse mochte es nicht wort haben, daſs Herakles es auf erden so schlecht
gehabt hatte; aber die himmlische belohnung am tische der götter war
ihnen auch zu unsicher. für die masse ist die εὐδαιμονία ein irdisches gut,
ist sie irdischer genuſs. den konnte sie ihm auch bereiten. Athena und
Hermes hatten ihn ja geliebt; Aphrodite und Dionysos waren ihm auch
nicht feindlich. schenkten ihm jene die köstlichsten waffen und hielten
sie ihm treue kameradschaft in allen fährlichkeiten, so vergaſsen sie seiner
auch nicht, wenn er müde war und ruhe und trost bedurfte. so kühlte
ihm Athena die heiſse stirn, und lieſs ihm die warmen quellen allerorten
entspringen, den schweiſs abzuspülen. Dionysos reichte ihm den vollen
becher und alle seine muntern gefährten stellten sich ein. gefällige
nymphen und schöne königstöchter fehlten nirgend; selbst die frevler,
die Herakles erschlagen muſste, pflegten hübsche töchter zu haben. er
aber kommt ungeladen zu feste, er weilt nicht lange und zahlt nicht
gold: im sturm erringt er den minnesold. so ward er zuerst ein idealbild des dorischen ritters, ʻsein halbes leben stürmtʼ er fort, verdehntʼ
die hälftʼ in ruhʼ. und im verlaufe der zeiten ward er ein geselle des
dionysischen thiasos, ein schutzherr der epheben und der athleten, der
fahrenden leute und der lanzknechte: das ideal, das diese leute haben,
die ungemessene körperliche leistungsfähigkeit des ʻstarken mannesʼ,
der doch geistig zugleich in ihre sphäre gehört, ist im wesentlichen, wenn
auch einige züge aus dem andern bilde sich einmischen und die eingeborne erhabenheit nie ganz verloren geht, der Herakles, den die hellenistische und zumal die römische zeit als lebendige potenz des volksglaubens ererbte und besaſs. es genügt dafür die tatsache, daſs kaiser
Commodus der· νέος Ἡρακλῆς sein wollte[174]). diese gestalt ist, wie natür-

---

173) Z. b. Megakleides bei Athen. XII 513. in der schilderung des τυϱϱαννικὸς
ἀνήϱ bei Platon (Staat 573ᶜ) findet sich neben der knechtschaft aller ἐπιϑυμίαι und
dem gröſsenwahnsinn (οὐ μόνον ἀνϑϱώπων ἀλλὰ καὶ ϑεῶν ἐπιχειϱεῖ τε καὶ ἐλπίζει
δυνατὸς εἶναι ἄϱχειν), was also auf diesen Herakles zutrifft, auch der zug, daſs er
μελαγχολικός ist.

174) Schon im vierten jahrhundert läuft ein gewisser Nikostratos von Argos
als ein zweiter Herakles mit löwenhaut und keule herum, zieht sogar so zu felde,
und der Perserkönig bittet sich diesen bundesgenossen namentlich aus, Diodor XVI 44.
es ist dieselbe zeit, in der sich der tolle arzt Menekrates Ζεύς nennt. als gegenstück denke man an die naturburschen Ἡϱακλῆς, den Boeoter Sostratos, von dem
Plutarch erzählt, und den andern, den Herodes Attikos entdeckte (die zeitrechnung,
aber nicht sie allein, verbietet die identification); damals ist νέος Ἡϱακλῆς ehren-
titel für athleten, und in dem sinne erstrebte ihn Commodus.

lich, der modernen welt zunächst überliefert worden: so pflegt sich der
gebildete von heute den Hercules vorzustellen; er ahnt ja nicht, dafs
die sage mehr ist als ein gefälliges und lascives spiel. oder aber er
entsetzt sich über die heiden und die verworfenheit ihrer heiligen. das
schwatzt er dann unbewufst den christlichen apologeten nach, die mit
recht den Herakles bekämpften, der zu ihrer zeit in der phantasie der
völker lebte. aber so jemand in diesem verzerrten bilde die hellenische
religion selbst zu treffen meint, so versündigt er sich an dem heiligen.

Da haben wir schon einen blick in die späte zeit getan, wo die religion
der väter ein innerlich vermorschter baum geworden war wie die ganze
hellenische cultur. trotzdem hielten sich auch damals noch tausende
von gläubigen und ungläubigen menschen zu dem gotte und heros an
den stätten und in den formen, die ihnen heilig waren oder die sie doch
respectirten, weil sie ein vermächtnis der väter waren. der gott war eben
gott: das genügte den frommen und blieb gänzlich unberührt von dem,
was die dichter fabelten und die theologen klügelten: der heros war der
rechte mensch, streiter für seine Hellenen und ihre civilisation, auch
den barbaren in ost und west nicht mehr fremd, allsieger mit der faust
und mit der keule, empfänglich für alle genüsse dieser welt, ein wenig
übers mafs in allem, und eben darum ein liebenswürdiger held und ein
guter geselle. von allem was die dichter und die weisen in ihn hineingelegt hatten, war einiges haften geblieben, aber nur so viel als das
altvertraute bild vertrug ohne unkenntlich zu werden. seit dem ende
der archaischen zeit hat Herakles nur noch eine geringe entwickelung,
wenn man ihn nimmt, wie er im volksglauben und der vorstellung der
breiten masse, selbst der s. g. gebildeten erschien.

Die bildende kunst lehrt das am besten. es ist eigentlich alles
entscheidende für ihn getan, als die specifisch attische kunst der Poly-
gnotos und Pheidias anbricht. Der typus des heros und seiner meisten
taten ist geprägt; es kostet keine mühe von den kämpfen auf den
römischen sarkophagen unmittelbar auf die schwarzfigurigen vasen zu-
rückzugehn. der kreis der darstellungen wird stofflich nur unwesentlich
erweitert. ohne zweifel haben die grossen freischaffenden maler und
bildhauer des fünften und vierten jahrhunderts ganz ebenso wie die
dichter und denker dieser zeit sich an der aufgabe versucht, einen
Herakles zu bilden, der ihrem ideale und dem ihrer zeit entsprach, und
es hat den höchsten reiz, die bildungen zu vergleichen, die von den
archaeologischen forschern aus der chaotischen masse der späten copien
vorgezogen und zum teil mit unmittelbar einleuchtendem erfolge auf den

H. in der
bildenden
kunst.

oder jenen erlauchten urheber der blütezeit zurückgeführt werden. bedeutend sind viele[175]), und der bruder des olympischen Hermes[176]), nur etwas mächtigerer und minder durchgeistigter bildung, wie er nach Praxiteles erscheint, der stolze und begeisterte sieger im pappelkranze, strotzend von kraft und mut und lust des schönsten lebens, wie er auf Skopas zurück geht[177]), sind wahrlich bezaubernd; in ähnlicher jugendschöne mag er dem Parrhasios erschienen sein[178]). aber menschen sind sie doch nur: τοιούτῳ ϑεῷ τίς ἂν προσεύξαιτο, muſs man ihnen, wie freilich ziemlich allen göttern des vierten jahrhunderts, zurufen, und selbst der seelenvollste Herakles, der des Skopas, ist nicht mehr gott als sein bruder Meleagros, der diesen anspruch gar nicht erhebt.

H. im fünften jahrhundert.

Es war eben vorbei mit der göttlichkeit des Herakles, als die träger seiner religion ihren geschichtlich schaffenden beruf erfüllt hatten und einer neuen höheren cultur wichen, die von menschentugend und gottesreinheit andere begriffe und ideale hegte und suchte. deshalb haben alle noch so geistreichen experimente den einzig echten archaischen dorischen Herakles nicht zu verdrängen vermocht.

Das ist den Hellenen selbst, wie natürlich, gerade in der entscheidenden zeit bewuſst gewesen. wer auf der seite des versinkenden alten ideales stand, der bekannte nur um so inbrünstiger den alten glauben: so hat es Pindaros getan. auch ihm sind die bedenken nicht fremd geblieben, die ein vorgeschrittenes moralisches gefühl an alten naiven geschichten nehmen muſs, und er ist dem fluche der apologeten nicht

---

175) Ich denke namentlich an den Herakles Altemps (Kalkmann Berl. Winckelmannsprogramm LIII Taf. I), würdig ein cultbild der grofsen zeit zu sein. der Herakles, den Furtwängler auf Myron zurückführt (Meisterwerke 355), bleibt im alten typus; der polykletische (Furtwängler 430) zeigt den meister von Argos als denselben banausen, der er überall ist, körper zu bilden beflissen und befähigt, aber ohne eine ahnung davon, dafs ein körper noch keinen menschen macht, geschweige einen gott. Argos ist seit der niederwerfung durch Kleomenes in jeder hinsicht eine häfsliche ruine.

176) Gemme des Gnaios, Jahrbuch III Taf. 10, 6, von Furtwängler als praxitelisch erkannt.

177) Graef, Röm. Mitteil. IV 189.

178) Wenn dieser sich in dem epigramme, das er als künstlerinschrift beifügte, darauf beruft, dafs er den gott so bilde, wie er ihm im traume erschienen sei, so rechtfertigt er damit offenbar eine bildung, die den Lindiern, seinen auftraggebern, fremdartig war. sein Theseus sah aus, als wäre er mit rosen genährt, während der des Euphranor beefsteak gegessen hatte: so kann man den gegensatz zwischen dem archaischen Herakles und dem der beiden bildhauer des 4. jahrh. auch bezeichnen.

entgangen, ein loch nur durch einen schlimmeren rifs zu stopfen[179]). in
Ionien stand man dem ganzen dorischen wesen so fern, dafs man die
Heraklessage einfach als einen prächtigen erzählungsstoff hinnahm und
sich an ihr belustigte. epische versuche, eine Heraklee zu dichten,
mögen noch mehr gemacht sein als von Panyassis. neben die verlebte
poetische form stellte sich die prosaische erzählung, keinesweges gelehrt
oder auf die hochgebildeten kreise berechnet, sondern den stoffhunger
des breiten märchenlustigen publicums befriedigend. da hat namentlich
die umfängliche mythographie des Pherekydes massen von Heraklesge-
schichten mit schmuckloser kürze aufgezeichnet, auch er einer von vielen
concurrenten. ausschlaggebend war, wie auf allen gebieten, was in
Athen geschah. Heraklescult war hier mehr als irgendwo sonst; aber

---

179) Ihm ist offenbar der zweifel aufgestiegen, wo denn Her. ein recht auf die
rinder des Geryones hergehabt haben könnte. so hat er denn einmal ausgesprochen,
dafs er Geryones für eben so löblich als Herakles hielte; er wolle nur von dem
nicht reden, was Zeus nicht wolgefällig wäre (es ist das berufene fgm. 81, welches
noch immer mit einem von Boeckh in daktyloepitriten umgeschriebenen satze be-
haftet ist, den Aristides selbst als erläuterung bezeichnet, und den für poesie zu
halten G. Hermann mit recht als einen mangel an poetischem gefühl gebrandmarkt
hat). Pindar ist dann aber weiter gegangen und hat aus dem Geryonesexempel den
berühmten satz gezogen νόμος ὁ πάντων βασιλεύς, θνητῶν τε καὶ ἀθανάτων, ἄγει
δικαιῶν τὸ βιαιότατον ὑπερτάτᾳ χειρί (169). er hat nur sagen wollen, dafs ὅ τι νομί-
ζεται δίκαιόν ἐστιν, dafs Herakles und die götter die ihm halfen den raub der rinder
für νόμιμον hielten, und er nicht anders urteilen dürfte: aber damit sagte er im
grunde dasselbe, was Euripides Hek. 799 zu der lästerlichen consequenz treibt, dafs die
götter auch nur νόμῳ verehrt werden, und was der brave Xenophon, Mem. IV 4, 19, aus
frömmigkeit verdirbt. offenbar hatte Pindar, was ihm manchmal (auch mit den pytha-
goreischen lehren Ol. 2) begegnet, eine neue lehre übernommen, ohne sich ihre für
seine weltanschauung vernichtenden consequenzen klar zu machen. leider kann man
weder sagen, wann er die Geryonesgedichte gemacht hat, noch für wen. das erste,
bescheidnere, war ein dithyrambus. Peisandros von Rhodos soll Herakles δικαιότατος φονεύς genannt haben: das klingt stark an Pindar an, beruht aber auf dem
bedenklichen zeugen Olympiodor zu Alkibiades I: also ist vorsicht geboten. es klingt
auch an das rätsel der Kleobulina an, das in den dorischen διαλέξεις erhalten ist
ἄνδρ᾽ εἶδον κλέπτοντα καὶ ἐξαπατῶντα βιαίως, καὶ τὸ βίᾳ δρᾶσαι τοῦτο δικαιό-
τατον. — der anklang war trügerisch; die lösung steht in den heraklitisirenden
stücken der hippokratischen schrift περὶ διαίτης, cap. 24 Littr. παιδοτρίβαι τοῖον
διδάσκουσι, παρανομεῖν δικαίως, ἐξαπατᾶν κλέπτειν ἁρπάζειν βιάζεσθαι. natürlich
ist der ringer der δικαιότατος, der οὐ κλέπτει ἀλλὰ βιάζεται. der pentameter ist mit
absicht zweideutig. die διαλέξεις sind ein erzeugnis ähnlicher art wie die vorlage des
Hippokrates. die verschen sind sympotische spässe der frühesten sophistenzeit; im
Symposion der Sieben von Plutarch stehen Kleobulinas beide andere rätsel; eins
kehrt anonym bei peripatetikern wieder. sie selbst ist eine novellenfigur.

er blieb dörflich, in den niederen schichten des volkes; die spiele von
Marathon würden wir sogar mit athenischen zeugnissen kaum belegen
können. der älteste öffentliche ringplatz Athens, das Kynosarges des
Herakles, kam herunter gegenüber den neugründungen Lykeion und
Akademie. man hält gemäfs der zähen handwerkstradition an den
Heraklestaten fest, sieht in ihnen den panhellenischen ruhm, und so
schmücken sie das schatzhaus der Athener in Delphi und auch den
tempel den wir früher Theseion nannten. aber eine solche geltung, wie
sie für die zeit des geschlechterstaates Typhongiebel und Hydragiebel beweisen, hat Herakles in der demokratie nicht mehr. selbst in den kreisen
der töpfer werden seine taten langsam durch neue stoffe zurückgedrängt,
die grofse frescomalerei hat kaum noch viel von ihm erzählt, und das
heroon von Trysa ist auch darin homerisch, dafs Herakles keine rolle
spielt. wie die freiheitskriege sich an den panhellenischen zug der
Atreiden schliefsen, wie die herrlichkeit des attischen reiches die der
heroenzeit aufnimmt, so ist die tragoedie die erbin Homers. und ihnen
allen fehlt Herakles, der Dorer. dafs er, dem immer wieder zu huldigen
für Pindaros eingestandener mafsen herzenssache ist, gleichzeitig in Athen
auf der bühne ernsthaft gar nicht darstellbar ist, ist eine eben so merkwürdige wie augenfällige tatsache. natürlich konnte es nicht ausbleiben,
dafs hie und da auf seine taten hingedeutet ward, zumal wenn geschichten, die mit seinen sagen zusammenhiengen, dramatisirt wurden, wie
die rettung der Herakleiden, eine attische ruhmestat, durch Aischylos[180]);
auch in einer episode, wie im Prometheus des Aischylos, mochte Herakles
einmal auftreten, aber um seiner selbst willen ist er nicht vorgeführt
worden. die Heraklessage fällt für das ernsthafte drama aus. das ist
um so bemerkenswerter, als das satyrspiel den dorischen helden mit
grofser vorliebe zum gegenstande seiner burlesken späfse nimmt, Ion
und Achaios, Sophokles und Euripides gleichermafsen; dafs wir von
Aischylos nichts der art wissen, kann daran liegen, dafs wir nur von
ganz wenigen seiner satyrspiele mehr als den titel kennen, und
die titel vielfach gar nicht bezeichnend sind. die durch das satyrspiel
gegebene charakteristik safs so fest, dafs sie selbst im ernstesten drama
beibehalten ward, wie die Alkestis des Euripides zeigt, und da diese in
vielen dem altem Phrynichos folgt, werden wir danach dessen Alkestis

---

180) Ob Ions Εὐρυτίδαι den fall Oichalias behandelten, ist ganz unbekannt;
taten sie es, so brauchte Herakles nicht aufzutreten, trat er auf, so konnte er ge-
hässig oder halbburlesk oder als conventionelle nebenfigur behandelt sein. endlich
war gerade Oichalias fall ein homerischer stoff.

und seinen und des Aristias Antaios beurteilen, obwol sie nicht satyrspiele heifsen; war doch die älteste tragoedie selbst ein ausgelassenes
bocksspiel gewesen. nicht anders verfuhr die komoedie, in deren ältester,
von Eupolis und Aristophanes verachteter und verdrängter form der
hungernde und gefräfsige Dorer eine typische figur war. seltsamerweise
war gerade dies etwas was die Athener einem Dorer entlehnt hatten.
denn in den sicilischen possen des Epicharmos war die Heraklessage viel
behandelt[181]) und selbst die hochzeit mit Hebe travestirt. da kamen die
Musen als fischweiber und der brautvater nahm die gröfste delicatesse
für sich; die zahlreichen bruchstücke riechen nach *Siculae dapes*, um
nicht zu sagen nach dem fischmarkte. so wird man versucht, die ab-
fällige kritik der geistreichen Athener von ihren heimischen vorgängern
und ihren nachbarn auf den vater der komoedie zu übertragen. das
wäre unbillig; nicht nur bestätigen die bruchstücke, wenn sie nicht ein
Athenaeus sondern Alkimos auszieht, das anerkennende urteil berufener
kunstrichter, namentlich Platons, sondern es ist ganz recht und sehr
hübsch, dafs die Dorer eine nationale travestie der eignen heldensage
neben ihre epische und lyrische conventionelle stilisirung stellten, die
ihr doch auch ein fremdes kleid anzog. korinthische schwänke, z. b.
von Sisyphos, und korinthische und boeotische vasenbilder zeigen den
gleichen ton. aber freilich konnte nicht ausbleiben, dafs Herakles in
eine tiefe sphaere sank. die von der Sokratik viel citirten und schön
in ihrem sinne umgedeuteten und umgeformten verse

$$\mathrm{\dot{\alpha}\lambda\lambda\dot{\alpha}\ \mu\dot{\alpha}\nu\ \dot{\epsilon}\gamma\dot{\omega}\nu\ \dot{\alpha}\nu\dot{\alpha}\gamma\kappa\alpha\ \pi\dot{\alpha}\nu\tau\alpha\ \tau\alpha\tilde{\upsilon}\tau\alpha\ \pi\sigma\iota\dot{\epsilon}\omega\cdot}$$
$$\mathrm{\sigma\ddot{\iota}\sigma\mu\alpha\iota\ \delta^{\prime},\ \sigma\dot{\upsilon}\delta\epsilon\dot{\iota}\varsigma\ \dot{\epsilon}\kappa\dot{\omega}\nu\ \pi\sigma\nu\eta\rho\dot{\sigma}\varsigma\ \sigma\dot{\upsilon}\delta^{\prime}\ \ddot{\alpha}\tau\alpha\nu\ \ddot{\epsilon}\chi\omega\nu^{182})}$$

hat offenbar Herakles gesprochen, und hatten die philosophen nicht
recht, sich zu entsetzen, wenn dem woltäter der menschheit seine lebens-

---

181) Aufser den Musen oder Hebes Hochzeit noch *Βούσειρις*, Ἡρακλῆς ἐπὶ
τὸν ζωστῆρα, Ἡρακλῆς πὰρ Φόλῳ, (nicht παράφορος), und wahrscheinlich Ἀλκυο-
νεύς (so O. Jahn, überliefert ist zweimal Ἀλκυόνι). F. Dümmler (Bonner Studien für
Kekulé) hat auf den vasen einwirkung Epicharms vermutet; das schwebt zur zeit
gänzlich in der luft. wer wollte sagen, ob z. b. die geschichte von Buseiris nicht
von vorn herein als schwank erfunden sei? aber beachtenswert ist der gedanke, und
mit recht weist Dümmler auf die herkunft der töpfer Sikanos und Sikelos hin;
Oltos tritt als dritter hinzu, denn der name scheint sicilisch, Inscr. Sicil. 382ᶜ
Ὀλτίσκος in Abakainon unweit Tyndaris. auch die vermutung, dafs im Buseiris
des Euripides Aegypter den chor bildeten, ist eine ganz vage möglichkeit.

182) Schol. anonym. Aristot. Eth. III 7 s. 155 Heylbut. ἐν Ἡρακλεῖ τῷ παρὰ
Φόλῳ. πονηρός ist einfach wer viel πόνοι hat; arbeit ist mühsal. die atticisten mit
ihrer betonung πόνηρος und ihre gegner haben beide unrecht.

aufgabe eine last, ja sogar ein fluch schien? und die Athener überhaupt, tragiker und komiker eingeschlossen, standen zu der heldensage
anders; das epische war ihnen nicht stammfremd und die lyrik schufen
sie in nationale form um: fanden sie nun den dorischen helden, gerade
in der zeit, wo der stammesgegensatz sich verschärfte, bei seinen lands-
leuten zu einer burlesken figur degradirt, so mochten sie diese wol be-
gierig aufnehmen, aber es lag ihnen fern, dem Herakles der Dorer seine
erhabenheit zurückzugeben.

Man muſs diese lage der dinge, wie sie um 430 war, sich ernsthaft
und nachdrücklich vergegenwärtigen, um die ungeheure kühnheit des
Euripides zu würdigen, der als greis den Herakles zum gegenstande
einer tragoedie machte, ohne jeden schatten der burleske, vielmehr in
nicht geringerer erhabenheit, als er sie in den herzen seiner gläubigsten
verehrer je besessen hatte, nur in ganz neuem sinne erhaben, so daſs
am ende die sämmtlichen voraussetzungen und folgerungen der echten
Heraklesreligion aufgehoben erscheinen. das war ein wirkliches fort-
dichten an der sage, wie es Euripides liebte, verklärend und zerstörend
zugleich. er vermochte so viel, weil er als dichter den schatz tiefster
poesie zu würdigen wuſste, der in der Heraklessage lag, aber sich nicht
nur als Athener, sondern auch als sophist der dorischen religion fremd,
ja überlegen fühlte. so gehört sein Herakles in gewissem sinne minder
zu den Heraklestragoedien, zu denen er andere dichter anreizte, als zu den
sophistischen erfindungen, die die alte gestalt in neuem sinne umwerteten.
denn Sophokles, der bald nach dem euripideischen drama seine Trachinierinnen dichtete, lieſs den Herakles in seiner conventionellen archaischen
stilisirung, etwa wie es in der bildenden kunst seiner zeit mode war, und
rückte dafür eine andere person in den mittelpunkt des dramas, dessen
stoff ihm übrigens, wie auch dem Euripides den seinen, das homerische
epos darbot. Kritias aber kam sich wohl sehr tragisch vor, als er den
schauplatz seines Peirithoos im Hades selbst zu nehmen wagte; aber der
tyrann war überhaupt kein dichter. dagegen sind die versuche der
sophisten weder erfolglos noch unbedeutend.

H. ratio-
nalistisch
gefasst.

Herodoros von Herakleia, also aus einer stadt, die ihren eponymen
heros immer hoch gehalten hat, hat den ersten pragmatischen roman
von Herakles geschrieben. da war er nicht nur ein feldherr und fürst,
sondern er erhielt eine bildungsgeschichte, sein portrait ward entworfen,
und es kam ein buch heraus, das dem bedeutendsten werke des Xenophon,
seinem Kyros, vergleichbar ist und hoffentlich ergötzlicher zu lesen war.
diese romane, die eine notwendige phase in der entwickelung der helden-

sage repraesentiren und uns leider nur sehr wenig kenntlich sind oder
erst in ihren letzten ausläufern (wie Diktys) vorliegen, sind keinesweges einflufslos gewesen. noch viel weniger war es der pragmatismus,
und kein geringerer als Aristoteles hat für diese betrachtungsweise ent-
schiedene sympathie, auch darin dem Ephoros näher stehend als dem
Thukydides oder Platon. er selbst hat nicht bezweifelt, dafs Herakles
einmal gelebt und sich durch seine taten die göttliche verehrung verdient
habe[183]). und es ist seine schule, die neben den feinsten psychologischen
beobachtungen auch die gröbsten ausschreitungen des rationalismus begangen hat, wie sie in spätem niederschlage bei den s. g. Palaiphatos[184]) vorliegen.

Erfreulicher weil mit mehr empfindung für den gehalt der sage H. des
Prodikos.
verfuhren die welche den Herakles als typus für ihre moralischen sätze
wählten. wenn Prodikos von Keos den Herakles am scheidewege
zwischen Ἀρετή und Ἡδονή selbst erfunden hat, d. h. selbst das alte
motiv, das in Sophokles Κρίσις reiner als in den Kyprien dargestellt
war, von Paris auf Herakles übertragen, so hat er sich als einen
würdigen sohn der insel des Simonides erwiesen: er oder genauer der
verkünder seiner lehre, Xenophon, hat es jedenfalls bewirkt, dafs dieses
eine stück den hellenischen wie unsern knaben den echten sinn des
Herakles, wenn auch etwas farblos und derb moralisirend, vor augen
führte[185]).

---

183) Vgl. anm. 172.

184) Dafs die pragmatik des s. g. Palaiphatos peripatetisch ist, haben J. Ziehen
und J. Schrader (Palaephatea Berlin 94) richtig ausgeführt. sonst ist an das elende
machwerk unbillig viel mühe verschwendet worden. die homonymenreihe bei Suidas
beweist so viel sicher, dafs der name von romanschriftstellern sehr gern vorgeschoben
ward, die seltsamerweise pseudonymie lieben (daher alle die falschen Xenophonte,
auch der ephesische, alle jünger als der νέος Ξενοφῶν Arrian). ob aber ein wirklicher mensch Παλαίφατος geheifsen habe, ist eine frage, die erst ein stein sicher
in bejahendem sinne beantworten kann. unser buch freilich gibt sich nicht als offenbarung, sondern als rationelle kritik: aber die bemühung, alle citate mit einem buche
in einklang zu bringen, ist doch vergeblich. solche litteratur hat keine feste form,
und der versuch, dem allerweltsgriechisch, das wir lesen, eine zeitbestimmung zu
entlocken, hätte gar nicht gemacht werden sollen. aber auch aus dem inhalt schlüsse
auf die herkunft des verfassers zu ziehen scheint mir verwegen.

185) Auf einer herme im Vatican steht Ἡλικίην παῖς εἰμί· βρέτας δ' ἐστή-
σατο Φῆλιξ Ἡρακλέους εἰκῶ· οἶσθά με κἀικ Προδίκου (Kaibel Ep. 831ᵃ). die abhängigkeit des Prodikos von dem Parisurteil ist schon von dem philosophen erkannt, den
Athenaeus im anfange von buch XII ausschreibt. es ist ein späterer peripatetiker,
der wol besonders von Theophrast περὶ ἡδονῆς abhängt. Welcker kl. schr. II 470
ist sogar geneigt, die tätigkeit des Prodikos auf die einführung der abstracta statt

Viel wirksamer noch und in ihrer art ein prachtstück war die um-
prägung des Herakles zum heros des kynismus durch Antisthenes, den
schüler des Prodikos. es kommt weniger auf den inhalt seines Herakles
an als auf das bild, das seitdem die Kyniker immer weiter ausbilden und
auf allen gassen zur schau stellen. zwei der kynischen kardinaltugenden,
$αὐτάρκεια$ und $φιλανϑρωπία$, besaſs Herakles von der ältesten zeit
her; streifte man ihm den epischen und dorischen schmuck ab, so kam der
typus des ganzen mannes nur um so reiner zum vorschein. aber daſs er
$πονηρότατος$ war, daſs es ihm menschlich zu reden schlecht gieng, er
von $πόνος$ zu $πόνος$ schritt, Eurystheus und Hera ihn verfolgten, das
nahm der Kyniker gern mit auf, und wenn die Athener über dorische
$ἀμουσία$ gescholten und gelacht hatten, so war dem Kyniker der nur
lieber, den so viel $τῦφος$ nicht berührte. gelernt muſste er freilich haben,
denn so weit war Antisthenes Sokratiker, daſs er die $ἀρετή$ in der
$φρόνησις$ sah und für lehrbar erklärte: aber sie war nicht schwer, und
wol dem, der nicht erst die ganze last der torheit und der vorurteile zu
verlernen hatte. so war Herakles, das naturkind, auch hier wieder der
rechte mann, der vollkommene mensch. kampf war sein leben, aber
mit herzhafter derbheit schlug er der sophistin hydra ihre häupter ab,
und triumphirte über die ungeheuer furcht und aberglauben, lüste und
sorgen. den lohn hatte er in diesem leben; genauer genommen, eine
belohnung gab es nicht und brauchte er auch nicht. er war mensch,
$πονηρός$ und $εὐδαίμων$ zugleich, er mochte menschlich fehlen, auch
schlieſslich krank werden und aussätzig: dann baute er sich einen
scheiterhaufen und warf das wertlose leben weg[186]). so vermochte der

zweier göttinnen zu beschränken. das dünkt mich minder wahrscheinlich. Xenophon
wenigstens hat nichts davon gewuſst, sonst würde er den sophisten nicht der ehre
gewürdigt haben, ihn zu nennen. auch schweigt die gesammte überlieferung, auch
die bildliche, von einer solchen Heraklessage.

186) Kurz und scharf findet man diesen kynischen Herakles bei Dion in der
achten rede: man muſs sich nur hüten, bei diesem schriftsteller zu groſse stücke
auf eins der alten bücher des 4. jahrhunderts zurückführen zu wollen. wie sollte
er den Antisthenes anders behandelt haben als Platon und Xenophon, wo die vergleichung gestattet ist? denn Dion ist darum, daſs er den kynischen mantel trug,
litterarisch noch lange kein Kyniker. der sophist Prometheus (33) dürfte freilich
von Antisthenes stammen. und auch der besondere hohn, der die goldenen äpfel trifft,
die auch hier am ende des lebens stehen, paſst für einen, dem ihre besondere bedeutung noch geläufig sein konnte: Her. nimmt sie nicht selbst, er kann ja gold so
wenig wie die Hesperiden essen. als er dann alt und schwach wird, baut er sich
auf dem hofe den scheiterhaufen. hier ist die kritik der byzantinischen (und auch
moderner) herausgeber possirlich. weil sie wissen, wo die sage den selbstmord an-

Kyniker die ganze Heraklesgeschichte seiner lehre dienstbar zu machen. diese lehre stand mit ihrer schätzung von diesseits und jenseits, menschenwürde und menschenpflicht zu der Heraklesreligion in fast polarem gegensatze: aber die typische bedeutung für das sittliche verhalten des mannes hat die gestalt des Herakles in ihr bewahrt, und so ist sie, wenn man alles recht erwägt, am letzten ende auch eine manifestation der volkstümlichen religion: deren stärke und schwäche darin liegt, dafs sie in die alten schläuche immer neuen wein aufnehmen kann.

Die erbin der Kyniker ward die Stoa. sie aber, bald bestrebt mit H. der allegorischen mythologie. den mächten dieser welt und so auch mit der öffentlichen religion frieden zu machen, beschritt den weg, wie alle überlieferten sagen, so auch die von Herakles durch auslegen und unterlegen ihren doctrinen anzupassen. die Stoiker sind die theologen, oder wenn man das lieber hört, die mythologen des altertums geworden, und ihre deutungen, noch mehr ihre methode hat ungeheuren erfolg gehabt. Herakles ward der ϑεῖος λόγος oder die zeit oder die sonne oder das urfeuer. die methode arbeitete mit so unfehlbarer sicherheit, das es langweilig ist, beim einzelnen zu verweilen. auch treibt es die physikalische mythendeutung heute nicht wesentlich anders. interessanter ist vielleicht der versuch des gnostikers Iustin den kynischen Herakles als einen gewaltigen diener des Ἐλωείμ (des gnostischen ʻvatersʼ), den gröfsten vor Jesus, in die neue religion aufzunehmen[187]). darin

---

setzt, machen sie aus dem hofe den Oeta (Οἴτῃ für αὐλῇ 34), wo man kynisch weiter fragen mufs, wozu die bergbesteigung, das konnte er doch wahrhaftig zu hause haben. von den Heraklestragödien der Kyniker ist adespot. 374 merkwürdig, von Cassius Dio (47, 49) als τὸ Ἡράκλειον angeführt, der vers, den Brutus wiederholte, als er sich bei Philippi den tod gab, ὦ τλῆμον ἀρετή, λόγος ἄρ' ἦσϑ', ἐγὼ δέ σε ὡς ἔργον ἤσκουν, σὺ δ' ἄρ' ἐδούλευας τύχῃ. so redet also eben der Herakles, der sich am scheidewege für die ἀρετή entschieden hatte: der dichter setzt Prodikos, oder vielmehr Xenophon voraus, und das δουλεύειν τύχῃ nimmt er aus der letzten rede des euripideischen Herakles (1357). dieser Herakles war also nicht mehr der rechte Kyniker, sonst würde er die τύχη verachten — auch das antisthenische ideal war gewogen und zu leicht befunden. alles führt darauf, Diogenes oder Pseudodiogenes als verfasser anzuerkennen.

187) Hippol. Refut. V 26. Elohim hat mit Eden (der Erde) in seltsamer weise den menschen gezeugt, sich aber dann in den himmel an die seite des ʻGuten gottesʼ erhoben; ihm folgen seine 12 söhne; ihr gehören auch 12, mit und durch welche sie auf erden regiert. vergebens schickt Elohim den engel Baruch u. a. zu Moses und den Propheten. da erweckt sich Elohim aus der vorhaut einen grofsen propheten, Herakles, der besiegt die 12 Erdensöhne (die μητρικοὶ ἄγγελοι): das sind die 12 kämpfe. und er würde die welt erlöst haben, wenn nicht Ὀμφάλη = Βαβέλ = Ἀφροδίτη, die sinneslust, ihn bezwungen hätte. so bedurfte das erlösungswerk der vollendung, die

liegt viel mehr wahrheit als in den physischen und metaphysischen formeln:
da ist doch wenigstens das göttliche als sittliche potenz gedacht. Kleanthes
Chrysippos und ihre modernen adepten gehen von der voraussetzung aus,
daſs die sagen eine hülle seien, unter welcher alte weisheit (oder aber-
weisheit) sehr einfache dinge verborgen hat. und der ungläubige gelehrte
findet einen schlüssel, ein zauberkräftiges wort, da öffnet sich das ver-
schlossene dem verständnis, der schleier vom bilde von Sais fällt ab,
und man sieht zu seiner befriedigung, daſs eigentlich nichts rechtes dahinter war; aber sehr scharfsinnig ist, wer dahinter kommt. mit dieser
betrachtungsweise und ihrer selbstgefälligen erhabenheit kann nicht con-
curriren, wer sich dabei bescheidet, daſs er die empfindung, welche ver-
gangene geschlechter in dichterischem bilde niedergelegt haben, in sich
selbst zu erzeugen versucht, indem er sich möglichst aller concreten
factoren des lebens und glaubens bemächtigt, welche einst jene empfindung erzeugten, auf daſs er sie nachempfinden könne, wer also nicht
klüger als die sage und der glaube sein will. das gilt ihrem gehalte.
ihrer form aber sucht er sich zu bemächtigen, indem er sie als gedicht
auffaſst, was sie ja ist. deshalb eröffnen nicht die antiken oder modernen
theo- und mythologen das verständnis der naturreligion, sondern die
groſsen dichter alter und auch neuer zeit. ihre gedanken und die gestalten und geschichten die sie schaffen sind den gedanken der naturreligion und den gestalten und geschichten der sage brüderlich verwandt.
der Faust hilft zum verständnis des Herakles mehr als Kleanthes und
Max Müller.

Herakles bei den modernen. Erst spät ist das verständnis des Herakles wiedergefunden. die
moderne entwickelung muſste den weg von der antike, die man zuerst
wiederfand, der kaiserzeit, erst allmählich zu dem echten altertum empor-
steigen. noch die groſsen männer, die das wirkliche Hellenentum er-
weckten, haben Herakles nicht begriffen.

Winckelmann in dem hymnus auf den Torso feiert Herakles etwa
so wie es ein hymnologe, also z. B. Matris von Theben, zu der zeit getan
haben mag, in der Apollonios jenes von Winckelmann in einer jetzt
unbegreiflichen weise überschätzte und misverstandene werk für das Pom-

es fand, als der engel Baruch den 12 jährigen zimmermannssohn Jesus von Nazaret
aufgesucht und ihm die wahrheit verkündet hatte. der lieſs sich nicht verlocken,
deshalb schlug ihn der höchste der μητρικοὶ ἄγγελοι Naas ans kreuz. da starb er,
d. h. er lieſs den irdischen toten leib mit den worten 'weib, da hast du deinen sohn
(Joh. 19, 26)' zurück und schwang sich empor zum 'Guten gotte'. Justin hat in
seinem buche die meisten hellenischen sagen in ähnlicher weise umgedeutet.

peiustheater verfertigte[188]). Zoega arbeitete wie ein trefflicher mythograph, besser noch als der echte Apollodor, aber man mag ihn doch vergleichen. Wieland schlug die bahnen des Prodikos wieder ein und wirkte mit seinem flach moralischen, aber dennoch auch jetzt noch geniefsbaren werke stärker auf den jungen Faustdichter, als dieser eingestand. Goethen war Herakles der genialische kraftmensch und natursohn[189]): da waren züge vereinigt, die dem Kynismus angehörten, mit solchen, die etwa die bukolische poesie an dem naiven helden hervorgehoben hatte. Schillers Ideal und Leben gipfelt in dem gegensatze des auf erden gedrückten und im himmel verklärten Herakles. er beabsichtigte auch als gegenstück zu seiner ʽelegieʼ eine ʽidylleʼ zu dichten, deren inhalt die hochzeit des Herakles mit der Hebe bilden sollte. die forderungen, die er in der abhandlung über naive und sentimentalische dichtung für die idylle aufstellt, sind in wahrheit gar nicht allgemein gemeint, sondern geben den gedanken, den er in seinem gedichte in die mythologische form kleiden wollte. ''der begriff dieser idylle ist der begriff eines völlig aufgelösten

188) Es befremdet zunächst, wird dem nachdenkenden aber ganz begreiflich, dafs die gebrüder Goncourt im torso das höchste der antiken sculptur sehen und zugleich auf *cet imbécile Winckelmann* schelten. ihnen ist das echthellenische verhafst, und so sein prophet; sie haben aber ganz recht, Winckelmann zu bekämpfen, wenn er seine vorstellungen vom echthellenischen in ein werk hineinträgt, das vielmehr einer cultur angehört, die den Goncourt sympathisch sein mufs, weil sie längst vom hellenischen entartet ist. es wäre sehr artig, wenn der torso gar nicht Herakles sondern Polyphem wäre, wie Br. Sauer anmutig und ansprechend ausgeführt hat.

189) Belustigend ist, dafs Goethe sich Herakles als kolofs denkt und Wieland verhöhnt, der in ihm ʽeinen stattlichen mann mittlerer gröfseʼ erwartet hat. beide anschauungen sind im altertum auch mit einander in streit gewesen. aber Pindaros, der ihn doch zu schätzen wufste, hat Her. ὀνοτὸς μὲν ἰδέσθαι und μορφὰν βραχύς im gegensatze zu den riesen Orion und Antaios genannt (Isthm. 3, 68). vier ellen (sechs fufs) oder vier und eine halbe (Herodor im schol. Pind., das der ausschreiber Tzetzes zu Lyk. 662 verbessert), etwas gröfser als ein gewöhnlicher mensch (Plutarch bei Gell. I 1), pflegt er geschätzt zu werden. anders mufs natürlich die bildende kunst vorgehen. die tradition Pindars will offenbar den dorischen mann und menschen im gegensatz zu den wüsten leibern der γηγενεῖς wie zu den eleganten Ioniern erfassen. weiter wird auch Herodoros nichts gewollt haben. aber die peripatetiker Hieronymos und Dikaiarchos (Clemens protr. 2 p. 26 extr.) treiben physiognomonische speculationen, wenn sie auch an die tradition ansetzen. aus Clemens schöpft Arnobius IV 25, wo nur der name *Hieronymus* noch erhalten ist: es heifst das abhängigkeitsverhältnis verkennen, wenn man bei Arnobius ein besonderes Hieronymosbruchstück findet. selbst hat der rhetor den Clemens freilich nicht gelesen, denn dann müfste er Plutarchs leben des Herakles, das bei Clemens fehlt (wenn der nicht verstümmelt ist) selbst zu dem excerpte zugefügt haben.

kampfes sowol in dem einzelnen menschen als in der gesellschaft ....
einer zur höchsten sittlichen würde hinaufgeläuterten natur, kurz er ist
kein anderer als das ideal der schönheit auf das wirkliche leben an-
gewendet". diesen gehalt also legte der philosophische dichter in das
was ihm nur eine bequeme form war. sein gutes recht übte er damit,
wie es Euripides geübt hatte; aber mit grund ist das gedicht unausge-
führt geblieben: der gegensatz zwischen form und gehalt war zu grofs.
und dem ernsten echten Hellenentum kann dies ideal der schönheit nur
ein sentimentalisches phantasma sein.

In feierlichen, von tief religiösem und tief wissenschaftlichem sinne
getragenen worten hat erst Philipp Buttmann 1810 zur feier des ge-
burtstages Friedrichs des grofsen ausgeführt, dafs "das leben des Herakles
ein schöner und uralter mythos ist, darstellend das ideal menschlicher
vollkommenheit, geweihet dem heile der menschheit". damit war das
wesentliche gegeben: der keim war blofsgelegt, aus dem der alte stamm
der sage erwachsen ist, der in dem Dodekathlos wenigstens, auf den
auch Buttmann mit entschiedenheit hinwies, die eingeborne art rein erhalten hat. was nicht zu seinem rechte kam, war das nationale, das
dorische, obwol Buttmann selbst sehr gut wufste, dafs jeder alte mythos,
auch wenn er universell gedacht ist, zunächst eine nationale bedeutung
empfängt. diese notwendige ergänzung hat 1824 O. Müller in den Doriern
geliefert. sein verdienst ist es, für die geschichtlichen sagen das auge
geöffnet zu haben. es entging ihm auch nicht, dafs der grundgedanke
der Heraklessage "ein stolzes bewufstsein der dem menschen inne-
wohnenden eigenen kraft ist, durch die er sich, nicht durch vergunst
eines milden huldreichen geschickes, sondern gerade durch mühen drang-
sale und kämpfe selbst den göttern gleich zu stellen vermag". aber er hat
das nicht als etwas für die Heraklessage specifisches betrachtet; wie er
denn überhaupt bei Buttmann nicht genug gelernt hat.

Seitdem ist die herrlichkeit der archaischen kunst ans licht getreten;
wir brauchen nur die augen aufzumachen, um lebhaft zu schauen was
in der phantasie der menschen zur zeit des Solon und Pindaros lebte.
die wirkliche förderung der hellenischen mythologie und theologie wird
seitdem vorwiegend archaeologen verdankt, und es sollte niemand über
diese dinge mitreden wollen, der zu dieser reinsten überlieferung kein
herzliches verhältnis hat. die notwendigkeit sich mit immer neuen einzelnen monumenten zu beschäftigen entschuldigt die archaeologen vollkommen, wenn sie den blick minder auf die einfachen grofsen gedanken
richten, die doch die wurzel sind für den wald von blüten, der vor uns

steht. aber um so notwendiger und lohnender ist es, zu den männern
zurückzukehren, die noch nicht erleuchtet aber auch noch nicht geblendet
und verwirrt von der fülle der einzelerscheinungen durch die kraft nach-
schaffender empfindung jene einfachen grofsen gedanken neu denkend
offenbart haben. was ich hier dargelegt habe, ist im grunde nicht mehr
als der versuch, Buttmann und O. Müller gleichmäfsig gerecht zu werden.
diese erkenntnis ist aber erst gewonnen als ergebnis der selbstkritik:
denn erfassen mufs jeder das, was er wirklich versteht, aus dem objecte
selbst, und das verständnis eines religösen gedankens wird ihm keiner
wirklich vermitteln, für den diese religion im grunde doch nur ein object
der forschung ist. das kann nur einer, der selbst den lebendigen glauben
hat und ausspricht: und so mag hier der subjective dank dem grofsem
Pindaros gezollt werden. am ersten nemeischen gedichte habe ich den
Herakles verstanden. und wer meine worte liest, der möge selbst von
dem propheten sich sein herz erschliefsen lassen, und er möge sich
hinwenden zu der herzerquickenden und herzbewegenden frische und
naivetät, mit der die archaische kunst die geschichten von Herakles erzählt. ehe er nicht so weit ist, den Blaubart des Typhongiebels mit
ernst und die vasengemälde der kleisthenischen zeit mit ungetrübtem
genusse zu betrachten, glaube er nicht die empfindungen jener zeit
würdigen zu können. dagegen wer a priori schon weifs, was hinter einem
heros steckt, der kann sich diese mühe sparen, der braucht auch den
Pindar nicht und noch viel weniger dieses buch. das ist für diejenigen
geschrieben, welche gern und geduldig lernen wollen, und doch nicht
wähnen, dafs so hoher dinge verständnis sich eigentlich erlernen lasse.
das kommt plötzlich wie eine offenbarung in dem eigenen verkehre
mit den dichtern und mit den göttern, wenn man so weit ist, keines
vermittlers mehr zu bedürfen. ohne lernen erreicht zwar niemand etwas
in der wissenschaft, aber das beste will erlebt werden. *γηράσκω δ'
αἰεὶ πολλὰ διδασκόμενος. μαθόντες ἄκραντα γαρύετον Διὸς πρὸς
ὄρνιχα θεῖον*: beide sprüche sind auch für den philologen gesagt.

DER HERAKLES DES EURIPIDES.

Gestaltung des stoffes. Das vorige capitel hat gezeigt, daſs der kindermord des Herakles eine geschichte ist, die mit dem wesen und der bedeutung des Herakles streitet, sobald sie in den vordergrund gerückt wird, daſs sie deshalb in Theben selbst, obgleich sie dort vermutlich, doch als ein blosses hilfs- motiv, erdacht war, verworfen ward, aber von dem ionischen rhapsoden in die Kyprien, und von dem Chalkidier Stesichoros in die dorische lyrik aufgenommen ward. beider gedichte waren den Athenern sehr wol bekannt, und so wenig wir im einzelnen über sie wissen, dürfen wir doch ohne bedenken voraussetzen, daſs Euripides hier den stoff vorfand, den er in der tragoedie Herakles mit seinem eigenen geiste beseelt hat. alles das was in diesem drama in der weise vorausgesetzt wird, daſs das publicum die kenntnis davon bereits mitbringt und nicht erst von dem dichter empfängt, ist diesem selbst gegeben gewesen. davon müssen wir also auch ausgehen, ohne zu vergessen, daſs der dichter vielleicht unter einigen neben einander verbreiteten varianten eine auswahl getroffen hat[1]).

Herakles hat im wahnsinn, den Hera sandte, die kinder verbrannt, die ihm Megara, des thebanischen königs Kreon tochter geboren hatte. er würde noch mehr frevel verübt haben, wenn nicht Athena zwischen- getreten wäre und ihn durch einen steinwurf betäubt hätte. er hat sich um dieser blutschuld willen von seiner gattin getrennt, die Iolaos über- nahm, und ist für immer aus seiner heimat ausgewandert. das etwa war

---

1) Das ist hier nicht controllirbar, weil wir zu wenig wissen; die sage war auch wenig behandelt. aber z. b. in den Phoenissen, im Orestes, und schon in Hekabe und Andromache konnte der tragiker wählen, weil das publicum verschiedene fassungen kannte. über den tod des Laios berichtete die Oidipodie anders als die Thebais und Aischylos wieder anders. Orestes und die Erinyen waren von Stesi- choros (auf den Euripides zurückgriff) ganz anders behandelt als von Aischylos. es wäre auch möglich gewesen, von den göttinnen ganz abzusehen und die heimkehr des Menelaos nach der Telemachie zu erzählen. es ist oft sehr belehrend, sich zu überlegen, welche offenen wege ein dichter nicht gegangen ist.

dem Euripides überliefert, genauer, das hat er teils übernommen, teils umgebildet. was er daraus gemacht hat, ist in kürze folgendes. Herakles kehrt aus dem Hades nach Theben heim, von dem letzten der abenteuer, die er sich zu bestehen verpflichtet hatte, um für sich und die seinen die rückkehr nach Argos von Eurystheus zu erlangen. während seiner abwesenheit hat ein mann aus Euboia, Lykos, sich Thebens bemächtigt und ist gerade dabei den vater, die gattin und die kinder des Herakles zu töten, als dieser heimkehrt und den Lykos erschlägt. da schickt Hera ihm wahnsinn, er tötet frau und kinder und wird an dem vatermorde durch Athena verhindert. als er zum bewuſstsein kommt, denkt er an selbstmord, läſst sich aber durch Theseus bestimmen, nach Athen in freiwillige verbannung zu gehen.

Wenn man diese beiden geschichten neben einander hält, so fallen ganz äuſserlich die drei hauptstücke ins auge, die Euripides geändert hat. er hat erstens den kindermord an das ende des Herakles gerückt. der Herakles, von dem wir hier scheiden, wird keinen kampf mit riesen und drachen mehr bestehen, er fühlt sich dem überwundenen Kerberos nicht mehr gewachsen (1386). so ist denn auch alles was von heldentaten irgendwie bedeutsam erschien, gelegentlich erwähnt, selbst die eroberung Oichalias: nur die oetäisch-aetolischen sagen muſsten fortbleiben, denn die gattinnen Megara und Deianeira schlieſsen einander aus. nichts desto weniger ist im einklange mit dem Dodekathlos, den Euripides in seiner bedeutung wol verstand, das leben mit der dienstbarkeit bei Eurystheus gleich gesetzt. die reinigung der erde war die lebensaufgabe des Herakles (21), so lange er mit ihr beschäftigt war, durfte ihm Hera nichts zu leide tun (828). aber mit der vollendung seiner aufgabe erhielt Herakles im Dodekathlos unmittelbar die ewige seligkeit: hier verfällt er dem elend. damit er nicht faktisch von seiner dienstbarkeit frei erschiene, ist künstlich das hilfsmotiv eingeführt, daſs die vollendung zwar sachlich aber noch nicht formell erfolgt ist, weil der Kerberos noch nicht abgeliefert ist. daſs dieses abenteuer das letzte ist, läuft zwar der bedeutung der Hesperidenfahrt zuwider, ward aber schon längst geglaubt, wie die ordnung der olympischen metopen zeigt. für Euripides war es besonders bequem, weil er so den Theseus leicht einführen konnte. daſs dieser durch Herakles befreit wäre, glaubten die Athener damals allgemein[2]), da sie ja ihren heros nicht mehr in der hölle denken konnten,

---

2) Euripides scheint in dem ersten Hippolytos die befreiung anders motivirt zu haben (vgl. s. 44 meiner ausgabe des zweiten); aus der Phaidra des Sophokles liegt

in der er noch in der attischen interpolation der Nekyia erscheint.
Euripides konnte sich mit einer kurzen hindeutung auf die bekannte
geschichte begnügen; das Kerberosabenteuer wird eben so kurz abgetan³).
In der einführung des Theseus besteht die zweite hauptneuerung,
wir müfsten nun eigentlich glauben, dafs Herakles seinen lebensabend
in Athen verbracht hätte. denn dafs er nichts mehr leisten kann, empfindet der heros selbst und den selbstmord weist er geflissentlich von
sich. damit verwirft der dichter die oetäischen sagen. dadurch bekam
er aber für das ende des Herakles ein vacuum, und dieses füllt ihm
die einführung des Theseus, der den Herakles nach Athen holt. das
war erstaunlich kühn, hätte er doch den Herakles für Athen annectirt,
wenn die erfindung durchgedrungen wäre. man müfste ja sofort nach
seinem grabe in Attika suchen. natürlich konnte aber die heldensage
eine solche neuerung nicht annehmen, ja sie würde selbst in der tragoedie
unerträglich gewesen sein, wenn der zuschauer zeit und stimmung hätte,
sich die consequenzen klar zu machen⁴). der dichter greift nach jedem
anhalt, den ihm der volksglaube darbot, wie diejenigen pflegen, welche
eine unwahrscheinliche neuerung einführen wollen. dafs die attischen
Herakleen eigentlich Theseen wären, nur von ihrem eigentümer an seinen
freund verschenkt, hat genau so, wie Euripides es hier erzählt, die
attische chronik berichtet⁵): es ist die officielle erklärung dafür, dafs der
dorische heros allerorten, der stifter der attischen demokratie kaum an
ein par plätzen einen alten cult besafs. wenn aber Herakles bei lebzeiten einen so grofsen besitz in Attika gehabt hatte, so klang es
glaublich, wenn jemand ihn dort eine weile wohnen liefs. dafs Herakles
sich in Eleusis hat weihen lassen, ehe er in die unterwelt hinabstieg,
und zu dem behufe nicht nur von seinen bluttaten in Athen entsühnt,

---

ein vers vor, der den Kerberos, also diese geschichte, angeht (625), und auch der
Peirithoos des Kritias zeugt für die vulgata. die ähnlichkeit der situation in Hippolytos I und Herakles, dafs ein held unerwartet aus der hölle kommt, ist doch wol
nur äufserlich.

3) Eine ausführliche erzählung der höllenfahrt, wie sie Seneca in seiner nachbildung geliefert hat, würde die mythischen fabeln gar zu real erscheinen lassen.
es war klug, dafs Euripides auf sie verzichtete.

4) Solche verbindung des boeotischen helden mit Athen würde als sage möglich gewesen sein, ja es würde ein ähnliches sich festgesetzt haben, wenn Boeotien
dauernd mit Attika vereinigt worden wäre, wie es in den funfziger jahren, als Euripides jung war, vorübergehend erreicht war. die entfremdung erzeugt dagegen sagen
wie die in Euripides Hiketiden behandelte, deren fassung aber auch je nach dem
politischen winde wechselte, vgl. Isokrates Panath. 168.

5) Vgl. Aristoteles und Athen I 271.

sondern durch adoption zu einem Athener gemacht worden ist, hat ebenfalls in Attika officielle geltung gehabt[6]). Euripides erwähnt die weihung (613), und er durfte wahrscheinlich zu erfinden glauben, daſs sein Herakles in Athen entsühnt wird und in Athen sich niederläſst. diese verpflanzung war ihm nun keineswegs selbstzweck; trotz allem patriotismus war es sogar nebensache, daſs Theseus ein Athener war. auf den freund kam es an, der den verzweifelten Herakles aufrichtete. in dieser eigenschaft ist Theseus an die stelle des Iolaos getreten, der in der thebanischen vorstellung nicht nur überhaupt diese rolle spielt, sondern gerade die Megara übernimmt, als Herakles aus dem vaterlande scheiden muſs, nach antiker vorstellung ein freundschafsdienst, der beide teile ehrt[7]). den konnte Euripides seinen Theseus nicht auch leisten lassen, als er ihn an Iolaos stelle setzte, und schon dieses legte ihm nahe, Megara mit ihren kindern fallen zu lassen. die gattin würde aber auch die einwirkung von vater und freund gestört, die mutter das mitleid von

---

6) Ἀφ' οὗ καθαρμὸς πρῶτον ἐγένετο φόνου, πρώτων Ἀθηναίων καθηράντων Ἡρακλέα ist die 17. epoche der parischen chronik. das gibt anlaſs zu den kleinen mysterien, Diodor IV 14 in Agrai, oder in Melite (im Thesmophorion, schol. Ar. Frö. 501), oder Eumolpos reinigt ihn, also in Eleusis, Apollodor II 122. zugleich ist er der erste geweihte ausländer, und es vollzieht deshalb Pylios die adoption, so auch Plut. Thes. 33 und schon der s. g. Speusippos an Philipp (630 Herch.); andere parallelstellen z. b. bei Dettmer de Hercule Att. 66. der name mahnt daran, daſs der zug gegen Pylos mit der weigerung der blutsühne durch Neleus motivirt zu werden pflegt. in der apollodorischen chronik ist die verbindung mit der Hadesfahrt hergestellt, und daſs er nur als myste zu ihr kraft fand, steht auſer bei Eurip. 617 in dem dialog Axiochos 371ᵈ: die vorstellung wird jedem leser der aristophanischen Frösche klar sein, und die durch den mysteriencult beeinfluſsten apulischen unterweltswesen haben die anwesenheit des Herakles ohne frage durch seine eigenschaft als geweihter gerechtfertigt gefunden. der gläubige myste konnte sich den, welcher das jenseits ungestraft betreten hatte, nur auch als mysten denken: und da er das bedürfnis nach reinigung auch für gerecht vergossenes blut empfand und seine religion sie von ihm forderte, wie viel mehr für den heros. so entstand die fabel von der entsühnung. endlich wollte man in dem so viel in Athen verehrten heros keinen fremden sehen. der nämliche grund hat die adoption der Dioskuren hervorgebracht.

7) Daſs jemand auf dem totenbette seine frau oder tochter einem der erben vermacht, ist überaus häufig vorgekommen, weil es in den anschauungen von familie und ehe begründet war. so hat es z. b. der vater des Demosthenes gemacht. es ist also für die Athener ganz in der ordnung, daſs Herakles in den Trachinierinnen des Sophokles den Hyllos zwingt seine kebse zu heiraten. der moderne sollte sich daran nicht mehr stoſsen, als daſs z. b. Antigone zum zweiten male die leiche ihres bruders mit staub zu bewerfen für eine religiöse pflicht hält. unserer sittlichkeit läuft beides zuwider.

dem vater, der zugleich mörder ist, abgezogen haben: so hat Euripides
auch darin geneuert, daſs Megara mit ihren kindern umkommt, zum
gröſsten vorteil für seine dichtung, übrigens auch für die späteren
fassungen der geschichte vielfach maſsgebend.

Die dritte neuerung ist die einführung des Lykos. Euripides fühlte
die notwendigkeit, den Herakles, ehe er in schande und elend geriet,
etwas tun zu lassen in dem sich seine siegreiche heldenkraft bewährte, und er wollte zeigen, wie sehr er seine kinder liebte, um die
schwere seines verlustes zu veranschaulichen. darum erfand er die geschichte, die den ersten teil des dramas füllt, und ein mittel zu diesem
zwecke ist Lykos. daſs er ihn auch erfunden hat, sagt der dichter so
gut wie selbst (26. 31), indem er ihn als einen enkel des tyrannen
Lykos einführt, der nach alter sage von den söhnen Antiopes, den boeotischen Dioskuren, vertrieben worden ist[8]). jener 'wolf' war in der tat
eine alte sagenfigur, wahrscheinlich auch in der Antiopesage vertreter
Euboias, wie er, zu einem sohne des Pandion umgeformt, es auch in der
attischen ist, oder besser gewesen ist, denn für uns ist der attische Lykos
ganz verblaſst. dieselben züge trägt bei Euripides sein enkel, gegen
den als eindringling sich Thebens greise leidenschaftlich wehren. daſs
er Megaras vater, könig Kreon, sammt seinen söhnen erschlagen hat,
ist in diesem zusammenhange unerläſslich: nur so ist die bedrohung und
hilflosigkeit der enkel des Kreon und söhne des Herakles hinreichend
begründet. daran daſs derselbe Kreon Haimon und Megareus zu söhnen
gehabt und den zug der Sieben überlebt hat, dürfen wir, trotzdem beide
Kreon den Menoikeus zum vater haben, nicht denken: die Herakles-
und Oidipussage sind schlechthin incommensurabel, und Kreon erscheint
in beiden nicht als dieselbe individuelle person, sondern als dieselbe
füllfigur, die auch in anderen sagen, z. b. der korinthischen, auftritt,
wo bloſs ein 'könig' nötig ist. da der dichter seinen Lykos sofort
wieder beseitigt, so hatte die erfindung gar keine bedenklichen folgen;
nur in der euripideischen fabel, die ihn erzeugt hatte, hat dieser Lykos
sein bischen leben gehabt[9]).

---

8) Es verdient bedacht zu werden, daſs die Antiopesage in den Kyprien dicht
neben dem wahnsinn des Herakles behandelt war. ob Lykos aber in ihnen vorkam,
ist mit unserer kenntnis schwerlich je zu entscheiden.

9) Nichts als ein $\pi\alpha\varrho\acute{\alpha}\delta o\xi o\nu\ \Theta\eta\beta\alpha\iota\varkappa\acute{o}\nu$ ist es, was Lysimachos im scholion
Pind. Isthm. 3, 109 verzeichnet, daſs einige die Herakleskinder von Lykos getötet
werden lieſsen. unwissenheit und willkür spätester lateinischer grammatiker redet
im scholion zu Statius Theb. IV 570 *tristem nosco Lycum,* welches auf den gatten

Diese drei neuerungen, die Euripides mit dem überlieferten stoffe vornahm, sind in wahrheit nur consequenzen der inneren umgestaltung, welcher er die sage selbst unterzog. sie sind aber als gegebene gröfsen zu betrachten, wenn wir den aufbau des dramas prüfen wollen, dessen grundlage (ὑπόϑεσις) eine bestimmte form einer bestimmten geschichte ist. ob die überlieferung oder der dichter, ob dieser in einer bestimmt zu erfassenden absicht oder aus willkür und laune den grund gelegt hat, ist für die eigentlich dramatische ausgestaltung unwesentlich.

Damit aus dieser geschichte eine attische tragoedie würde, mufste sie in die herkömmliche form der darstellung gebracht werden, die die Athener überhaupt und Euripides insbesondere sich gebildet hatten. wenn der dichter sich hieran machte, so mufste ihm sofort klar werden, dafs er eine vermittelnde person brauchte, damit sein drama nicht ganz auseinander fiele; die personen, die im ersten teile handelten, waren ja im zweiten alle tot. es mufste das eine verhältnismäfsig wenig selbst betroffene, dem helden innerlich ergebene person sein, die also die teilnahme des zuschauers nicht auf sich ablenkte, sondern nur auf die eigentlichen träger der handlung stätig und gesammelt hinführte. man könnte meinen, dazu wäre ja der chor da. aber nur, wenn man das drama mehr aus der aristotelischen Poetik als aus der wirklichen praxis der tragiker kennt. denn das verbot sich schon aus dem einen äufserlichen grunde, dafs der chorführer, der doch die iamben sprechen müfste, dadurch notwendigerweise von den übrigen choreuten individuell unterschieden würde, was er nie und nirgend ist. steht doch sogar im satyrspiel der Silen als einzelfigur neben dem chore. Euripides bedurfte also einer besonderen person, die an wichtigkeit darum nichts einbüfst, dafs ihre bedeutung nur relativ ist. er hat Amphitryon gewählt und alles getan, diesen zwar in seiner sphäre zu halten, aber so voll und rund herauszuarbeiten, dafs sich der zuschauer diesen träger der umfänglichsten rolle wol gefallen lassen kann. Amphitryon ist zwar ehedem etwas gewesen; der ruhm seines Taphierzuges, der mit der geschichte von der erzeugung des Herakles zusammenhängt und deshalb allbekannt war, wird mehrfach hervorgehoben; aber das dient nur dazu, dafs uns der hilflose nicht verächtlich werde. jetzt ist er greis; er kennt das leben und macht sich keine illusionen mehr. er hat nichts mehr zu fordern

---

Dirkes geht. *hic est ergo Lycus, qui Megaram filiam suam Herculi dedit uxorem et ob hoc a Iunone in furorem versus est et filios Herculis ex Megara susceptos Oxea et Leontiadem* (d. i. Κρεοντιάδην: der andere name bleibt unsicher) *occidit. tristis ergo propter mortem nepotum.*

noch zu erwarten, darum aber auch nichts für sich zu fürchten. er
übersieht nicht blofs die schwiegertochter und den tyrannen, sondern auch
die stürmische unbedachtsamkeit des sohnes. dieser sohn ist sein alles;
schwiegertochter und enkel schätzt er nur um des sohnes willen, dem
bleibt er auch auf die gefahr nahe, ein opfer seiner raserei zu werden.
seine schwerste prüfung ist der endliche abschied von ihm, und dafs er
doch hoffen darf, die einzig geliebte hand werde ihm die müden augen
zudrücken, wenn sie endlich brechen werden, ist sein letzter trost.
Amphitryon ist der vater des Herakles. das empfinden wir und sollen
wir empfinden, trotzdem das drama auf die vaterschaft des Zeus häufig
und schon in dem ersten verse hinweist. dieser mythos wird conventionell beibehalten, wird innerlich zugleich gedeutet und beseitigt: und
schliefslich spricht Herakles geradezu aus, dafs Amphitryon sein vater
ist, zu dem ja viel mehr die liebe macht als das blut. aber freilich, die
gröfse des sohnes ist gerade für den vater zu überwältigend, als dafs er
ihm innerlich einen halt geben oder gar ihn aufrichten könnte. gewohnt,
dem willen des übermächtigen sich zu fügen, hat er bei dem furchtbaren
seelenkampfe des sohnes, den es zum selbstmorde zieht, nur ohnmächtige
tränen. da ist eines ebenbürtigen eingreifen von nöten, eines solchen,
den der mythos sich auch als göttersohn denkt. um Amphitryon zu
heben, nebenher auch um Megara keine concurrenz zu machen, ist die
mutter Alkmene ganz und gar ferngehalten, und man kann die weise
selbstbeschränkung des dichters nur bewundern, der auch der versuchung
widerstanden hat, durch irgend welche schale motivirung ihres fehlens
in wahrheit erst darauf hinzuweisen; Sophokles Trach. 1151 ist nicht so
klug verfahren[10]).

Den chor hat die spätere tragödie sich immer mehr erlaubt dem
alten pindarischen anzuähneln. er pflegt im laufe des dramas seine maske
fast ganz zu vergessen und lediglich das instrument zu sein, mit welchem
der dichter stimmungen betrachtungen erzählungen vorträgt, welche er
an den ruhepunkten seiner handlung für angemessen oder doch für zulässig erachtet. dazu hat die entfaltung der wirklich dramatischen ethopoeie eben so mitgewirkt, wie die neigung der dichter, so frei wie Pindaros mit ihrem instrumente zu schalten. es gilt das keinesweges blofs
für die tragödie. Aristophanes pflegt die mit so viel witz und effect ein-

---

10) Es mag wol sein, dafs Euripides auch durch die erinnerung an seine Alkmene
verhindert ward, die dort so ganz anders gezeichneten gatten hier neben einander
zu stellen.

geführte, meist in einem epirrhema eigens noch erläuterte maske des chors nach der parabase ganz fallen zu lassen. Wolken Wespen Vögel Mysten reden in dem zweiten teile ihrer stücke nur noch als choreuten des Aristophanes. so denn auch die tragiker. wie die bewohner von Kolonos zusammenlaufen, weil ihr Eumenidenhain entweiht ist, das ist von Sophokles mit vollem dramatischem leben veranschaulicht, und auch das lob Athens, sein schwanengesang, geht vom lobe seines Kolonos aus. aber das lied, das die zeit ausfüllt, während die geraubten mädchen befreit werden, ist schon ohne jede persönliche charakteristik, und das lied ὅστις τοῦ πλέονος μέρους ist vollends die individuelle klage des lebensmüden dichters. ob man die dichter schelten will, stehe dahin: jedenfalls sind nur so ihre dichtungen verständlich, und vielleicht freut sich mancher der nur so ermöglichten einblicke in ihre eigene seele. Euripides hat sich mit der maske seiner chöre selten große mühe gemacht, und wo er es getan hat, ist der erfolg nicht immer erfreulich[11]), z. b. in den Phoenissen. er hat im wesentlichen zwei typen[12]), weiblich und männ-

---

11) Etwas besonderes war der chor des Palamedes. da das drama im Hellenenlager spielen mufste, Palamedes des verrats bezichtigt war, der chor aber seine partei zu halten hatte, weil er ja die sympathie von dichter und publicum hatte, so pafsten die bequemen chöre, Achaeer oder kriegsgefangene mädchen, nicht. das sollte man sich selbst sagen. nun haben wir das bekannte bruchstück ἐκάνετ᾽ ἐκάνετε τὰν πάνσοφον, ὦ Δαναοί, τὰν οὐδὲν ἀλγύνουσαν ἀηδόνα Μουσᾶν (588). das sind daktyloepitriten –] ∪∪∪ | ∪∪ – | – ∪– – ∪∪ – – | – ∪ – – | – ∪– ∪∪ – – , und diese beweisen ein stasimon (sie kehren in dem anschliefsenden drama, den Troerinnen, häufig wieder). also war der chor kein hellenischer. es scheint, wir haben noch aus seiner parodos die selbstvorstellung, θυιὰς Διονύσου ἱκόμαν, ὃς ἀν᾽ Ἴδαν τέρπεται σὺν ματρὶ φίλᾳ τυμπάνων ἰαχχοῖς (586, glykoneen, – ∪∪ – ‖ – ∪ – ∪∪ – – | – ∪ – – ∪∪ – | – ∪ – ∪ – –): ich habe θυιὰς aus οὐσὰν gemacht (Nauck θύσαν oder θυῖαν), und ἱκόμαν aus κόμαν. die ähnlichkeit mit andern eingangsliedern schützt diese gestaltung. ein schwarm von Dionysosdienerinnen, die sich in den schutz des Achaeerlagers begeben, um auf dem Ida ihren pflichten genügen zu können, ist sehr gut erfunden; die hierodulen der Phoenissen, die für Delphi bestimmt, aber in Theben festgehalten sind, und die Chalkidierinnen der Iphigeneia Aul. sind gute parallelen. übrigens ward durch diesen chor auch das erreicht, dafs ein gott am schlusse die unschuld des getöteten gar nicht zu proclamiren brauchte: die bakchen und die zuschauer wufsten, woran sie waren. aber Oiax schrieb den unheilsbrief, den die wogen dem Nauplios bringen sollten (schol. Ar. Thesm. 771), und so bereitete sich durch den schlufs des Palamedes genau wie durch den prolog der Troerinnen das vor, was wir nicht schauen, was wir aber in der zukunft sicher voraussehen, der untergang der Hellenenflotte, der einen die von Troia heimzog, und nicht minder der anderen, die nach Sicilien fahren sollte.

12) Dafs die 17 erhaltenen dramen nur drei männliche chöre enthalten, ist ein zufall, den man corrigirt, sobald man die zahlreichen sonst bekannten chöre zurechnet.

lich. es macht bei den ersten sehr wenig aus, ob es mädchen oder
frauen, freie oder dienerinnen sind; greisinnen sind es nie, denn die
heldenmütter der Hiketiden sind eine ausnahme. auch die männer sind
gewöhnlich nur durch das lebensalter charakterisirt, und jünglinge kommen
nirgend vor. an zahl aber überwiegen die weiblichen chöre so sehr, dafs
man als regel aufstellen kann, zwei weibliche in der trilogie gegen einen
männlichen [13]); da der satyrchor fast immer hinzutrat, ist das ganz be-

die zusammenstellung wird nützlich sein. der chor war weiblich in Aiolos, beiden
Alkmeon, Andromeda (in diesen vier sind mädchen bezeugt), Alkmene (87, vgl.
de trag. Gr. fragm. 12), Erechtheus (351), Danae (319, offenbar ein zwischen-
spruch des chores), Ino (399), Hippolytos I, Kreterinnen (von diesen allen steht nur
fest, dafs es γυναῖκες sind), hinzu kommen die bakchantinnen des Palamedes und
die dienerinnen des Phaethon. greise stehen fest für Antiope, auch die mysten der
Kreter werden bejahrt sein. sonst sind es im Alexandros φίλιπποι Τρῶες (935: wo
wäre sonst Kassandra aufgetreten?), Lemnier im Philoktet, Achaeer, wie die parodie in
den Acharnern zeigt, im Telephos, Skyrier sind selbst dramentitel. die klage über
die armut 230 konnten wol nur makedonische männer im Archelaos vorbringen,
und die sehnsucht nach frieden und friedlicher beschäftigung im Kresphontes 453
geziemte auch männlichem munde. endlich wird, wie namentlich τόνδε zeigt, der
heranziehende chor in der Alope 105 vorgestellt ὁρῶ μὲν ἀνδρῶν τόνδε γυμνάδα
στόλον στείχονθ' ἑῷον ἐκ τρόχων πεπαυμένον. denn diese veränderung Dindorfs
für στείχοντα θεωρόν ist leicht und schön; man bedenke nur die vernachlässigung
und correctur der elision. die leute haben einen morgenspaziergang gemacht, in
attischer weise sehr früh; das drama beginnt ἕωθεν, wie so oft. es sind aber menschen, die sich gymnastisch trainiren, gefolge des Kerkyon, der bekanntlich die
παλαιστική erfunden hat. so kennen wir denn im ganzen 26 weibliche chöre und
12 männliche. die nebenchöre (Hipp. Hik. Phaeth. Thes. Erechth. Alexandr. Antiop.)
sind dabei nicht gerechnet. dafs der chor sich nach der hauptperson richte, ist ein ganz
verkehrter einfall. wie kämen die greise zu Alkestis, Phoenissen zu Iokaste, athenische greise zu Antiope, mädchen zu Aiolos? und Amphitryon soll hauptperson im
Herakles sein?.

    13) Wir kennen die disposition der trilogieen 1) Alexandros (greise, nebenchor
hirten), Palamedes (Bakchen, vgl. anm. 10), Troades. 2) Kreterinnen, Alkmeon
(mädchen) Telephos (Argeier) und statt der satyrn der männliche chor der Alkestis.
3) Bakchen, Alkmeon (mädchen) Iphigeneia Aul. (mädchen): also alle drei weiblich,
aber da hatte der jüngere Euripides nicht mehr die wahl. 4) Medeia (frauen)
Philoktet (Lemnier) Diktys (unbekannt, aber man wird die klagende Danae des
Diktys lieber neben frauen als neben Seriphier stellen). 5) Erechtheus (frauen, nebenchor soldaten), Hiketiden (greisinnen, nebenchor knaben). 6) Helene und Andromeda, beide mit ähnlich gehaltenem weiblichem chore, hier fehlen die dritten stücke:
in dem letzten falle wird man an eine abwechselung glauben. bei Aischylos zeigt
die Orestie greise, mädchen, Erinyen; Prometheus meermädchen, Titanen,?; Lykurgie
Edonen, jünglinge, bakchantinnen; Achilleis Achaeer, meermädchen, Phryger; Aiantis
Achaeer (für die ὅπλων κρίσις kaum zu vermeiden), Thrakerinnen, S a l am

greiflich; aber die andern tragiker sind nicht so verfahren. das vorwiegend der weiblichkeit zugewandte interesse des dichters verrät sich
auch hierin. wenn wir nun im Herakles den chor aus greisen bestehend
finden, so kann das schon in der rücksicht auf die ganze uns unbekannte trilogie seinen grund gehabt haben. man kann auch erkennen,
daſs dem greisen dichter der greisenchor genehm war, da er ihm eigne
lebensbetrachtungen in den mund legen wollte. aber man bedarf solcher
äuſserlichkeiten nicht; man ist vielmehr verpflichtet, die absicht des
dichters aus dem abzuleiten, was der chor besonderes an sich hat. da
fällt sofort sein adelsstolz in das auge. daſs sie Sparten sind, Lykos
ein eindringling, schärfen sie wieder und wieder ein, und auch an Herakles rühmen sie, wenn auch unter verschiedener schätzung, den adel.
es versteht sich von selbst, daſs sie dazu männer sein muſsten; Megara,
die frau, schlägt zwar ähnliche töne an, aber in weiblicher weise (287.
308. 479). wohin das zielt, zeigt sich in dem zweiten teile, denn auch
Theseus mahnt den Herakles an seinen adel (1228), und dieser beweist
ihn mit der tat. es steht damit wie mit der abstammung von Zeus. wie
der mythos sie faſst, ist sie erfindung, und der adel, wie ihn der chor
faſst, ist ein vorurteil. aber adel ist auch in der sittlichen welt, und
mehr in dem leiden als in dem tun des καλλίνικος erweist sich die
menschliche, übermenschliche gröſse des Herakles. als folie also dient
die schätzung der welt, wie sie der greisenchor ausspricht. ein zweites
ist, daſs der chor unbedingt zu den Herakleskindern halten muſste. da
er nun männlich ist, so ergibt das einen conflict mit Lykos, dem durch
die wehrlosigkeit des chores die spitze abgebrochen wird; deshalb sind
es greise. auf das deutlichste sehen wir also die parteiungen, von denen
so oft die rede ist, und es kommt ein leben in den ersten teil des dramas, wie es ganz undenkbar wäre, wenn dienerinnen Megaras den chor
bildeten.

Sobald der dichter über Amphitryon und den chor mit sich im reinen
war, ergab sich der aufbau des ersten teiles fast von selbst; er brauchte nur
die manier, an die er sich gewöhnt hatte, walten zu lassen. regelmäſsig
dienen der prolog und das erste chorlied ausschlieſslich zur exposition:
die situation, welche er voraussetzt, wird eingehend geschildert, aber noch
im zustande der ruhe; die handlung beginnt erst nach dem ersten liede.

---

weiteres bleibt zur zeit unsicher. daſs er die männlichen chöre bevorzugte, darf
man schlieſsen. von Sophokles sind zu wenig chöre und auch nicht ein par von
zusammengehörigen dramen bekannt.

in diesem falle war sehr viel zu erzählen, die neugeschaffenen voraussetzungen des dichters. beginnen mufste er so, dafs die gefahr der familie des Herakles zwar dringend und unabwendbar, aber noch nicht
unmittelbar todbringend war. dann mufste dieser zustand eintreten, die
spannung der zuschauer aufs äufserste getrieben werden, Herakles erscheinen und retten. es war erforderlich, dafs Lykos oder doch seine
partei zum worte und zur erscheinung kam; in dem momente, wo Herakles wiederkehrte, konnte er jedoch nicht gegenwärtig sein, sonst hätte
er sofort den tod finden müssen, was die schicklichkeitsbegriffe verboten;
zudem würden zu viel personen zugleich auf der bühne gewesen sein.
so ergaben sich die vier scenen, die wir vorfinden 1) prolog und parodos,
welche die exposition geben; die eingangsrede konnte gar niemand aufser
Amphitryon halten. 2) conflict zwischen Lykos und der Heraklespartei,
der sich in diesem falle nur in worten abspielen kann, und dessen ausgang von vorn herein sicher ist. 3) die höchste not und das erscheinen
des retters. 4) der tod des Lykos. hinter 2 3 4 sind pausen in der
handlung, also standlieder des chores angezeigt. die motive, welche diesen aufbau der scenen ermöglichen, sind angemessen aber billig. die
von Lykos bedrohten personen sind an einen altar geflüchtet, er bestimmt
sie dieses asyl zu verlassen durch die drohung, sie auf dem altar verbrennen zu lassen, bewilligt ihnen aber einen kurzen aufschub, damit
die kinder sich mit leichengewändern schmücken, und läfst sie während
dieser zeit unbewacht (eine unwahrscheinlichkeit, die der zuschauer kaum
bemerken wird). in dieser frist kommt Herakles und braucht nun blofs
im hause die ankunft des Lykos abzuwarten, um ihn ohne mühe zu
überwinden. der ganze vorgang entspricht den sitten der zeit, welche
viele beispiele für die flucht von hilflosen an altäre aber auch von um-
gehungen und verletzungen des asylrechtes darbietet.

Die handlung kann bis zu dem erscheinen des Herakles keinen grofsen
eindruck machen; die charaktere liefern nur teilweise ersatz. Lykos ist nicht
mehr als ein gewöhnlicher bühnenbösewicht; religion und sitte sind ihm vorurteile, gott und tugend ein wahn, und er renommirt mit seiner schlechtigkeit; die verbrechen, zu denen ihn seine ἀναίδεια, der mangel an jedem sittlichen gefühle, treibt, proclamirt er als gerechtfertigt durch die politische
klugheit (ἀσφάλεια), ist aber schliefslich, wie jeder verbrecher, dumm
und geht mit frechem schritte in das garn. solch einen bösewicht denkt
sich der Athener am liebsten als tyrannen, und dazu gehört auch, dafs
er ein parvenu ist, ohne erziehung und manieren (σκαιός 299). ein
naives publicum wird an dieser figur und ihrer bestrafung seine freude

haben; damit hat Euripides aber nur für das parterre, zum teil nur für die gallerie gearbeitet. wenn die gegenpartei blofs mit den entsprechenden farben gezeichnet wäre, edelmut und hilflosigkeit, todesfurcht und ergebenheit, unschuld und würde, so wäre es übel; die sophistische rhetorik, die sich sehr breit macht, ist für den modernen leser wahrlich kein genufs, war es in Athen nur für die anhänger des specifisch modernen stils, der in die poesie eigentlich nicht gehört. zum glück hat Euripides sich hier als dichter wenigstens an einer figur bewährt, die dem fühlenden leser noch heute das herz bewegt, wenn ihn auch die rhetorik kalt läfst, und die allerdings den erfahrenen kenner der bühnenwirkung überall, auch so weit sie in stummem spiele besteht, verratende führung der handlung nur zu einem kühlen beifall veranlafst. die gattin des Herakles ist kein typus wie Lykos und hat nicht blofs eine relative bedeutung wie Amphitryon, sie ist ein individuum. der kündiger des weiblichen herzens hat sich in den wenigen reden, die er Megara geliehen hat, nicht verleugnet. da ist zwar die äufserung der empfindung durch die engen bande der sitte zurückgehalten, welche nun einmal für die attische frau galten: aber es bedarf für den leser nur der achtsamkeit (für den schauspieler also nur des verständigen benutzens der handweisungen des dichters), um zu bemerken, welches feuer der leidenschaft in ihr kocht. sie kommt mit ihren reden immer an einem anderen ende an, als sie beabsichtigt hat, oder mufs gewaltsam zu ihrem thema zurückspringen. empfindung und affect sind stärker als sie. und empfindung und affect der frau behalten recht gegenüber dem erkalteten greise und dem cynischen verstandesmenschen Lykos, ja selbst gegenüber dem was Megara ihrem verstande gemäfs wider ihre empfindung sagen will. in all ihrer schwäche ist die vornehme frau dem gekrönten plebejer überlegen, und vor ihr, die in ihrem gatten ihren einzigen adel sieht, verbleicht die spartische echtbürtigkeit des chores. in ihrer muttersorge und mutterhoffnung liegt endlich auch das beschlossen, was der zuschauer und noch mehr der leser von interesse für die Herakleskinder hat, die der dichter nur als stumme personen eingeführt hat[14]). die mutter durfte der tragiker sich ganz geben lassen: der gattin verwehrte die attische

---

14) Euripides hat in Alkestis Theseus Andromache Hiketiden sich an kinderrollen gewagt, hat ihnen aber immer nur gesangstücke gegeben. wenn er es hier unterlassen hat, so ist es kein schade, denn seine kinder singen nicht was·kindern in den betreffenden situationen zukommt, sondern was der dichter für die kinder und die situationen empfand. namentlich das lied des knaben an der leiche der mutter in der Alkestis gehört zu seinen gröbsten zeichenfehlern.

schicklichkeit die empfindungen frei zu äufsern, die Megara wie gewifs
unzählige frauen Athens wol im herzen hegten, aber von eigensinniger
sitte darin zu verschliefsen gezwungen waren. Euripides ist für attische
verhältnisse an die äufserste grenze des erlaubten in der scene des wiedersehens gegangen: unsere freiere und gesundere auffassung des ehelichen
verhältnisses wird dadurch nur stärker daran erinnert, dafs hier ein
gebiet ist, auf welchem das fünfte jahrhundert die freiheit der menschlichen empfindung noch nicht erreicht hatte.

Als der chor und Megara und Amphitryon in breiter ausführlichkeit je nach ihrer art die verzweifelung voll ausgesprochen haben, dafs
der einzige nicht erscheine, der retten kann, und als dann dieser
plötzlich da ist und damit auch die rettung, da erreicht das drama einen
höhepunkt. der zuschauer empfindet wirklich etwas ähnliches wie bei
dem plötzlichen aufflammen eines lichtes in finsterer nacht; ὦ φάος
πατρί sagt Amphitryon zu seinem sohne. und wenn der reiz der
überraschung verflogen ist, so tritt dafür die würdigung der poetischen
kunst ein, die nach den langgezogenen vollen tönen des abschiedes und
der trauer die atemlosen freudenrufe und die hastigen kreuz und quer-
fragen des wiedersehens gleich lebensvoll zu treffen wufste. aber auch
das ist nur mache. die wahrhafte dichterkraft in ihrer überlegenheit
erkennt man erst, wenn man durchschaut hat, welchem zwecke die ganze
scene dient. Herakles, der echte Herakles des volksglaubens, offenbart
sich hier, ἀλεξίκακος καλλίνικος. wir hören in den herrlichen liedern
des chores die alten lieben geschichten, die märchen, die der kindes-
glaube sich von ihm erzählt; sie werden zum teil, und zwar etwas so
bedeutsames wie die εὐδαίμων ἥβα und das λυγρὸν γῆρας, ihrer mythischen hülle entkleidet und in dem tiefsten sinne wahr und fromm gedeutet; das gilt bis zu einen gewissen grade auch von der gotteskindschaft.
wir sehen, wie vater und gattin und volk ihr leben in dem helden haben,
der endlich, endlich vor uns tritt, und wir sehen diesen zwar auch als
helden, denn wie er da ist, ist die rettung so sicher, dafs ihre ausführung
kaum noch interesse erweckt, aber wir sehen ihn vor allem als menschen,
als liebenden gatten und vater. πάντα τἀνθρώπων ἴσα sagt er
selbst: dies bild, und dazu der paean des chores an den gott, das gibt
den ganzen echten Herakles der sage. man mag kein wort an die
moderne erbärmlichkeit verlieren, die diese lieder für locker mit dem
drama verbunden hält; dafs Jugend und Alter in der sage personen
waren, die als solche mit Herakles in nächster berührung standen, davon
ist dieser blödsichtigkeit nichts aufgegangen.

Euripides konnte auch den ton des alten glaubens treffen, wenn er wollte. hier hat er's bewiesen. aber er war über diesen glauben hinaus; nur als folie konnte er ihn brauchen, und nur um des grellsten contrastes willen hat er diese scenen so stilisirt. der heros soll von seiner höhe in den tiefsten abgrund der verschuldung stürzen, der mensch in seinen reinsten menschlichen gefühlen getroffen werden, und das vertrauen auf die göttliche gerechtigkeit, kaum daſs es der chor bekannt hat (772) durch die schandtat Heras schmählich lügen gestraft werden. welche erschütterung einst die zuschauer erfahren haben, die weder durch den titel[15]) noch durch irgend eine andeutung in dem ersten teile des dramas auf das kommende vorbereitet waren, kann man noch jetzt erleben, wenn man das gedicht unverbildeten menschen, denen der stoff ganz neu ist, nahe bringt. das grauenvolle, plötzliche, daemonische wirkt so überwältigend, daſs vor dieser erschütterung alles andere zunächst gänzlich verschwindet[16]). nicht viele tragoedien aller zeiten erzielen eine solche erschütterung, und der dramatiker, der nicht regeln innehalten, sondern seelen packen will, wird des kunstrichters spotten, der ihm vorhalten wollte, es wäre nicht erlaubt, ein theaterstück so zu zerreiſsen. es ist auch nicht wahr, daſs es keine einheit hätte, denn diese liegt in der person des Herakles[17]), aber die notwendigkeit ergab sich allerdings für den dichter, gewissermaſsen von neuem anzuheben, einen zweiten prolog zu schreiben. er exponirt das folgende durch die einführung von Iris und Lyssa. scharf gliedert er durch den wechsel des versmaſses diese scene. denn Lyssa, der wahnsinn, ist, so lange ruhig geredet wird, eine göttin wie andere: erst ihre trochäen zeigen sie am

---

15) Vgl. die bemerkung zu dem titel vor dem textabdrucke.

16) Belehrend ist die vergleichung mit Seneca, der die zukunft in einem prologe verkünden läſst und dadurch das interesse des lesers an der rettung der kinder vorab vernichtet. denn wenn sie doch fallen sollen, so möchte man ihnen den tod durch die hand des vaters ersparen. so hat die falsche beobachtung eines angeblichen dramatischen gesetzes die wahre dramatische wirkung geschädigt. daſs Lessing in seiner jugendarbeit, der vergleichung des Seneca und Euripides, anders urteilt, ist nicht befremdlich; er steht dort noch im banne der regeln, die er selbst später gesprengt hat.

17) Genau ebenso ist die Hekabe in wahrheit ein einheitliches drama; Polyxena und Polydoros sind nur da, um Hekabes entwickelung bis zur teufelin glaublich zu machen: der dichter hat sich vorgesetzt, die chersonesitische sage menschlich zu fassen, die die heldenmutter in eine hündin verwandelte. dramen, die eine psychologische entwickelung geben, haben eben eine andere einheit als solche die nur eine handlung darstellen. dagegen Andromache zerreiſst wirklich und ist ein schlechtes stück.

werke; sie dienen bereits der aufgabe, den wahnsinn des Herakles zur
anschauung zu bringen. die sendung des wahnsinns konnte Euripides
nur als ein verbrechen Heras ansehen, einen hohn auf die göttlichkeit
der göttin. ihm war sie nicht heilig, er scheute sich nicht sein urteil
auszusprechen, aber sie war doch im cultus die himmelskönigin, und so
mied er sie selbst einzuführen, zumal sie das interesse zu stark abgezogen haben würde. Iris, die dienerin, hat er dagegen mit wenigen
strichen meisterlich aber rücksichtslos mit der gehässigkeit gezeichnet,
welche er gegen jeden λάτρις hat, der sich zum werkzeuge der tyrannen-
laune erniedrigt und im gefühle seiner verkauften freiheit gern wichtig
macht. als κῆρυξ[18]), oder noch besser als kammerzofe Heras erscheint

---

18) Der haſs des Euripides gegen die herolde ist schon im altertum bemerkt
(Or. 895 mit schol.). schon die Herakleiden enthalten die bissige stelle, 'alle
herolde lügen das doppelte und berichten, sie wären nur mit genauer not mit dem
leben davongekommen' (292). Erechtheus und Hiketiden zeichnen zwei solche ge-
sellen, just während die fremden gesandtschaften in Athen zum Nikiasfrieden ver-
sammelt sind. Talthybios in Hekabe und Troerinnen ist ein braver mann, aber er
schämt sich seines amtes (Tr. 786), und erhält doch von Kassandra, die er ohne
arg λάτρις genannt hat, dieses schimpfwort ins gesicht zurückgeschleudert, er sei
selbst λάτρις, als κῆρυξ ἓν ἀπέχθημα πάγκοινον βροτῶν (424. 26. 25 so zu ordnen).
nun war der herold nicht ehrlos wie der praeco, es war sogar der ἡταιρηκώς dazu
nicht qualifizirt (Aischin. 1, 20), aber es war doch ein gewerbe, dessen man sich
etwas schämte (rede wider Leochares 4), noch Theophrast (char. 6) erklärt es für
das handwerk eines ἀπονενοημένος. die officielle schätzung war anders, wie natürlich. abgesehen von den alten zeiten, welche in Athen und Paros (Κηρυκίδη Archilochos) adliche geschlechter von herolden entstehen lieſsen (Aristot. u. Athen I 202),
kam sich in den zeiten der restaurirten demokratie Eukles sehr stolz vor und ver-
erbte amt und ruhm den seinen (Andok. I 112, CIA II 73), ja er hat sich einen ahn
gezeugt; denn weil der herold des rates im 4. jahrhundert Eukles hieſs, hat ein
historiker jener zeit einen solchen für die schlacht von Marathon erfunden (Plut.
de glor. Ath. 3). die subalternbeamten sind in der selbstverwaltung ebenso wichtige
wie bedenkliche elemente. der oligarch rechnet es zur demokratischen tendenz, die
processe der bündner nach Athen gezogen zu haben, weil es dann die herolde besser
haben (Πολ Ἀϑ. 1, 16). weshalb sie das taten, ist nicht klar, die auctionssporteln
können es nicht machen (Bekk. An. 255. Harp. κηρυκεία); zum teil sind es sporteln
gewesen (CIA I 37. 38, leider unverständlich), aber wol mehr trinkgelder. das
publicum hat immer mehr geurteilt wie Euripides. der Hermes in Aischylos Prometheus hat nur einen leisen zug, der im Frieden und vollends im Plutos des Aristophanes ist ganz ein gemeiner κῆρυξ. und die aristophanische Iris, wol auch schon
die des Achaios, hat auch etwas von den euripideischen zügen. die kammerzofen
trifft das übertreibende wort des Hippolytos 646; sie sind in der älteren griechischen
litteratur sonst wenig ausgebildet. die τροφός ist meist nur confidente. da hat die
neuere komödie in den ἄβραι ohne zweifel mehr und feineres geboten als ihre nach-

Iris, die nicht nur zu dem verbrechen ihrer frau willig hand anlegt und die hohe göttin Lyssa hofmeistert, sondern bei jeder gelegenheit einschärft, dafs 'wir', die herrschaft und sie selbst, also belieben.

Lyssa unterscheidet sich nur im namen von andern verderben und tod bringenden dämonen, welche in der archaischen kunst besonders zahlreich sind, auch auf der bühne der grofsen zeit eingebürgert, wenn auch vielleicht nicht so häufig, wie in der späteren effecthaschenden zeit[19]). wie die mythischen genealogien dieser wesen wechseln, so auch ihr name, zumal da den späteren die alte erhabene bedeutung der Erinys schwand, so dafs diese sich auch mit anderen höllenwesen vermischte und als der bekannteste der allgemeine name ward. so heifst denn der dämon des euripideischen Herakles selbst bei einem berichterstatter Erinys; Euripides redet neben ihr von $\Pi o\iota\nu\alpha\acute{\iota}$, ein name der auch sonst vorkommt, Assteas (oben s. 85) läfst dem kindermorde $Ma\nu\acute{\iota}a$ zuschauen, u. s. w. es kommt auf den namen also wenig an. aber Lyssa selbst war unter diesem namen von Aischylos in der dramatisirung der Pentheussage eingeführt[20]), und da sie auf einem vasenbilde der edelsten malerei in ionischer, nicht attischer form $\varDelta\acute{v}\sigma(\sigma)\alpha$ heifst[21]), so war sie dem maler aus der litteratur bekannt. vielleicht hatte Euripides selbst zwar nicht Lyssa, aber eine wahnsinn sendende Erinys in dem Alkmeon[22]) einge-

bildungen bei den Römern und in der erotischen romanlitteratur, der die derbsten figuren, wie die $\Pi\alpha\lambda\alpha\acute{\iota}\sigma\tau\varrho\alpha$ des $\H{O}\nu os$ am besten gelingen. aber die Lisette des französischen lustspiels ist etwas neues.

19) Die Armut des aristophanischen Plutos wird für eine $'E\varrho\iota\nu\grave{v}s$ $\grave{\varepsilon}\varkappa$ $\tau\varrho\alpha\gamma\omega\delta\acute{\iota}as$ gehalten, 422. $\Pi o\iota\nu\alpha\grave{\iota}$ $\grave{\varepsilon}\nu$ $\tau\alpha\~\iota s$ $\tau\varrho\alpha\gamma\omega\delta\acute{\iota}\alpha\iota s$ Aischin. 1, 190. im costüm einer Erinys läuft der s. g. kynische philosoph Menedemos herum, Diogen. Laert. 6, 102 (die verirrung Gerckes Rh. Mus. 47, 319 wird hoffentlich nicht glauben finden). eine ganze reihe solcher personificationen führt das verzeichnis der masken für das repertoir der hellenistischen zeit an, das bei Pollux IV 141 steht; auch Lyssa ist darunter u. dgl. m. eine anzahl von darstellungen auf vasen verzeichnet Körte, über die darstellung psychologischer affecte in der vasenmalerei.

20) In den Xantrien 169. es sind worte, die $\varDelta\acute{v}\sigma\sigma a$ $\grave{\varepsilon}\pi\iota\vartheta\varepsilon\iota\acute{a}\zeta o\nu\sigma a$ $\tau\alpha\~\iota s$ $B\acute{a}\varkappa\chi\alpha\iota s$ sprach. doch bleibt die möglichkeit, dafs sie nur in einer botenrede standen. eine sichere herstellung des inhaltes der aischyleischen Pentheusdramen ist noch nicht gelungen.

21) Ann. dell' instit. 1885.

22) Servius, oder vielmehr Asper zu Aen. 7, 337 bemerkt, bei Euripides sage die Furie *se non unius esse potestatis, sed se fortunam, se nemesin, se fatum, se esse necessitatem* (fgm. 1022). das war etwa $o\grave{v}$ $\gamma\grave{a}\varrho$ $\pi\acute{\varepsilon}\varphi\nu\varkappa a$ $\delta\nu\nu\acute{a}\mu\varepsilon\omega s$ $\varkappa\varrho\alpha\tau\varepsilon\~\iota\nu$ $\mu\iota\~as\cdot$ $\grave{a}\lambda\lambda'$ $\varepsilon\grave{\iota}\mu\grave{\iota}$ $\nu\acute{\varepsilon}\mu\varepsilon\sigma\iota s$ $\varkappa a\grave{\iota}$ $\tau\acute{v}\chi\eta$ $\varkappa a\grave{\iota}$ $\mu o\~\iota\varrho'$ $\grave{\varepsilon}\gamma\acute{\omega}$, $\grave{\varepsilon}\gamma\grave{\omega}$ δ' $\grave{a}\nu\acute{a}\gamma\varkappa\eta$. ich habe das lange mit der namentlich durch die nachbildung des Ennius bekannten grofsen wahnsinnscene des Alkmeon combinirt, und es scheint mir an sich noch ansprechend.

führt, den er 438 mit Telephos und Alkestis aufgeführt hatte. aber
man würde keiner zeugnisse bedürfen um zu erkennen, daſs Lyssa
bereits eine wolbekannte bühnenfigur war. denn Euripides hat sie ihrem
eigenen wesen entfremdet. sie warnt vor dem frevel, beurteilt also ihre
natur selbst als etwas gleichsam auſser ihr. damit ist die personification
des wahnsinns innerlich aufgehoben. das war nur möglich, wenn die
phantasie sich so stark daran gewöhnt hatte den wahnsinn, weil er
dämonisch wirkt, in der gestalt eines dämons zu sehen, daſs dieser
dämon eine persönlichkeit auch abgesehen von der sphäre seines wirkens
scheinen konnte. auf diesem wege sind freilich sehr viele göttliche gestalten zu umfassender, wol gar zu universaler potenz gekommen; ist
doch der gottesbegriff selbst zunächst nur ein prädicatsbegriff und hat
sich allmählich nicht nur zu einem subject erhoben, sondern das, wovon
er die göttlichkeit prädicirte, zu seinen prädicaten gemacht. aber so
lange eine personification ganz durchsichtig ist, verstöſst eine solche er-
hebung in das universelle wider den natürlichen sinn, wider die logik
und die religion. eine $\Lambda\dot{v}\sigma\sigma\alpha$ $\sigma\omega\varphi\varrho\sigma\nu\sigma\tilde{v}\sigma\alpha$ ist eine contradictio in ad-
jecto und eine blasphemie so gut wie die frivolität Heras und die ver-
worfenheit der Iris. für Euripides ist beides gleich bezeichnend: ihm
sind alle göttlichen figuren ja doch nur conventionelle fictionen einer
religion, die seinen vorstellungen vom wesen der gottheit widerspricht.
wenn er den volksglauben, indem er ihm folgt, ad absurdum führt, so
ist es ihm ganz genehm.

Erst in dem momente, wo Lyssa sie selbst wird, der dichter also
in die bahnen der echt mythischen vorstellungen zurücklenkt, hebt sich
auch sein gedicht wieder zu der höhe einer reinen wirkung. er hat
hier eine seiner höchsten leistungen erreicht, die darstellung des wahnsinns nicht nur, sondern auch des grausenhaften verbrechens, ohne daſs
doch das geschehende geschaut wird: die wirkung auf die seele ohne
wirkung auf das auge. den wahnsinnigen Herakles selbst einzuführen
würde Euripides nicht gescheut haben: hat er es doch mit Alkmeon und
Pentheus getan. aber die blutigen verbrechen vertrug das feingefühl
des volkes nicht, das nun einmal rohheiten, wie sie Shakespeares tragödien entstellen und ohne das attische vorbild auch die heutige bühne
beherrschen würden, schlechthin ablehnte; vielleicht nur weil es das

---

aber bei Servius steht nicht, daſs diese Furia wahnsinn sandte, und vom Alkmeon
ist nicht bekannt, daſs ein dämon in ihm auftrat. denn die von mir früher so ge-
deutete stelle Tatians (24) redet richtig verbessert nur von dem wahnsinnigen selber,
vgl. Nauck trag. fgm. p. 330 und mein programm *de trag. Gr. fragm.* 14.

spiel so ernsthaft nahm. vielleicht aber waren vielmehr seine dichter
so weise, einzusehen, daſs sie so die seele viel tiefer erschüttern könnten.
daſs dem so ist, beweist am besten Seneca, der wieder sein vorbild hat
übertreffen wollen, übrigens einige entschuldigung hat, da er ja nur für
die recitation dichtet. das stand also für Euripides von vorn herein
fest, daſs er die kinder nicht auf der bühne umbringen lassen konnte.
die herkömmliche poetische technik bot ihm als ersatz sowol den botenbericht wie das ekkyklema, welches die unmittelbar auf die katastrophe
folgende situation zu zeigen ermöglichte. er konnte also in einem
doppelten reflexe die tat veranschaulichen, durch die epische erzählung,
welche wesentlich ohne trübung durch das medium eines berichterstatters
wirkt, und durch die lyrische beleuchtung seitens der beteiligten nach
der tat, also die mitteilung der frischen teilnehmenden empfindung an
den zuschauer. von beidem hat Euripides gebrauch gemacht, beide teile
mit groſser liebe ausgearbeitet, im botenberichte mit dem epos ausdrücklich
rivalisirend, die folgende gesangnummer mit allen mitteln der neuen
ausdrucksfähigen musik ausstattend. aber das hat ihm nicht genügt.
er hat in der person Lyssas die mythische versinnlichung des psychi-
schen affectes zur einleitung verwandt, und er hat die sonst häufig und
auch von ihm für den tod des Lykos schon verwandte sitte, einzelne
rufe hinter der bühne ertönen und von dem chore gedeutet werden zu
lassen, in einziger art erweitert und gesteigert, einmal dadurch, daſs sie
die einzelnen acte der drinnen vorgehenden handlung hervorheben, zum
anderen dadurch, daſs die rufe selbst nichts tatsächliches melden, sondern
der chor in visionärer erleuchtung die erläuterung gibt, so daſs der
zuschauer, ohne sich davon rechenschaft geben zu können, in das reich
des wunders mit entrückt wird. es gibt nur eine vergleichbare scene,
die visionen Kassandras vor der ermordung des Agamemnon und diese
selbst. die vergleichung mag der leser anstellen und sich im einzelnen
überzeugen, daſs die beiden dichter jeder in seiner art ein höchstes erreicht haben.

Die wahnsinnsscenen haben im altertum wenigstens den verdienten
erfolg gehabt; der in seiner art ebenso vollkommene schluſsteil dagegen
viel weniger. es ist das begreiflich, denn er gehört in form und gehalt
weit eher auf eine moderne bühne, selbst hier aber würde er von den
breiten philistermassen nicht gewürdigt werden, denen die Natürliche
tochter und der schluſs des Tasso zu wenig handlung haben. in der
tat, wie Goethe auf der höhe seiner kraft und künstlerischen reife in
den tiefen des einfachsten strengst stilisirten dialoges die leidenschaften,

begierden und schmerzen der menschenseele begräbt, weil er gelernt
hat, daſs nicht was wir äuſserlich erdulden, sondern was im herzen beschlossen bleibt, das wahrhaft tragische ist, so daſs das äuſsere auge
meint, es geschähe gar nichts: ebenso hier. sobald Herakles erwacht,
ist handlung scheinbar nicht mehr vorhanden. er erfährt was er getan
hat, will sterben, Theseus kommt, sie reden hin und her, aber nicht der
zuspruch des Theseus, sondern ein freiwilliger, scheinbar ganz unver-
mittelter entschluſs bestimmt den Herakles nach Athen zu ziehen. ist
das nicht etwa bloſs eine zu weit ausgesponnene schluſsscene ohne inneren
wert? dann hätte Euripides schwer gefehlt, denn er führt eine neue
person ein, auf deren erscheinen er kurz aber verständlich schon früh
vorbereitet hat (619), und die er bei ihrem auftreten nicht nur selbst sich
sehr passend einführen läſst, sondern durch ein kleines lyrisches stück
hervorhebt: nach der bühnenpraxis ist also Theseus als eine wesentlich in
die handlung eingreifende figur gekennzeichnet. aber allerdings, Theseus
tut nicht viel, und er ist nicht einmal mit bestimmten farben als ein
individueller charakter gekennzeichnet. auch die immerhin nicht verächtliche erwägung schlägt nicht durch, daſs in Athen für Athener Theseus
einer besonderen charakteristik nicht bedarf, da er ja immer vertreter
Athens und seiner φιλοξενία nnd εὐσέβεια ist. denn Euripides hat
gerade hier am wenigsten mit den populären instincten der zeitgenossen
gerechnet: wenn er Theseus nur als menschen und freund einführt, so
muſs er eben diese beschränkung gewollt haben. auch das kann nicht
unabsichtlich sein, daſs die äuſsere form der letzten scene so grell
von der vorigen absticht. der chor wird geradezu als nicht vorhanden
behandelt; selbst bei dem auftreten des Theseus, wo doch eine ge-
sangpartie eingelegt ist, schweigt er. und statt der bewegten bilder
und des lebhaften spiels, nicht bloſs in der wahnsinnsscene, sondern
auch im ersten teile, verharrt nun Herakles, an dem unser interesse hängt,
unbeweglich vor der säule sitzend, und treten erst Amphitryon, dann
Theseus nur ein par mal an ihn heran: im wesentlichen bewegt sich
nur das gespräch hin und her, nicht die redner, und wenn der schluſs
ein plastisches bild voll rührendsten affectes bietet, Herakles seinen arm
um des freundes schulter schlingend und schwankenden schrittes von
der bühne fortziehend[23]), so hebt der dichter hervor, daſs dieses bild als
widerspiel des ungleich reicheren gedacht ist, welches die scene des

---

23) Es sei daran erinnert, daſs die groſse malerei der polygnotischen zeit eine
solche gruppe dargestellt hatte, welche vielfache nachbildung und umbildung erfuhr.
Benndorf Heroon von Gjöl Baschi 114.

rettenden Herakles abschlofs. in allem dem ist der wille unverkennbar,
etwas anderes, neues, schlicht menschliches im gegensatze zu dem her-
kömmlichen, bunt mythischen zu liefern. dem entspricht auch die
führung des dialoges und die sprachliche stilisirung. da ist nichts mehr
von der archaischen pracht der rhythmen und der bilder, wie in den
ersten chören und Lyssas raserei, auch nichts von dem sophistischen
feuerwerke der wortkämpfe. hier steht empfindung wider empfindung;
in schlichtesten worten die tiefsten gedanken, zwar oft zur allgemein
giltigen sentenz abgeschliffen, aber nicht als schmuckstück, gleich
gut und schlecht überall aufzusetzen, sondern durch den, der den spruch
prägt, und den ort, wo er es tut, bedeutsam. es ist eine jener
euripideschen partien, die mit dem conventionellen attischen stile wirklich
streiten, noch viel mehr also mit den conventionellen vorstellungen der
modernen von attischer weise. so darf die 'antike' nicht empfinden und
dichten; das ist gleichermafsen wider die hoffart der 'modernen', wie
wider die beschränktheit derer, die sich dem 'geiste des altertums', d. h.
dem conventionellen heroentume des classicismus, zum sclaven geben.
ob es sein höchstes ist, was Euripides mit solchen partien erreicht hat,
stehe dahin: ein höchstes, was ihm kein tragiker vor Goethe (auch
Shakespeare nicht) nachgetan hat, ist es gewifs.

　　Aber rückhaltlos mufs bekannt werden, dafs der schlufsteil grell
von dem übrigen drama absticht, so grell, dafs sie sich gegenseitig in
ihrer wirkung beeinträchtigen. zuerst steht der leser unter der sinn-
licheren gewalt der bühneneffecte und der handlung; hat er dann die
gedankentiefe des schlufsteiles erfafst, so kann sie leicht gegen das
frühere ungerecht machen. beschönigt soll diese disharmonie nicht
werden; verstanden soll werden, dafs sie zu der disharmonie in vollem
einklange steht, die der dichter in seinem stoffe gefunden hatte und zur
darstellung gebracht hat.

　　Der erste teil gibt den Herakles der sage und des volksglaubens Gehalt des
dramas.
wieder, den Euripides in seiner ganzen gröfse erfafst hatte. er schildert
ihn unter den mythischen voraussetzungen, und diesem bilde entspricht
die glanzvolle, nicht selten bewufst archaische stilisirung. das bild der
alten dorischen ἀρετά stellt uns den dichter dar, in seiner ganzen erhabenheit. aber das tut er nur um es dann zu zerschlagen. denn er
hat nicht nur den glauben daran verloren, ihm erscheint dies ideal un-
zulänglich, unsittlich: er will es bekämpfen. der glaube an den eingebornen menschenadel, der aus eigener kraft das gute kann, sich mit
eigener faust den himmel erstreitet, der glaube an die menschliche αὐ-

τάρκεια ist für ihn ein wahn. der mensch ist schwach, glaubt Euripides. er weifs nicht das gute, und wenn er's weifs, wird des fleisches schwäche ihn das gute nicht vollbringen lassen. und die Heraklessage zeigt den menschen vollends nur als den mann der tat, der gewaltsamen blutigen: Euripides kennt eine höhere sittlichkeit, und er weifs, dafs die dorische mannestugend, die ἀρετά und εὐγένεια des θρασυμήχανος an sie nicht heranreicht. Euripides bekennt wie Leo Tolstoi μισεῖ ὁ θεὸς τὴν βίαν: gewalt wird frieden nicht schaffen, am wenigsten im eigenen herzen. er nimmt deshalb die ganze gröfse des Herakles der sage nur auf, um ihre unzulänglichkeit zu zeigen, den allsieger selbst zu einem bilde der menschlichen sündhaftigkeit und schwäche zu machen. dazu schien ihm der kindermord eine handhabe zu bieten. aber er hat ihn nicht nur äufserlich zu einem exempel benutzt, er hat vielmehr selbst die schickung Heras, die eine begründung des wahnsinns gewesen war, um Herakles die verantwortung für die bluttat zu nehmen, zu einem äufser-lichen mittel der veranschaulichung gemacht: die tat aber ist eine folge der herakleischen eignen natur geworden. das dorische mannesideal beruht auf einer ungeheuren überschätzung der menschengröfse: die führt nicht in den himmel, die führt zum gröfsenwahnsinn. das bedeutet die neuerung des Euripides, dafs Herakles seine kinder erschlägt, gerade als seine lebensaufgabe erfüllt ist, oder wie Herakles selbst es bitter be-zeichnet, dafs diese tat sein dreizehnter ἆθλος ist. die tiefste erniedrigung ist an die stelle der verklärung getreten, mit der der Dodekathlos schlofs. trotz der verzerrenden ausführung mufs man Seneca zugestehen, dafs er für die tendenz der euripideischen dichtung die richtige empfindung ge-habt hat, wenn er seine Iuno fürchten läfst, dafs Herakles seiner dienst-barkeit ledig wird gott werden wollen. auch Euripides stellt uns sinnfällig die frage, was wird der καλλίνικος tun, wenn er nichts mehr zu bezwingen hat. so lange ihn die aufgabe seines lebens von arbeit zu arbeit rief, blieb er sittlich, hielten ihn die schranken der menschheit. jetzt gibt es nichts mehr zu bezwingen, jetzt ist er frei. wie wird er die freiheit benutzen? wir sehen es. die welt hat er überwunden: nur einer ist noch übrig, er selbst: dem erliegt er. da er sich von dem letzten gerecht vergossenen blute reinigen will, schrickt er zurück. der blutdunst, in dem er sein leben lang gewandelt ist, hat seinen sinn umnachtet, er kann aufser ihm nicht leben. hervorbricht ein wilder hafs, zunächst gegen den auftraggeber, dessen joch er nun doch los ist, her-vorbricht eine grenzenlose eitelkeit, die sich selbst zum sieger ausruft, eine sinnlose zerstörungslust, die Mykenes mauern aus den fugen reifsen

will: er ruht nicht, bis er wieder blut vergiefst, sein eigenes blut. so
rast er bis zur physischen erschöpfung. und keinesweges ist der aus-
bruch der raserei in seinem character unvorbereitet. als er die gefahr
der seinen erfahren hat, flammt er ebenso in jähem sinnlosem zorne
auf, will ganz Theben zusammenschlagen und würde ohne die besonnen-
heit seines vaters durch diese hitze seinen ganzen anschlag gefährdet
haben. nicht minder verstockt er sich in eitlem trotze, als er seiner
untat inne geworden ist; nicht mitleid, trauer, tränen hat er, er lästert
die götter, er weidet sich an seinen heldentaten, er will sterben trotz
den göttern, αὐθαδίᾳ. sein verbrechen kommt aus derselben wurzel
seines wesens wie seine heldengröfse: die welt zu bezwingen, die welt in
trümmer zu schlagen reicht die dorische ἀρετά vielleicht aus. aber sie
ist nicht göttlich, weil sie nicht menschlich ist. erst der mensch, der
sich seiner schwäche bewufst ist, wird den wahren menschenadel zu üben
stark genug sein, sich selbst zu bezwingen und sich zu bescheiden.

Das ist es, wozu Theseus, nicht der held, sondern der mensch und
seine liebe eingeführt wird. des freundes bedarf Herakles, auf den er
sich stütze, der ihm die last des lebens tragen helfe. die liebe scheut
sich nicht vor der befleckung menschlicher sünde, sie weifs dafs der fluch
nicht ansteckt, und vor der reinen menschenliebe weichen die Erinyen,
die das verstockte herz bewohnen: diese entsühnung ist es, welche Theseus
dem Herakles bietet, darum preist dieser in seinem letzten worte den wert
dieser freundesliebe, an der Amphitryon (55) und Megara (559) verzweifelt hatten. und diese liebe hat sich Herakles verschafft durch eine
tat, die ihm kein schicksal und kein Eurystheus auftrug, durch eine tat
freiwilliger hingabe, darum die einzige, an die er auch in tiefster verbitterung gerne gedenkt (1235)[24]. die menschheit hat ihre eigene unzulänglichkeit einsehen gelernt in bittersten erfahrungen, darum genügt
ihr die Heraklesreligion nicht mehr: aber sie hat auch die himmlische
kraft erkennen gelernt, mit welcher sie die wunden lindern kann, die
sie sich selbst in ihrer überhebung schlägt: die kraft der liebe.

Aber diese hoffnungsfreudigen töne sind nicht die einzigen, in die
das drama ausklingt, ja es sind nicht die welche am meisten ins ohr
fallen; der dichter schlägt sie an, ahnungsvoll mehr und in ein anderes
reich des empfindungslebens weisend, als dem sein held und die helden
seines volkes angehören. es ist ja nicht der appell der freundschaft,

24) So fällt auch starkes licht auf das wort des Herakles und des chores, dafs
die rettung der kinder eine freiwillige tat ist (583): nur das ἑκούσιον kann etwas
sittliches sein.

dem sich Herakles ergibt: er nimmt die kraft des letzten entschlusses wenigstens scheinbar aus eigner seele. Euripides wollte Herakles als ideal der selbstgenügenden menschenkraft trotz alledem darstellen, nur nicht das der archaischen, sondern das der sophistenzeit. darin liegt eine gewisse incongruenz, eine schädigung des wunderbaren freundschaftsmotivs, gewifs: aber darin liegt zugleich die tiefste offenbarung seines eigenen glaubens. Herakles der sohn des Zeus, den Hera verfolgt, Hera und ihre eifersucht, die ganze bunte götterwelt und die heldensage, das ist ja alles nicht wahr, das ist ja nichts als eine gotteslästerliche erfindung der dichter. wenn es eine gottheit gibt, so darf ihr nichts von menschenähnlichkeit und beschränktheit anhaften. so schlägt Herakles mit den waffen des Xenophanes die ganze schöne welt in trümmer. seine eigenen gotteslästerungen fallen damit freilich hin: aber um so entsetzlicher lastet auf ihm der fluch seiner eigenen menschlichen sünde. und ob es einen solchen sittlichen gott gibt, darauf erfolgt keine antwort. das ist antwort genug: der helle jubelruf über die göttliche gerechtigkeit, den der chor vorher erhoben hat (772), gehört nicht nur dem teile des dramas an, der die voraussetzungen der mythen fest hielt, er ist sofort durch Iris und Lyssa lügen gestraft. nein, Herakles lehrt uns etwas anderes: 'elend' ist das stichwort seiner letzten rede. das leben ist auf seinen wert hin geprüft und hat die probe schlecht bestanden: so urteilte im angesicht des todes auch Amphitryon (502). aber der schlofs daraus was die menge schliefst, geniefse das heut: Herakles sieht tiefer. das leben an sich ist ihm kein genufs, sondern eine qual. und dennoch lebt er weiter, trägt er dies sclaventum selbst und bittet die seinen, ihm tragen zu helfen. den selbstmord verwirft er ganz ausdrücklich. so nimmt der dichter auch zu der oetäischen sage stellung, die ihm diesen abschlufs bequem darbot, etwa wie ihn die Kyniker gefafst haben. er stand höher, wahrlich nicht, weil ihm das leben allzu lieb gewesen wäre; darüber ist schon seine Megara (111) erhaben. o nein, zu leben ist unendlich schwerer als das leben fortzuwerfen: aber das ist menschenadel und menschenmut, den schritt der feigheit nicht zu tun. so überwindet der weltenüberwinder sich selbst; aber ach, wozu? dem elend und der schwachheit des daseins fest und ohne illusion ins auge zu schauen, und zu sprechen: ich trag' es dennoch[25]).

---

25) In Georg Forsters briefen aus Paris findet sich dieselbe gesinnung wieder, die Herakles und Euripides hier äufsern: und vielleicht hilft diese äuferung der verzweiflung dem leser am besten dazu, den tiefen schauder nachzuempfinden, den Euripides erwecken will, aber erst erweckt, wenn man durch die hülle der stilisirung

Schopenhauer hat ja wol in der tragödie die predigt des pessimismus gehört, unfähig, wie die philosophen meistens sind, zu würdigen, daſs die poesie und zumal ihre älteste und machtvollste erscheinungsform, die sage, ein vollbild der in einer bestimmten zeit und cultur vorhandenen stimmungen und weltanschauungen gibt, also jederzeit optimistisch und pessimistisch zugleich ist. aber der Herakles des Euripides in dieser seiner letzten und bedeutsamsten rede ist allerdings eine erschütternde predigt von menschenschwäche und weltelend. sehr verbreitet und eben wieder aus der wurzel philosophischer abstraction erwachsen ist das bestreben, eine jede tragödie auf die formel einer ʽgrundideeʼ zurückzuführen. das ist nun wol nichts als eine der formen des verderblichen irrtums das fabula docet für älter als die fabel zu halten, des irrtums, die sage zu vergessen, im drama speciell irgend einer toten formel nachzujagen, statt in der handlung, dem μῦθος, die hauptsache zu sehen und in der dramatisirung eines μῦθος die tätigkeit des dichters zu begreifen. vor diesem irrtum sollte doch wahrlich Aristoteles jeden bewahren. aber es ist für manchen vielleicht verführerisch, in dieser pessimistischen rede die tendenz des Euripides offenbart zu sehen; ein anderer möchte geneigt sein, die sprüche von der freundschaft gewissermaſsen als leitmotiv zu verfolgen. vor allen solchen misgriffen bewahrt, abgesehen davon, daſs keine einzelne solche formel die tiefe des ganzen dramas erschöpft, die erkenntnis, daſs die sage und der dichter als individuum in seinem verhältnis zu ihr, wie er ihr folgt und von ihr abweicht, das verständnis erst aller einzelnheiten, dann des ganzen liefert. das ist freilich schwerer zu erlangen, als wenn man sich eine formel aus dem vorliegenden drama destillirt, und es wird sich in ein kurzes schlagwort nicht zusammenfassen lassen. die Heraklessage hat Euripides in sich aufgenommen, sie hat er aus seinem geiste neugeboren, nicht die vereinzelte geschichte vom kindermorde, sondern den innersten gehalt der ganzen sage. mit gewalt-

---

hindurch dringt ʺfür mich kann weiter nichts mehr sein als arbeit und mühe — um was? um elende selbsterhaltung in einem genuſs- und freudeleeren dasein. hundertmal habe ich nun schon erfahren, daſs es gröſser ist zu leben als zu sterben. jeder elende hund kann sterben. aber wenn hernach der teufel — oder wer ist der schadenfrohe zähnefletschende geist in uns, der so einzusprechen pflegt? — wenn der fragt, was ist dir nun die gröſse? bist du nicht ein eitler narr, dich für besser als andere zu halten? o mein gott, da versink' ich in meinem staub, nehme meine bürde auf mich und denke nichts mehr als: du muſst, bis du nicht mehr kannst. dann hat's von selbst ein ende.ʺ sechs wochen darauf ist Forster gestorben. (Iulian Schmidt gesch. d. deutschen litt. III 217.)

tätiger, man mag sagen, pietätloser hand hat er zerschlagen, was seiner
weltanschauung nicht genügte, in anderem wieder ist die sage stärker
gewesen als er. ganz individuelles hat er eingemischt, ganz conventio-
nelles hat er beibehalten.

Ohne zweifel ist dabei ein werk herausgekommen, das nur immer
mehr disharmonien zeigt, je tiefer man in seinen geist eindringt, und es
wird naturen geben, die niemals die unbehaglichkeit überwinden
können, die solche tief innerlichen widersprüche bereiten. man mag vielleicht die dichter und die zeiten glücklich preisen, die eine volle harmonie
erreichten oder zu erreichen schienen, sich und uns. die ehrlichkeit und
energie des dichters wird bei keiner vergleichung verlieren, der den zwie-
spalt, den er in der welt und der sage und in sich empfindet, auszusprechen und zu verkörpern wagt. aber glücklich war er gewiß nicht.
die disharmonie seiner Heraklestragoedie ist ein abbild der disharmonie,
die für seine überzeugung zwischen der Heraklessage und der reinen
sittlichkeit, zwischen dem mythos und der ächten religion oder philosophie vorhanden war.

Der dichter
in seinem
werke. Diese seine überzeugung aber ist ein abbild von der disharmonie
in seiner eignen seele. seine poesie, der er sein arbeitsames leben wid-
mete, lebte in der welt des schönen scheines der sage, derselben welt, die
seine sophistik zerstörte oder verneinte. und er dichtete dennoch weiter.
unaufhörlich verkehrte er mit den gebilden der sage, schuf er solche
gebilde, und es waren doch alles für ihn nur ἀοιδῶν δύστηνοι λόγοι.
auch diese überzeugung verleugnete er niemals, mochte sie ihm auch den
äußerlichen erfolg zumeist verkümmern. dieses werk, auf das er so viel
fleiß und liebe verwandt hatte, dem er mit dem eigenen herzblute leben
gegeben hatte, trägt denn auch nicht nur unter der dramatischen hülle
sein sophistisches bekenntnis verborgen, sondern er hat sich nicht gescheut
das gelöbnis, trotz allem fortzuleben und fortzudichten, seinem lebenswerke treu zu bleiben wie sein heros, dem chore geradezu in den mund
zu legen. οὐ παύσομαι τὰς Χάριτας Μούσαις συγκαταμειγνὺς ἁδίσταν συζυγίαν· ἔτι τοι γέρων ἀοιδὸς κελαδεῖ Μναμοσύναν. so
singt der chor unmittelbar nach der klage, daß dem guten menschen
nicht zum lohne für sein streben ein doppeltes leben gegönnt sei. kein
fühlender leser kann verkennen, daß diese gedankenreihe dem chore im
eigentlichen sinne nicht gehört, weder den thebanischen greisen noch
den attischen choreuten. das ist so gut individuell euripideisch wie alle
betrachtungen der pindarischen chöre. es ist ein selbstbekenntnis des
Euripides, es ist sein ἐγκαρτερήσω βίοτον. wer ihn lieb gewonnen und

an seiner sphaere lang gesogen hat, dem ist es der schlüssel zu der
tätigkeit seines greisenalters. die sophistik, die neue verständige weltanschauung hatte ihm früh den glauben genommen; es mag sein, dafs
die mystik ihn in der jugend eine weile angezogen hat, aber er hat mit
leidenschaftlichem hasse ihre ketten abgeworfen. bittere lebenserfahrungen,
zu denen gewifs auch der geringe äufsere erfolg gehörte, sind dann
irgend wann einmal dazugetreten; er sah im leben hinfort nur noch eine
sclaverei der τύχη. da hat er sich die frage vorgelegt, wozu noch
dichten, noch leben, noch leiden? aber er fühlte sich in der macht der
Muse, die kraft des dichterberufes in seiner seele, der erhabene vorzug,
sagen zu können, was er litt, blieb ihm treu, mochte ihn sonst alles
verlassen: er hielt aus. wer so redet, wie er in diesem chorliede, der
hat um einen entschlufs mit sich gekämpft; nun ist er im reinen mit
sich. es ist uns vergönnt, die tätigkeit des greises Euripides weit besser
zu übersehen als seine jugend. sie stimmt zu dem was man nach diesem
gelöbnis erwarten kann. eine fieberhafte hast, eine trostlose, friedlose,
götter und menschen, güter und genüsse verachtende stimmung und daneben eine schaffenskraft und kühnheit, ein unermüdliches haschen nach
neuen aufgaben und neuen lösungen, eine immer junge empfänglichkeit
für all das neue, gutes und arges, das um ihn aufkommt — man kann
sich nicht genug tun, um die menschenseele zu schildern, der es möglich war, die reihe widerspruchsvoller werke zu schaffen. die troische
tetralogie beginnt diese reihe. da erscheint die heldenwelt Homers in ent-
gegengesetzter beleuchtung. Ilios wirft sich trotz den warnungen der
seherin dem verführerisch schönen Alexandros in die arme, dem feuer-
brande, der Asien und Europa verzehren wird. die Achaeer morden die
weise nachtigall der Musen, die ränke des Odysseus und die lüste des
Agamemnon triumphiren, in blut und brand versinkt Ilios, die götter aber,
die den Achaeern die treusten beschützer waren, ziehen ihre hand von
ihnen ab: ja Athena wird selbst die blitze in die abfahrende flotte
schleudern. diese dramenreihe, aufgeführt 415, ist die absage an die
vaterstadt. dann kommen gewagte versuche, ein intriguenstück, das sich
stark nach dem lustspiele neigt, die Helena, phantastisch sentimentale
rührstücke, Hypsipyle und Andromeda, aulische Iphigeneia. wieder grelle
umdichtung altgeheiligter sage, Elektra, Oedipus, Orestes, eine häufung
alter motive zu einem grofsen schauergemälde, Phoenissen. mitten zwischen
solchen scenen eine verherrlichung des ϑεωρητικὸς βίος, Antiope, endlich die Bakchen, eine darstellung der wilden geister, die ihn in dem
rasenden taumel hielten, und von denen er sich in der neuen umgebung

los zu machen suchte, indem er sie verkörperte[26]). da war ihm zu mute, als wäre er im hafen — aber es war nur das grab. der innere friede war für den dichter verloren; er hat auch kein werk mehr hervorgebracht, das uns auch nur in dem maſse befriedigen könnte, wie es selbst der Herakles noch kann. aber sich und den Musen ist er treu geblieben.

Datirung des werkes.   Damit ist gesagt, daſs Euripides den Herakles vor der troischen trilogie gedichtet hat, nicht allzulange, da er sich doch selbst einen greis nennt. wir sind aber auch in der lage, einen zeitpunkt anzugeben, nach dem das drama fallen muſs, das jahr 421, in dem er den Erechtheus und die Hiketiden zur aufführung brachte[27]). in diesen dramen finden sich gerade zu den bezeichnendsten äuſserungen des Herakles parallelen. auch der chor des Erechtheus (369) wünscht sich als lohn des sieges das haar zu bekränzen und zwar nicht zu dichten, aber die werke der weisen zu lesen. und die Hiketiden enthalten auch die sehnsucht nach einem doppelten leben, einfacher als der Herakles, um die fehler des ersten vermeiden zu können. und doch weht in den beiden patriotischen dramen ein ganz anderer geist — es erfordert eine besondere darlegung genau zu zeigen was sie sind, das erste ein patriotischer προτρεπτικός, das andere ein ἐπιτάφιος. Euripides trat in ihnen als tragischer concurrent der ῥήτορες auf, sowol der sophistischen redner wie der staatsmänner. nicht um für die partei des Nikias oder des Alkibiades zu werben, obgleich er sich mit beiden berührt, sondern als σύμβουλος

---

26) Dies der sinn der Bakchen. es kann niemand den Euripides ärger verkennen, als wenn er in ihnen eine bekehrung zum glauben der alten weiber sieht. Teiresias ist mit nichten der träger seiner ideen, und Dionysos, der so grausam an Pentheus sich rächt, ist mit nichten sein gott. er dramatisirt diesen mythos, führt die in ihm liegenden conflicte durch: ihm gehört nur die stimmung an, das gefühl des friedens nach den orgien und durch die orgien. vgl. jetzt die einleitung von E. Bruhn.

27) Die von Böckh und Hermann beliebte datirung der Hiketiden auf 420 ist aus vielen gründen ganz undenkbar, und den Erechtheus, der von ihnen nicht wol getrennt werden kann, erwähnt unsere überlieferung schon 421. die wolüberlegten ausführungen von G. Lugge (programm von Münster 1887) kommen zu einem ergebnis, das schon darum nicht richtig sein kann, weil es allzu complicirt ist. ich bin im stande, das schöne viel zu wenig gewürdigte festspiel zu erläutern, wo dann an dem datum kein zweifel bleibt. hoffentlich finde ich zu der niederschrift einmal zeit. der gedanke, den Herakles selbst zwischen Erechtheus und Hiketiden zu rücken, hätte nicht ausgesprochen werden sollen, ganz abgesehen von dem gegensatze der stimmung in beiden werken. denn selbst wenn man die beiden Theseus neben einander ertragen wollte: der könig Kreon in den Hiketiden und der könig Kreon im Herakles vertragen sich nicht.

seines volkes rät er zum frieden, sucht er den anschlufs an Argos und
nimmt er zu den parteien in Athen stellung. nicht genug aber, dafs
seine ganze dichtung lust und mut zum leben zeigt, aus sich selbst sagt
er (Hik. 180), dafs der dichter freude im herzen tragen müsse um er-
freuliches zu schaffen. das ist das gerade gegenteil der stimmung, die
der Herakles und alle späteren dramen zeigen. eine weitere folge ist,
dafs Euripides die für seine weltanschauung entscheidende bittere erfahrung zwischen 421 und 415 gemacht hat. der herold der athenischen
gröfse prophezeit nun seinem staate den untergang. wir können nur
eine äufserung von ihm in der zwischenzeit datiren: im herbste 420[28])
hat er dem Alkibiades das festlied auf seinen olympischen sieg gemacht. es liegt nahe, die enttäuschung, die dieser daemonisch geniale
mann so vielen der besten in seinem volke gebracht hat, auch für die
verbitterung des Euripides verantwortlich zu machen. das schlufswort
des Herakles erhielte dann, wenn auch wider des dichters bewufste absicht, eine tiefe bedeutung: στείχομεν οἰκτροὶ καὶ πολύκλαυτοι, τὰ
μέγιστα ᾿φίλων ὀλέσαντες. doch das mufs für immer im dunkel
bleiben: dafs der Herakles zwischen Hiketiden und Troerinnen gedichtet ist, kann mit ziemlich starker zuversicht behauptet werden.

Wir haben bisher nur das werk selbst im auge gehabt und aus
ihm selbst seine entstehungszeit erschlossen, und haben dabei zwischen
der zeit der conception und der geburt des gedichtes, seiner aufführung,
keinen unterschied gemacht. selbst wenn uns die schätze der bibliothek
von Alexandreia zu gebote stünden, würden wir keine dokumente finden,
die uns über das werden und wachsen des kunstwerkes in der werk-
statt des dichters unterrichteten. aber die aufführungszeit, die übrigen
dramen der trilogie, die concurrenten und den erfolg der tragoedie fand
der antike leser ganz bequem auf grund der dionysischen urkunden in
seinem textexemplare verzeichnet, dank der praktischen philologie des
Aristophanes von Byzanz. in unsern handschriften sind sie infolge der
indolenz einer zeit, die mit solchen schätzen nichts mehr anzufangen
wufste, fortgefallen. ist es nun aber nicht voreilig und nur die folge

---

28) Die olympiade des berühmten sieges ist nicht überliefert, und es läfst sich
für 420 und 416 manches sagen. die allgemeinen politischen verhältnisse haben
Grote auf den früheren ansatz geführt, und es ist mindestens so viel zu sagen, dafs
dieser moment für eine solche demonstration des gerade zur macht gelangten neuen
Perikles vortrefflich pafst. dafs Euripides noch 416, nach der katastrophe von Melos,
für Alkibiades zu haben gewesen wäre, ist zudem kaum glaublich. damals dichtete
er schon an der troischen trilogie.

unserer armut, dafs wir entstehungszeit und aufführung bei den dramen
so gut wie gleich setzen? ohne zweifel entgeht uns manches höchst
merkwürdige, aber im ganzen dürfen wir uns dabei beruhigen. wenn
die werke so mühsam in wiederholten ansätzen zu stande gekommen
wären wie Egmont und Carlos, so würden sie ähnliche inconsequenzen
der handlung oder des stiles zeigen. das altertum stellt uns auf anderen
gebieten ja ganz ähnliche probleme, auf die uns fast immer nur der
zustand der vorliegenden werke geführt hat. die bücher des Herodotos
und Thukydides, die Gesetze des. Platon, fast alle werke Xenophons,
mehrere reden des Demosthenes könnten ganz nur verstanden werden,
wenn wir ihre entstehungsgeschichte verfolgen könnten, die wir nun
rückschliefsend aus dem vorliegenden zustande aufzuhellen suchen. das
sind probleme gerade so wichtig und gerade so endlos wie im Homer
und im Faust. aber davon zeigen die dramen nichts, oder vielmehr in
den wenigen vergleichbaren fällen ist das eingreifen einer fremden hand
wahrscheinlich gemacht. die erklärung für diese erfreuliche tatsache ist
dieselbe, die wir zur entschuldigung der vereinzelten flüchtigkeiten gelten
lassen müssen, die sich auch bei Euripides nicht leugnen lassen, es ist
die ungemeine fruchtbarkeit der dichter. müssen wir doch rechnen, dafs
sie, auf der höhe ihres schaffens alljährlich vier dramen fertig stellten[29]).
das schliefst natürlich nicht aus, dafs der zeugungskräftige gedanke, der
aus einem sagenstoffe eine tragoedie macht, längst in dem bewufstsein
des dichters vorhanden war, ehe er dazu kam ihn auszuführen. aber
das verschlägt wenig, wenn das werk aus einem gusse ist[30]). und wenn
es fertig war, so fand sich, wenigstens seit die dichter zu ansehen gelangt waren, die dem dichter im voraus bekannte gelegenheit zur auf-

---

29) Es ist belehrend die komödie zu vergleichen. die Wolken zeigen, wie der
dichter ein par jahre lang sich damit abmüht, ein verfehltes werk umzuarbeiten,
und es schliefslich doch liegen läfst. die politischen komödien gestatten sehr oft die
zeit der conception ganz genau zu fassen und häufig, z. b. in Acharnern Wespen
(vgl. Aristot. u. Ath. II 244) Frieden Fröschen, kann man den recht läfslich schal-
tenden dichter bei seinem hastigen geschäfte gut verfolgen. er war lange nicht so
fleifsig wie die tragiker. die antiken philologen haben bei ihm mit dem phantom
einer überarbeitung nicht gespielt; alles was die modernen davon gefabelt haben,
sind torheiten. bei Euripides gibt es ein par antike und viele moderne misgriffe,
von denen man mit recht abzusehen gewohnt ist.

30) Es steht fest, dafs Lessing den stoff der Emilia schon als jüngling in angriff
genommen hat; Goethe hat die Wahlverwandtschaften mehr als ein menschenalter
früher concipirt, als sie geschrieben sind: das sind für die beurteilung der dichter
sehr wertvolle tatsachen, aber für die gedichte haben sie geringe bedeutung, denn
diese sind in sich vollkommen einheitlich.

führung, auf die er demnach ebenso wie auf die begabung und neigung
seiner schauspieler in ruhe jede rücksicht nehmen konnte, die ihm beliebte. wir sind somit wol berechtigt, jede tragoedie als eine wirkliche
einheit zu betrachten und abfassung und aufführung praktisch gleich zu
setzen.

Da der Herakles sich selbst auf eine kurze spanne von jahren
datirt, so werden wir nichts neues lernen, wenn wir seine entstehungszeit nun mit anderen mitteln zu bestimmen versuchen. aber bestätigung
werden wir erlangen, und es wird auch einiges für sein verständnis und
seine würdigung abfallen.

Der spott der komoedie hat den Herakles verschont[31]), so daß wir Äußere in-
dicien für
die ab-
fassungszeit.
aus ihr keine zeitbestimmung gewinnen. aber Euripides selbst hat in
seinem Orestes die eigne scene nachgebildet, in der der kranke Herakles
in schwerem schlafe liegt[32]); die schlußscenen der Antiope, die jüngst
entdeckt sind, zeigen sowol in der rede, mit der die zwillinge den beistand ihres göttlichen vaters erbitten, wie in der ermordungsscene des
Lykos eine ziemlich schwache copie der ähnlichen scenen des Herakles[33]).
auch in der Andromeda ist ein anklang an eine stelle des Herakles
wahrscheinlich gemacht[34]). damit gewinnen wir 412 als terminus ante
quem. das will wenig bedeuten; wichtig aber ist, daß dem dichter
dieses drama sehr lebhaft im gedächtnisse haften blieb; an Medeia und
Hippolytos kann man ähnliches beobachten. er wußte wol, die eignen
gedichte zu schätzen. wichtig an sich ist, daß die Trachinierinnen des
Sophokles nicht nur deutliche anklänge an den Herakles enthalten,
sondern geradezu durch ihn angeregt sind. aber urkundlich ist auch
dieses drama nicht datirt, und wenn auch formale kriterien und ein
par andere anklänge bestätigend zutreten, so ergibt doch gerade das
verhältnis zu Euripides die wichtigste zeitliche relation.

Eine vergleichung mit älteren dramen läßt sich mit erfolg nicht
anstellen. Herakles war eben ernsthaft überhaupt noch nicht auf die

---

31) Zu Frö. 564 καὶ τὸ ξίφος γ' ἐσπᾶτο μαίνεσθαι δοκῶν sagt der scholiast
καὶ παρ' Εὐριπίδῃ μαινόμενος Ἡρακλῆς καὶ σπῶν τὸ ξίφος, πρὸς τοῦτο οὖν παίζει.
an eine anspielung ist nicht zu denken; aber auch die angabe ist falsch, da der
euripideische Herakles gar kein schwert hat. also liegt es nahe an den Peirithoos
zu denken, der im Hades spielte.

32) Vgl. zu der sechsten gesangnummer.

33) Vgl. zu v. 337 und 701.

34) Aristoph. Thesm. 1116 nach Her. 1094. vgl. die besonnene behandlung bei
W. Lange de Ar. Thesm. (Göttingen 91) 15.

bühne gebracht, geschweige diese geschichte[35]). und wenn die anspielungen
auf den Taphierzug des Amphitryon nahe legen, die Alkmene des Euripides für älter als den Herakles zu halten[36]), so ist das ein weiterer
schluſs: an sich ist jene tragoedie nicht datirt. die übrigen personen
sind nicht dazu angetan, irgend etwas zu erschlieſsen. nur der bote ist
ganz conventionell gehalten, kommt zum chore oder vielmehr zum publicum, hält seine rede und geht wieder ab, ohne daſs irgend etwas dafür
getan wäre, sein kommen oder gehen zu motiviren. das ist manier,
wie sie erst die letzte periode des dichters zeigt. auch daſs vor und
nach dem botenberichte gesangstücke stehen, kehrt nur in Phoenissen
und Bakchen wieder. aber hier ist der chor so erregt, daſs er zum reden
überhaupt keine fassung hat. das ist besonders, aber es ist berechtigt;
ist doch auch die einführung einer göttererscheinung mitten im stücke
singulär, für uns nämlich, die wir überwiegend dramen aus der letzten
zeit der tragoedie haben. die aischyleische wird davon mehr enthalten
haben, wie eben Lyssa selbst bei ihm vorkam, und es wäre seltsam,
wenn Sophokles und Euripides in ihrer jugend nicht noch viel mehr
der alten weise gefolgt wären. mit einem hauptmotive, dem wahnsinn,
können wir leider keine vergleichung anstellen, die ganz ohne frage viel
lehren würde. denn dazu müſsten wir ältere darstellungen wahnsinniger
besitzen[37]), namentlich Alkmeon und noch mehr Athamas, der seine
söhne tötet. ihn hatten alle drei tragiker auf die bühne gebracht. die
wirkungsvolle erfindung, auf die raserei schlaf folgen zu lassen und den
schlafenden selbst auf die bühne zu bringen, sehen wir jetzt nur noch
in Trachinierinnen und Orestes, wo die nachahmung des Herakles am
tage liegt; aber auch in der Eriphyle des Sophokles, deren zeit ganz
unbekannt ist, schlief Alkmeon auf der bühne[38]). wir müssen uns

35) Wenn Philodem *de relig.* 36 einen Ἡρακλῆς μανίᾳ κατάσχετος von Sophokles erwähnt, was Nauck als fgm. 741 aufgenommen hat, so geht das auf
Trach. 999.

36) Vgl. zu v. 1078. eine parodie der Alkmene in den Fröschen datirt sie
nicht. was in Sophokles Amphitryon vorkam, ist ganz unbekannt.

37) Die hübsche dissertation von H. Harries, *tragici Graeci qua arte in
describenda insania usi sint* (Kiel 91) zeigt vortrefflich, wie Aischylos den wahnsinnigen seines leidens bewuſst einführt, so daſs er in schönen bildern sagt 'ich rase',
daſs er aber realistische wiedergabe weder geben kann noch mag, während Euripides
so genau den pathologischen erscheinungen folgt, daſs er den vergleich mit den
medicinern aushält.

38) Fgm. 198 von Nauck verbessert, ἀπελθε, κινεῖς (ἐκείνης die handschrift)
ὕπνον ἰατρὸν κακῶν, schon von dem schriftsteller περὶ κλοπῶν, dem Clemens die
stelle verdankt, mit der scene des euripideischen Orestes verglichen.

schon eingestehen, dafs wir zu arm sind, um aufser in einzelnen glücks-
fällen viel mit der vergleichung der motive erreichen zu können[39]).
Nicht viel mehr gewinnen wir durch die beabsichtigten oder un-
willkürlichen anspielungen auf zeitgenössische zustände und ereignisse,
die man im Herakles gefunden hat. eine bewufste und für das verständnis des publicums berechnete abschweifung vom stoffe ist der streit
zwischen Lykos und Amphitryon über den wert des bogenschützen,
ψόγος und ἔπαινος τοξότου, wie die handschrift am rande bemerkt.
der stoff führte allerdings auf diese streitfrage hin. denn die überlieferte
figur des bogenschützen Herakles stritt nicht nur mit den ehrbegriffen
der dorischen adlichen und der gesellschaft, für welche sie den ton angaben[40]): die freiheitskriege waren dem volke als der sieg des hellenischen
speeres über die asiatischen pfeile erschienen[41]), und in Athen war durch
den zufälligen umstand, dafs die mit der fernwaffe ausgerüsteten polizei-
mannschaften meistens staatssclaven nordischer herkunft waren, die verächtliche gleichsetzung des τοξότης mit dem Σκύϑης entstanden. somit
konnte Euripides allerdings durch seinen stoff darauf geführt werden,
Herakles wider die herabsetzung des schützen verteidigen zu lassen, und
leicht mochte ihn seine neigung für sophistischen redekampf dazu verlocken, dieses thema breiter zu behandeln als für die poesie zuträglich
war. aber er hat viel mehr getan. er läfst den vertreter der guten
sache geradezu aussprechen, dafs der schütze den zweck des krieges,
vernichtung des gegners mit möglichst geringem eigenem verluste, besser
erreicht als der hoplit, zumal dieser lediglich durch die schuld seines
nebenmannes im gliede zu grunde geht, wenn sich nämlich die schlacht-
reihe löst. das fällt gänzlich aus dem rahmen der tragödie heraus; es

39) So ist die taurische Iphigeneia als eine vorstufe zu der Helene erkannt
worden. das motiv des jungfrauenopfers sehen wir durch Herakleiden Hekabe Erechtheus (daneben als episode auf Menoikeus übertragen) bis zur aulischen Iphigeneia
ausgebildet. die Troerinnen setzen Andromache und Hekabe voraus, diese wieder
die Polyxene des Sophokles. von den berühmten Pelopiden- und Labdakidenfabeln
zu schweigen.

40) Vgl. oben s. 44. die ehrbegriffe der archaischen zeit sprechen am eindring-
lichsten die gedichte des Tyrtaios aus, die sich aber von denen des ionischen epos
nicht weit entfernen. τοξότα λωβητήρ wird schon Alexandros gescholten (Δ 386). für
die attische vorstellung ist besonders Soph. Aias 1120 bezeichnend, nicht lange vor
Eurip. Her. gedichtet.

41) Diese anschauungen stehen in unmittelbarem zusammenhange mit den eben
bezeichneten epischen. zeugnisse der grofsen zeit z. b. Aisch. Pers. 85, Herodot V 97,
pseudosimonideische epigramme 105, 106 Bgk. später besonders schön Aristoteles
im epigramm auf Hermeias.

findet aber in der geschichte des archidamischen krieges sein lebens-
vollstes gegenbild. Athen hat seine schwerste niederlage, bei Delion,
eben dadurch erlitten, daſs die hoplitenphalanx geworfen ward, und ihr
rückzug durch keine leichte infanterie gedeckt war. den schönsten erfolg aber hatte leichte infanterie bei Sphakteria über die stolzen spartiatischen hopliten erfochten. man hat auch mit recht aus der kriegs-
geschichte geschlossen, daſs der tüchtigste feldherr der zeit, Demosthenes
von Aphidna, sich die ausbildung und verwendung leichter infanterie besonders hat angelegen sein lassen⁴²), ein vorläufer des Iphikrates, dessen
peltasten später die lakedaimonische mora überwunden haben. diese ver-
änderte wertschätzung der schützen spricht auch aus der euripideischen
debatte, die nur durch sie verständlich wird. dies wesentlichste ist
damit erreicht: für die verletzung unseres künstlerischen empfindens
werden wir dadurch entschädigt, daſs wir sehen, wie der dichter aus dem
vollen leben schöpft. was vor zeitlos absoluter kritik nicht besteht, gewinnt für die geschichtliche betrachtung einen besonderen wert, und wir
hören auf, den dichter zu schelten, wenn wir uns vorstellen, wie laut
der beifall der anhänger des Demosthenes geklungen haben wird; hätten
sie nur auch die majorität in der volksversammlung gehabt. aber ein
festes chronologisches indicium gewinnen wir damit noch nicht; nur so
viel mögen wir sagen, daſs seit der alles interesse auf sich ziehenden
sicilischen expedition und gar während des folgenden seekrieges kein
raum mehr für diese debatten war, während die nächsten jahre nach
Sphakteria und Delion die angemessensten scheinen. aber selbst so
bleibt mindestens der spielraum 423—416.

Eine andere zeitbestimmung hat man darin finden wollen, daſs der
chor v. 687 den paean erwähnt, den die *Δηλιάδες* dem Apollon singen.
derselben tut auch der chor der Hekabe erwähnung, 463; die troischen
gefangenen erwarten *σὺν Δηλιάσιν κούραις* die heiligen erinnerungen
der insel verherrlichen zu sollen: es waren also zu diesem dienste auſser
den delischen mädchen auch hierodulen herangezogen⁴³). nun hat man

---

42) Die schrift vom staate der Athener (nicht lange vor 425 verfaſst) gibt die
unzulänglichkeit der attischen hoplitenmacht zu, aber den mangel an leichter infanterie berücksichtigt sie noch nicht.

43) Für die spätere zeit der delischen freiheit wird niemand glauben, daſs die
delischen mädchen sclavinnen mit in ihren chor aufgenommen hätten. aber für seine
zeit bezeugt Euripides in der Hekabe die beteiligung von hierodulen, und das ist auch
begreiflich; man denke an die von Pindar und Simonides verherrlichten korinthischen
dienerinnen Aphrodites. zur zeit der vertreibung der Delier vollends müssen ja die

hierin einen hinweis auf die stiftung des prächtigen vierjährigen festes der Delien gesehen, welche die Athener im frühjahr 425 vornahmen (Thuk. III 104). aber das würde nur zutreffen, wenn Euripides attische chöre in Delos oder auch nur das fest überhaupt nennte. er redet aber nur von den liedern und tänzen der Deliaden. diese gab es seit Apollons geburt auf Delos, also auch zu Herakles zeit. die beziehungen Athens zur delischen religion[44]) sind uralt und waren dem Euripides sogar durch den cult seiner familie vertraut[45]). das heilige schiff segelte nach Delos zur zeit, als die Françoisvase entstand, zur zeit, wo Sokrates starb und Delos den Athenern gerade entfremdet war, zur zeit des Philochoros, wo es gleichfalls frei war: die Deliaden haben noch im zweiten jahrhundert v. Chr., zur blütezeit des freien Delos, ehrengeschenke von vornehmen besuchern für ihren tanz erhalten[46]), und erst nach der letzen annexion der insel verschwinden sie. im fünften jahrhundert ist der delische Apollon immer ein grofser und vielverehrter gott gewesen; 477—54 der schirmherr des bundes, den Athen vorwiegend mit Ioniern geschlossen hatte. und wenn 425 ein so frommer mann wie Nikias dafür eintritt, dafs der gott ein noch viel prächtigeres fest erhielte, so folgt daraus, dafs die religion schon vorher lebhaft empfunden war, und dafs man den gott für die vorstandschaft reichlicher entschädigen wollte,

---

Athener für die *Δηλιάδες* einen ersatz geschaffen haben. die Hekabe bezeugt auch, dafs sclavinnen an der herstellung des peplos für die Athena Polias mitwirkten: im 2. jahrhundert v. Chr. ist das ein vorrecht nicht nur freier sondern vornehmer, vielleicht gar eupatridischer Athenerinnen. Köhler, Mitteil. Ath. VIII 57.

44) Arist. u. Ath. II 44.

45) Theophrast π. *μέθης* (Athenaeus X 424ᵇ) berichtet, dafs Euripides das schenkenamt in einem thiasos von Deliasten bekleidet habe.

46) So erhalten sie z. b. einen goldenen kranz als belohnung für ihren tanz von L. Scipio (Dittenberger Syll. 367, 90) und von Ptolemaios Epiphanes (ebenda 139) u. s. w. V. v. Schöffer (*De Deli rebus* 139) hat mit sachlich verkehrter deutung die *κοῦραι Δηλιάδες* mit den chören der knaben (*παῖδες*) identificirt, welche an den Apollonien in einem öffentlichen agon auftraten, für welchen Delier die choregie leisteten. das sind chöre wie die attischen knabenchöre an Panathenaeen Thargelien Dionysien u. s. w. jungfrauenchöre in agonen kennt ionische sitte nicht; das bedeutet ja auch *παῖς* nicht. die *Δηλιάδες* der zeit des Semos von Delos tanzen nicht anders als die zur zeit des Euripides und des Homer. ihnen entsprechen die von auswärts nach Delos gesandten mädchenchöre, für welche der sage nach Eumelos (denn wer wird so etwas ernst nehmen), in geschichtlicher zeit Pindaros und Bakchylides lieder gedichtet haben: in einem solchen chore kam auch Kydippe. Schöffers im übrigen ganz vorzügliche arbeit verliert durch solchen vereinzelten misgriff natürlich nichts von ihrem werte.

als es durch die von alters her bestehenden gesandtschaften geschah. nebenher war es eine aufmerksamkeit gegen die ionischen bündner[47]. denn seit Homers zeiten erschien das fest wesentlich panionisch. Euripides selbst führt in der taurischen Iphigeneia (1088—1150) einen chor von hellenischen mädchen ein, die von seeräubern in das barbarenland verkauft sind. sie sehnen sich nach Delos, sie sehnen sich nach den chören, in denen sie als mädchen in ionischer kleiderpracht aufgetreten sind; beides gehört zusammen. es ist wahr, jenes drama ist wenig jünger als der Herakles; man mag also sagen, dafs Euripides durch die attischen Delien unwillkürlich veranlafst worden ist, von Delos und Deliaden öfter zu reden. aber eine zeitbestimmung kann darin nicht gefunden werden[48]), da es Deliaden während seines ganzen lebens gegeben hat.

Ganz unerlaubt ist es, die parteiungen, von denen Euripides Theben zerrissen sein läfst, als politische anspielungen auf das Theben seiner zeit zu fassen. seit der schlacht von Koroneia stand Theben unter einem energischen aristokratischen regimente an der spitze des boeotischen bundes, hielt zu Sparta und blieb den Athenern selbst nach 421 entschieden feindlich. es gab in den abhängigen städten eine demokratische, d. h. Theben feindliche, partei, auf die Athen bei dem zuge gerechnet hatte, der zu der niederlage bei Delion führte, und auch weiterhin gelang

47) Auch Schöffer, der den Athenern sonst gerechtigkeit widerfahren läfst, hat das nicht betont, dafs die stiftung eines panionischen festes, eben zu der zeit, wo das psephisma des Thudippos die Panathenaeen tendenziös als reichsfest ausgestaltete, und gleichzeitig die tribute im gegensatze zur schatzung des Aristeides durch einseitigen legislativen act des attischen volkes angesetzt wurden, ein zugeständnis an die stimmung der ionischen bündner ist. es ist auch für die parteiverhältnisse Athens bezeichnend, dafs Nikias der erste theore der Delien ist, während Kleon die herrschaft Athens als τυραννίς predigt, gegen Aristophanes Babylonier vorgeht und die erhöhung der tribute durchsetzt. derselbe krieg, der die erhöhung der finanziellen und militärischen leistungen erzwang und demgemäfs die reichseinheit stärkte, schärfte den stammesgegensatz gegen die Peloponnesier: und auf dafs der Milesier und Hellespontier und Nesiote sich als Ionier mit dem Athener verbunden fühle, wie einst zu Aristeides zeit, sind die Delien gestiftet. diese mehr föderative, bündnerfreundliche politik ist nur schwächer hervorgetreten als die zielbewufste der unitarier, und ihren vertreter Nikias hat sein ungeschick oder unglück auch hier nicht verlassen. die Delier selbst waren misvergnügt, und so kam es zu einer der zwangsmafsregeln, die dem Reiche mehr geschadet haben als die gerichtshoheit, die kleruchien und die tribute.

48) Das gleiche gilt leider auch für die komödie Δηλιάδες des Kratinos, in der ein festzug geschildert war, der sehr wol auch vor der stiftung des attischen festes möglich war.

es den Thebanern diese bestrebungen niederzuhalten. über die inneren
verhältnisse daselbst sind wir schlechthin nicht unterrichtet. in Athen
war die stimmung natürlich den Thebanern ungünstig, und wenn ein
dichter ein politisches stück schreibt, wie Euripides die Hiketiden, so
verleugnet sich diese stimmung nicht. aber die zahl der dramen die in
Theben spielen ist sehr grofs, und weder Sophokles noch Euripides in
Phoenissen und Bakchen denken an die gegenwärtig mit Athen verfeindete
stadt. ihre chöre machen wol auch politische anspielungen, aber als
attische chöre auf Athen. im Herakles wird erzählt, dafs der fremde
tyrann dadurch zur herrschaft gelangt ist, dafs die bürgerschaft durch
parteien zerklüftet war: das dient nur dazu, den chor, der doch gegen
Lykos ist, möglich zu machen, und den Lykos zu verkleinern, der dadurch gehoben würde, wenn er den sieg sich selbst verdankte. aufserdem wird seine partei von dem chore natürlich schlecht gemacht, und
da dieser aus greisen besteht, sind jene die jugend. endlich wird diese
jugend in einer versreihe (588—92) als verschwenderisch und verlottert
bezeichnet. die verse sind, wie es scheint, nicht ächt, sollten sie es aber
sein, so würde eine besonnene erklärung nur einen angriff auf die
athenische jugend in ihnen finden, auch wenn nicht die parallelstelle
der Hiketiden vorläge, die zu der stelle im commentar herangezogen ist.

Mehr als aus diesen äufserlichen kriterien ist aus der sprachlichen *Formale in-*
und metrischen form zu gewinnen, wofür G. Hermann die grundlegenden *dicien für die ab-*
beobachtungen gemacht hat. eine anzahl von dramen des Euripides *fassungszeit.*
weisen sich durch einen gemeinsamen altertümlicheren und strengeren
stil als verwandt aus; es sind Alkestis Medeia Hippolytos Andromache
Herakleiden. sie fallen alle teils nach urkundlichen angaben, teils nach
sicheren geschichtlichen anspielungen vor 425[49]). von ihnen sondert sich
eine zweite gruppe, die das entgegengesetzte extrem vertreten, Helene,
beide Iphigeneien, Phoenissen, Orestes, Bakchen, zu welchen von ver-
lornen, aber genügend kenntlichen Andromeda Antiope Hypsipyle Bakchen
treten: für sie alle mit ausnahme der taurischen Iphigeneia ist die entstehung im letzten jahrzehnt des dichters urkundlich bezeugt[50]). da-

---

49) Von der Andromache hat das richtig schon Aristophanes von Byzanz erschlossen, schol. 445. die entgegengesetzten ausführungen von Bergk sind nur dafür
lehrreich, wie dieser ebenso wunderbar gelehrte wie scharfsinnige mann scharfsinn
und gelehrsamkeit dazu zu gebrauchen pflegt, die zeugnisse erst zu zerstören, damit
er sie für seine eignen einfälle benutzen könne.

50) Die taurische Iphigeneia fällt vor die Helene, 412, vielleicht vor die
Elektra 413, wie E. Bruhn in der einleitung seiner ausgabe zur evidenz gebracht hat.

zwischen liegen zeitlich und stilistisch Hiketiden 421, Alexandros und
Troerinnen 415, Elektra 413, urkundlich oder durch geschichtliche anspielungen datirt. in diese mittelgruppe gehört der Herakles und gehören
aufserdem Hekabe und Ion, doch so dafs Hekabe ihrer form nach in den
meisten dingen sich den älteren dramen anschliefst, wie sie denn auch
Aristophanes vielleicht schon 423 parodirt[51]), während Ion, für den nur
die untere zeitgrenze 412 gesetzt werden kann[52]), formal zu den späten
dramen steht. zwischen beide gehört der Herakles.

Nur in einer so starken spielraum lassenden gruppirung wird ein
vorsichtiger stilistische kriterien verwenden mögen; wer freilich den blick
nur auf eine einzige erscheinung heftet, wird es leicht haben, bestimmter
zu schliefsen. gemeiniglich legt man ausschliefslich wert auf den unterschied, der jedem zuerst in die augen fällt, die häufigkeit der auflösungen
im iambischen trimeter. das ist in der tat ein sehr wichtiges moment,
wenn man nur die nötige umsicht übt[53]), und es weist den Herakles
etwa zwischen Hekabe und Hiketiden. nicht minder wichtig wird eine
bisher kaum beachtete erscheinung[54]), die nur in chorliedern hervortreten
kann, die verkürzung des langvocalischen oder diphthongischen auslautes
vor folgendem vocale, welche eigentlich nur in daktylischen oder doch
daktylisch scheinenden füfsen zulässig ist. während Sophokles sich darin
sehr starke freiheiten erlaubt, arbeitet Euripides mit zunehmendem alter
immer strenger, so dafs die dramen seines letzten jahrzehntes fast gar
keine solche hiate mehr zeigen. der Herakles steht zu diesen; er ver-
kürzt nur ein schliefsendes αι, den diphthong welcher sich dazu am
leichtesten herbeiläfst, in κλίνεται 1030, und aufserdem καί 1017, zwar
in einem anapäst, der für dochmius eintritt, aber καί hat in allen jahrhunderten freiere behandlung gestattet. wollte man hiernach allein gehen,

---

51) Wolk. 718 nach Hek. 162; der vers scheint den 423 aufgeführten Wolken
anzugehören.

52) Vgl. Herm. 18, 242.

53) Mechanisches zählen beweist gar nichts. wenn z. b. eine hauptperson
Hippolytos heifst, so ist der dichter gezwungen dreisylbige füfse zu brauchen; manchmal will er auch malen wie Her. 935. das axiom, dafs zwei dreisylbige füfse in
demselben verse der alten tragödie nicht gestattet wären, ist eine ausgeburt der
ärgsten willkür, die eine reihe aischyleischer verse zerstört, darunter eine von Platon
bezeugte lesart (Sieb. 593), und von Euripides z. b. Alk. 10, das kernstück des prologes.

54) Es kann hier nur angeführt werden, was für den speciellen fall von wert
ist; die wichtigkeit der sache wird erst klar werden, wenn die summe der erscheinungen vorgelegt und in ihrem zusammenhange erläutert ist, wozu ich bisher
immer noch keine zeit gefunden habe.

so würde der Herakles unter Troerinnen und Elektra herabgerückt werden müssen. aber es sind der verse, welche für solche hiate überhaupt die möglichkeit gewährten, sehr viel weniger als in jenen dramen, so daſs sich von dieser seite nichts gegen einen etwas höheren ansatz sagen läſst, zumal dieselben ursachen auch bei den Hiketiden den entsprechenden erfolg gehabt haben.

Sehr stark ins gewicht fällt die anwendung des trochäischen tetrameters in einer ganzen scene, allerdings einer solchen von höchster leidenschaft mit entsprechender steigerung auch des sprachlichen ausdrucks. die trochäen waren ein lebhaftes tanzmaſs und beherrschten deshalb, wie Aristoteles bezeugt, die älteste tragödie, wie wir sie auch in der epicharmischen posse und der aristophanischen komödie viel verwandt finden. wir lesen noch in den Persern des Aischylos eine trochäische scene; aber der ruhige dialog drängte das tanzmaſs zurück, und so verwendet es Aischylos später nur am schlusse des Agamemnon in der weise wie sonst die anapäste, und ebenso verfährt Sophokles im schlusse des königs Oidipus. sonst fehlen die trochäen bis auf die scene des Herakles und eine ganz entsprechend lebhafte in den Troerinnen (444—61). dann aber greift die tragödie nach immer stärkeren mitteln. Euripides, der den ton angibt, nimmt neben den künsten des neuen dithyrambus auch die der ältesten mehr musikalischen tragödie wieder auf. so lesen wir trochäische scenen oder scenenteile in Ion Helene beiden Iphigeneien Phoenissen Orestes Bakchen Andromeda Archelaos, wozu noch Meleagros und Oidipus kommen, welche aus anderen gründen für etwa gleichzeitig mit dem Herakles gelten dürfen[55]). Sophokles hat sich scheinbar etwas mehr zurückgehalten; aber seine beiden letzten dramen, Philoktet und Oidipus Kol. haben doch auch ein par trochäen. an Euripides setzt dann wie in allem so auch in der rein dialogischen verwendung der trochäen die spätere komödie an.

---

55) Nur scheinbar streiten mit der regel die bruchstücke 30 und 811, die den älteren dramen Aiolos und Phoinix angehören: ἀλλ᾽ ὅμως | οἰκτρός τις αἰὼν πατρίδος ἐκλιπεῖν ὄρους und τάφανῇ | τεκμηρίοισιν εἰκότως ἁλίσκεται. das satyrspiel Autolykos zeigt auch tetrameter: das beweist nichts, da wir den stil und die zeit der satyrspiele nicht kennen. — die deutschen können und wollen sich nur sehr schwer daran gewöhnen, daſs ihre s. g. nachbildungen antiker maſse einen ganz verschiedenen charakter von den griechischen tragen; sie recitiren griechische trochaeen nach dem muster 'nächtlich am Busento lispeln' oder 'preisend mit viel schönen reden'. solcher torheiten muſs man sich entschlagen: die namen τροχαῖος und χορεῖος reden vernehmlich, und Aristoteles (rhet. III 8) geht so weit zu sagen ὁ τροχαῖος κορδακικώτερος· δηλοῖ δὲ τὰ τετράμετρα.

Von den lyrischen maſsen ist das dochmische in der tragödie zwar
nicht entstanden, aber so viel und gern angewandt, daſs seine entwickelung
wertvolle chronologische anhaltspunkte bietet. während nämlich die ältere
tragödie auſser den legitimen ersatzformen des dochmius neben diesem
bakcheen und iamben verwendet, gehen Euripides und Sophokles schon in
den zwanziger jahren dazu fort, eine reihe anderer glieder hineinzumischen,
welche sich zum teil auf daktyloepitriten zurückführen lassen, aber daneben
äuſserst charakteristische dem volksliede entstammende formen zeigen, unter
denen neben dem Reizianum[56]) der enoplios[57]) hervorragt. es läſst sich
sehr wahrscheinlich machen, daſs wirklich alle diese zusätze volkstümlichen ursprung haben, die dichter also auf die quelle zurückgegangen
sind, aus welcher sowol die vervollkommner der daktyloepitriten (die Chalkidier) wie die erfinder der keinesweges volkstümlichen dochmien geschöpft hatten. da diese spielart der dochmien einen besonderen namen
erhalten muſs, so mögen sie hiermit enoplische dochmien getauft sein.
die beimischung der fremden glieder fällt gemeiniglich zusammen mit dem
aufgeben der responsion, doch nicht immer; sie war schon vorher in
dochmischen liedern keinesweges notwendig. ferner aber tritt eine sehr
starke, oft vorwiegende beteiligung der schauspieler an dem musikalischen
vortrage ein, und zwar geht die lebhaftigkeit der action so weit, daſs
nicht nur die rhythmischen perioden, sondern sogar die einzelne rhythmische reihe sehr oft durch personenwechsel zerrissen wird, was Euripides wenigstens im trimeter noch lange (und so im Herakles) vermeidet.
das sind zwei an sich verschiedene dinge, die aber deshalb beide in
denselben liedern zuerst auftreten, weil die dochmien zu der lebhaften
action, der sowol die polymetrie wie die zerreiſsung der verse dient,
am geeignetsten schienen. beides geht dann weiter; auch andere maſse
werden so zerrissen, wovon namentlich die späten sophokleischen stücke
Elektra Philoktet Oidipus auf Kolonos belege bieten, und es bildet
sich eine wahrhaft potpourriartige vermischung aller möglicher versarten,
der gegenüber die enoplischen dochmien noch streng scheinen können.
so überschaut man eine entwickelung, die man natürlich mit derselben
weiteren spielraum lassenden vorsicht beurteilen muſs, die aber wenigstens
über die zugehörigkeit eines dramas zu der oder jener gruppe keinen
zweifel läſst. daſs die neue musik, der dithyrambus, den tragikern vorbild gewesen sei, ist sehr wahrscheinlich. der Herakles hat nun die

---

56) Vgl. zur fünften und sechsten gesangnummer.
57) Vgl. zur ersten gesangnummer.

enoplischen dochmien in sehr breiter ausdehnung angewandt: die drei letzten gesangnummern gehören ihnen ganz an. aufserdem finden sie sich in Andromache (825—65) Troerinnen (241—91) Ion (762—99. 1445—1509) Helene (625—97) Iphig. Taur. (827—99) Phoenissen (103—92) Orestes (166—208. 1246—1310. 1353—65) Bakchen (1017—23. 1153—99)[58]). in den beiden letzten und jüngsten stücken respondiren die dochmien meistens; dasselbe geschieht bei Sophokles in Aias (373—76 = 387—91, 879—914 = 925—60) und Elektra (848—70. 1411—13 = 1433 bis 35); Trach. 879—95 folgt ganz der weise des euripideischen Herakles. seine beiden letzten dramen, wie zum teil schon die Elektra und von Euripides die jüngsten, Phoenissen Orestes Iphig. Aul. Bakchen, zeigen dann die aus allen möglichen gemischten lieder. man würde hiernach geneigt sein, den Herakles zu den Troades etwa herabzuziehen, und vor 424 könnte man ihn gar nicht anzusetzen wagen.

Auch sprachlich sondern sich ganz bestimmt nur die dramen des letzten jahrzehntes ab, in welchen Euripides einerseits einer menge wörter der umgangssprache zutritt gewährt, so zu der komödie überleitend, andererseits altertümliche wörter und formen von den alten dichtern aufnimmt, und wie die dithyrambiker in den chorliedern durch seltsame kühnheiten, wortschwall und selbst blofse wiederholungen musikalische stimmung erzeugen will, während wirklich originelle wendungen spärlich werden. davon sondert sich der Herakles scharf ab. der sprache nach möchte man ihn, trotz einer anzahl barocker wendungen, den älteren dramen anreihen.

Das scheint sich zu widersprechen; aber alle einzelnen erscheinungen erklären sich, sobald man nur anerkennt, dafs der dichter sich mit diesem

---

58) Die Hekabe hat eine ganz ähnliche scene (683—720), aber kein enoplisches glied, so viel die verderbnis erkennen läfst. in den Herakleiden hat der bearbeiter die vermutlich vergleichbare stelle getilgt. die Hiketiden enthalten wirklich keine solchen dochmien: da hat der dichter in den wechselgesängen das iambische mafs fast ausschliefslich durchgeführt. die Elektra hat er bewufst im anschlufs an die ältere tragödie streng stilisirt: auch das zeigt den concurrenten. so ist der grofse dochmische wechselgesang nach dem muttermorde so einfach wie die dochmien des Aischylos und in Soph. Antigone; das kleine lied 585—95 hat jedoch ein daktylisches glied ἁμετέραν τις ἄγει 590, wenn man der überlieferung glauben schenkt. vertreter der alten weise sind somit aufser Aischylos Soph. Antig. Oid. Tyr., Eur. Alk. Med. Hipp.; in diesem steht schon ein kleines chorlied in diesem mafse, 1268—82, aber noch ein wirkliches lied des chores. das klagelied des totwunden Hippolytos besteht nur aus dochmien anapaesten iamben und geht wenig über die lieder der Io im Prometheus hinaus.

drama besonders viel mühe gegeben hat, und sobald man sich über die gründe der sprachlichen und metrischen veränderungen klar wird. es ist doch nicht lüderlichkeit oder greisenhaftigkeit, was die kunst der beiden grofsen tragiker so stark verändert hat. im gegenteil, ihr rastloser fleifs und ihre bewundernswerte empfänglichkeit hat sie nicht bei der alten manier beharren lassen. die belebung des trimeters durch die zulassung dreisylbiger füfse, die entfesselung der rhythmischen kunst, die ausgedehnte verwendung der schauspieler als sänger waren oder schienen doch verbesserungen. deshalb treten sie im Herakles auf, vielleicht etwas früher als sonst. dagegen die mangelhafte originalität und die buntscheckigkeit der sprache und auch der versmafse stellt sich nicht mit absicht des dichters ein, sondern ist lediglich eine folge der überhasteten production und des strebens nach effecten auf anderen gebieten, welche die dichter nicht gesucht, aber sich erlauben zu dürfen geglaubt haben. deshalb wird ein mit besonderer liebe gepflegtes werk in diesen dingen einen altertümlicheren eindruck machen, während es vielleicht durch die starke verwendung der neuen kunstmittel moderner scheint als es ist. wir müssen doch so wie so uns immer vorhalten, dafs die tragiker sich notgedrungen verschiedene farben auf der palette halten mufsten, da sie mit vier dramen zugleich hervortraten, die unmöglich alle übereins aussehen durften. so hat denn Euripides z. b. die taurische Iphigeneia und die Elektra ziemlich in denselben jahren gedichtet, und spuren davon enthalten sie beide, aber der gesammteindruck ist doch sehr verschieden; Iphigeneia zeigt die modernsten, Elektra archaische, besser archaistische züge. ganz ähnlich steht die aulische Iphigeneia zu den Bakchen; während jene oft hart an die komödie streift, fühlt man sich in diesen oft an die ältesten dramen erinnert. wer sich aber die stoffe und die tendenzen des dichters überlegt, wird in der verschiedenen stilisirung berechtigte absicht nicht verkennen.

Bühne des Herakles.
Endlich noch einen blick auf die bühne, für die der Herakles geschrieben ist. die beiden göttinnen erscheinen in der luft über dem hause, das wird ausdrücklich gesagt, und Lyssa geht auch nicht sichtlich in das haus, in dem wir sie doch denken sollen, das wird ausdrücklich entschuldigt (874). dieselbe art der göttererscheinung ist bezeichnet in Ion Elektra Orestes, sie ist ebenso in Hiketiden taurischer Iphigeneia Helene Antiope Bakchen und dem Philoktet des Sophokles anzunehmen. wir haben von der scenischen vorrichtung eine ganz klare vorstellung: das dach des proskenions war niedrig genug und bot für solche personen raum. das publicum aber war gefällig, diesen platz,

das ϑεολογεῖον, als 'luft' anzunehmen. aber diese einrichtung ist nicht von anfang an so gewesen. bei Aischylos erscheinen die götter mit den sterblichen auf demselben boden, und so in allen götterprologen, wo ja noch keine menschen gegenwärtig sind: der Thanatos der Alkestis kann vor den augen der zuschauer in das haus des Admetos gehen. daneben gibt es die flugmaschine, um ankunft oder abfahrt durch die luft zu versinnlichen. ihrer bedienen sich Athena in den Eumeniden, Eos in der Psychostasie des Aischylos, Medeia und Bellerophontes bei Euripides. auf derselben offenbar fährt Thetis in der Andromache "durch die helle luft und betritt die phthiische erde" (Androm. 1229). das ist etwas ganz anderes als das ϑεολογεῖον, das eben erfunden ist, als für die vielen göttererscheinungen die maschine, nach der sie zu heißen fortfahren, unbequem ward. in zwei anderen dramen des archidamischen krieges sehen wir die dichter mit dieser unbequemlichkeit ringen. der Odysseus des sophokleischen Aias sieht Athena zuerst nicht und sagt nie, daß er das tue. aber Aias sieht sie und steht ihr nahe (91). dann befand sie sich auf der bühne, nicht auf dem ϑεολογεῖον, denn er sitzt in seinem zelte, unter diesem. ganz ebenso erscheint Artemis im Hippolytos plötzlich, und nachdem sie schon lange mit Theseus geredet hat, kommt Hippolytos, bemerkt aber die göttin, sogar als diese ihn angesprochen hat, zuerst nicht (1393); er war allerdings an den verkehr mit der unsichtbaren gewöhnt (84). man kann diese scenen sich nur so gespielt denken, daß die göttinnen mit der maschine auf die bühne gebracht werden und sie so verlassen, sonst aber unter den schauspielern stehen. gleichwol verlangen die dichter von ihrem publicum den glauben, daß die sterblichen nicht sofort die körperliche gegenwart der götter bemerken, offenbar um so den eindruck des übersinnlichen einigermaßen zu erzielen. da wird es freilich klar, wie praktisch die erfindung des ϑεολογεῖον war. sie wird so auf die mitte der zwanziger jahre datirt, der Herakles entsprechend später.

Genug denn von diesen chronologischen erwägungen. ihnen reiht sich eine weitere dramaturgische an. die schauspielkunst war in Athen so hoch angesehen, daß seit langer zeit schon die ersten schauspieler neben den dichtern concurrirten, die sich selbst von dem handwerke zurückgezogen hatten. es war natürlich und ist überliefert, daß sich bestimmte schauspieler an die großen dichter anschlossen. dann muß man den bühnenkundigen meistern aber auch zutrauen, daß sie auf die neigung und begabung ihrer vorführenden kräfte rücksicht nahmen, und in der tat vermögen wir einzeln noch die spuren solcher berechnungen

Schauspielerverteilung.

zu bemerken [59]). sehr viel weiter würden wir kommen, wenn wir nicht
mit einzelnen stücken, sondern mit den trilogien operiren könnten, in
deren verband die stücke aufgeführt worden sind. denn der dichter
mußste notwendig im hinblick auf die ganze leistung seiner schauspieler
über ihre rollen verfügen. eine trilogie ist uns nun wenigstens erhalten,
und ein einigermaßen denkender leser der Orestie kann nicht darüber
schwanken, daß in ihr der erste schauspieler Kassandra und Orestes
gibt, der zweite Klytaimnestra Elektra Kilissa Pythias Athena, der dritte
den rest der rollen. der zweite schauspieler hat an versen ziemlich so
viel zu sprechen wie die beiden andern zusammen, er hat mehrere melo-
dramatische partieen (anapäste) zu recitiren und ein par kleine strophen
zu singen: aber er hat nur frauenrollen. der dritte schauspieler hat nur
zu recitiren, schöne lange reden hat er zu halten, aber nur als Apollon
etwas lebhafter zu spielen. dagegen die große musikalische und schau-
spielerische leistung fällt den zwei rollen des protagonisten allein zu,
von denen eine sich durch zwei dramen zieht. sein erstes auftreten hat
der erfahrene bühnenmeister bis hinter die mitte des ersten dramas auf-
gespart. wir bemerken an diesem deutlichen beispiel, was auch allgemeine erwägung lehrt, daß namentlich die forderungen an gesang und
spiel den ersten schauspieler zeigen, während die bloße recitation auf
den dritten weist [60]). ein streben nach gleichmäßiger belastung ist oft

---

59) Helene und Andromeda zeigen einen für ein sentimentales weib geschickten
sänger und neben ihm einen ähnlich für rührende männerrollen geeigneten zweiten
sänger. die arie des castraten im Orestes ist offenbar für diese ganz bestimmte
person ($\pi\alpha\rho\alpha\chi o\rho\dot\eta\gamma\eta\mu\alpha$?) verfaßt. auch in den komödien ist ähnliches zu bemerken;
Aristophanes mußste eines geschickten knirpses sicher sein, wenn er in den Acharnern
die tochter des Dikaiopolis und den Nikarchos als redner, daneben die kleinen Odo-
manten und die megarischen ferkelchen einführte; diese reden nicht und sind in der
mehrzahl, aber ein par jungen fand er leicht als statisten zur begleitung.

60) Den Kreon in Sophokles Antigone pflegt man dem tritagonisten zu geben,
obwol er bedeutende gesangpartieen hat und bei moderner aufführung sogar in
störender weise das interesse auf sich zieht. man schenkt dabei dem Demosthenes
glauben, der behauptet, Aischines wäre tritagonist gewesen und hätte den Kreon
gespielt (19, 247, aufgenommen ohne neue pointe 18, 180), der wie alle tyrannen
dem untergeordnetsten zufiele. aber was ein redner demosthenischer zeit sagt, ist
überhaupt unglaubwürdig, und wenn vollends der haß spricht, wie hier, ist
die lüge an sich wahrscheinlicher. Demosthenes will verse des Kreon wider Aischines wenden, deshalb greift er diese rolle auf; vielleicht hat jener sie gespielt, vielleicht auch nicht. aber zur tritagonistenrolle mußste sie Demosthenes
machen, um seine beleidigungen los zu werden. was kümmerte ihn die wirkliche
rollenverteilung? die ökonomie des dramas lehrt, daß Kreon deuteragonist ist.

selbst im einzelnen drama kenntlich, und man wird darauf acht geben,
es wird jedoch auch stark verletzt[61]) und, wie die Orestie zeigt, nicht
einmal in der trilogie immer ausgeglichen. im Herakles nun singt nur
einer, Amphitryon, und er ist fast das ganze stück hindurch auf der
bühne: seinem vertreter kann keine zweite rolle gegeben werden, und er
ist unbedingt protagonist. rechnet man weiter, welche personen mit ihm
auftreten, so ist sofort kenntlich, daſs ein schauspieler Herakles Lykos, der
andere Megara Theseus gibt, und auf diese in zunächst ungewisser weise
sich die beiden göttinnen verteilen. da nun Megara und Lyssa weitaus
die stärksten anforderungen an das spiel machen, so wird man sie einem
darsteller und zwar dem deuteragonisten geben. so erzielt man eine gleich-
mäſsige belastung der schauspieler[62]), aber Herakles ist allerdings tritagonist. das scheint auf den ersten blick unglaublich. aber bald sieht
man, daſs die rolle gerade an das spiel keine groſsen anforderungen
macht. pathetische declamation in einer so dankbaren scene wie der des
wiedersehens ist nicht schwer; im ganzen zweiten teil aber sitzt Herakles
unbeweglich an der säule, und auch als er von den leichen abschied
nimmt, verläſst er das ekkyklema nicht, eine maschine, die natürlich
des schauspielers und des dichters bewegungsfreiheit hemmte. die schluſsscene muſs gewiſs bedeutend gespielt werden, aber von Theseus kaum
weniger als von Herakles. man steht eben vor dem dilemma, ob man
den schauspieler höher rangiren will, der den Herakles gab, oder den
der die Megara gab. das ist nicht nur die einzige schwere rolle des
ersten teiles, sondern eine rolle, die nur bei angemessener besetzung
wirkt; so kann die entscheidung nicht wol schwanken. hinzukommt,
daſs Lyssa doch wahrhaftig eher im bereiche der begabung des mannes
lag, der die leidenschaftliche frauenrolle Megaras agirte, als der die verse
des Herakles recitirte. im grunde ist es herzlich gleichgiltig, wie man
den rang der schauspieler schätzt, aber das ist sehr wichtig, daſs man
die attischen tragiker als theaterdichter würdigt, die zu Shakespeare und
Molière gehören, nicht zu den Deutschen, die entweder für eine utopische

---

übrigens ist Aischines schwerlich ein schlechter schauspieler gewesen: deshalb wird
er den Kreon gespielt haben.

61) So hat in der Medea der protagonist, der die titelrolle spielte, ziemlich
so viel zu sprechen wie die beiden anderen zusammen genommen. er hat aber nur
ein par anapäste, kein einziges gesangstück. wie trefflich das zu Medeias charakter
paſst, ist klar: man würde sehr gern die anderen dramen der trilogie vergleichen,
aber es ist nichts zu erkennen; Philoktet ohne lyrische klagen wird uns schwer zu
denken.

62) Amphitryon hat etwa 300 verse, die beiden anderen einige mehr.

bühne dichten, oder wenn sie an die schauspieler und die aufführung
denken, in das triviale verfallen, wie Goethe der theaterdirector den
Bürgergeneral und die Wette gesündigt und gar seinen Götz und Faust
abscheulich verstümmelt hat.   Euripides wuſste, daſs sein Herakles dem
tritagonisten zufiele und auf das ekkyklema gebannt sein würde, daher
die haltung dieser figur.   man kann auch sagen, er legte die figur so
an, daſs sie für einen schauspieler paſste, der wenig mehr als gut verse
sprechen konnte, und er benutzte die bestimmte theatermaschine.   denn
verfügen konnte er über das gegebene frei, gegeben aber war ihm eine
bestimmte bühne und bestimmte darsteller.   die schranken waren eng
genug; aber die hellenische kunst lehrt oft, daſs enge schranken ein
segen sind.   sie erfüllt die forderung, daſs das fertige kunstwerk den
eindruck mache, als wären die schranken selbstgewählte.   der beschauer
kann sich auch bei dem bloſsen genusse des fertigen kunstwerkes beruhigen; aber der kunstrichter, der das werden desselben verstehen und
erklären will, soll tiefer sehen.   jede scene sollen wir uns gespielt vorstellen und nie vergessen, daſs sie für das spiel berechnet ist, und bei
der beurteilung der ganzen anlage und der führung der handlung darf
niemals auſser acht bleiben, daſs die attischen und auch die römischen
bühnendichter unter ganz bestimmten theatralischen voraussetzungen
schufen.   wie wenig die philologie das zu tun gewohnt ist, zeigt die
vulgärerklärung und z. b. im Plautus die abscheuliche streicherei in dem
breiten possendialoge (wo doch Shakespeare zur vergleichung nahe genug
liegt), aber noch mehr zeigen es die schaustellungen der geschmacklosig-
keit, wenn primanern die Antigone von ihren lehrern eingedrillt wird, gar
in der ursprache, die sie allesammt nur radebrechen und rädern, oder wenn
dieselbe Antigone von hofschauspielern tragirt wird, auf einer bühne,
die noch weniger antik als modern ist, und in einer übersetzung, für die
dasselbe gilt, mit allerhand archaeologischem krimskrams, aber mit moderner musik.   die philologie trägt an diesen verzerrungen schwere mit-
schuld: ehrlich und richtig urteilt nur der teil des publicums, der von
dem toten zeuge nichts wissen will; aber der meint natürlich, das tote
zeug wäre Sophokles.   wie ganz anders steht es in Frankreich: lebens-
fähig ist noch manches stück der attischen bühne, auch auf der modernen, aber dann muſs es nicht als mumie vorgezeigt werden, sondern
in warmem modernem leben.

Sophokles
Trachi-
nierinnen.
Der verlust der didaskalie hat es verschuldet, daſs wir vergeblich
danach fragen, welche dramen mit dem Herakles vereint waren, wer
concurrirte, und wie die preisrichter geurteilt haben.   aber die wirkung,

die der Herakles auf den würdigsten richter ausgeübt hat, zu erkennen
ist uns vergönnt: er hat Sophokles zur dichtung der Trachinierinnen
angeregt. die einzelnen verse, in welchen sich ein unbewufster aber
deutlicher anschlufs an Euripideische verse zeigt[63]), beweisen freilich nur,
dafs Sophokles das euripideische stück gekannt und sorgfältig gelesen
hat, und das ist nicht wunderbar, da sein stil im alter in jeder beziehung
so sehr stark von Euripides beeinflufst ist. aber auch sein Herakles
wird bei einem opfer rasend, begeht eine wilde tat (um die sich freilich
keiner viel kümmert) und wird uns, während dies nur erzählt ist, danach
zunächst schlafend gezeigt, indem die umstehenden die laute äufserung
ihrer teilnahme vergeblich zu bemeistern suchen, und unter ihnen bei Sophokles ein ganz unmotivirt eingeführter greis dem euripideischen Amphitryon entspricht. auch bei Sophokles hadert Herakles mit seinem
unseligen geschicke und weidet sich an der aufzählung seiner taten.
schliefslich geht er zur selbstverbrennung; der euripideische geht in den
tod zwar nicht, aber für die welt ist er dennoch auch tot. beide dramatisiren das ende des heros, beide eine geschichte, welche ihn in sünde
verstrickt zeigt: das vorige capitel hat in ganz anderem zusammenhange
beide sagen neben einander stellen müssen. es ist also wirklich die
beziehung beider dramen zu einander viel näher, als es zunächst scheinen
mag; und es sind die beiden einzigen der eigentlichen Heraklessage ent-
nommenen tragödien. dafs er das schicksal des Herakles überhaupt zu

---

63) Über einzelne worte ist zu einzelnen versen des Herakles einiges angemerkt,
z. b. 181, 1308, 1353, 1373, auch Tr. 1112 ist ein reflex von 135. 877: der sopho-
kleische Herakles ist mit nichten ein woltäter der Hellenen, und den mädchen von
Trachis liegt diese allgemeine würdigung ganz fern. A. Dieterich (Rh. M. 46) hat
gegen diese parallelisirungen einspruch erhoben, sie aber hinterher doch durch andere
ersetzt und vermehrt. ohne zweifel entscheidet über nachbildung viel mehr die verwendung eines motives, eines charakters, einer figur, und erst recht die dramaturgische
technik als einzelne wortanklänge. aber wenn das grofse zugestanden ist, so ist es seltsam,
das kleine zu läugnen, und die wiederkehr von πόνων oder μόχθων μυρίων ἐγενσά-
μην in demselben munde für zufall zu erklären scheint mir mehr als seltsam. wenn
dann das eine mal μυρίων mit beziehung auf μυρίαν χάριν steht, das andere mal
ohne sie, so ist auch die frage *utrum prius* beantwortet. sehr treffend hat Dieterich
bemerkt, was mir entgangen war, dafs der greis der Trachinierinnen ein nachklang
des Amphitryon ist: das ist freilich beweisender als alle wortanklänge. über solche
zu andern euripideischen dramen vgl. noch Schröder *de iteratis apud tragicos
Graecor.* 112, besonders bezeichnend S. Tr. 416 aus E. Hik. 567. Sophokles hat unwillkürlich auch ein wort beibehalten, als er eine nebenfigur nach dem muster einer
euripideischen stilisirte, die mit den künsten der neuen rhetorik sorgfältig und bedeutsam ausgearbeitet war. diese nachahmungen sind natürlich alle unbewufst.

dramatisiren wagte, darin liegt die entscheidende anregung, die Sophokles
von seinem rivalen empfangen hat. gearbeitet hat er, wie sich von selbst
versteht, in seinem eignen sinne, und dem lag die pietätlosigkeit des
Euripides wider die sage ebenso fern wie die tiefe ethisch religiöser specu-
lation. deshalb machen die Trachinierinnen auf den ersten blick leicht
einen altertümlicheren eindruck als der Herakles. Sophokles hat sich berechtigt gehalten, schlecht und recht der sage zu folgen, wie sie eben war,
ganz wie in der Elektra. aber keinesweges weil er die in ihr liegenden
anstöfse nicht empfand, sondern weil sie für ihn etwas tatsächlich gegebenes
war. er hilft sich denn auch mit der verlegenheitsausrede, die jeden
stein gleich gut oder schlecht aus dem wege räumt, 'es ist nun einmal
gottes wille, da wird's schon recht sein'. τοῦ λόγου οὐ χρὴ φϑόνον
προσεῖναι, Ζεὺς ὅτου πράκτωρ φανῇ (251), das gilt dem verkauf in
die sclaverei, und das schlufswort ist οὐδὲν τούτων ὅ τι μὴ Ζεύς[64]).
hätte er, der doch selbst eine Heraklescapelle gestiftet hatte, den lebendigen Dorerglauben gehabt, so würde mindestens eine glänzende hindeutung auf die apotheose nicht gefehlt haben, aber das 'ende der mühen'
bedeutet innerhalb des dramas lediglich den tod, und nur in der letzten
rede des Hyllos steht eine schüchterne hindeutung, dafs man noch nicht
wisse, was da kommen werde, neben einer scharfen anklage des Zeus,
die stark nach Euripides klingt[65]). so ist denn der Herakles des Sophokles an tiefe und innerer bedeutsamkeit weder dem des Euripides noch
dem der sage auch nur von ferne vergleichbar. das soll er aber auch
gar nicht. Sophokles handelt wie der ionische epiker, dessen werk ihm mindestens sehr viel von seinem stoffe gab. er gibt weder den universellen
noch den nationalen heros, sondern einen heros, wie es viele gibt. mit bedacht ist deshalb, wo nicht der anschlufs an die sage oder auch an Euripides
irre führte, die beziehung des Herakles zu Hellas und zur ganzen welt zu-

---

64) Nur vereinzelt wird ein zu starker zug gemildert, so der mord des Iphitos,
277, der nur δόλῳ begangen sein soll: der bruch des gastrechts, das eigentlich entscheidende, ist damit eliminirt. aber, mufs der genauer überlegende fragen, ist denn
der totschlag durch list als solcher verwerflich, mufs er mit ϑητεία bestraft werden?
ἀπόλλυμαι δόλῳ ruft doch auch Lykos bei Euripides, und δόλῳ wird Aigisthos in
den Choephoren bewältigt. so mislingt diese sorte apologetik immer.

65) Die vielbeanstandeten verse haben den sinn 'verzeiht mir, dafs ich meinem
vater zur selbstverbrennung behilflich bin, und bedenkt, wie sehr Zeus pflichtvergessen handelt, indem er seinen sohn so zu grunde gehen läfst. das kann ja noch
anders werden (d. h. Zeus wird Herakles in den himmel nehmen), wie es hier aber
sich darstellt, haben wir die trauer, Zeus die schande davon, und Herakles mufs elend
sterben'. was dann der chor mit dem schlufsworte berichtigt.

rückgedrängt, und die tragödie in das einzelne haus und die familie verlegt.
wenn man den euripideischen dulder, der sich selbst bezwingt, vor augen
hat, so kann man den sophokleischen Herakles zunächst kaum ertragen.
der schmettert den unschuldigen Lichas auf die klippen und er würde
die arme Deianeira massakriren, wenn er sie zu fassen bekäme, ohne
nach ihrer schuld und ihrer liebe zu fragen. seine frau ist ihm sehr
gleichgiltig; aber Oichalia hat er zerstört, weil der herr der burg ihm
nicht gutwillig seine tochter zur kebse gab, und diese kebse versorgt der
sterbende; an sein sonstiges erbe denkt er kaum. das ist auch ein
Herakles, der sich aus der menge der sagen gewinnen liefs, er ist ein
charakter, und alle züge, mit denen Sophokles ihn ausstattet, auch sein
unmäfsiges brüllen und renommiren in dem körperlichen schmerze gehören
zu einem bilde⁶⁶). solche Herculesse gibt es unter den griechischen statuen
genug; das heldenhafte liegt ausschliefslich in der übertriebenen steigerung
der materiellen menschennatur. den himmel verdient ein solcher nur zu
irdischer held wahrhaftig nicht, und Sophokles hat sehr recht getan,

---

66) Wie sehr viele eingewurzelte irrtümer über hellenische poesie und kunst, verschuldet Lessings Laokoon und das barocke, nicht tragisch, sondern rhetorisch stilisirte
kunstwerk, von dem er den namen hat, auch den, dafs die Hellenen vor schmerz ge-
brüllt und an brüllenden helden freude gehabt hätten. Sophokles selbst wird die σωφροσύνη und εὐσχημοσύνη gewifs im leben nicht verleugnet haben, die den gebildeten
Athener viel enger band als uns. ἀγαθοί ἀριδάκρυες ἄνδρες, gewifs, das ist wahr
und ist griechisch. aber die träne, die der schmerz einer mitfühlenden seele in das
auge treibt, ist etwas anderes, als wenn ein mann in eignem und gar körperlichem
schmerze die selbstbeherrschnng verliert. schon die homerischen dichter wissen sehr
gut, wen sie heulen lassen und wann. im drama aber soll man den stil erst verstehn. wer sich mit übersetzen befafst, lernt es, wie viel in wahrheit auf rechnung
unserer armen interjectionslosen sprache kommt. wir müssen auf die unarticulirten
laute des darstellers rechnen. ferner soll man die conventionelle totenklage kennen,
die uns fremd ist und den von Solon erzogenen Athenern bereits fremd zu werden
begann: darum tönt sie nirgend lauter als in den Persern, die jetzt aufzuführen eine
geschmacksverirrung ist. endlich soll man besser unterscheiden als Lessing. Philoktet
ist wegen seiner krankheit und seines schreiens von seinen kameraden ausgesetzt;
die ganze handlung dreht sich darum, der dichter hat die pflicht, das glaublich zu
machen. er hat sie ganz wunderbar erfüllt, mit einem starken pathologischen
'verismus', von dem das achtzehnte jahrhundert nichts wufste. der starke mann
wehrt sich wie ein held, aber er wird schliefslich überwunden. dabei verliert er
seine würde nicht. der Odysseus der Niptra hat es gewifs auch nicht getan; der
übersetzer Pacuvius mufste nur den stil ändern und konnte die lyrik nicht mehr
brauchen. aber Herakles brüllt aus demselben grunde aus dem er poltert, aus dem
er sich in der Alkestis betrinkt: er ist ein naturbursche ohne erziehung und ohne
σωφροσύνη. das ist in der ordnung; nur in den himmel gehört ein solcher
Herakles nicht.

davon nicht zu reden, aber für das satyrspiel und als episodische figur,
wie in der Alkestis, eignet er sich vortrefflich. in der tragoedie, vollends
hier wo er nur ohne würde leidet und sich als ein tyrann seiner familie,
aber jeder inneren größe bar zeigt und nicht einmal etwas großartiges
tut, ist er nicht am platze. die Trachinierinnen als ganzes bewundern
kann nur, wer urteilslos vor allem sophokleischen erstirbt; ihr Herakles
ist deshalb so merkwürdig, weil er uns am besten zeigt, wie recht die
attische bühne getan hat, diesen heros zu vermeiden, und weil wir für
die art des greisen Sophokles allerdings viel aus ihnen lernen. er war doch
der fruchtbarste tragiker und hatte schon an die 100 stücke geschrieben,
natürlich sehr ungleich, wie denn auch die kritiker bezeugen, die sie
noch lesen konnten. die Heraklessage hatte der noch mehr ionisch als
attisch denkende dichter kaum ein par mal berührt. nun kam das tief-
sinnige kühne gedicht des Euripides. das imponirte ihm, namentlich weil
es den bann brach, der bisher den populärsten heros von der tragoedie
fern gehalten hatte. gewiß nicht den euripideischen, aber doch den
Herakles wollte er nun auch einführen; den stoff suchte er sich in
seinem lieben Homer, nicht bei Thebanern oder Dorern. dabei stieß er
auf Deianeira. diese zog er in den vordergrund, wie es die liebens-
würdige art dieses vorläufers der ionisch-hellenistischen epik ist, die wir
alexandrinisch nennen, und gestaltete sie so zu einer seiner selbst
würdigen individuellen figur. die ehefrauen von attischen kleruchen[67]
und kaufleuten, die zu hause saßen, während die gatten viele monate
lang unterwegs waren, werden die erfahrungen dieser frau oft gemacht
haben, die sich über die eheliche treue ihres gatten keine illusionen
macht, die sich auch darüber grämt, daß sie vor gram rascher altert,
weil sie ihren gatten liebt und ganz zu verlieren fürchtet, da er zu den
frauen nur ein grob sinnliches verhältnis kennt. als sie dann vollends
glauben muß, daß ihr mann mit list und trug ein kebsweib in sein
haus nehmen will, greift sie zu einem liebeszauber und wird schuld-
los zur mörderin. auch dazu bot das leben die exempel: Antiphons
erste rede ist wider eine solche Deianeira gerichtet. an dieser frau,
neben Iokaste dem feinsten weiblichen charaktergemälde des Sophokles,
können wir reine freude haben, und das gesinde, den chor eingeschlossen, accompagnirt sie ganz wunderbar. aber damit ist für einen
ehrlichen modernen menschen der reiz des stückes zu ende, dessen
beide hälften nur durch die indifferente person des Hyllos verbunden

---

67) Sophokles hat diese parallele selbst gezogen, 32.

sind[68]). der dichter hat sich mit der weiteren scenenführung geringe mühe gegeben; aufser euripideischen motiven hat er offenbar seine eignen Niptra copirt, in denen neben dem totwunden vater (den auch ein zaubergift marterte) auch ein sohn stand, aber nicht ein blofser figurant wie Hyllos, sondern der unfreiwillige mörder des vaters[69]). der Herakles, den wir hier sehen, kann uns nicht befriedigen; aber sein publicum hat der alte erfahrene dichter wol gekannt. dem war der brüllende kraftmensch gerade recht. um seinetwillen sind die Trachinierinnen gelesen worden und in die auswahl aufgenommen, die uns erhalten ist, während wir Tyro und Tereus und Inachos entbehren müssen.

Noch einen nachahmer fand der Herakles zu lebzeiten seines dichters. Kritias suchte ihn zu übertrumpfen, indem er die höllenfahrt selbst in einem Peirithoos dramatisirte. Der Hades als schauplatz, Aiakos, der *ianitor orci*, als sprecher des prologes, die seligen mysten als chor,

Kritias
Peirithoos.

---

68) Ich hatte in der ersten auflage von den Trachinierinnen gesagt, dafs sie nur kümmerlich durch orakelsprüche zur einheit zusammengehalten würden. dagegen hat Jebb in seiner verdienstlichen ausgabe verwahrung eingelegt. das erste orakel habe nur die untergeordnete bedeutung, die unbestimmte erwartung der katastrophe zu erwecken, und das zweite gebe nur die sicherheit, dafs Herakles ende da wäre. ich kann das nicht zugeben. nur weil sie das orakel hat, ist Deianeira in solcher sorge, wie wir sie von vorn herein sehen, und sie teilt uns diese stimmung mit. mit dem orakel bringt sie Hyllos auf den weg, und der verbindet beide teile. das dodonäische orakel aber lehrt den Herakles seinen tod als göttliches verhängnis anerkennen und bringt wieder den Hyllos zum handeln; ohne diese offenbarung könnte und würde er seinen vater nicht lebendig verbrennen. also mit der verteidigung ist es nichts; trotzdem war mein urteil nicht gerecht, so weit es die orakel angieng. die sind für unsere empfindung zwar höchstens so viel wie ἄτεχνοι πίστεις in der rhetorik und können für uns keine innere motivirung ersetzen. aber Sophokles und das gros seines publicums glaubte an sie und rückte sie damit unter die allgemeinen menschlichen motive, so gut wie alles zufällige, nicht im charakter der handelnden personen begründete. wenn aber dem entsprechend eine fest bestimmte zukunft vor dem menschen liegt und die gottheit so direct in seine geschicke bestimmend eingreift, dann ist der lauf des lebens und des dramas nicht an jene gesetze der psychologischen und moralischen continuität und causalität gebunden, an die wir glauben. so ist Sophokles für sich und seine zeit im rechte; auch wir werden uns gern in den fremden glauben versetzen, um den dichter zu verstehn, aber fremd bleibt er doch. es ist ein gebot der ehrlichkeit zuzugeben, dafs Sophokles unserm empfinden und unserer sittlichkeit ferner steht als die beiden andern tragiker. dafs uns gerade zwei stücke erhalten sind, in denen es sich um die erlaubnis zum begraben einer leiche handelt, in einem ein muttermord als heldentat behandelt wird, und einmal ein sohn seinem vater bei einem rennommistischen selbstmorde hilft, ist ein unglücklicher zufall, aber es ist doch tatsache.

69) Die parallele zwischen beiden dramen habe ich schon Hom. Unt. 194 gezogen, aber noch ohne über die priorität zu entscheiden.

das sollte etwas neues für die augen der schaulustigen sein; wir sehen
auch an den dadurch angeregten Fröschen des Aristophanes, dafs die
erfindung selbst dem komiker, der den bombast verspottete, imponirt
hat[70]). daneben trug der anempfindende sophistenzögling physiologische
lehren und ethische sentenzen vor, und sein grofsmütiger Theseus, der
dem Peirithoos nicht die treue bricht, war ebenfalls eine conception,
die Euripides angeregt hatte, den sie übertrumpfen sollte. die nachahmung mufs sehr stark gewesen sein, denn das drama hat aufserhalb
der gelehrten kreise für euripideisch gegolten.

Nach-
wirkung des
euripidei-
schen
dramas.
Nur diese drei stücke aus der Heraklessage hat die tragödie in der
zeit hervorgebracht, wo sie die kraft besafs, die heldensage, wie sie in
der vorstellung der menge lebte und späterhin auch in der schule gelernt
ward, zu beeinflussen. alle drei haben es bis zu einem gewissen grade
getan. der Peirithoos, der noch in der kaiserzeit gelesen ward, nicht
sehr stark: Herakles und Aiakos und die rettung des Peirithoos sind
immer varianten neben der vulgata geblieben, die den höllenhund selbst
an die türe setzte und den räuber Persephones ewig verdammt sein liefs.
die Trachinierinnen dagegen haben vielleicht ganz durchgeschlagen; es
ist nur fraglich, ob die fabel nicht schon in dem homerischen gedichte
sehr ähnlich war. zu ihrer erhaltung hat gewifs auch das beigetragen,
dafs sie einen sehr populären stoff behandelten: hat doch Seneca sie deshalb bearbeitet, derselbe, der sich auch die euripideische Heraklestragödie
nicht entgehen liefs. aber die bildende kunst, die für die Herakles-
geschichten ihr gepräge schon von der archaischen zeit erhalten hatte,
weifs von den Trachinierinnen so wenig wie von dem Herakles des Euripides. dieser hat eine so gleichgiltige fiction wie seinen Lykos wirklich
in die mythographische vulgata hineingetragen; auch Megaras tod wird
ihm manchmal nacherzählt. aber die haupterfindung, dafs der kindermord die letzte lebensaufgabe ist, und die einwanderung nach Athen
waren unverwendbar, da sie die ganze altgefestigte sage sprengten. das also
drang nicht weiter als das gedicht selbst. dieses aber ist zwar nicht in
die schullectüre aufgenommen worden und von scholien ist keine spur,

---

70) Aiakos und der mystenchor, die unabhängig von den Fröschen bezeugt
sind (591, das ich durch die güte des finders, Dr. H. Graeven, vollständiger kenne,
als die bisher bekannten Hermogenesscholien es enthalten, und 592) garantiren die
abhängigkeit der Frösche und bestätigen so meine vermutung, dafs die aristophanische
Aiakosscene den Kritias parodirt, sehr hübsch als eins der μειρακύλλια Εὐριπίδου
πλεῖν ἢ σταδίῳ λαλίστερα. Lukian kennt das drama, aus dem er 936 nimmt und
den pförtner Aiakos de luctu 4.

aber es erhielt sich auf der bühne[71]) und hat zu allen zeiten leser und liebhaber gefunden. Plutarch Dion Sextus Philostratos kennen es gut, ja es fehlt nicht an spuren späterer benutzung[72]). wenn uns also die tragödie selbst nur durch einen glücklichen zufall erhalten ist, so würden wir sie doch immer in ihren wesentlichen zügen herstellen können.

Dies zu zeigen hat mehr wert als die stellen zu häufen, die eine beeinflussung durch Euripides verraten[73]). für ihn selbst lernt man freilich auch hierdurch nichts, aber es dürfte etwas für uns beherzigenswertes herauskommen.

Denken wir also einmal, der Herakles wäre selbst verloren, und wir wollten ihn aus den bruchstücken herstellen. was würden wir erreichen? der titel Ἡρακλῆς zunächst sagt gar nichts. dafs Herakles in der raserei sich einbildet zu wagen zu fahren, berichtet Dion (32, 94) und führt v. 947—49, allerdings entstellt, an, aus denen sicher zu entnehmen ist, dafs die raserei erzählt ward. eben diesen zug hebt Philostratos (Imag. 2, 23) hervor, und da dieser rhetor auch noch für andere einzelheiten, die einführung einer Erinys (wie er für Lyssa sagt) und die fesselung des Herakles, sich auf die bühne und die dichter beruft, so haben wir das recht sein ganzes angebliches gemälde in die poesie zurückzuübersetzen, aus der er es zusammengestümpert hat. es ist mir vollkommen unfafsbar, wie gerade archaeologen das in diesem falle leugnen können. so gewinnen wir den inhalt des botenberichtes: Herakles gerät beim opfern in wahnsinn, glaubt nach Mykene zu fahren und die Eurystheuskinder zu töten (wofür wir mit sicherheit auch Sextus *adv. log.* I 405, II 67 verwenden würden), tötet aber Megara und seine söhne. erst erschiefst er zwei (dabei würden wir also die feinere abwechselung des Euripides verlieren,

71) Auf dem ehrensteine eines schauspielers in Tegea figurirt wenigstens einmal sicher Σω]τήρια [ἐν] ᴶελφοῖς Ἡρακλεῖ [Εὐ]ριπίδου. Bull. Corr. Hell. XVII 15. leider ist die veröffentlichung ganz ungenügend, und der herausgeber steht seinem funde hilflos gegenüber. er ergänzt auch einen Ἀχελῷος des Euripides; man kann zunächst nur sagen, im widerspruch zu seiner eigenen abschrift.

72) Bei Chariton III 10, 6 hat Nauck den vers 1307 aufgezeigt.

73) Nur auf eins sei noch hingewiesen, Antikleides, ein merkwürdiger, weil nicht leicht in die fächer unserer litteraturgeschichte einzuordnender mann, der sowol die sagengeschichte wie die Alexanders behandelt hat, erzählt, dafs Herakles nach vollendung seiner arbeiten von Eurystheus zu einem opferschmause geladen wird und, weil er eine zu kleine portion bekommt, drei söhne des Eurystheus erschlägt, deren namen Antikleides natürlich anzugeben weifs (Athen. 157ᶠ): das ist eine deutliche entlehnung aus Euripides. ein buch, in dem das stehen konnte, war ein roman.

der einen sohn erschlagen läfst), dann die mutter mit dem jüngsten, die sich in ein gemach geflüchtet hat. sein gesinde versucht ihn vergeblich zurück zu halten; schliefslich haben sie ihn aber doch gebunden. aufserdem ist die personification des wahnsinns von Euripides selbst auf die bühne gebracht, also in einer scene vor dem botenbericht. leicht würden wir dann noch eine stelle, die sich auf das reinigungsopfer bezieht, dem botenberichte einreihen (Didymos in schol. Fried. 959 und bei Athen. IX 409. Eur. v. 928. 29). dafs Herakles, also gebunden, selbst vorgeführt ward, ergibt weiter der öfter citirte vers 1245, und die angabe, dafs in diesem drama der glaube an die ansteckende kraft des blutbefleckten berührt worden sei (schol. Eur. Or. 73): denn diese combination zu machen dürfen wir uns schon zutrauen. wenn Herakles im botenberichte gebunden ward, nachher auf der bühne blutbesudelt anwesend war, so ist die einführung des ekkyklemas mit sicherheit zu erschliefsen. wie wir uns freilich weiter helfen sollten, würden die fragmente nicht lehren, denn dafs 1349, 50 in schwer interpolirter gestalt bei Stobaeus (108, 12) stehen, wir also den spruch vernehmen, 'wer nicht das geschick zu tragen weifs, wird auch nicht im stande sein, dem geschosse des feindes entgegen zu treten', würde die lösung schwerlich ergeben. und dafs die rettung der 14 kinder aus Kreta, also eine Theseustat, erwähnt ward (Servius zu Aen. 6, 21), müfste zunächst nur verwirren. allein mit diesen kenntnissen bewaffnet könnten wir zuversichtlich an die tragödie des Seneca gehen und ohne schwanken aus ihrem zweiten teile den zusammenhang nehmen, in den die namentlich erhaltenen citate sich einordnen. Herakles kommt mit Theseus aus dem Hades, also nach der bezwingung des Kerberos, also am ende seines lebens, unerwartet nach Theben. in raserei erschlägt er frau und kinder; als es ihm zum bewufstsein kommt, will er sich töten, entschliefst sich aber auf die bitten seines vaters und des Theseus mit diesem nach Athen zu ziehen um sich dort entsühnen zu lassen: ja selbst einen schimmer von der stimmung des euripideischen Herakles hat Seneca bewahrt. wenn er die mahnung hört *nunc Hercule opus est, perfer hanc molem mali* (1239), sie abweist *veniam dabit sibi ipse qui nulli dedit? laudanda feci iussus: hoc unum meumst* (1267), und schliefslich entscheidet *succumbe virtus, perfer imperium patris, eat ad labores hic quoque Herculeos labor, vivamus,* so ist das .zwar für uns jetzt, die wir den echten hören, ein ungenügender nachklang, aber es gibt doch von der stimmung des echten eine gar nicht verächtliche vorstellung. und ganz abgesehen davon, wie gut es einem kenner des Euripides gelingen möchte, die zusätze der copie

zu entfernen: das ist augenfällig, dafs wir den schlufs des dramas inhaltlich, so weit es die handlung angeht, in der hauptsache richtig recon-
struiren müfsten. aber Seneca würde uns noch weiter helfen. dafs
Euripides den Herakles aus der hölle nur emporgeholt hätte, um ihn
seine kinder erst retten zu lassen, dafs das opfer, bei dem er rasend
wird, das siegesopfer für den tod des Lykos auch bei ihm gewesen wäre,
und der erste teil des dramas also die bedrohung Megaras und der kinder
durch Lykos enthalten hätte, das würde Seneca sicher lehren, und dann
würde die mythographische vulgata bestätigend eintreten, neben einer
anzahl anderer stellen, die zu häufen keinen zweck hat, das die τραγῳ-
δούμενα des Asklepiades citirende scholion λ 269 Μεγάρα Κρέοντος
τοῦ Θηβῶν βασιλέως γημαμένη Ἡρακλεῖ παῖδας ἴσχει Θηρίμαχον
καὶ Κρεοντιάδην καὶ Δηικόωντα⁷⁴), βαδίζοντος δὲ αὐτοῦ εἰς ᾅδου
ἐπὶ τὸν τοῦ κυνὸς ἆθλον Λύκος ὁ τῶν Θηβῶν βασιλεὺς πεισθεὶς
Ἥρᾳ καταστέφει τοὺς Ἡρακλέους παῖδας ἵνα θύσῃ. οὐ γὰρ αὐτὸν
ἐπανήξειν ᾤετο. παραγενόμενος δὲ Ἡρακλῆς ἀναιρεῖ αὐτὸν καὶ τοὺς
ἐκείνου παῖδας· μανεὶς δὲ διὰ τὴν Ἥραν κτείνει τοὺς ἰδίους. ἔμελλε
δὲ καὶ τὸν ἀδελφὸν Ἰφικλέα, εἰ μὴ ἔφθασεν ἡ Ἀθηνᾶ κωλύσασα.
wir wollen das spiel nicht zu weit treiben und dahingestellt sein lassen,
in wie weit sorgfältige erwägung aller varianten die möglichkeit einer
wiederherstellung der einzelnen züge bieten könnte; über sie würden auch
die sachverständigen sich schwer geeinigt, und irrtümer würden sehr leicht
geltung gewonnen haben⁷⁵). aber im ganzen würde der inhalt des euripideischen Herakles sehr wol bekannt sein, ja er hätte gar nicht verloren gehen können. das zeugt für den erfolg des dramas und gibt
uns die lehre für die methode. aus den bruchstücken selbst destillirt

---

74) Therimachos und Deikoon, daneben aber Aristodemos nennt ausdrücklich
als von Euripides erwähnt Lysimachos, schol. Pind. Isthm. 3, 104, dem wir, wie die
mythographischen studien jetzt stehen, doch nur die zahl glauben würden.

75) Einen irrtum, fürchte ich, würden wir begehen. wir würden nach Seneca
annehmen, dafs Lykos die Megara mit heiratsanträgen behelligt hätte, zumal wir
in schol. Lykophr. 38 Λύκον βιαζόμενον τὴν γυναῖκα Μεγάραν eine bestätigung
finden würden. und doch ist das falsch. wir können uns aber trösten: wir würden
dann nur ein wirklich euripideisches motiv in einen zusammenhang bringen, der es
an sich wol erträgt. es ist das motiv, welches Euripides zuerst im Diktys, dann
im Kresphontes angewandt hat. Polyphontes Merope bestürmend gibt in der tat
eine ganz analoge situation: sie hat Seneca in das andere stück übertragen. der
scholiast ist zufällig mit ihm zusammengetroffen. er wie andere brechungen des
inhalts unseres Herakles kann lehren, wie wenig auf diese kleinen züge verlafs ist,
mit denen mythographen und historiker heut zu tage so besonders gern operiren.

freilich nur selten jemand eine tragödie; deshalb können wir von den
komödien ja wirklich so wenig wissen. aber aus der sagenüberlieferung
mufs sich ein drama mehr oder minder herstellen lassen, welches in ihr
epoche gemacht hat. Nauck hat in der vorrede seiner kleinen ausgabe
der Euripidesfragmente die namentlichen bruchstücke von Herakleiden
Herakles Elektra zusammengestellt, zum beweise, dafs es ein eitles be-
mühen wäre, aus ihnen den inhalt zu gewinnen. das ist wahr und
falsch. denn aus den par zeilen geht es freilich nicht, aber das ist
auch der falsche weg. vom stoffe hat man auszugehen, wo immer in
der ganzen weiten litteratur sich spuren von ihm finden. wer die ganze
entwickelung einer sage verfolgt hat, wer auch zugleich ihre bedeutung und herkunft zu würdigen weifs, damit er die trümmer der sagenüberlieferung richtig einordnen könne, der kann dann eine einzelne
fassung, epos oder drama, herstellen − wenn dies epos oder drama
durchgedrungen ist. das aber ist die wesentliche vorfrage, die man praktisch natürlich nicht früher oder später beantwortet, als man dies gedicht herstellt oder ein anderes. so würden wir von Euripides Elektra
gar nichts wissen, weil sie erfolglos geblieben ist; dafs sie das ist, könnten
wir ermitteln. so sehen wir, dafs wir den inhalt des Herakles an vielen
orten überliefert haben, so weit er in die vulgatsage eingang gefunden
hat; wo er ihr widerspricht, im schlusse, verdanken wir die kenntnis
lediglich Seneca, also einem besonderen glücksfall.

Das sei hier an einem exempel gezeigt, das praktisch überflüssig
ist, aber keinen widerspruch zuläfst. möge es nacheiferung wecken. denn
die bruchstücke der tragödie hat Nauck zwar mit unübertrefflicher sorg-
falt gesammelt, aber eine reconstruction in Welckers sinne hat er nicht
überflüssig gemacht, geschweige denn als nutzlos erwiesen. er hat ihr
nur einen teil des materiales sauber zubereitet. wenn das nicht zu diesem
baue dienen soll, so ist es der mühe der sammlung gar nicht wert
gewesen.

Vorbemerkung zum texte.

Die überlieferungsgeschichte des tragikertextes ist im ersten bande der ersten auflage, cap. 3, eingehend dargelegt worden. es hat sich ergeben, daſs der Herakles uns in einem bande der gesammtausgabe des Euripides erhalten worden ist, der sich zufällig bis in die Byzantinerzeit gerettet hatte. wir entbehren somit der hilfe antiker philologischer erklärung gänzlich, haben aber auch mit den entstellungen der byzantinischen schulmeister nicht zu kämpfen, da diese reihe von dramen von ihnen niemals behandelt worden ist. um die überlieferung, wie sie in den uns unmittelbar erhaltenen handschriften steht, richtig zu behandeln, muſs man das aussehen eines solchen buches, wie es die antike handschrift war, der wir die erhaltung dieser dramenreihe verdanken, immer im gedächtnis haben. das ist nicht schwer, da wir jetzt viele reste antiker bücher besitzen, auch eins aus der zeit vor Aristophanes von Byzanz, die Dubliner blätter der Antiope. es war eine ausgabe ganz ohne jede gelehrte einrichtung, auſser daſs eine hypothesis vorgesetzt war. wortabteilung fehlte[1]), die lesezeichen, so weit es deren gab, waren arg zerstört, aber die versglieder waren nach einer für uns gänzlich unverbindlichen späten theorie abgeteilt. vielleicht schon diese handschrift, sonst eine ihrer nachkommen, hat sehr stark gelitten, indem sowol verse wie einzelne wörter, namentlich am schlusse der verse, wie auch einzelne buchstaben fortgelassen waren; zuweilen ist der versuch gemacht, das fehlende zu ergänzen. der druck bringt das nur unvollkommen zur anschauung[2]). es ist dem anfänger zu raten, sich z. b. an den Achminpapyri des Rhesos und der hesiodischen Theogonie, oder an dem Berliner Hippolytos (von Homer sind nur die Londoner papyri von Ψ Ω geeignet) eine vorstellung von dem aussehen solcher bücher zu machen, die ver-

---

1) 583, 810, 1096, 1115, 1191, 1412—14.

2) Z. b. 482. 484. 1003 hat der abschreiber die reste von ἐπίλοχγον χερὶ zu deuten versucht; wer sich die alte schrift überlegt, kann sich die züge denken, die er gewaltsam zu ἐπὶ λόφῳ κέαρ misdeutete.

11*

derbnisse des Herakles zu überlegen und dann erst ein drama mit guter
überlieferung durchzuarbeiten, etwa den Hippolytos, endlich eins, das wie
der Herakles überliefert ist, etwa den Ion: da wird er auch zu tun finden.

Von dem was wir haben liegt dieser eigentliche archetypus weit
ab, und zunächst mufs von dem gegebenen ausgegangen werden. das
sind zwei handschriften, Laurentianus 32, 2 (*C*) aus dem anfange und
Laur. Abbatiae Florentinae 172 (*P*) aus dem ende des vierzehnten
jahrhunderts, beide aus derselben vorlage, einer minuskelhandschrift
frühestens des elften jahrhunderts abgeschrieben. diesen archetypus erreichen wir leicht und sicher: er ist die grundlage unseres textes. es
unterliegt jetzt keinem zweifel mehr, dafs die echte überlieferung uns
fast völlig rein von *C* geboten wird, aber nur von *C*, ehe es durch die
correctoren der renaissance (*c*) verwüstet ward. die erste hand ist fast
immer noch zu erkennen; dazu bietet aber *P* eine äufserst wertvolle
hilfe, denn es ist eine abschrift desselben originales, aus dem *C* stammt,
zwar sehr fehlerhaft und nicht ohne willkür geschrieben, nur in ganz
wenigen geringfügigen dingen geeignet *C* zu verbessern, aber namentlich für die lesung von C^1 unter correctur und rasur eine sichere hilfe.
auch zur scheidung der wertlosen correcturen in *C* von den eintragungen
zweiter hand (C^2), welche aus der vorlage stammen, verhilft am sichersten *P*,
denn es stimmt oft zu C^2. da der kritische apparat nur die überlieferung
geben will, so war der gewiesene weg der, dafs fortgeworfen werden
mufste erstens alles was von *c* stammt, es sei denn dafs es richtige con-
jecturen sind, zweitens die zahlreichen offenkundigen fehler von *P*. in
dingen, wo dieser notorisch unzuverlässig ist, wie der personenverteilung,
ist er gar nicht berücksichtigt. dagegen mufste erwähnt werden was
immer C^1 enthalten hat, auch wenn es ein von C^2P berichtigter fehler
ist: denn es kann ja aus dem originale stammen. es ist vielleicht nicht
richtig, dafs die stellen nicht bemerkt sind, wo nur noch eine rasur
zeigt, dafs in *C* vor der jetzigen zu *P* stimmenden lesart etwas anderes
gestanden hat.

Orthographie, krasis, elision, prosodie, interpunction, versabteilung ist
vom herausgeber nach eigenem ermessen gesetzt. die handschrift ist viel zu
jung und zu fehlerhaft, als dafs ihr zeugnis ins gewicht fallen könnte. in
einzelnen fällen ist auch derartiges erwähnt, aber das sind ausnahmen; in
wahrheit hätte noch vieles fortbleiben können. immerhin ist so erreicht,
dafs der apparat ganz knapp ist: diesem streben zu liebe sind auch aus antiken citaten nur die lesarten angeführt, welche den text verbessern. es wird
aber namentlich für einen anfänger sehr belehrend sein, sowol diese vari-

anten alle zu durchmustern wie auch die zahlreichen stellen zu überlegen, wo der apparat im texte eine lesart enthält, die durch moderne conjectur gefunden war, aber nichts zu ihr bemerkt wird, weil sie überliefert ist und nur durch die renaissancecorrectoren verdrängt war. es kann beides ja leicht aus Kirchhoffs großer ausgabe genommen werden.

Dieser und anderen älteren ausgaben, namentlich Musgrave Beck, sind die angaben über die apographa von C, die ältesten drucke und emendatoren entnommen; es mag sein, daß eine oder die andere conjectur moderner gelehrten auch aus zweiter hand genommen ist. die benutzung der originalen arbeiten von Musgrave, Reiske, Wakefield, Dobree, Elmsley, hat gezeigt, daß unsere tradition von den älteren leistungen allerdings bereichert und berichtigt werden kann. es sind deshalb nicht selten mehrere namen für eine verbesserung genannt, auch von modernen gelehrten. für den wissenden ist daraus manches zu lernen; dem unwissenden schadet es nichts und für die wahrheit sind alle namen gleichgiltig.

Die äußere einrichtung des druckes entfernt sich in manchen dingen von der geläufigen weise und schließt sich teils der handschriftlichen überlieferung, teils der besonders durch Hephaestion überlieferten praxis der antiken grammatik an. der personenwechsel ist, wo keine zweideutigkeit entsteht, durch die paragraphos bezeichnet. die εἴσθεσις, das einrücken, ist angewandt um zu zeigen, wie weit die synaphie in den liedmaßen reicht; im dialoge hat das alinea seine uns geläufige rhetorische bedeutung. strophen oder in nichtstrophischen gedichten perioden, auftreten und abtreten der personen ist im anschluß an Hephaestion bezeichnet. doch hat die praxis einige modificationen der zeichen gefordert: denn nicht eine repristination verschollener wertloser dinge, sondern das praktische bedürfnis ist leitend gewesen. die unechten verse sind in unserer weise eingeklammert, nicht aufgespießt, und das kreuz bedeutet nicht, daß zu der stelle etwas zu bemerken ist, sondern daß sie verdorben ist und noch nicht geheilt. die interpunction bemüht sich, keine regel zu befolgen, sondern dem verständnis des einzelnen satzes zu dienen, so viel sie kann. allerdings bemerkt man immer wieder, daß sie das ungenügend tut. bestrebungen, wie die des Nikanor mit seinem abstrusen system und die rabbinischen anweisungen für die recitation oder auch die zeichen und beischriften unserer musikalischen texte lernt man schätzen: hier kann ein erfinder sich wirklich eine krone verdienen. wenn wir vorzeichnen könnten, wie ein satz gelesen und betont werden soll, so würde die bessere hälfte der erklärung ohne weiteres geleistet sein.

ΕΥΡΙΠΙΔΟΥ ΗΡΑΚΛΗΣ.

Titel haben die dichter selbst ihren tragödien gegeben, und zwar sind dieses die ersten wirklichen buchtitel, die überhaupt aufgekommen sind; vorher gab es sie weder für poesie noch für prosa. der anlaſs hat nicht etwa in der buchhändlerischen verbreitung, sondern in der anmeldung des schauspieles bei dem spielleitenden beamten und in der ankündigung vor dem publicum gelegen. Euripides hat alle titel mit überlegung gewählt. daſs er schlicht Ἡρακλῆς sagt, bedeutet nicht mehr, als daſs der name ausreichte, weil es noch keine Heraklestragödien gab. das gesammte altertum einschlieſslich unserer handschriften des dramas kennt nur den einfachen titel, und es wäre nicht blofs überflüssig, sondern störend gewesen, wenn Euripides hätte μαινόμενος zusetzen wollen: der ganze Herakles ist darin. dieser zusatz ist in dem ersten drucke beigefügt worden, weil die nachbildung des Seneca *Hercules furens* hiefs, auch nicht nach des dichters absicht, sondern aus bequemlichkeit der modernen, das stück von dem *Hercules Oetaeus* zu unterscheiden. auſserdem hat Philostratos mit recht sein bild Ἡρακλῆς μαινόμενος genannt, denn darin ist nur dargestellt, was hier der botenbericht erzählt. es ist nur durch die faule macht der gewohnheit erklärlich, daſs der moderne zusatz, obwol seit 20 jahren die sachlage bekannt ist, weiter geschleppt wird. selbst dieses mein buch hat die bezeichnung ʻHeracles furensʼ erdulden müssen. so tief ist in gewissen kreisen das sprachgefühl und der geschmack gesunken. es wäre zum lachen, wenn es nicht ein trauriges zeichen der zeit wäre.

ΥΠΟΘΕΣΙΣ ΗΡΑΚΛΕΟΥΣ.

Ἡρακλῆς γήμας Μεγάραν τὴν Κρέοντος παῖδας ἐξ αὐτῆς
ἐγέννησε . . . . . καταλιπὼν δὲ τούτους ἐν ταῖς Θήβαις αὐτὸς εἰς
Ἄργος ἦλθεν Εὐρυσθεῖ τοὺς ἄθλους ἐκπονήσων· πάντων δὲ περι-
γενόμενος ἐπὶ πᾶσιν εἰς Ἅιδου κατῆλθε καὶ πολὺν ἐκεῖ διατρίψας
χρόνον δόξαν ἀπέλιπε παρὰ τοῖς ζῶσιν ὡς εἴη τεθνηκώς· στασιά-
σαντες δὲ οἱ Θηβαῖοι πρὸς τὸν δυνάστην Κρέοντα Λύκον ἐκ τῆς
Εὐβοίας κατήγαγον . . . . . .

Dies ist der rest einer nacherzählung des dramas und hängt mit
der mythographischen litteratur zusammen. verstümmelt sind die meisten
dieser vorbemerkungen zu den scholienlosen dramen, weil ein schreiber
zu wenig raum für sie zwischen zwei dramen ausgespart hatte. daſs sie
auf diese weise vom corrector nachgetragen wurden, zeigt die praxis
in *C* selbst.

Hinter ἐγέννησε fehlt die zahl 3 oder die drei namen, obwol Euripides sie nicht nennt. denn die mythographen lieſsen keine person anonym,
und hier wissen wir durch schol. Pind. Isthm. 3, 104, daſs man sogar zu
wissen glaubte, welche namen Euripides gemeint hatte: d. h. die dreizahl
war bei irgend jemand anders auch vorhanden und da standen die namen:
denn aus der hypothesis hat der mythograph Lysimachos, auf den jenes
scholion zurückgeht, nicht geschöpft. κατήγαγον zeigt, daſs Lykos aus
Theben stammte, d. h. daſs im unmittelbaren anschluſs von seinem ahn,
dem Thebaner Lykos, erzählt war.

In *P* steht ein unvollständiges personenverzeichnis, das aus der vorlage stammen kann. indessen haben solche verzeichnisse für attische
dramen keinen zweck und waren der guten grammatik fremd.

ΑΜΦΙΤΡΥΩΝ.

Τίς τὸν Διὸς σύλλεκτρον οὐκ οἶδεν βροτῶν,
Ἀργεῖον Ἀμφιτρύων᾽, ὃν Ἀλκαῖός ποτε
ἔτιχθ᾽ ὁ Περσέως, πατέρα τόνδ᾽ Ἡρακλέους;
ὃς τάσδε Θήβας ἔσχον, ἔνθ᾽ ὁ γηγενὴς
Σπαρτῶν στάχυς ἔβλαστεν, ὧν γένους Ἄρης   5
ἔσωσ᾽ ἀριθμὸν ὀλίγον, οἳ Κάδμου πόλιν
τεκνοῦσι παίδων παισίν· ἔνθεν ἐξέφυ
Κρέων Μενοικέως παῖς, ἄναξ τῆσδε χθονός.
Κρέων δὲ Μεγάρας τῆσδε γίγνεται πατήρ,
ἣν πάντες ὑμεναίοισι Καδμεῖοί ποτε   10
λωτῷ συνηλάλαξαν, ἡνίκ᾽ εἰς ἐμοὺς
δόμους ὁ κλεινὸς Ἡρακλῆς νιν ἤγετο.
λιπὼν δὲ Θήβας, οὗ κατῳκίσθην ἐγώ,
Μεγάραν τε τήνδε πενθερούς τε παῖς ἐμὸς
Ἀργεῖα τείχη καὶ Κυκλωπίαν πόλιν   15
ὠρέξατ᾽ οἰκεῖν, ἣν ἐγὼ φεύγω κτανὼν
Ἠλεκτρύωνα. συμφορὰς δὲ τὰς ἐμὰς
ἐξευμαρίζων καὶ πάτραν οἰκεῖν θέλων
καθόδου δίδωσι μισθὸν Εὐρυσθεῖ μέγαν,
ἐξημερῶσαι γαῖαν, εἴθ᾽ Ἥρας ὕπο   20
κέντροις δαμασθεὶς εἴτε τοῦ χρεὼν μέτα.
καὶ τοὺς μὲν ἄλλους ἐξεμόχθησεν πόνους,
τὸ λοίσθιον δὲ Ταινάρου διὰ στόμα
βέβηκ᾽ ἐς Ἅιδου τὸν τρισώματον κύνα
ἐς φῶς ἀνάξων — ἔνθεν οὐχ ἥκει πάλιν.   25

---

1 οἶδε ny deest persaepe; non notatur   2 Ἀμφιτρύωνα C[1] elisio plerumque neglecta, sed restituta C[2]P vel c, raro notatur   3 ἔτικτεν error ex neglecta
elisione iam in archetypo natus   Ἡρακλέος ita plerumque; orthographica raro
notantur   4 ἔσχεν: em Wil Naber   11 λοτῷ   15 Κυκλωπίαν P Κυκλω-
πείαν C   19 καθόλου: em Reiske

Die hinterwand der bühne bildet der palast des Herakles in Theben; in der mitte eine gewaltige flügeltür. vor dem hause in der mitte der bühne ein grosser altar, auf dessen stufen Amphitryon Megara und die drei kleinen söhne des Herakles sitzen.

AMPHITRYON

Wer kennt ihn nicht, der seines weibes liebe
mit Zeus geteilt, Amphitryon von Argos,
Alkaios des Persiden sohn, den vater
des Herakles. ich bins. in Theben hier
hab’ ich mein haus gegründet, wo die saat
der erdgebornen Sparten aufgesprossen,
aus deren reihen eine kleine schar
Ares verschonte, die in ihren enkeln
blühend die Kadmosstadt bevölkerten.
Kreon, Menoikeus sohn, der könig selber,
war ihres blutes. seine tochter ist’s
die hier sitzt, Megara. in hellem jubel
sang einst zum flötenschall ihr hochzeitslied
das volk des Kadmos, da zu meinem hause
als braut der grofse Herakles sie führte.
dann zog mein sohn von Theben, wo ich mir
ein heim geschaffen, weg, verliefs sein weib
und seine schwäher, wollt’ in Argos wieder
und im Kyklopenbau Mykenes wohnen,
die mit dem Blut Elektryons befleckt
ich meiden mufs. und da nun Herakles
vom bann mich lösen und das vaterland
sich öffnen wollte, bot er dem Eurystheus
für unsre heimkehr einen hohen preis:
die säuberung der erde von den schrecken
der ungeheuer und der wüsten frevler.
das war vielleicht ein wahnsinn, ihm von Hera
gesandt; vielleicht berief ihn nur das schicksal
an die aufgabe seines lebens. sieghaft
bestanden waren all die andern kämpfe,
da stieg er in die höhle Tainarons
zuletzt hinab, den höllenhund zum licht
zu holen — und von da kehrt er nicht wieder.

γέρων δὲ δή τις ἔστι Καδμείων λόγος,
ὡς ἦν πάρος Δίρκης τις εὐνήτωρ Λύκος
τὴν ἑπτάπυργον τήνδε δεσπόζων πόλιν,
τὼ λευκοπώλω πρὶν τυραννῆσαι χϑονός,
Ἀμφίον᾿ ἠδὲ Ζῆϑον, ἐκγόνω Διός·   30
οὗ ταὐτὸν ὄνομα παῖς πατρὸς κεκλημένος,
Καδμεῖος οὐκ ὢν ἀλλ᾿ ἀπ᾿ Εὐβοίας μολών,
κτείνει Κρέοντα καὶ κτανὼν ἄρχει χϑονός,
στάσει νοσοῦσαν τήνδ᾿ ἐπεσπεσὼν πόλιν.
ἡμῖν δὲ κῆδος ἐς Κρέοντ᾿ ἀνημμένον   35
κακὸν μέγιστον, ὡς ἔοικε, γίγνεται.
τοὐμοῦ γὰρ ὄντος παιδὸς ἐν μυχοῖς χϑονὸς
ὁ καινὸς οὗτος τῆσδε γῆς ἄρχων Λύκος
τοὺς Ἡρακλείους παῖδας ἐξελεῖν ϑέλει
κτανὼν δάμαρτά⟨ϑ᾿⟩, ὡς φόνῳ σβέσῃ φόνον,   40
κἄμ᾿, εἴ τι δὴ χρὴ κἄμ᾿ ἐν ἀνδράσιν λέγειν
γέροντ᾿ ἀχρεῖον, μή ποϑ᾿ οἵδ᾿ ἠνδρωμένοι
μήτρωσιν ἐκπράξωσιν αἵματος δίκην.
ἐγὼ δέ (λείπει γάρ με τοῖσδ᾿ ἐν δώμασι
τροφὸν τέκνων οἰκουρόν, ἡνίκα χϑονὸς   45
μέλαιναν ὄρφνην εἰσέβαινε, παῖς ἐμός)
σὺν μητρὶ τέκνα, μὴ ϑάνωσ᾿, Ἡρακλέους
βωμὸν καϑίζω τόνδε Σωτῆρος Διός,
ὃν καλλινίκου δορὸς ἄγαλμ᾿ ἱδρύσατο
Μινύας κρατήσας οὑμὸς εὐγενὴς τόκος.   50
πάντων δὲ χρεῖοι τάσδ᾿ ἕδρας φυλάσσομεν,
σίτων ποτῶν ἐσϑῆτος, ἀστρώτῳ πέδῳ
πλευρὰς τιϑέντες· ἐκ γὰρ ἐσφραγισμένοι
δόμων καϑήμεϑ᾿ ἀπορίᾳ σωτηρίας.
φίλων δὲ τοὺς μὲν οὐ σαφεῖς ὁρῶ φίλους,   55
οἱ δ᾿ ὄντες ὀρϑῶς ἀδύνατοι προσωφελεῖν.

---

35 ἀνημμένον: em Musgravii amicus, Dobree   38 κλεινός: em Elmsley
Dobree   40 δάμαρτα ὡς C¹ δάμαρτ᾿ ὡς C²P: suppl Barnes

nun hat man sich von alters her in Theben
erzählt von einem Lykos, der der Dirke
gemal und fürst der siebentor'gen stadt
gewesen sei, bis auf den weifsen rossen
Zeus zwillingssöhne, Zethos und Amphion,
erschienen und die herschaft sich errangen.
von dem hat ein nachkomme jüngst, benannt
nach seinem ahn, doch ist er kein Kadmeer,
er kam vielmehr herüber von Euboia —
der hat Kreon erschlagen und zum könig
von Theben sich nach Kreons tod gemacht,
des bürgerschaft, gespalten in parteien
des eindringlings sich nicht erwehren konnte.
uns aber droht des Kreon schwäherschaft
zum allergröfsten unheil auszuschlagen.
denn während Herakles im schoofs der erde
verzieht, hat dieser neue landesherr
Lykos, die spuren des vergossnen blutes
durch neues zu verwischen, sich entschlossen,
der söhne Herakles' und seines weibes
und meiner, wenn ein überlebter greis
zu rechnen ist, durch mord sich zu entled'gen,
damit nicht diese kinder einst als männer
zu blut'ger rechenschaft ihn für den fall
des Kreontidenhauses ziehen könnten.
die knaben stehn in meiner hut, denn mir
hat scheidend Herakles sein haus befohlen,
da er hinabstieg in das schattenreich.
um also weib und kinder meinem sohne
zu retten, hab' ich sie hierher geflüchtet
an diesen altar des Erretters Zeus;
mein heldensohn hat ihn erbaut, als denkmal
des ruhms, den ihm sein Minyersieg erwarb.
so harren wir denn hier, entblöfst von allem,
von kleidung, speis' und trank, auf nackter erde;
das haus ist uns verschlossen und versiegelt,
auf rettung keine hoffnung, unsre freunde
beweisen meistens sich des namens unwert,
die treuen aber können uns nicht helfen.

172

τοιοῦτον ἀνθρώποισιν ἡ δυσπραξία·
ἧς μήποθ᾽ ὅστις καὶ μέσως εὔνους ἐμοὶ
τύχοι, φίλων ἔλεγχον ἀψευδέστατον.

ΜΕΓΑΡΑ.

ὦ πρέσβυ, Ταφίων ὅς ποτ᾽ ἐξεῖλες πόλιν 60
στρατηλατήσας κλεινὰ Καδμείων δορός·
ὡς οὐδὲν ἀνθρώποισι τῶν θείων σαφές.
ἐγὼ γὰρ οὔτ᾽ ἐς πατέρ᾽ ἀπηλάθην τύχης,
ὃς εἵνεκ᾽ ὄλβου μέγας ἐκομπάσθη ποτέ,
ἔχων τυραννίδ᾽ †ἧς μακραὶ λόγχαι πέρι 65
† πηδῶσ᾽ ἔρωτι σώματ᾽ εἰς εὐδαίμονα,
ἔχων δὲ τέκνα· κἄμ᾽ ἔδωκε παιδὶ σῷ,
ἐπίσημον εὐνήν, Ἡρακλεῖ συνοικίσας.
καὶ νῦν ἐκεῖνα μὲν θανόντ᾽ ἀνέπτατο,
ἐγὼ δὲ καὶ σὺ μέλλομεν θνῄσκειν, γέρον, 70
οἵ θ᾽ Ἡράκλειοι παῖδες, οὓς ὑπὸ πτεροῖς
σῴζω νεοσσοὺς ὄρνις ὣς ὑφειμένους.
οἱ δ᾽ εἰς ἔλεγχον ἄλλος ἄλλοθεν πίτνων
„ὦ μῆτερ“ αὐδᾷ „ποῖ πατὴρ ἄπεστι γῆς,
τί δρᾷ, πόθ᾽ ἥξει;“ τῷ νέῳ δ᾽ ἐσφαλμένοι 75
ζητοῦσι τὸν τεκόντ᾽· ἐγὼ δὲ διαφέρω
λόγοισι, μυθεύουσα. θαυμάζω⟨ν⟩ δ᾽, ὅταν
πύλαι ψοφῶσι, πᾶς ἀνίστησιν πόδα,
ὡς πρὸς πατρῷον προσπεσούμενοι γόνυ.
νῦν οὖν τίν᾽ ἐλπίδ᾽ ἢ πόρον σωτηρίας 80
ἐξευμαρίζῃ, πρέσβυ; πρὸς σὲ γὰρ βλέπω.
ὡς οὔτε γαίας ὅρι᾽ ἂν ἐκβαῖμεν λάθρᾳ·
φυλακαὶ γὰρ ἡμῶν κρείσσονες κατ᾽ ἐξόδους·
οὔτ᾽ ἐν φίλοισιν ἐλπίδες σωτηρίας
ἔτ᾽ εἰσὶν ἡμῖν. ἥντιν᾽ οὖν γνώμην ἔχεις 85
λέγ᾽ ἐς τὸ κοινόν, μὴ θανεῖν ἕτοιμον ᾖ.

ΑΜΦ. ὦ θύγατερ, οὔτοι ῥᾴδιον τὰ τοιάδε 88

62 θείων Ps. Iustin expos. fid. 8: θεῶν   64 ὅς C¹: ὡς C²P   οὕνεκ᾽ ὄλβου
Canter: οὐκ ἐν ὄλβῳ   71 ὑποπτέρους: em Pierson   72 ὑφειμένη: em Kirchhoff   77 suppl Kirchhoff   80 πόρον Musgrave: πέδον   83 κρέσσονες

das lernt der mensch im unglück. möge keiner,
der nur ein wenig mitleid mit mir hat,
solch eine prüfungszeit erleben müssen,
wo sich der wert der freundschaft offenbart.

MEGARA.

Mein greiser vater, einst ruhmvoller feldherr,
da du an des Thebanerheeres spitze
die Taphierburgen brachst, wie ist dem menschen
doch dunkel alles was die götter senden.
mir schien das glück in meinem vater hold,
denn er war könig, und dem blick der welt
scheint jede krone ja im vollen glanze
beneidenswerter seligkeit zu strahlen;
und auch das vaterglück war ihm beschieden,
und seiner tochter segensreicher bund
führt' Herakles als schwiegersohn ihm zu —
und jetzt ist all das ab und tot, und wir,
du, greis, und ich, wir rüsten uns zum tode,
so auch die söhne Herakles', die brut,
die schutz sich unter meinem fittich sucht.
bald kommt der eine fragen, bald der andre,
'mutter, wo ist der vater hin? was macht er?
wann wird er wieder kommen?' kindisch spielend
gehn sie den vater suchen. ich erzähle
dann märchen sie in ruh' hineinzureden —
da geht die tür, sie stutzen, springen auf,
sich an des lieben vaters knie zu schmiegen.
    hast du nun einen ausweg, lieber vater,
auf rettung eine hoffnung? deiner harr' ich,
denn heimlich in die fremde zu entweichen
ist schwerlich möglich: allzustarke wachen
stehn an den toren; dafs von freunden uns
erlösung käme, hoff' ich auch nicht mehr.
so teile mir denn mit, was du beschlossen:
sonst ist der tod uns nah und unausweichlich.

AMPHITRYON.

Es fällt mir schwer, mein kind, was du begehrst,

174

φαύλως παραινεῖν σπουδάσαντ᾽ ἄνευ πόνου·
χρόνον δὲ μηκύνωμεν ὄντες ἀσθενεῖς.   87
— λύπης τι προσδεὶς ἢ φιλεῖς οὕτω φάος;   90
— καὶ τῷδε χαίρω καὶ φιλῶ τὰς ἐλπίδας.
— κἀγώ· δοκεῖν δὲ τἀδόκητ᾽ οὐ χρή, γέρον.
— ἐν ταῖς ἀναβολαῖς τῶν κακῶν ἔνεστ᾽ ἄκη.
— ὁ δ᾽ ἐν μέσῳ με λυπρὸς ὢν δάκνει χρόνος.
— γένοιτ᾽ ἂν ⟨οὕτ⟩ω, θύγατερ, οὔριος δρόμος   95
   ἐκ τῶν παρόντων τῶνδ᾽ ἐμοὶ καὶ σοὶ καλῶν,
   ἔλθοι τ᾽ ἔτ᾽ ἂν παῖς οὑμὸς εὐνήτωρ δὲ σός.
   ἀλλ᾽ ἡσύχαζε καὶ δακρυρρόους τέκνων
   πηγὰς ἀφαίρει καὶ παρευκήλει λόγοις,
   κλέπτουσα μύθοις ἀθλίους κλοπὰς ὅμως.   100
   κάμνουσι γάρ τοι καὶ βροτοῖς αἱ συμφοραί,
   καὶ πνεύματ᾽ ἀνέμων οὐκ ἀεὶ ῥώμην ἔχει,
   οἵ τ᾽ εὐτυχοῦντες διὰ τέλους οὐκ εὐτυχεῖς·
   ἐξίσταται γὰρ πάντ᾽ ἀπ᾽ ἀλλήλων δίχα.
   οὗτος δ᾽ ἀνὴρ ἄριστος, ὃς ταῖς ἐλπίσι   105
   πέποιθεν αἰεί· τὸ δ᾽ ἀπορεῖν ἀνδρὸς κακοῦ.

ΧΟΡΟΣ.

ὑπόροφα μέλαθρα καὶ γεραιὰ δέμνι᾽ ἀμφὶ βάκτροις
ἔρεισμα θέμενος ἐστάλην ἰηλέμων
   γέρων ἀοιδὸς ὥστε πολιὸς ὄρνις,   110

87 traiec. Wil   95 suppl Wil   97 ἔλθοι τέ τὰν   101 βροτοῖς αἱ schol.
Pind. Pyth. 3, 160: βροτῶν αἱ   106 ἀεὶ C² hoc non semper refertur.   107 ὑπώ-
ροφα   110 γέρων Nauck: γόων

dies blofse raten, tatenlose planen —
doch wir sind schwach: so lafs uns zeit gewinnen.

MEGARA.

Hast du nach weitrem leiden noch verlangen
oder ist dir das leben gar so süfs?

AMPHITRYON.

Das leben lieb, mein kind, und süfs die hoffnung.

MEGARA.

Auch mir so süfs; allein, mein greiser vater,
was man nicht hoffen kann, soll man nicht hoffen.

AMPHITRYON.

Der krankheit aufschub birgt der krankheit heilung.

MEGARA.

Ich fühle nur der ungewifsheit marter.

AMPHITRYON.

Ist es unmöglich, dafs in dieser not
die uns umfängt, ein günst'ger umschwung komme?
kann nicht mein sohn, dein gatte, wiederkehren?
nein, fasse dich und stille deinen kindern
die tränen, treib' dein bittres trostgeschäft
mit süfsen märchen ihre furcht zu teuschen.
auch des geschickes stürme legen sich
so gut wie der orkan nicht ewig wütet,
und jedes menschenglück ein ende hat
denn leben ist bewegung, auf und ab.
der ist der tapferste, der das vertrauen
auf seine hoffnung stets bewahrt: ein feigling
wer, wo er keinen ausgang sieht, verzweifelt.

CHOR,

Thebanische greise, bekränzt, stäbe in den händen, zieht von der seite herein und
singt dabei, zuerst den meisten zuschauern noch unsichtbar.

Auf zum schlofs empor,
zu des greisen freundes bett.
meine schritte stützt der stab,
wehruf heb' ich,
gleich dem schwan ein grauer sänger.

ἔπεα μόνον καὶ δόκημα νυκτερω-
πὸν ἐννύχων ὀνείρων,
τρομερὰ μέν, ἀλλ᾽ ὅμως πρόθυμ᾽,
ὦ τέκεα τέκεα πατρὸς ἀπάτορ᾽,
ὦ γεραιὲ σύ τε τάλαινα μᾶ-   115
τερ, ἃ τὸν Ἀΐδα δόμοις
πόσιν ἀναστενάζεις. ▬▬

μὴ πόδα κάμητε βαρύ τε κῶλον, ὥστε πρὸς πετραῖον 120
λέπας ζυγοφόρος ἔκαμ᾽ ἄναντες ἅρματος
βάρος φέρων τροχηλάτοιο πῶλος.
λαβοῦ χερὸς καὶ πέπλων, ὅτου λέλοι-
πε ποδὸς ἀμαυρὸν ἴχνος·
γέρων γέροντα παρακόμιζ᾽,   125
   ᾧ ξύνοπλα δόρατα νέα νέῳ   127
   τὸ πάρος ἐν ἡλίκων πόνοις   126
   ξυνῆν ποτ᾽, εὐκλεεστάτας
   πατρίδος οὐκ ὀνείδη. ▬▬▬

ἴδετε, πατέρος ὡς γοργῶπες αἵδε προσφερεῖς ὀμμάτων 130
αὐγαί, τὸ δὲ κακοτυχὲς οὐ λέλοιπεν ἐκ τέκνων,
οὐδ᾽ ἀποίχεται χάρις.
Ἑλλὰς ὦ, ξυμμάχους   135
οἵους οἵους ὀλέσασα τούσδ᾽ ἀποστερήσῃ. ▬▬ ∿

ἀλλ᾽ εἰσορῶ γὰρ τῆσδε κοίρανον χθονὸς
Λύκον περῶντα τῶνδε δωμάτων πέλας.

ΛΥΚΟΣ.
τὸν Ἡράκλειον πατέρα καὶ ξυνάορον,   140
εἰ χρή μ᾽, ἐρωτῶ, χρὴ δ᾽, ἐπεί γε δεσπότης

---

113 μὲν Tyrwhitt: μόνον   114 ἰὼ: em Hermann   119 μὴ προκάμητε
πόδα: em Wil   121. 2 λέπας ζυγηφόρον κῶλ᾽ ἀνέντας ὡς βάρος φέρον τροχηλάτοιο πώλου: ζυγοφόρος ἅρματος — πῶλος Nauck, em Wil   123 χερῶν: em
Wil   126 traiec. Elmsley   πόνοισι: corr. c   130 πατρὸς CP: γρ. πατέρος C

nur ein schall noch bin ich, eines traumes
nachtgebornes wahngebild.
aber schwank' ich auch,
treu doch bin ich euch geblieben,
armen vaterlosen waisen,
altersschwachem kameraden,
ihr, die seufzend ruft den gatten,
den der Hades drunten hält.

Fuſs, erlahme nicht,
spröde sehnen, haltet aus;
freilich, wenn es steilen hang
aufwärts ziehn soll,
lahmet leicht das roſs am wagen.
faſs' am arm, am kleide den genossen
dem der schwanke tritt versagt,
stütze, greis, den greis.
einst im jugendmute standest
jugendmut'gem kameraden
schild an schild du ihm zur seite,
würdig unsres vaterlandes,
da noch ruhmvoll Theben war.

*Der chor hat nun seinen platz auf der bühne, zu seiten des altares, auf dem die
schauspieler sitzen, eingenommen.*

O seht sie an, in ihren augen funkelt
des vaters trotz,
des vaters schwer geschick ruht auf den söhnen:
die dankbarkeit,
die ihm wir schulden, gilt auch seinen kindern.
Hellenenland,
die knaben wären dir emporgesprossen
zu schirm und schutz:
du wirst ihr verderben entgelten.

CHORFÜHRER.

Es naht sich Lykos, unsres landes herrscher,
dort am palaste seh' ich ihn erscheinen.

LYKOS

kommt von derselben seite wie vorher der chor; bewaffnete trabanten folgen ihm.

Ich frag euch, Herakles' gemal und vater,
so ich es darf, und darf euch alles fragen

ὑμῶν καθέστηχ᾽, ἱστορεῖν ἃ βούλομαι·
τίν᾽ ἐς χρόνον ζητεῖτε μηκῦναι βίον;
τίν᾽ ἐλπίδ᾽ ἀλκήν τ᾽ εἰσορᾶτε μὴ θανεῖν;
ἢ τὸν παρ᾽ Ἅιδη πατέρα τῶνδε κείμενον   145
πιστεύεθ᾽ ἥξειν; ὡς ὑπὲρ τὴν ἀξίαν
τὸ πένθος αἴρεσθ᾽, εἰ θανεῖν ὑμᾶς χρεών,
σὺ μὲν καθ᾽ Ἑλλάδ᾽ ἐκβαλὼν κόμπους κενούς,
ὡς σύγγαμός σοι Ζεὺς ἐκοινώνει ⟨τέκνου⟩,
σὺ δ᾽ ὡς ἀρίστου φωτὸς ἐκλήθης δάμαρ.   150
τί δὴ τὸ σεμνὸν σῷ κατείργασται πόσει,
ὕδραν ἕλειον εἰ διώλεσε κτανὼν
ἢ τὸν Νέμειον θῆρ; ὃν ἐν βρόχοις ἑλὼν
βραχίονός φησ᾽ ἀγχόναισιν ἐξελεῖν.
τοῖσδ᾽ ἐξαγωνίζεσθε; τῶνδ᾽ ἄρ᾽ εἵνεκα   155
τοὺς Ἡρακλείους παῖδας οὐ θνήσκειν χρεών;
ὃ δ᾽ ἔσχε δόξαν οὐδὲν ὢν εὐψυχίας,
θηρῶν ἐν αἰχμῇ τἄλλα δ᾽ οὐδὲν ἄλκιμος,
ὃς οὔποτ᾽ ἀσπίδ᾽ ἔσχε πρὸς λαιᾷ χερὶ
οὐδ᾽ ἦλθε λόγχης ἐγγύς, ἀλλὰ τόξ᾽ ἔχων,   160
κάκιστον ὅπλον, τῇ φυγῇ πρόχειρος ἦν.
ἀνδρὸς δ᾽ ἔλεγχος οὐχὶ τόξ᾽ εὐψυχίας,
ἀλλ᾽ ὃς μένων βλέπει τε κἀντιδέρκεται
δορὸς ταχεῖαν ἄλοκα, τάξιν ἐμβεβώς.
ἔχει δὲ τοὐμὸν οὐκ ἀναίδειαν, γέρον,   165
ἀλλ᾽ εὐλάβειαν· οἶδα γὰρ κατακτανὼν
Κρέοντα πατέρα τῆσδε καὶ θρόνους ἔχων.
οὐκ οὖν τραφέντων τῶνδε τιμωροὺς ἐμοὶ
χρῄζω λιπέσθαι, τῶν δεδραμένων δίκην.

---

146 ὧσθ᾽: em Matthiae   149 ἐκοινώνει Pflugk: τέκοι νέον   τέκνου suppl.
Wil: om C, γόνον P   155 οὕνεκα P οὕνεκεν C   157 ὃς ἔ.: em Wil
168 ἐμοὺς: em Camper

was mir beliebt, denn ich bin euer herr.
wie lange wollt ihr noch das leben schleppen?
wo seht ihr hoffnung, rettung wo vom tode?
vertraut ihr etwa, dieser kinder vater,
der drunten liegt im Hades, kehre wieder?
auch weiſs ich nicht, was ihr denn so gewaltig,
weil euch der tod gewiſs, zu klagen habt.
da sprengest du die leere prahlerei
in Hellas aus, Amphitryon, daſs Zeus
mitvater deines sohnes sei, und du
rechnest auf rücksicht, denn du seist die gattin
des ersten helden. was ist nur dabei
erhabnes, wenn er eine wasserschlange
erschlagen oder den nemeischen löwen?
den will er mit den schlingen seiner arme
erdrosselt haben, hat ihn aber wol
gefangen in den schlingen einer falle.
und das sind eure gründe! darauf hin
soll ich des Herakles geschlecht verschonen!
was ist denn Herakles? den ruf des mutes
hat er im kriege wider wilde tiere
gewonnen. darin mag er tapfer sein,
sonst nirgend. kam doch nie an seine seite
ein schild, noch kam er jemals in berührung
mit einem speere. seine waffen sind
die feigen pfeile, seine kunst die flucht.
doch mannesmut hat keiner noch bewiesen
als bogenschütze. dazu heiſst es stehn
auf festen füſsen und mit festem auge,
den speer gefällt — nicht weicht er aus der richtung;
den blick gerichtet auf den wald von speeren,
der·drüben starrt — und keine wimper zuckt.
  mein handeln aber, alter mann, ist klugheit,
nicht grausamkeit. ich weiſs, ich habe Kreon
erschlagen, und ich sitz' auf seinem thron:
er war der vater Megaras, so werd' ich
doch nicht gestatten, daſs in seinen söhnen
bluträcher meinem opfer auferstehn.

ΑΜ. τῷ τοῦ Διὸς μὲν Ζεὺς ἀμυνέτω μέρει 170
παιδός· τὸ δ᾽ εἰς ἔμ᾽, Ἡράκλεις, ἐμοὶ μέλει
λόγοισι τὴν τοῦδ᾽ ἀμαθίαν ὑπὲρ σέθεν
δεῖξαι· κακῶς γὰρ σ᾽ οὐκ ἐατέον κλύειν.
πρῶτον μὲν οὖν τἄρρητ᾽ (ἐν ἀρρήτοισι γὰρ
τὴν σὴν νομίζω δειλίαν, Ἡράκλεες) 175
σὺν μάρτυσιν θεοῖς δεῖ μ᾽ ἀπαλλάξαι σέθεν.
Διὸς κεραυνὸν ἠρόμην τέθριππά τε,
ἐν οἷς βεβηκὼς τοῖσι γῆς βλαστήμασι
Γίγασι πλευροῖς πτήν᾽ ἐναρμόσας βέλη
τὸν καλλίνικον μετὰ θεῶν ἐκώμασε· 180
τετρασκελές θ᾽ ὕβρισμα, Κενταύρων γένος,
Φολόην ἐπελθών, ὦ κάκιστε βασιλέων,
ἐροῦ τίν᾽ ἄνδρ᾽ ἄριστον ἐγκρίνειαν ἄν,
ἢ οὐ παῖδα τὸν ἐμόν ὃν σὺ φῂς εἶναι κακόν,
Δίρφυν τ᾽ ἐρωτῶν ἥ σ᾽ ἔθρεψ᾽ Ἀβαντίδα — 185
οὐκ ἄν σέ γ᾽ αἰνέσειεν· οὐ γὰρ ἔσθ᾽ ὅπου
ἐσθλόν τι δράσας μαρτυρ᾽ ἂν λάβοις πάτραν.
τὸ πάνσοφον δ᾽ εὕρημα, τοξήρη σάγην,
μέμφῃ· κλύων νῦν τἀπ᾽ ἐμοῦ σοφὸς γενοῦ.
ἀνὴρ ὁπλίτης δοῦλός ἐστι τῶν ὅπλων 190
θραύσας τε λόγχην οὐκ ἔχει τῷ σώματι 193
θάνατον ἀμῦναι, μίαν ἔχων ἀλκὴν μόνον· 194
καὶ τοῖσι συνταχθεῖσιν οὖσι μὴ ἀγαθοῖς 191
αὐτὸς τέθνηκε, δειλίᾳ τῇ τῶν πέλας. 192
ὅσοι δὲ τόξοις χεῖρ᾽ ἔχουσιν εὔστοχον, 195
ἓν μὲν τὸ λῷστον, μυρίους οἰστοὺς ἀφείς,
ἄλλοις τὸ σῶμα ῥύεται μὴ κατθανεῖν,
ἑκὰς δ᾽ ἀφεστὼς πολεμίους ἀμύνεται
τυφλοῖς ὁρῶντας οὐτάσας τοξεύμασι,
τὸ σῶμα τ᾽ οὐ δίδωσι τοῖς ἐναντίοις, 200
ἐν εὐφυλάκτῳ δ᾽ ἐστί· τοῦτο δ᾽ ἐν μάχῃ

---

177 κεραυνὸν Wil: κεραυνόν τ᾽ C¹ κεραυνόν δ᾽ C²P   184 κακὸν Nauck:
δοκεῖν   185 δίρφην: em Musgrave   186 σέ γ᾽ αἰνέσαιε Wil: ἐπαινέσειε C,
γ᾽ ἐπ- C²P, σ᾽ ἐπ- Reiske   189 γίνου: em Barnes   191. 2 traiec. Wil
194 μίαν Tyrwhitt: γ᾽ ἂν

AMPHITRYON.

Was Zeus an seinem sohn gehört, mag Zeus
verteidigen. des Lykos töricht schmähn
mit worten hier für dich zurückzuweisen,
das ist auch meines amts. ich darf nicht dulden,
dafs du beschimpft wirst, weise drum zurück
zuförderst die unsinn'ge lästerung
(denn lästerlich zugleich und ohne sinn
ist es, der feigheit Herakles zu zeihn),
und meine zeugen sind die götter selber.
den blitzstrahl ruf' ich auf, den donnerwagen,
auf dem er fuhr nach der Gigantenschlacht,
wo sich sein pfeil den erdgebornen riesen
mit sichrem fluge durch die rippen bohrte,
und er der himmlischen triumphzug teilte.
geh hin zur Pholoe, zu der Kentauren
vierschenklich ungeschlachtem frevlerstamm,
du feigster der tyrannen, frage die,
wem anders sie den ehrenpreis des mutes
als ihm zusprechen, den du feige schiltst.
ja gehe nach Euboia, frage dort —
dich werden sie nicht nennen; selbst die heimat
kann dir nicht eine heldentat bezeugen.
    die höchst sinnreiche erfindung, pfeil und bogen,
verwirfst du auch. so höre denn und lerne.
der lanzenkämpfer ist der waffe sclave,
wenn ihm die spitze bricht, so ist er wehrlos,
denn eine waffe nur verteidigt ihn;
und ficht mit schlechten er in einem gliede,
so fällt er durch des nebenmannes feigheit.
dagegen wessen hand den bogen führt,
der hat den vorzug (und das ist der gröfste),
auch wenn er tausend schüsse schon getan,
so fehlt ihm nicht die waffe, sich zu wehren.
auch trifft von ferne sein geschofs; der feind
sieht sich getroffen, sieht doch nicht von wem.
er aber steht gedeckt und bietet nicht
dem gegner seinen leib. das ist im kriege

σοφὸν μάλιστα, δρῶντα πολεμίους κακῶς
σῴζειν τὸ σῶμα, μὴ 'κ τύχης ὡρμισμένον.
λόγοι μὲν οἵδε τοῖσι σοῖς ἐναντίαν
γνώμην ἔχοντες τῶν καθεστώτων πέρι.   205
παῖδας δὲ δὴ τί τούσδ' ἀποκτεῖναι θέλεις;
τί σ' οἵδ' ἔδρασαν; ἔν τί σ' ἡγοῦμαι σοφόν,
εἰ τῶν ἀρίστων τἄκγον' αὐτὸς ὢν κακὸς
δέδοικας. ἀλλὰ τοῦθ' ὅμως ἡμῖν βαρύ,
εἰ δειλίας σῆς κατθανούμεθ' εἵνεκα,   210
ὃ χρῆν σ' ὑφ' ἡμῶν τῶν ἀμεινόνων παθεῖν,
εἰ Ζεὺς δικαίας εἶχεν εἰς ἡμᾶς φρένας.
εἰ δ' οὖν ἔχειν γῆς σκῆπτρα τῆσδ' αὐτὸς θέλεις,
ἔασον ἡμᾶς φυγάδας ἐξελθεῖν χθονός·
βίᾳ δὲ δράσῃς μηδέν, ἢ πείσῃ βίαν,   215
ὅταν θεοῦ σοι πνεῦμα μεταβαλὸν τύχῃ.
    φεῦ·
ὦ γαῖα Κάδμου· καὶ γὰρ ἐς σὲ ἀφίξομαι
λόγους ὀνειδιστῆρας ἐνδατούμενος·
τοιαῦτ' ἀμύνεθ' Ἡρακλεῖ τέκνοισί τε;
ὃς εἷς Μινύαισι πᾶσι διὰ μάχης μολὼν   220
Θήβαις ἔθηκεν ὄμμ' ἐλεύθερον βλέπειν.
οὐδ' Ἑλλάδ' ᾔνεσ', οὐδ' ἀνέξομαί ποτε
σιγῶν, κακίστην λαμβάνων ἐς παῖδ' ἐμόν,
ἣν χρῆν νεοσσοῖς τοῖσδε πῦρ λόγχας ὅπλα
φέρουσαν ἐλθεῖν, ποντίων καθαρμάτων   225
χέρσου τ' ἀμοιβάς, ὧν ἐμόχθησ⟨εν πατήρ⟩.
τὰ δ', ὦ τέκν', ὑμῖν οὔτε Θηβαίων πόλις
οὔθ' Ἑλλὰς ἀρκεῖ· πρὸς δ' ἔμ', ἀσθενῆ φίλον,
δεδόρκατ', οὐδὲν ὄντα πλὴν γλώσσης ψόφον·
ῥώμη γὰρ ἐκλέλοιπεν ἣν πρὶν εἴχομεν,   230
γήρᾳ δὲ τρομερὰ γυῖα κἀμαυρὸν σθένος.
εἰ δ' ἦ νέος τε κἄτι σώματος κρατῶν,
λαβὼν ἂν ἔγχος τοῦδε τοὺς ξανθοὺς πλόκους

203 ὡρμισμένους: em Reiske Musgrave   204 τοῖσι τοῖς C¹   215 βίαν —
λίαν: em Reiske Tyrwhitt   226 ἐμόχθησας: em c   πατήρ Reiske: χάριν
224 χρῆν   227 τάδ' οὐ: em Elmsley   228 φίλον: em c   229 ψόφων: em c
232 ἦν uti semper; non notatur

die höchste kunst, vom zufall unabhängig
dem feind zu schaden, selbst sich wol zu wahren.
dies meine gründe. was du aufgeworfen,
hab' ich in jedem punkte widerlegt.
   nun sage mir, was haben diese knaben
zu leide dir getan? weswegen sollen
sie sterben? freilich, eins begreif' ich wol
und trete darin deiner meinung bei:
du fürchtest dich in deiner nichtigkeit
vor diesen heldenkindern, aber hart
ist's doch für uns, wenn deine feigheit wir,
die tapfern, mit dem leben büssen sollen;
denn wenn uns Zeus gerechtigkeit erwiese,
so wär' es umgekehrt. doch willst du wirklich
den thron von Theben selbst behaupten: gut,
gestatt' uns denn, daſs als verbannte wir
das land verlassen. aber brauche nicht
gewalt, sonst wirst du selbst gewalt erfahren,
wenn dir einmal das glück den rücken kehrt.
   o Theben, Theben,
jetzt muſs ich dir des vorwurfs bittre gaben,
die rings ich auszuteilen habe, reichen.
ist das die hilfe, die du Herakles
und seinen söhnen bringst? und doch war er's
der sich allein dem volk der Minyer
entgegenstellte, der allein bewirkte,
daſs Theben wieder frei sein haupt erhob.
auch Hellas muſs ich tadeln; ja, ich spreche
es aus, es handelt schnöd' an Herakles.
mit speer und schild und fackeln sollt' es kommen,
die knaben hier zu retten, ihrem vater
der see, der erde säub'rung zu vergelten.
doch, meine kinder, Theben nicht noch Hellas
beschützt euch. euer einz'ger schirm bin ich,
und ich bin nichts mehr als ein schall von worten;
dahin ist meine kraft. einst schwellte stärke
die glieder mir, jetzt zittern sie vor alter —
ja wär' ich jung und meines armes herr,
ich fasst' ein schwert und schlüge jenem Lykos

184

καθημάτωσ' ἄν, ὥστ' Ἀτλαντικῶν πέραν
φεύγειν ὅρων ἄν δειλίᾳ τοὐμὸν δόρυ.   235
ΧΟ. ἆρ' οὐκ ἀφορμὰς τοῖς λόγοισιν ἀγαϑοὶ
θνητῶν ἔχουσι, κἄν βραδύς τις ᾖ λέγειν;
ΛΥΚ. σὺ μὲν λέγ' ἡμᾶς οἷς πεπύργωσαι λόγοις,
ἐγὼ δὲ δράσω σ' ἀντὶ τῶν λόγων κακῶς.

ἄγ', οἱ μὲν Ἑλικῶν', οἱ δὲ Παρνασοῦ πτυχὰς   240
τέμνειν ἄνωχϑ' ἐλϑόντες ὑλουργοὺς δρυὸς
κορμούς· ἐπειδὰν δ' ἐσκομισϑῶσιν πόλει,
βωμὸν πέριξ νήσαντες ἀμφήρη ξύλα
ἐμπίμπρατ' αὐτῶν καὶ πυροῦτε σώματα
πάντων, ἵν' εἰδῶσ' οὕνεκ' οὐχ ὁ κατϑανὼν   245
κρατεῖ χϑονὸς τῆσδ' ἀλλ' ἐγὼ τὰ νῦν τάδε.
ὑμεῖς δέ, πρέσβεις ταῖς ἐμαῖς ἐναντίοι
γνώμαισιν ὄντες, οὐ μόνον στενάξετε
τοὺς Ἡρακλείους παῖδας, ἀλλὰ καὶ δόμων
τύχας, ὅταν χάσκητε, μεμνήσεσϑε δὲ   250
δοῦλοι γεγῶτες τῆς ἐμῆς τυραννίδος.
ΧΟ. ὦ γῆς λοχεύμαϑ', οὓς Ἄρης σπείρει ποτὲ
λάβρον δράκοντος ἐξερημώσας γένυν,
οὐ σκῆπτρα, χειρὸς δεξιᾶς ἐρείσματα,
ἀρεῖτε καὶ τοῦδ' ἀνδρὸς ἀνόσιον κάρα   255
καϑαιματώσεϑ', ὅστις οὐ Καδμεῖος ὢν
ἄρχει, κάκιστος, τῶν ἐμῶν, ἔπηλυς ὤν;
ἀλλ' οὐκ ἐμοῦ γε δεσπόσεις χαίρων ποτέ,
οὐδ' ἀπόνησα πόλλ' ἐγὼ καμὼν χερὶ
ἕξεις· ἀπέρρων δ' ἔνϑεν ἦλϑες ἐνϑάδε   260
ὕβριζ'· ἐμοῦ γὰρ ζῶντος οὐ κτενεῖς ποτε
τοὺς Ἡρακλείους παῖδας· οὐ τοσόνδε γῆς
ἔνερϑ' ἐκεῖνος κρύπτεται λιπὼν τέκνα.
ἐπεὶ σὺ μὲν γῆν τήνδε διολέσας ἔχεις,

234 πέρα   236 chori nota deest   241 ἐλϑόντας: em Dobree   243 βωμῶν:
em Brodaeus   245 οὐχ ὁ apogr.: οὐ   248 στενάζετε: em Heath   249 δόμου:
em Kaibel   250 χάσκητε Wil: πάσχῃ τι   252 Χο Stephanus: Ἀμφ.   λόχευμα
τούς: em Pierson   πείρεις C¹   254 ὁρίσματα: em Stephanus   255 ἀρεῖτε C
marg., αἱρεῖτε in textu   257 ἐμῶν Dobree: νέων   259 ἄν πόνησα C²

die blonden locken blutig rot; ich jagte
den feigling jenseits des Okeanos.

CHORFÜHRER.

Sei auch der edle mann nicht flink im reden:
was er zu sagen habe, weifs er stets.

LYKOS.

Mit deinen eitlen worten triff mich nur,
ich treffe zum entgelt dich mit der tat.
  heda, trabanten, ihr zum Helikon,
ihr zum Parnassos; die holzfäller sollen
eichkloben schneiden, und sobald das holz
herangefahren, schichtet ihr im kreise
rings um den altar einen scheiterhaufen
und brennet die da, alle wie sie sind,
lebend'gen leibs zu asche, dafs sie lernen,
dafs heut'gen tags in Theben nicht der tote
regiere, dafs jetzt ich der könig bin.
  euch greisen aber, die ihr meinem willen
feindselig seid, euch sag' ich, wenn ihr wagt
aufzubegehren, sollt ihr bald nicht blofs
der Herakleiden loos beweinen, sondern
des eignen hauses mifsgeschick: bedenkt,
ich bin der herr, und ihr seid meine sclaven.

CHORFÜHRER.

Denkt eurer ahnen, Sparten, die der Erde
entsprossen, keimend aus den drachenzähnen,
die Ares aus der gier'gen kiefer brach.
was zaudert eure hand den stab zum streiche
zu heben, der euch stützt? schlagt ihr nicht blutig
dies frevlerhaupt? er ist kein Kadmossohn,
der bettler, und er herscht in meinem erbe,
der hergelaufne fremdling. aber nein,
du sollst nicht haben, was mit sauren mühn
sich meine hand erwarb. geh nur zurück
woher du kamst, da treibe deine frevel.
so lang' ich lebe, wirst du Herakles
geschlecht nicht morden, dazu ist der Hades,

186

δ δ' ὠφελήσας ἀξίων οὐ τυγχάνει·   265
κἄπειτα πράσσω πόλλ' ἐγώ, φίλους ἐμοὺς
θανόντας εὖ δρῶν, οὗ φίλων μάλιστα δεῖ.
ὦ δεξιὰ χείρ, ὡς ποθεῖς λαβεῖν δόρυ,
ἐν δ' ἀσθενείᾳ τὸν πόθον διώλεσας.
ἐπεί σ' ἔπαυσ' ἂν δοῦλον ἐννέποντά με   270
καὶ τάσδε Θήβας εὐκλεῶς ᾠκήσαμεν,
ἐν αἷς σὺ χαίρεις. οὐ γὰρ εὖ φρονεῖ πόλις
στάσει νοσοῦσα καὶ κακοῖς βουλεύμασιν·
οὐ γάρ ποτ' ἂν σὲ δεσπότην ἐκτήσατο.
ΜΕ. γέροντες, αἰνῶ· τῶν φίλων γὰρ εἵνεκα   275
ὀργὰς δικαίας τοὺς φίλους ἔχειν χρεών·
ἡμῶν δ' ἕκατι δεσπόταις θυμούμενοι
πάθητε μηδέν. τῆς δ' ἐμῆς, Ἀμφιτρύων,
γνώμης ἄκουσον, ἤν τί σοι δοκῶ λέγειν.
ἐγὼ φιλῶ μὲν τέκνα· πῶς γὰρ οὐ φιλῶ   280
ἅτικτον, ἀμόχθησα· καὶ τὸ κατθανεῖν
δεινὸν νομίζω· τῷ δ' ἀναγκαίῳ τρόπῳ
ὃς ἀντιτείνει, σκαιὸν ἡγοῦμαι βροτόν.
ἡμᾶς δ', ἐπειδὴ δεῖ θανεῖν, θνῄσκειν χρεὼν
μὴ πυρὶ καταξανθέντας, ἐχθροῖσιν γέλον   285
διδόντας, οὑμοὶ τοῦ θανεῖν μεῖζον κακόν.
ὀφείλομεν γὰρ πολλὰ δώμασιν καλά·
σὲ μὲν δόκησις ἔλαβεν εὐκλεὴς δορός,
ὥστ' οὐκ ἀνεκτὸν δειλίας θανεῖν σ' ὕπο·
οὑμὸς δ' ἀμαρτύρητος εὐκλεὴς πόσις,   290
ὡς τούσδε παῖδας οὐκ ἂν ἐκσῶσαι θέλοι
δόξαν κακὴν λαβόντας· οἱ γὰρ εὐγενεῖς
κάμνουσι τοῖς αἰσχροῖσι τῶν τέκνων ὕπερ·
ἐμοί τε μίμημ' ἀνδρὸς οὐκ ἀπωστέον.

---

269 πόθον Plutarch. an seni sit. g. r. p. 18: πότμον   285 αἰσχροῖσι Stephanus: ἐχθροῖσι γέλων

der ihn gefesselt hält, nicht tief genug.
denn du hast unsre stadt zerstört und herrschest,
er tat ihr gutes, und sein lohn ist undank.
und wenn ich jetzt eintrete für den freund,
nach seinem tode, wo die freundeshilfe
am nötigsten, will man es mir verdenken!
   wie sehnst du dich nach deinem speer, mein arm;
doch du bist alt und morsch, dein sehnen ist
vergebens. schweigen lehrt' ich sonst den mund,
der sclave mich gescholten, und in ehren
könnten in Theben hier wir wieder wohnen,
wo du dich breit machst, weil die bürgerschaft
zwieträchtig und misleitet sich vergaſs,
sonst wärst du nimmer Thebens herr geworden.

MEGARA.

Ich dank' euch, treue greise; freilich ziemt
dem freund gerechter zorn in freundessache;
allein ihr dürft nicht in gefahr geraten
um unsertwillen eurem herrn verfeindet.
   vernimm nun meinen rat, Amphitryon,
ob er verständig ist. gewiſs, ich liebe
die kinder; könnt' ich anders auch als lieben,
die ich gebar mit schmerzen und erzog?
auch graut mir vor dem tod. doch 's ist gemein
sich wider die notwendigkeit zu stemmen.
wir müssen sterben; weil wirs müssen, dürfen
wir's nicht zerfetzt von flammenzungen tun,
als schauspiel für der feinde hohngelächter.
das würd' ich schwerer als den tod empfinden,
denn unsers hauses ehre fordert mut:
an deinem namen haftet hoher kriegsruhm,
und das verbeut dir einen feigen tod.
für meines gatten ruhm — da brauchst du nicht
erst zeugen aufzurufen; nein, er würde
das leben seiner söhne nimmermehr
um ihre schande kaufen. wahrer adel
fühlt sich in seinen kindern mit getroffen.
ich selbst — muſs nach des gatten vorbild handeln.

σκέψαι δὲ τὴν σὴν ἐλπίδ᾽ ᾗ λογίζομαι.　　　295
ἥξειν νομίζεις παῖδα σὸν γαίας ὕπο;
καὶ τίς θανόντων ἦλθεν ἐξ Ἅιδου πάλιν;
ἀλλ᾽ ὡς λόγοισι τόνδε μαλθάξαιμεν ἄν;
ἥκιστα· φεύγειν σκαιὸν ἄνδρ᾽ ἐχθρὸν χρεών,
σοφοῖσι δ᾽ εἴκειν καὶ τεθραμμένοις καλῶς·　　　300
ῥᾷον γὰρ αἰδοῦς ὑποβαλὼν φίλ᾽ ἂν τέμοις.
ἤδη δ᾽ ἐσῆλθέ μ᾽ εἰ παραιτησαίμεθα
φυγὰς τέκνων τῶνδ᾽· ἀλλὰ καὶ τόδ᾽ ἄθλιον,
πενίᾳ σὺν οἰκτρᾷ περιβαλεῖν σωτηρίαν·
ὡς τὰ ξένων πρόσωπα φεύγουσιν φίλοις　　　305
ἓν ἦμαρ ἡδὺ βλέμμ᾽ ἔχειν φασὶν μόνον.
τόλμα μεθ᾽ ἡμῶν θάνατον, ὃς μένει σ᾽ ὅμως·
προκαλούμεθ᾽ εὐγένειαν, ὦ γέρον, σέθεν.
τὰς τῶν θεῶν γὰρ ὅστις ἐκμοχθεῖ τύχας,
πρόθυμός ἐστιν, ἡ προθυμία δ᾽ ἄφρων.　　　310
ὃ χρὴ γὰρ οὐδεὶς μὴ χρεὼν θήσει ποτέ.
ΧΟ. εἰ μὲν σθενόντων τῶν ἐμῶν βραχιόνων
ἦν τίς σ᾽ ὑβρίζων, ῥᾳδίως ἔπαυσά τἄν·
νῦν δ᾽ οὐδέν ἐσμεν. σὸν δὲ τοὐντεῦθεν σκοπεῖν
ὅπως διώσῃ τὰς τύχας, Ἀμφιτρύων.　　　315
ΑΜ. οὔτοι τὸ δειλὸν οὐδὲ τοῦ βίου πόθος
θανεῖν ἐρύκει μ᾽, ἀλλὰ παιδὶ βούλομαι
σῶσαι τέκν᾽· ἄλλως δ᾽ ἀδυνάτων ἔοικ᾽ ἐρᾶν.
ἰδού, πάρεστιν ἥδε φασγάνῳ δέρη

. . . .

κεντεῖν φονεύειν ἰέναι πέτρας ἄπο.　　　320
μίαν δὲ νῦν δὸς χάριν, ἄναξ, ἱκνούμεθα·

---

301 ὑπολαβών: em Brunck　γράφεται φίλ᾽ ἂν τελοῖς C marg.　305 φίλοι: em Matthiae　308 προσκαλούμεθ᾽ C¹　311 χρεὼν Porson: θεῶν　313 ἐπαύσατ᾽ ἂν: distinxit Hartung　319 hiatum sign. Wil　320 πάτρας: em Brodaeus

hör' auch mein urteil über deine hoffnung.
du glaubst an deines sohnes wiederkehr?
wann aber wär' ein toter auferstanden?
so sollen wir wol Lykos milde stimmen?
mit nichten. mit gemeinem gegner soll
man überhaupt vermeiden zu verhandeln.
dem mann von bildung aber und erziehung
kommt man entgegen mit nachgiebigkeit:
wo rücksicht waltet, ist verständ'gung leicht.
auch ist mir der gedanke wol gekommen
verbannung für die kinder zu erbitten.
allein solch ein erbärmlich bettlerleben
ist auch nur elend. denn man sagt mit recht,
nur einen tag erblicke der verbannte
ein freundliches gesicht an seinem wirte.
  so gehe denn gleich uns dem tod entgegen,
dem du ja doch verfallen bist. mein vater,
ich mahne dich an deines blutes adel.
wer ankämpft wider göttliches verhängnis,
der müht sich wol und ringt, allein sein ringen
und mühn ist torheit. denn was muſs geschehn,
geschieht; kein mensch vermag es je zu ändern.

CHORFÜHRER.

Wenn ich noch kraft in meinem arme fühlte,
dann sollte mir schon schleunig stille sein
wer sich an dir vergriffe. doch ich bin
ohnmächtig. sieh du zu, Amphitryon,
wie du dich der notwendigkeit entziehst.

AMPHITRYON.

Den tod zu meiden treibt mich nicht die feigheit
noch hang am eignen leben. nur dem sohn
möcht' ich die kinder retten; doch der wunsch
scheint unerfüllbar. nun wolan, da bin ich,
er verläſst den altar; Megara und die kinder folgen ihm.
hier hast du meinen kopf, nun zieh das schwert.
gutwillig stellen sich die opfer dir
zum foltern, schlachten, steinigen bereit.
nur eine gnade bitten wir, mein fürst,

κτεῖνόν με καὶ τήνδ᾽ ἀθλίαν παίδων πάρος,
ὡς μὴ τέκν᾽ εἰσίδωμεν, ἀνόσιον θέαν,
ψυχορραγοῦντα καὶ καλοῦντα μητέρα
πατρός τε πατέρα. τἄλλα δ᾽, εἰ πρόθυμος εἶ,   325
πρᾶσσ᾽· οὐ γὰρ ἀλκὴν ἔχομεν ὥστε μὴ θανεῖν.

ΜΕ. κἀγώ σ᾽ ἱκνοῦμαι χάριτι προσθεῖναι χάριν,
⟨ἡμῖν⟩ ἵν᾽ ἀμφοῖν εἷς ὑπουργήσῃς διπλᾶ·
κόσμον πάρες μοι παισὶ προσθεῖναι νεκρῶν,
δόμους ἀνοίξας (νῦν γὰρ ἐκκεκλήμεθα),   330
ὡς ἀλλὰ ταῦτά γ᾽ ἀπολάχωσ᾽ οἴκων πατρός.

ΛΥΚ. ἔσται τάδ᾽· οἴγειν κλῇθρα προσπόλοις λέγω.
κοσμεῖσθ᾽ ἔσω μολόντες· οὐ φθονῶ πέπλων.
ὅταν δὲ κόσμον περιβάλησθε σώμασιν,
ἥξω πρὸς ὑμᾶς νερτέρᾳ δώσων χθονί.   335

ΜΕ. ὦ τέκν᾽, ὁμαρτεῖτ᾽ ἀθλίῳ μητρὸς ποδὶ
πατρῷον ἐς μέλαθρον, οὗ τῆς οὐσίας
ἄλλοι κρατοῦσι, τὸ δ᾽ ὄνομ᾽ ἔσθ᾽ ἡμῶν ἔτι.

ΑΜ. ὦ Ζεῦ, μάτην ἄρ᾽ ὁμόγαμόν σ᾽ ἐκτησάμην,
† μάτην δὲ παιδὸς τὸν νεὼν ἐκλήζομεν·   340
σὺ δ᾽ ἦσθ᾽ ἄρ᾽ ἥσσων ἢ ᾽δόκεις εἶναι φίλος.
ἀρετῇ σε νικῶ θνητὸς ὢν θεὸν μέγαν·
παῖδας γὰρ οὐ προὔδωκα τοὺς Ἡρακλέους.
σὺ δ᾽ ἐς μὲν εὐνὰς κρύφιος ἠπίστω μολεῖν,
τἀλλότρια λέκτρα δόντος οὐδενὸς λαβών·   345
σῴζειν δὲ τοὺς σοὺς οὐκ ἐπίστασαι φίλους.
ἀμαθής τις εἶ θεός, ἢ δίκαιος οὐκ ἔφυς.

laſs mich und sie, die unglückselige mutter,
vor unsern kindern sterben und erspare
das schaudervolle schauspiel wenigstens,
den todeskampf der kleinen, unsern augen,
wie nach groſsvater sie und mutter rufen.
sonst tu wie dich's gelüstet: keiner waffe
gebieten wir, des tods uns zu erwehren.

MEGARA.

Auch ich hab' eine bitte; beider wunsch
erfüllst du leicht mit einem gnadenwort.
gestatte daſs man unser haus mir öffne
(jetzt sind wir ausgesperrt), und ich die kinder
zum tode schmücke: gönne wenigstens
den söhnen das von ihres vaters erbe.

LYKOS.

Das mögt ihr haben. meine diener sollen
die riegel öffnen; geht hinein und hängt
den schmuck euch um; mit kleidern geiz' ich nicht.
doch wenn ihr euren leib mit festgewändern
geschmückt habt, komm' ich, ihn ins grab zu legen.
Lykos zur seite, von der er kam, ab.

MEGARA.

Auf, kinder, folget eurer armen mutter
in eurer vaterhaus. noch heiſst es unser,
doch des besitzes walten andre schon.
Megara und die kinder ab ins haus.

AMPHITRYON.

Zeus, meinem weib bist du genaht — was hilft es?
Zeus, meines sohnes vater hieſs ich dich —
was hilft es mir? du hieltest nicht die treue,
die ich erwartet. groſser gott, ich mensch
bin dir an redlichkeit weit überlegen:
Herakles kinder hab' ich nicht verraten.
du aber wusstest den verbotnen weg
zu fremdem bett vortrefflich auszufinden,
doch rettung für die deinen weiſst du nicht:
an weisheit fehlt dir's, gott, wo nicht, an güte.
ab ins haus.

ΧΟΡΟΣ.

αἴλινον μὲν ἐπ᾽ εὐτυχεῖ μολπᾷ Φοῖβος ἰαχεῖ,
τὰν καλλίφθογγον κιθάραν ἐλαύνων πλήκτρῳ χρυσέῳ· 350
ἐγὼ δὲ τὸν γᾶς ἐνέρων τ᾽ ἐς ὄρφναν
μολόντα παῖδ᾽, εἴτε Διός νιν εἴπω
εἴτ᾽ Ἀμφιτρύωνος ἶνιν,
ὑμνῆσαι στεφάνωμα μόχθων δι᾽ εὐλογίας θέλω. 355
γενναίων δ᾽ ἀρεταὶ πόνων τοῖς θανοῦσιν ἄγαλμα.

πρῶτον μὲν Διὸς ἄλσος
ἠρήμωσε λέοντος, 360
πυρσῷ δ᾽ ἀμφεκαλύφθη
ξανθὸν κρᾶτ᾽ ἐπινωτίσας, δεινῷ χάσματι θηρός. —

τάν τ᾽ ὀρεινόμον ἀγρίων Κενταύρων ποτὲ γένναν 365
ἔστρωσεν τόξοις φονίοις, ἐναίρων πτανοῖς βέλεσιν.
ξύνοιδε Πηνειὸς ὁ καλλιδίνας
μακραί τ᾽ ἄρουραι πεδίων ἄκαρποι
καὶ Πηλιάδες θεράπναι 370
σύγχορτοί τ᾽ Ὁμόλας ἔναυλοι, πεύκαισιν ὅθεν χέρας
πληροῦντες χθόνα Θεσσαλῶν ἱππείαις ἐδάμαζον.

τάν τε χρυσοκάρανον 375
δόρκα ποικιλόνωτον
συλήτειραν ἀγρωστᾶν
κτείνας θηροφόνον θεὰν Οἰνωᾶτιν ἀγάλλει. ═

τεθρίππων τ᾽ ἐπέβα 380
καὶ ψαλίοις ἐδάμασε πώλους Διομήδεος,

350 καλλίφθιτον: em Stephanus 352 ὄρφνην 364 ὀρεινόμων: em Canter
366 ἔτρωσεν: em Reiske 373 πληροῦντες P: πληροῦντας C 376 δόρκαν
377 ἀγρώσταν 379 οἰνόα τίν᾽: γρ. τὴν ἀγάλλει et supra ζ (ζτ?) C marg.

CHOR.

Greift zu festlichem gesange
Phoibos in der goldnen laute
melodienreiche saiten,
so beschließt der ruf der klage
seinen sang:
aber das lied das dem helden wir singen,
der in das dunkel der erd' und der hölle
schied (sei ein gott, sei ein mensch nun sein vater),
werde zum festlied, flechte zu stolzem
kranz seiner herrlichen taten gedächtnis:
denn die tugend, bewährt in erhabenen
kämpfen, ziert noch im tode.

    Erst im haine des Zeus
    schlug er den grimmigen leun,
    schlang um den rücken das vließ:
    über dem blonden gelock
    gähnte der feurige rachen.

Der Kentauren wüste horden,
die in wildem bergwald hausten,
streckten seine grimmen pfeile
mörderischen flugs zu boden:
zeugt es ihm,
wallend erbrausende flut des Peneios,
endlose fruchtbare Thessalerfluren,
die ihr zerstampft eure saaten erblicktet.
Pelionschluchten, Homolegründe,
sagt es, nachbarn: bewehret mit euren
fichten brachen sie ein in Thessalien,
das ihre hufen zertraten.

    Schlug auch das scheckige reh
    das die arkadische flur
    wühlte mit güldenem horn,
    und es empfieng das geweih
    Artemis, herrin des waidwerks.

Halfterlos an blutbespritzten krippen
schlangen Diomedes' Thrakerrosse

194

αἳ φονίαισι φάτναις ἀχάλιν' ἐθόαζον
κάθαιμα σῖτα γένυσι, χαρμοναῖσιν ἀν-
δροβρῶσι δυστράπεζοι·   385
πέραν δ' ἀργυρορρύτων Ἕβρου διε-
πέρασεν ὄχθων Μυκηναίῳ πονῶν τυράννῳ.

ἀνά τε Πηλιάδ' ἀκτὰν
Ἀναύρου παρὰ πηγὰς   390
Κύκνον ξεινοδαΐκταν
τόξοις ὤλεσεν, Ἀμφαναίας οἰκήτορ' ἄμεικτον. —

ὑμνῳδούς τε κόρας
ἦλυθεν ἑσπέριον ἐς αὐλάν, χρύσεον πετάλων   395
ἀπὸ μηλοφόρων χερὶ καρπὸν ἀμέρξων,
δράκοντα πυρσόνωτον, ὅς ⟨σφ'⟩ ἄπλατον ἀμ-
φελικτὸς ἕλικ' ἐφρούρει,
κτανών· ποντίας θ' ἁλὸς μύχους εἰσ-   400
έβαινε, θνατοῖς γαλανείαν τιθεὶς ἐρετμοῖς.

οὐρανοῦ θ' ὑπὸ μέσσαν
ἐλαύνει χέρας ἕδραν,
Ἄτλαντος δόμον ἐλθών,   405
ἀστρωπούς τε κατέσχεν οἴκους εὐανορίᾳ θεῶν. ═

τὸν ἱππευτάν τ' Ἀμαζόνων στρατὸν
Μαιῶτιν ἀμφὶ πολυπόταμον
ἔβα δι' Εὔξεινον οἶδμα λίμνας,   410
τίν' οὐκ ἀφ' Ἑλλανίας ἄγορον ἁλίσας φίλων,
κόρας Ἀρείας πέπλων χρυσεόστολον φάρος
ζωστῆρος ὀλεθρίους ἄγρας.   415
τὰ κλεινὰ δ' Ἑλλὰς ἔλαβε βαρβάρου κόρας
λάφυρα, καὶ σῴζεται Μυκήναις.

τάν τε μυριόκρανον
πολύφονον κύνα Λέρνας   420
ὕδραν ἐξεπύρωσεν

---

384 καθ' αἷμα   385 ἀνδροβῶσι   386 ἀργυρορρύταν Ἕβρου διέπερασ'
ὄχθον: em Wil   388 ἀνὰ Wil: τάν   391 Κ. δὲ ξεινοδαΐκταν: em Pflugk
Kirchhoff   396 χρυσέων: em Wakefield   397 μηλοφόρων P: μηλοφόρον C
398 suppl Hermann   402 ταλανίας: γαλανείας Heath, em Wil   412 ἀγο-
ρῶν: em c   415 ζωστῆρ·ς C¹ -ρος C²P   418 σῴζετ' ἐν: em Pflugk
420 πολύφωνον: em Stephanus

wüsten fraſs in unnahbarer wildheit;
gierig schroteten die eklen kiefern
blut'ge glieder von zerrissnen menschen:
aber er zwang ihnen ein das gebiſs in die mäuler,
bändigte sie; sie muſsten den wagen ihm ziehen
heim nach Myken von den silbernen fluten des Hebros:
und Eurystheus auftrag war vollendet.
   Wo in den malischen golf
   sich der Anauros ergieſst,
   fällte den Kyknos sein pfeil:
   nicht mehr lauert am weg
   mördrisch den gästen der unhold.

An der erde westrand steht der garten,
wo der Hesperiden lieder schallen,
in dem laub des reichbeladnen baumes
schimmern güldene äpfel, doch als wächter
schlingt sich purpurn um den stamm der drache:
aber er kam und erschlug das geringelte scheusal,
pflückte die frucht. er stieg in die tiefen des meeres,
schuf für die wilden gewässer ein sicheres bette:
friedlich fahren nun der menschen schifflein.
   Wo auf die erde hinab
   nieder der himmel sich senkt,
   stemmt' er sich gegen die wucht,
   trug er des himmlischen doms
   sternenpaläste für Atlas.

Wider der berittnen Amazonen scharen
in den strömereichen steppen der Maeotis
zog er durch des wilden Schwarzen meeres strudel,
seinem heerbann folgten Hellas beste helden,
nach der Arestochter goldgewirktem schmucke,
auf der wilden jagd des gürtels.
und das kleinod der barbarenjungfrau
pranget in Mykenes schatzhaus
als Hellenenbeute.
   Dem wurme von Lerna
   brannt aus er die tausend
   mordzischenden häupter;

βέλεσί τ' ἀμφέβαλ' ⟨ἰόν⟩,
τὸν τρισώματον οἶσιν ἔκτα βοτῆρ' Ἐρυθείας. ——
δρόμων τ' ἄλλων ἀγάλματ' εὐτυχῆ   425
  διῆλθε τόν τε πολυδάκρυον
  ἔπλευσ' ἐς Ἅιδαν, πόνων τελευτάν·
  ἵν' ἐκπεραίνει τάλας βίοτον οὐδ' ἔβα πάλιν.
στέγαι δ' ἔρημοι φίλων, τὰν δ' ἀνόστιμον τέκνων   430
  Χάρωνος ἐπιμένει πλάτα
  βίου κέλευθον ἄθεον ἄδικον· ἐς δὲ σὰς
  χέρας βλέπει δώματ', οὐ παρόντος.   435
εἰ δ' ἐγὼ σθένος ἥβων
  δόρυ τ' ἔπαλλον ἐν αἰχμᾷ
Καδμείων τε σύνηβοι,
τέκεσιν ἂν προπαρέσταν
ἀλκᾷ· νῦν δ' ἀπολείπομαι τᾶς εὐδαίμονος ἥβας. = ꝝ   440

Ἀλλ' ἐσορῶ γὰρ τούσδε φθιμένων
  ἔνδυτ' ἔχοντας, τοὺς τοῦ μεγάλου
δή ποτε παῖδας τὸ πρὶν Ἡρακλέους,
ἄλοχόν τε φίλην ὑπὸ σειραίοις   445
ποσὶν ἕλκουσαν τέκνα καὶ γεραιὸν
πατέρ' Ἡρακλέους. δύστηνος ἐγώ,
δακρύων ὡς οὐ δύναμαι κατέχειν
γραίας ὄσσων ἔτι πηγάς. ———   450

ΜΕΓΑΡΑ.

Εἶέν· τίς ἱερεύς, τίς σφαγεὺς τῶν δυσπότμων
[ἢ τῆς ταλαίνης τῆς ἐμῆς ψυχῆς φονεύς]·
ἔτοιμ' ἄγειν τὰ θύματ' εἰς Ἅιδου τάδε.
ὦ τέκν', ἀγόμεθα ζεῦγος οὐ καλὸν νεκρῶν,
ὁμοῦ γέροντες καὶ νέοι καὶ μητέρες.   455
ὦ μοῖρα δυστάλαιν' ἐμή τε καὶ τέκνων,
τούσδ' οὓς πανύστατ' ὄμμασιν προσδέρκομαι.
ἐτέκομεν ὑμᾶς — πολεμίοις δ' ἐθρεψάμην

---

422 ἰὸν suppl Wil. Wecklein   426 τὸν πολυδάκρυτον: em Wakefield
428 ἐκπεράνη: em Heath   435 δώματ' οὐ Musgrave: σῶμα τοῦ   443 ἔνδυμ':
em Heath   452 del Paley   454 νεκρόν: em apogr.   456 ἐμῶν: em Kirchhoff
458 ἔτεκον μέν: em Wil

er strich ihren geifer
an seine geschosse:
da mufst' ihm erliegen
Geryones drillingskörper.

Noch von manchen fahrten kehrt' er heim als sieger;
und zur letzten arbeit stieg ins reich der tränen
er zum Hades nieder. dort hat seines lebens
abschlufs er gefunden. nimmer kehrt er wieder.
und sein haus steht schutzlos. Charon harrt der kinder;
sie auch gott- und rechtverlassen
in das reich von wannen keine rückkehr
führt er bald. die deinen harren
deiner, doch du fehlest.
Ich sollte nur kräftig
mit meinen genossen
in jugend noch blühen:
so stünde beschützend
mein speer vor den kindern.
doch ach, wir entbehren
der jugend, des höchsten gutes.

*Aus dem palaste kommen Amphitryon Megara und die kinder, diese im fest-
gewande und mit bändern und kränzen im haar.*

CHORFÜHRER.
Sieh da, im leichenschmuck die weiland kinder
des einst gewalt'gen Herakles; sein weib
zieht ihre knaben, die sich an die füfse
ihr klammern, mühsam vorwärts; hier der greis,
des helden vater — strömt hervor, ihr tränen:
mein altes auge kann euch nicht mehr halten.

MEGARA.
Wolan, wo ist der priester, wo der schlächter?
die opfer sind zum letzten gang bereit.
so führt man uns in jammervollem zuge
zum tode, meine kinder, eines weges
die mutter mit den söhnen, greis und knaben.
welch grausam schicksal, meins und meiner kinder.
geboren hab' ich euch, hab' euch erzogen —

198

ὕβρισμα κἀπίχαρμα καὶ διαφθοράν.
φεῦ·
ἦ πολύ γε δόξης ἐξέπεσον εὐέλπιδος,   460
ἣν πατρὸς ὑμῶν ἐκ λόγων ποτ᾽ ἤλπισα.
σοὶ μὲν γὰρ Ἄργος ἔνεμ᾽ ὁ κατθανὼν πατήρ,
Εὐρυσθέως δ᾽ ἔμελλες οἰκήσειν δόμους
τῆς καλλικάρπου κράτος ἔχων Πελασγίας,
στολήν τε θηρὸς ἀμφέβαλλε σῷ κάρᾳ   465
λέοντος ᾗπερ αὐτὸς ἐξωπλίζετο·
σὺ δ᾽ ἦσθα Θηβῶν τῶν φιλαρμάτων ἄναξ,
ἔγκληρα πεδία τἀμὰ γῆς κεκτημένος,
ὡς ἐξέπειθες τὸν κατασπείραντά σε,
ἐς δεξιάν τε σὴν ἀλεξητήριον   470
ξύλον καθίει δαίδαλον, ψευδῆ δόσιν.
σοὶ δ᾽ ἣν ἔπερσε τοῖς ἑκηβόλοις ποτὲ
τόξοισι δώσειν Οἰχαλίαν ὑπέσχετο.
τρεῖς δ᾽ ὄντας ⟨ὑμᾶς⟩ τριπτύχοις τυραννίσι
πατὴρ ἐπύργου, μέγα φρονῶν εὐανδρίᾳ.   475
ἐγὼ δὲ νύμφας ἠκροθινιαζόμην
κήδη συνάψουσ᾽ ἔκ τ᾽ Ἀθηναίων χθονὸς
Σπάρτης τε Θηβῶν θ᾽, ὡς ἀνημμένοι κάλως
πρυμνησίοισι βίον ἔχοιτ᾽ εὐδαίμονα.
καὶ ταῦτα φροῦδα· μεταβαλοῦσα δ᾽ ἡ τύχη   480
νύμφας μὲν ὑμῖν Κῆρας ἀντέδωκ᾽ ἔχειν,
ἐμοὶ δὲ δάκρυα λουτρὰ δυστήνῳ φ⟨έρειν⟩,
πατὴρ δὲ πατρὸς ἑστιᾷ γάμους ὅδε,
Ἅιδην νομίζων πενθερόν, κῆδος π⟨ικρόν⟩.
ὤμοι, τίν᾽ ὑμῶν πρῶτον ἢ τίν᾽ ὕστατον   485
πρὸς στέρνα θῶμαι; τῷ προσαρμόσω στόμα;
τίνος λάβωμαι; πῶς ἂν ὡς ξουθόπτερος
μέλισσα συνενέγκαιμ᾽ ἂν ἐκ πάντων γόους,
ἐς ἓν δ᾽ ἐνεγκοῦσ᾽ ἀθρόον ἀποδοίην δάκρυ;
ὦ φίλτατ᾽, εἴ τις φθόγγος εἰσακούεται   490
θνητῶν παρ᾽ Ἅιδῃ, σοὶ τάδ᾽, Ἡράκλεις, λέγω·
θνήσκει πατὴρ σὸς καὶ τέκν᾽, ὄλλυμαι δ᾽ ἐγώ,

460 με δ. ἐξέπαισαν ἐλπίδες: em H. Hirzel Kirchhoff   465 ἀμφέβαλες: em
Canter   469 ἐξέπειθε: em Hermann   470 τε Musgrave: δέ   471 δαιδάλου:
em Dobree Hermann   474 suppl Canter   475 ἐπ᾽ ἀνδρίᾳ: em Elmsley
482 δύστηνος: em Fix   φέρειν Bothe: φρενῶν   484 πικρόν Reiske: πατρός
490 φθόγγον εἰσακούσεται: em Nauck

für wen? nur für die feinde wuchst ihr auf
zu spott und hohn, zu frevelhaftem morde.
   ach gott,
wie ist mein fröhlich hoffen mir gescheitert,
das eures vaters wort in mir geweckt.
denn dir verlieh der vater, der nun tot ist,
das reich von Argos; in Eurystheus schloſs
solltest du wohnen, solltest könig sein
in des Pelasgerlandes reichen fluren;
und um das köpfchen hängt' er dir die haut
des grimmen leun, die seine rüstung war.
du aber warst des reis'gen Thebens fürst;
der vater schenkte dir, weil du so hübsch
drum batest, die gefilde meines erbteils;
und in die hand legt' er die keule dir,
die schönbeschlagne — trügerisch geschenk.
und die des bogens meisterschuſs erwarb,
die burg Oichalias, versprach er dir.
so träumte stolz in heldenkraft der vater,
drei söhnen euch drei reiche zu vermachen.
ich aber schaute mich nach bräuten um,
den edelsten und schönsten, aus Athen,
aus Sparta und aus Theben, daſs den mast
an eures glückes schiffe fest und sicher
der würdigsten verwandtschaft taue hielten.
und das ist nun dahin; das glück schlug um.
als braut umarmet euch die todesnacht,
zum ehbett schmück' ich euch das grab, ihr ärmsten,
und der groſsvater muſs die hochzeit rüsten,
der schwähr ist Hades — graunvoll hochzeitsfest.
ach, wen von euch drück' ich zuerst ans herz,
und wen zuletzt? für wen der erste kuſs,
für wen der letzte? könnt' ich wie die biene
doch emsig all den schmerz, den ich um alle
empfinde, sammeln und in einem strom
von tränen allen meinen gram ergiessen.
   dir, mein gemal, dir ruf' ich, Herakles,
wenn zu den toten dringt ein sterblich wort,
erhöre mich: dein vater, deine söhne

ἢ πρὶν μακαρία διὰ σὲ ἐκληζόμην βροτοῖς.
ἄρηξον, ἐλθὲ καὶ σκιά, φάνηθί μοι·
ἅλις γὰρ ἐλθὼν κᾆν ὄναρ γένοιο σύ.   495
κακοὶ γὰρ ἐς σέ γ' οἱ τέκνα κτείνουσι σά.

ΑΜΦΙΤΡΥΩΝ.

σὺ μὲν τὰ νέρθεν εὐτρεπῆ ποιοῦ, γύναι,   497
θανεῖν γάρ, ὡς ἔοικ', ἀναγκαίως ἔχει·   502
ἐγὼ δὲ σέ, ὦ Ζεῦ, χεῖρ' ἐς οὐρανὸν δικὼν   498
αὐδῶ· τέκνοισιν εἴ τι τοισίδ' ὠφελεῖν
μέλλεις, ἀμύνειν, ὡς τάχ' οὐδὲν ἀρκέσεις.   500
καίτοι κέκλησαι πολλάκις· μάτην πονῶ.
ἀλλ', ὦ γέροντες, μικρὰ μὲν τὰ τοῦ βίου,
τοῦτον δ' ὅπως ἥδιστα διαπεράσετε
ἐξ ἡμέρας ἐς νύκτα μὴ λυπούμενοι.   505
ὡς ἐλπίδας μὲν ὁ χρόνος οὐκ ἐπίσταται
σῴζειν, τὸ δ' αὑτοῦ σπουδάσας διέπτατο.
ὁρᾶτ' ἔμ', ὅσπερ ἦ περίβλεπτος βροτοῖς
ὀνομαστὰ πράσσων, καί μ' ἀφείλεθ' ἡ τύχη
ὥσπερ πτερὸν πρὸς αἰθέρ' ἡμέρᾳ μιᾷ.   510
ὁ δ' ὄλβος ὁ μέγας ἥ τε δόξ' οὐκ οἶδ' ὅτῳ
βέβαιός ἐστι. χαίρετ'· ἄνδρα γὰρ φίλον
πανύστατον νῦν, ἥλικες, δεδόρκατε.

ΜΕ. ἔα,
ὦ πρέσβυ, λεύσσω τἀμὰ φίλτατ', ἢ τί φῶ;
— οὐκ' οἶδα, θύγατερ· ἀσφασία δὲ κἄμ' ἔχει.   515
— ὅδ' ἐστὶν ὃν γῆς νέρθεν εἰσηκούομεν,
εἰ μή γ' ὄνειρον ἐν φάει τι λεύσσομεν.
τί φημί; ποῖ' ὄνειρα κηραίνουσ' ὁρῶ;
οὐκ ἔσθ' ὅδ' ἄλλος ἀντὶ σοῦ παιδός, γέρον.
δεῦρ', ὦ τέκν', ἐκκρίμνασθε πατρῴων πέπλων,   520

---

sie gehn zum tod, zum tode geh' auch ich,
die einst die welt als dein gemal beneidet;
hilf, komm und sei's als geist, erscheine mir:
ja selbst als traumgebild kannst du uns retten,
die feigheit unsrer mörder flieht vor dir.

AMPHITRYON.

Mach alles nur bereit zum tode, tochter,
denn daſs wir sterben müssen, scheint gewiſs.
ich recke meinen arm empor zu dir,
Zeus, wenn du diese kinder retten willst,
so hilf, ich mahne dich, bald ists zu spät.
allein dich hab' ich schon so oft gerufen,
es ist verlorne müh'. ihr greisen freunde,
das menschenleben währt nur eine spanne,
und doch, es wird der köstlichste genuſs,
wenn man den tag dahinlebt unbekümmert,
was uns der abend bringe. denn die zeit
vermag nicht unsre wünsche zu erfüllen,
sie kommt, gibt was sie hat, und ist vorüber.
seht mich nur an. hoch stand ich in der welt,
berufen·war mein glück: da kam das schicksal
und nahm mir alles, spielend, wie die feder
man in die lüfte bläst. ob irgend wem
reichtum und ruhm beständig sei — wer weiſs es?
so lebt mir wol, die ihr ein langes leben
mir treu wart; nimmer sehen wir uns wieder.

MEGARA.

Mein vater,
wie wird mir? seh ich da nicht meinen trauten?

AMPHITRYON.

Ich weiſs nicht, tochter: staunen muſs auch ich.

MEGARA.

Er ist es, den wir in dem Hades glaubten,
wenn wir kein traumbild sehn am hellen tag —
pfui der kleingläubigkeit: das ist kein traum,
das ist er selbst, das, vater, ist dein sohn.
auf, kinder, hängt euch an des vaters kleider,

ἴτ᾽ ἐγκονεῖτε, μὴ μεθῆτ᾽, ἐπεὶ Διὸς
Σωτῆρος ὑμῖν οὐδέν ἐσθ᾽ ὅδ᾽ ὕστερος.

ΗΡΑΚΛΗΣ.

ὦ χαῖρε, μέλαθρον πρόπυλά θ᾽ ἑστίας ἐμῆς,
ὡς ἅσμενός σ᾽ ἐσεῖδον ἐς φάος μολών.
ἔα· τί χρῆμα, τέκν᾽ ὁρῶ πρὸ δωμάτων   525
στολμοῖσι νεκρῶν κρᾶτας ἐξεστεμμένα,
ὄχλῳ τ᾽ ἐν ἀνδρῶν τὴν ἐμὴν ξυνάορον,
πατέρα τε δακρύοντα· συμφορὰς τίνας;
φέρ᾽ ἐκπύθωμαι τῶνδε πλησίον σταθείς,
τί καινὸν ⟨ἡμῖν⟩ ἦλθε δώμασιν χρέος;   530
AM. ὦ φίλτατ᾽ ἀνδρῶν, ὦ φάος μολὼν πατρί,
ἥκεις, ἐσώθης εἰς ἀκμὴν ἐλθὼν φίλοις;
ΗΡ. τί φής; τίν᾽ ἐς ταραγμὸν ἥκομεν, πάτερ;
ΜΕ. διολλύμεσθα· σὺ δὲ, γέρον, σύγγνωθί μοι,
εἰ πρόσθεν ἥρπασ᾽ ἃ σὲ λέγειν πρὸς τόνδ᾽ ἐχρῆν·   535
τὸ θῆλυ γάρ πως μᾶλλον οἰκτρὸν ἀρσένων,
καὶ τἄμ᾽ ἔθνησκε τέκν᾽, ἀπωλλύμην δ᾽ ἐγώ.
ΗΡ. Ἄπολλον, οἵοις φροιμίοις ἄρχῃ λόγου.
ΜΕ. τεθνᾶσ᾽ ἀδελφοὶ καὶ πατὴρ οὑμὸς γέρων.
— πῶς φής; τί δράσας ἢ δορὸς ποίου τυχών;   540
— Λύκος σφ᾽ ὁ καινὸς γῆς ἄναξ διώλεσεν.
— ὅπλοις ἀπαντῶν ἢ νοσησάσης χθονός;

---

528 γρ. συμφορᾶς τινος ἢ συμφορὰς τ.... C in margine laeso   530 γύναι
τί καινὸν ἦλθε: γύναι del Elmsley, ἡμῖν suppl Wil (ἦλθε τοῖσδε ὃ. Elmsley)
531 Ἀμφ. Elmsley Dobree: Μεγ.   541 κλεινός: corr Elmsley Dobree

herbei, beeilt euch, laſst nicht los: er bringt
euch sichrer hilfe denn der Retter Zeus.

HERAKLES

*in fürstlicher tracht, ohne löwenhaut, aber bewaffnet mit köcher und bogen, die
keule in der hand. er kommt von der seite, die der entgegengesetzt ist, von der
Lykos und der chor kamen, und spricht während des gehens.*

Ich grüſs' euch, dach und pforte meines hauses.
wie froh bin ich, dem licht zurück gegeben
euch wieder zu erblicken. ha, was ist das?
die kinder vor dem hause? leichenschmuck
auf ihrem haupt? in einer schar von männern
mein ehgemal? mein vater dort in tränen?
was hat er daſs er weint? ich geh' drauf zu
und frage, welche not mein haus betraf.

AMPHITRYON.

Mein liebstes auf der welt, mein sohn, dem vater
ein rettend licht erschienen, bist du da,
gerettet, noch zur rechten zeit für uns.

HERAKLES.

Wie, vater? treff' ich euch in not? was ist das?

MEGARA.

Zum tode gieng's. verzeih, wenn ich vorweg
dir vor dem mund die antwort nehme, vater;
ich bin ein weib, mich übermannt die rührung,
und meine kinder sollten mit mir sterben.

HERAKLES.

Bewahr' uns gott vor dem, das so beginnt.

MEGARA.

Tot ist mein vater, tot sind meine brüder.

HERAKLES.

Was sagst du? wie das? welchem schwert erlegen?

MEGARA.

Lykos, des landes neuer fürst, erschlug sie.

HERAKLES.

In offner feldschlacht oder durch verrat?

— στάσει· τὸ Κάδμου δ᾽ ἑπτάπυλον ἔχει κράτος.
— τί δῆτα πρὸς σὲ καὶ γέροντ᾽ ἦλθεν φόβος;
— κτείνειν ἔμελλε πατέρα κἀμὲ καὶ τέκνα.   545
— τί φής; τί ταρβῶν ὀρφάνευμ᾽ ἐμῶν τέκνων;
— μή ποτε Κρέοντος θάνατον ἐκτεισαίατο.
— κόσμος δὲ παίδων τίς ὅδε νερτέροις πρέπων;
— θανάτου τάδ᾽ ἤδη περιβόλαι᾽ ἀνήμμεθα.
— καὶ πρὸς βίαν ἐθνῄσκετ᾽; ὦ τλήμων ἐγώ.   550
— φίλων ⟨γ᾽⟩ ἔρημοι· σὲ δὲ θανόντ᾽ ἠκούομεν.
— πόθεν δ᾽ ἐς ὑμᾶς ἦδ᾽ ἐσῆλθ᾽ ἀθυμία;
— Εὐρυσθέως κήρυκες ἤγγελλον τάδε.
— τί δ᾽ ἐξελείπετ᾽ οἶκον ἑστίαν τ᾽ ἐμήν;
— βίᾳ, πατὴρ μὲν ἐκπεσὼν στρωτοῦ λέχους,   555
— κοὐκ ἔσχεν αἰδῶ τὸν γέροντ᾽ ἀτιμάσαι;
— αἰδῶ γ᾽· ἀποικεῖ τῆσδε τῆς θεοῦ πρόσω.
— οὕτω δ᾽ ἀπόντες ἐσπανίζομεν φίλων;
— φίλοι γάρ εἰσιν ἀνδρὶ δυστυχεῖ τίνες;

MEGARA.

Ein aufstand bracht' ihn auf den thron der stadt.

HERAKLES.

Und wie bedrohte dich das und den vater?

MEGARA.

Der vater, ich, die kinder sollten sterben.

HERAKLES.

Wie? diese waisen schienen Lykos furchtbar?

MEGARA.

Sie möchten einst den fall des Kreon rächen.

HERAKLES.

Und welch ein aufzug? leichen schmückt man so.

MEGARA.

So waren wir schon für das grab gerüstet.

HERAKLES.

Weh mir! die hand des todes lag auf euch!

MEGARA.

Dich hiefs man tot, so stand uns niemand bei.

HERAKLES.

Woher denn diese kunde der verzweiflung?

MEGARA.

Herolde des Eurystheus brachten sie.

HERAKLES.

Doch was vermocht' euch aus dem schlofs zu weichen?

MEGARA.

Gewalt; sie trieb von seinem bett den vater.

HERAKLES.

Gewalt an einem greis? schämt' er sich nicht?

MEGARA.

Lykos und scham! die göttin kennt er nicht.

HERAKLES.

Und wirklich, weil ich fern war, half euch niemand?

MEGARA.

Wo fände je der mensch im unglück freunde!

   — μάχας δὲ Μινυῶν ἃς ἔτλην ἀπέπτυσαν;   560
   — ἄφιλον, ἵν' αὖθίς σοι λέγω, τὸ δυστυχές.
ΗΡ. οὐ ῥίψεθ' Ἅιδου τάσδε περιβολὰς κόμης
    καὶ φῶς ἀναβλέψεσθε τοῦ κάτω σκότου
    φίλας ἀμοιβὰς ὄμμασιν δεδορκότες;
    ἐγὼ δέ (νῦν γὰρ τῆς ἐμῆς ἔργον χερός)   565
    πρῶτον μὲν εἶμι καὶ κατασκάψω δόμους
    καινῶν τυράννων, κρᾶτα δ' ἀνόσιον τεμὼν
    ῥίψω κυνῶν ἕλκημα· Καδμείων δ' ὅσους
    κακοὺς ἐφηῦρον εὖ παθόντας ἐξ ἐμοῦ,
    τῷ καλλινίκῳ τῷδ' ὅπλῳ χειρώσομαι·   570
    τοὺς δὲ πτερωτοῖς διαφορῶν τοξεύμασι
    νεκρῶν ἅπαντ' Ἰσμηνὸν ἐμπλήσω φόνου,
    Δίρκης τε νᾶμα λευκὸν αἱμαχθήσεται.
    τῷ γὰρ μ' ἀμύνειν μᾶλλον ἢ δάμαρτι χρὴ
    καὶ παισὶ καὶ τεκόντι; χαιρόντων πόνοι·   575
    μάτην γὰρ αὐτοὺς τῶνδε μᾶλλον ἤνυσα.
    καὶ δεῖ μ' ὑπὲρ τῶνδ', εἴπερ οἶδ' ὑπὲρ πατρός,
    θνῄσκειν ἀμύνοντ'· ἢ τί φήσομεν καλὸν
    ὕδρᾳ μὲν ἐλθεῖν ἐς μάχην λέοντί τε
    Εὐρυσθέως πομπαῖσι, τῶν δ' ἐμῶν τέκνων   580
    οὐκ ἐκπονήσω θάνατον; οὐκ ἄρ' Ἡρακλῆς
    ὁ καλλίνικος ὡς πάροιθε λέξομαι.
ΧΟ. δίκαιά τοῦσθ' ἑκόντα σ' ὠφελεῖν τέκνα
    πατέρα τε πρέσβυν τήν τε κοινωνὸν γάμων.
ΑΜ. πρὸς σοῦ μέν, ὦ παῖ, τοῖς φίλοις ⟨τ'⟩ εἶναι φίλον 585
    τά τ' ἐχθρὰ μισεῖν· ἀλλὰ μὴ 'πείγου λίαν.
ΗΡ. τί δ' ἐστὶ τῶνδε θᾶσσον ἢ χρεών, πάτερ;

---

563 σκότους   575 τεκόντι Wakefield: γέροντι   583 Χο add Tyrwhitt.
τοὺς τεκόντας ὠφελεῖν (etiam Stob. 79, 22): distinx Wil   585 suppl Radermacher

HERAKLES.

Sind ihnen meine Minyersiege nichts?

MEGARA.

Noch einmal sag' ich: freundlos ist das unglück.

HERAKLES.

Fort mit dem leichenschmuck aus eurem haar,
schlagt aus des todes finsternis erstanden
die augen auf zum lieben sonnenlicht.
und ich, denn hier hat dieser arm zu handeln,
ich gehe, werfe dieses eingedrungnen
gewaltherrn thron zu boden, schlag' sein haupt
vom rumpfe, werf's den hunden hin zum fraſse,
und die Thebaner, die mir meine taten
mit undank lohnen, schmettert diese keule
zu boden, die genossin meiner siege,
durchbohren diese fittichschnellen pfeile,
mit blut'gen leichen dämm' ich den Ismenos,
und purpurn färbt sich Dirkes klarer born.
wem sollt' ich denn bereiter sein zu helfen
als kindern, gattin, vater? fahrt dahin,
ihr siege, heute gilt es mehr als euch.
und wenn sie sich für mich geopfert haben,
so muſs auch ich für sie dem tod mich bieten.
wär' es ein ruhm, daſs auf Eurystheus' wort
mit löwen und mit drachen ich gestritten,
wenn heut ich meiner eignen kinder tod
zu wehren zagen wollte: nein, dann wär' es
vorbei mit Herakles dem nie besiegten.

CHORFÜHRER.

Ein würdig werk freiwilligen entschlusses,
den greisen vater, weib und kinder retten.

AMPHITRYON.

Der freunde schutz, der feinde trutz, du bist's
und sollst es sein. doch übereile nichts.

HERAKLES.

Was ist in meinem plane vorschnell, vater?

ΑΜ. [πολλοὺς πένητας, ὀλβίους δὲ τῷ λόγῳ
δοκοῦντας εἶναι συμμάχους ἄναξ ἔχει,
οἳ στάσιν ἔθηκαν καὶ διώλεσαν πόλιν   590
ἐφ᾽ ἁρπαγαῖσι τῶν πέλας, τὰ δ᾽ ἐν δόμοις
δαπάναισι φροῦδα, διαφυγόνθ᾽ ὑπ᾽ ἀργίας.]
ὤφθης ἐσελθὼν πόλιν· ἐπεὶ δ᾽ ὤφθης, ὅρα
ἐχθροὺς ἀθροίσας μὴ παρὰ γνώμην πέσῃς.
ΗΡ. μέλει μὲν οὐδὲν εἴ με πᾶσ᾽ εἶδεν πόλις·   595
ὄρνιν δ᾽ ἰδών τιν᾽ οὐκ ἐν αἰσίοις ἕδραις
ἔγνων πόνον τιν᾽ ἐς δόμους πεπτωκότα·
ὥστ᾽ ἐκ προνοίας κρύφιος εἰσῆλθον χθόνα.
ΑΜ. καλῶς· ἐσελθὼν νῦν πρόσειπέ θ᾽ ἑστίαν
καὶ δὸς πατρῴοις δώμασιν σὸν ὄμμ᾽ ἰδεῖν.   600
ἥξει γὰρ αὐτὸς σὴν δάμαρτα καὶ τέκνα
ἕλξων φονεύσων, κἄμ᾽ ἐπισφάξων ἄναξ·
μένοντι δ᾽ αὐτοῦ πάντα σοι γενήσεται
τῇ τ᾽ ἀσφαλείᾳ κερδανεῖς· πόλιν δὲ σὴν
μὴ πρὶν ταράξῃς πρὶν τόδ᾽ εὖ θέσθαι, τέκνον.   605
ΗΡ. δράσω τάδ᾽· εὖ γὰρ εἶπας· εἶμ᾽ ἔσω δόμων.
χρόνῳ δ᾽ ἀνελθὼν ἐξ ἀνηλίων μυχῶν
Ἅιδου Κόρης ⟨τ᾽⟩ ἔνερθεν οὐκ ἀτιμάσω
θεοὺς προσειπεῖν πρῶτα τοὺς κατὰ στέγας.
— ἦλθες γὰρ ὄντως δώματ᾽ εἰς Ἅιδου, τέκνον;   610
— καὶ θῆρά γ᾽ ἐς φῶς τὸν τρίκρανον ἤγαγον.
— μάχῃ κρατήσας ἢ θεᾶς δωρήμασιν;
— μάχῃ· τὰ μυστῶν δ᾽ ὄργι᾽ εὐτύχησ᾽ ἰδών.
— ἦ καὶ κατ᾽ οἴκους ἐστὶν Εὐρυσθέως ὁ θήρ;

588—92 del Wil   593 ἐπελθών: em Kirchhoff   599 προσελθών: em
Wil   604 δὲ L. Dindorf: τε   608 suppl Reiske   611 τρικάρανον
614 Εὐρυσθέος

AMPHITRYON.

Dein einzug ist bemerkt; da du bemerkt bist,
so sieh dich vor, dafs nicht dein anschlag scheitre,
wenn du dem feinde zeit zum sammeln läfst.

HERAKLES.

Mich möchte meinethalb die ganze stadt
gesehen haben; aber unterwegs
war mir ein übler vogelflug begegnet,
der mir verriet, dafs euch ein unglück zustiefs.
und deshalb bin ich heimlich eingezogen.

AMPHITRYON.

Gut denn. so komm, begrüsse deinen herd
und gönne deines angesichtes anblick
dem vaterhause. Lykos kommt schon selbst,
zum tode Megara und deine knaben
hinweg zu schleppen und auch mich zu schlachten.
hier aber ihn erwarten hat den vorteil
der sicherheit voraus und hindert nichts;
nur setze nicht die ganze stadt in aufruhr,
eh dieses dir gelungen, lieber sohn.

HERAKLES.

Ich wills, du rätst mir gut. so tret' ich ein.
spät kehr' ich aus dem reich der finsternis,
den klüften Plutons und Persephones,
nach haus zurück. ich darf den ersten grufs
den göttern meines herdes nicht versagen.

AMPHITRYON.

So warst du wirklich in der unterwelt?

HERAKLES.

Sogar den Kerberos bracht' ich empor.

AMPHITRYON.

Zwangst du ihn, oder schenkt' ihn dir die göttin?

HERAKLES.

Ich zwang ihn; sieghaft durch Eleusis weihen.

AMPHITRYON.

Und ist das ungeheur schon in Mykene?

— Χθονίας νιν ἄλσος Ἑρμιών τ᾽ ἔχει πόλις. 615
— οὐδ᾽ οἶδεν Εὐρυσθεύς σε γῆς ἥκοντ᾽ ἄνω;
— οὐκ οἶδεν· ἦλθον τἀνθάθ᾽ εἰδέναι πάρος.
— χρόνον δὲ πῶς τοσοῦτον ἦσθ᾽ ὑπὸ χθονί;
— Θησέα κομίζων ἐχρόνισ᾽ ⟨ἐξ⟩ Ἅιδου, πάτερ.
— καὶ ποῦ 'στιν; ἢ γῆς πατρίδος οἴχεται πέδον; 620
— βέβηκ᾽ Ἀθήνας νέρθεν ἄσμενος φυγών.
ἀλλ᾽ εἴ᾽ ὁμαρτεῖτ᾽ ὦ τέκν᾽ ἐς δόμους πατρί·
καλλίονές τἄρ᾽ εἴσοδοι τῶν ἐξόδων
πάρεισιν ὑμῖν. ἀλλὰ θάρσος ἴσχετε
καὶ νάματ᾽ ὄσσων μηκέτ᾽ ἐξανίετε· 625
σύ τ᾽ ὦ γύναι μοι σύλλογον ψυχῆς λαβέ
τρόμου τε παῦσαι· καὶ μέθεσθ᾽ ἐμῶν πέπλων·
οὐ γὰρ πτερωτὸς οὐδὲ φευξείω φίλους.
ᾶ,
οἵδ᾽ οὐκ ἀφιᾶσ᾽ ἀλλ᾽ ἀνάπτονται πέπλων
τοσῷδε μᾶλλον· ὧδ᾽ ἔβητ᾽ ἐπὶ ξυροῦ; 630
ἄξω λαβών γε τούσδ᾽ ἐφολκίδας χεροῖν,
ναῦς δ᾽ ὡς ἐφέλξω· καὶ γὰρ οὐκ ἀναίνομαι
θεράπευμα τέκνων. πάντα τἀνθρώπων ἴσα·
φιλοῦσι παῖδας οἵ τ᾽ ἀμείνονες βροτῶν
οἵ τ᾽ οὐδὲν ὄντες· χρήμασιν δὲ διάφοροι, 635
ἔχουσιν, οἱ δ᾽ οὔ· πᾶν δὲ φιλότεκνον γένος.

ΧΟΡΟΣ.
ἁ νεότας μοι φίλον· ἄχθος δὲ τὸ γῆρας αἰεὶ
βαρύτερον Αἴτνας σκοπέλων
ἐπὶ κρατὶ κεῖται, βλεφάρων σκοτεινὸν 640
φάος ἐπικαλύψαν.

---

617 ἐλθὼν τ. εἰδείην: em Wil. alii   619 suppl Canter (ἐν c)   625 ἐξα-
νύετε: corr Heath   627 φευξιῶ   629 ἀφιᾶσιν   637 δὲ τὸ Musgrave: τὸ δὲ
640 κεῖσαι: em apogr.   642 φάος: em Canter

HERAKLES.

Nein, in Hermione, in Koras hain.

AMPHITRYON.

So weiſs Eurystheus deine heimkehr nicht?

HERAKLES.

Noch nicht. ich kam erst her, nach euch zu sehen.

AMPHITRYON.

Wie aber bliebst im Hades du so lange?

HERAKLES.

Theseus hab' ich erlöst; das hielt mich auf.

AMPHITRYON.

Wo ist er? nach der heimat wol zurück?

HERAKLES.

Ja, nach Athen hat er sich aufgemacht,
froh aus der unterwelt entflohn zu sein.

   doch auf, ihr kinder, kommt mit eurem vater
ins haus zurück, und froher ist der eingang
als euer ausgang war. so habt doch mut,
hört auf mit weinen; fass' dich, liebes weib,
du brauchst nicht mehr zu zittern. laſst doch los,
was klammert ihr euch an? hab' ich denn flügel
euch plötzlich zu verlassen? glaubt ihr denn,
vor euch, vor meinem liebsten, wollt' ich fliehn?
   oh
sie lassen's nicht, sie hängen sich nur fester
mir an die kleider. war der tod so nah?
nun wol, so heb' ich euch mit meinen armen
und ziehe sacht euch, wie ein lastschiff, vorwärts.
menschlich gefühl ist überall dasselbe,
und fürst und sclave hängt an seinen kindern:
das geld alleine scheidet hoch und niedrig,
in unsrer kinder liebe sind wir gleich.

alle ab in den palast.

CHOR.

Jugend, dich lieb' ich, Alter, du drückest
schwerer als Aetnas felsen mein haupt,
hast meiner augen licht mir umschleiert.

μή μοι μήτ' Ἀσιήτιδος
τυραννίδος ὄλβος εἴη,
μὴ χρυσοῦ δώματα πλήρη 645
τᾶς ἥβας ἀντιλαβεῖν,
ἃ καλλίστα μὲν ἐν ὄλβῳ,
καλλίστα δ' ἐν πενίᾳ.
τὸ δὲ λυγρὸν φθονερόν τε Γή-
ρας μισῶ· κατὰ κυμάτων 650
δ' ἔρροι μηδέ ποτ' ὤφελεν
θνατῶν δώματα καὶ πόλεις
ἐλθεῖν, ἀλλὰ κατ' αἰθέρ' αἰεὶ πτεροῖσι φορείσθω. — 654
εἰ δὲ θεοῖς ἦν ξύνεσις καὶ σοφία κατ' ἄνδρας,
δίδυμον ἂν ἥβαν ἔφερον
φανερὸν χαρακτῆρ' ἀρετᾶς ὅσοισιν
μέτα, καὶ θανόντες 660
εἰς αὐγὰς πάλιν ἁλίου
δισσοὺς ἂν ἔβαν διαύλους,
ἁ δυσγένεια δ' ἁπλοῦν ἂν
εἶχεν ζοᾶς ⟨στάδιον⟩,
καὶ τῷδ'⟨ἦν⟩ τούς τε κακοὺς ἂν 665
γνῶναι καὶ τοὺς ἀγαθούς·
ἴσον ἅτ' ἐν νεφέλαισιν ἄ-
στρων ναύταις ἀριθμὸς πέλει.
νῦν δ' οὐδεὶς ὅρος ἐκ θεῶν
χρηστοῖς οὐδὲ κακοῖς σαφής, 670
ἀλλ' εἱλισσόμενός τις αἰὼν πλοῦτον μόνον αὔξει. —
οὐ παύσομαι τὰς Χάριτας
Μούσαις συγκαταμειγνύς, ἁδίσταν συζυγίαν. 675
μὴ ζῴην μετ' ἀμουσίας,
αἰεὶ δ' ἐν στεφάνοισιν εἴην.
ἔτι τοι γέρων ἀοιδὸς κελαδεῖ Μναμοσύναν·
ἔτι τὰν Ἡρακλέους 680
καλλίνικον ἀείδω.
παρά τε Βρόμιον οἰ⟨νο⟩δόταν
παρά τε χέλυος ἑπτατόνου

648 γ' C¹ 649 φθονερόν Wil: φόνιον 659 ἀρετῆς 660 μέτα καὶ θνατοὶ
ἐς αὐγὰς: em Reiske 661 ἀελίου 664 ζωᾶς στάδιον Reiske: βιοτάν
665 suppl Porson 674 Μούσαις Dio Chrys. 32, 100 alii: ταῖς Μούσαις 675 ἡδίσταν
676 μὴ Stobaeus 81, 5: ἡ 681 ἀείσω: em Elmsley 682 οἰδόταν CP: em cp

weder des Persers üppigen thron,
weder ein haus voll gold bis zum giebel
möcht' ich tauschen, Jugend, um dich.
süfs bist du dem könig,
süfs bist du dem bettler:
aber das leidige neidische Alter
hafs' ich von herzen.
   o dafs es die winde jagten
   fern hinaus in öde meere;
   wär' es nie hinabgestiegen
   in die wohnungen der menschen;
   möge doch am himmel droben
   ewiglich sein fittich kreisen.

Wär' in dem himmel vernünftiges einsehn
und bei den menschen gesunder verstand:
doppeltes leben lebte der gute,
stiege vom tode wieder zum lichte,
wieder zum leben; doch die gemeinheit
wäre mit einfachem leben dahin.
dann könnte man scheiden
die guten und schlechten,
wie an dem wolkigen himmel der schiffer
zählet die sterne.
   doch so gaben uns die götter
   für die edlen, für die bösen
   kein bestimmt erkennungszeichen,
   sondern alles steigt und sinket,
   wie das zeitenrad sich drehet;
   nur das geld bleibt immer oben.

Allzeit will ich zu holdem vereine
Chariten laden und Musen:
ohne die kunst kein leben,
immer kränze mein haupt der epheu.
grau ist der sänger: doch tönet sein lied,
tönt der Erinnrung der mutter der Musen,
tönet den siegen des Herakles.
   bei dem wein, des gottes gabe,
   bei dem klang der vollen laute,

214

μολπὰν καὶ Λίβυν αὐλὸν οὔπω καταπαύσομεν 685
Μούσας, αἵ μ᾿ ἐχόρευσαν. ——
παιᾶνα μὲν Δηλιάδες
ὑμνοῦσ᾿ ἀμφὶ πύλας τὸν Λατοῦς εὔπαιδα γόνον
εἱλίσσουσαι καλλίχοροι· 690
παιᾶνα⟨ς⟩ δ᾿ ἐπὶ σοῖς μελάθροις
κύκνος ὣς γέρων ἀοιδὸς πολιᾶν ἐκ γενύων
κελαδήσω· τὸ γὰρ εὖ
τοῖς ὕμνοισιν ὑπάρχει. 695
Διὸς ὁ παῖς· τᾶς δ᾿ εὐγενίας
πλέον ὑπερβάλλων ⟨ἀρετᾷ⟩
μοχθήσας ἀκύμον᾿ ἔθηκεν βίοτον βροτοῖς,
πέρσας δείματα θηρῶν. ══ ⟲ 700

ΛΥΚΟΣ.

ἐς καιρὸν οἴκων, Ἀμφιτρύων, ἔξω περᾷς·
χρόνος γὰρ ἤδη δαρὸς ἐξ ὅτου πέπλοις
κοσμεῖσθε σῶμα καὶ νεκρῶν ἀγάλμασιν.
ἀλλ᾿ εἶα, παῖδας καὶ δάμαρθ᾿ Ἡρακλέους
ἔξω κέλευε τῶνδε φαίνεσθαι δόμων, 705
ἐφ᾿ οἷς ὑπέστητ᾿ αὐτεπάγγελτοι θανεῖν.

ΑΜΦΙΤΡΥΩΝ.

ἄναξ, διώκεις μ᾿ ἀθλίως πεπραγότα
ὕβριν θ᾿ ὑβρίζεις ἐπὶ θανοῦσι τοῖς ἐμοῖς·
ἃ χρῆν σε μετρίως, κεἰ κρατεῖς, σπουδὴν ἔχειν.
ἐπεὶ δ᾿ ἀνάγκην προστιθεῖς ἡμῖν θανεῖν, 710
στέργειν ἀνάγκη, δραστέον δ᾿ ἃ σοὶ δοκεῖ.
— ποῦ δῆτα Μεγάρα; ποῦ τέκν᾿ Ἀλκμήνης γόνου;
— δοκῶ μὲν αὐτήν, ὡς θύραθεν εἰκάσαι,
— τί χρῆμα; δόξης τίνος ἔχεις τεκμήριον;

690 καλλίχορον: em Hermann   691 παιᾶνα: suppl c   696 suppl Nauck (ἀρε-
ταῖς Tyrwhitt)   698 τὸν ἄκυμον ἔθηκεν: em Wil   701 περᾷ: em Heath
706 ὑπέστητέ γ᾿: em ed. Brubach   714 τίνος Boissonade: τῇσδ᾿

bei dem schall der fremden flöte
stellt sich noch immer
ein meine meisterin Muse.

Paean schallet dem sohne der Leto,
wenn sich in festlichem reigen
Delische jungfrauen schwingen:
schall' auch dem Herakles hier ein paean.
grau ist der sänger, doch tönet sein lied
(grau ist die kehle des singenden schwanes),
gilt doch dem rechte mein festgesang.
Zeus erzeugt' ihn: seine taten
hoben ihn zu höhrem adel,
denn der welt bracht' er den frieden,
bracht er gesittung,
scheuchte die schrecken der wildnis.

LYKOS
mit gefolge kommt von der seite, Amphitryon aus dem palaste.
Zeit ist es, daſs du aus dem hause kommst,
Amphitryon; zu lang hat es gewährt,
daſs ihr euch mit gewanden und mit binden
zum tode schmücket. auf denn, rufe du
den kindern und der frau des Herakles,
hier zu erscheinen: habt ihr euch doch selbst
erboten, willig euch dem tod zu stellen.

AMPHITRYON.
Fürst, du verfolgst mich, weil in not ich bin,
vergreifest dich an mir, weil mein beschützer
gestorben ist; du solltest deine plane
mit schonung trotz der übermacht betreiben.
allein du zwingst uns: sterben müssen wir,
so müssen wir geduldig auch gehorchen.

LYKOS.
Nun, wo ist Megara, wo sind die kinder?

AMPHITRYON.
Sie wird, wenn ich von hier vermuten darf —

LYKOS.
Was ist mit ihnen? was vermutest du?

216

— ἱκέτιν πρὸς ἁγνοῖς ἑστίας θάσσειν βάθροις 715
— ἀνόνητά γ᾽, ἱκετεύουσαν ἐκσῶσαι βίον.
— καὶ τὸν θανόντα γ᾽ ἀνακαλεῖν μάτην πόσιν.
— ὃ δ᾽ οὐ πάρεστιν οὐδὲ μὴ μόλῃ ποτέ.
— οὔκ, εἴ γε μή τις θεῶν ἀναστήσειέ νιν.
— χώρει πρὸς αὐτὴν κἀκκόμιζε δωμάτων, 720
— μέτοχος ἂν εἴην τοῦ φόνου δράσας τόδε.
— ἡμεῖς, ἐπειδὴ σοὶ τόδ᾽ ἔστ᾽ ἐνθύμιον,
οἱ δειμάτων ἔξωθεν ἐκπορεύσομεν
σὺν μητρὶ παῖδας. δεῦρ᾽ ἔπεσθε, πρόσπολοι,
ὡς ἂν σχολὴν λεύσσωμεν ἄσμενοι πόνων. 725
— σὺ δ᾽ οὖν ἴθ᾽, ἔρχῃ δ᾽ οἷ χρεών· τὰ δ᾽ ἀλλ᾽ ἴσως
ἄλλῳ μελήσει. προσδόκα δὲ δρῶν κακῶς
κακόν τι πράξειν. ὦ γέροντες, ἐς καλὸν
στείχει, βρόχοισι δ᾽ ἀρκύων γενήσεται
ξιφηφόροισι, τοὺς πέλας δοκῶν κτενεῖν, 730
ὁ παγκάκιστος. εἶμι δ᾽, ὡς ἴδω νεκρὸν
πίπτοντ᾽· ἔχει γὰρ ἡδονὰς θνῄσκων ἀνὴρ
ἐχθρὸς τίνων τε τῶν δεδραμένων δίκην.

ΧΟΡΟΣ.
μεταβολὰ κακῶν·
μέγας ὁ πρόσθ᾽ ἄναξ 735
πάλιν ὑποστρέφει
βίοτον ἐξ Ἅιδα.
ἰώ
δίκα καὶ θεῶν παλίρρους πότμος. —
ἦλθες χρόνῳ μὲν οὗ δίκην δώσεις θανών, 740
ὕβρεις ὑβρίζων εἰς ἀμείνονας σέθεν. —

715 βόθροις: em Stephanus   717 ἀνακαλεῖ: em Hermann   720 κἀκκόμιζε
Elmsley: καὶ κόμιζε   725 λύσωμεν: em Canter   736 ἐς ἅιδαν: em Wil
740 praefixum Ἀμφ. sustulit Hermann

AMPHITRYON.

Schutzflehend an dem heil'gen herde sitzen.

LYKOS.

Vergebens, wenn sie um ihr leben fleht.

AMPHITRYON.

Und eitlen ruf zum toten gatten senden.

LYKOS.

Ja, der ist fort und nimmer kehrt er wieder.

AMPHITRYON.

Es sei denn, daſs ein gott ihn auferwecke.

LYKOS.

Geh zu ihr, führe sie zum haus heraus.

AMPHITRYON.

Mitschuldig würd' ich mich des mordes machen.

LYKOS.

Uns kümmern die bedenklichkeiten nicht,
so wollen wir die mutter und die kinder
herholen: kommt mit mir hinein, trabanten,
daſs froh wir schauen unsrer sorgen ende. *ab*

AMPHITRYON.

Ja, geh nur hin, du gehst den rechten weg.
du tatest übel, übles nun zu leiden
mach' dich gefaſst. — er geht, gewonnen ists.
das netz von eisen hält ihn, treue greise;
den missetäter, welcher andern tod
zu bringen dachte, faſst das schwert. ich gehe,
ich will ihn fallen sehn. des feindes strafe,
des feindes sterben ist ein süſser anblick. *ab*

CHOR.

Das leid ist aus: gewaltig stieg
der alte herr empor zum licht.
nun flutet neu des lebens strom:
heil euch, gerechte götter.

CHORFÜHRER.

Wenn spät auch, bist du doch am ziel: dein leben
büſst es, daſs wider bessre du gefrevelt.

χαρμοναὶ δακρύων ἔδοσαν ἐκβολάς·
† πάλιν ἔμολεν ἃ πάρος οὔποτε διὰ φρενὸς ἦλ-   745
† πισε παθεῖν γᾶς ἄναξ. ——

ἀλλ᾽ ὦ γεραιοί, καὶ τὰ δωμάτων ἔσω
σκοπῶμεν, εἰ πράσσει τις ὡς ἐγὼ θέλω. —— <

ΛΥΚΟΣ.

ἰώ μοί μοι. ——

τόδε κατάρχεται
μέλος ἐμοὶ κλύειν   750
φίλιον ἐν δόμοις·
θάνατος οὐ πόρσω.
βοᾷ
φόνου φροίμιον στενάζων ἄναξ. ——

ΛΥΚΟΣ.

ὦ πᾶσα Κάδμου γαῖ᾽, ἀπόλλυμαι δόλῳ. ——

καὶ γὰρ διώλλυς· ἀντίποινα δ᾽ ἐκτίνων   755
τόλμα, διδούς γε τῶν δεδραμένων δίκην. ——

τίς θεοὺς ἀνομίᾳ χραίνων, θνητὸς ὤν,
† ἄφρονα λόγον οὐρανίων μακάρων
κατέβαλ᾽ ὡς ἄρ᾽ οὐ σθένουσιν θεοί; ——

γέροντες, οὐκέτ᾽ ἔστι δυσσεβὴς ἀνήρ.   760
σιγᾷ μέλαθρα· πρὸς χοροὺς τραπώμεθα. —— <<
[φίλοι γὰρ εὐτυχοῦσιν οὓς ἐγὼ θέλω.]

χοροὶ χοροὶ καὶ θαλίαι
     μέλουσι Θήβας ἱερὸν κατ᾽ ἄστυ.
μεταλλαγαὶ γὰρ δακρύων,   765
     μεταλλαγαὶ συντυχίας ⟨νέας⟩ ἔτεκον ἀοιδάς.
βέβακ᾽ ἄναξ ὁ καινός, ὁ δὲ παλαίτερος
κρατεῖ, λιμένα λιπών γε τὸν Ἀχερόντιον·   770
δοκημάτων ἐκτὸς ἦλθεν ἐλπίς. ——

θεοὶ θεοὶ τῶν ἀδίκων
     μέλουσι καὶ τῶν ὁσίων ἐπάειν.

---

743 Χο praefixum   747 γεραιέ: em Kirchhoff   752 πρόσω   755 ἀντά-
ποινα: em Canter   757 τίς ὁ θ.: em Wil   762 del Nauck   766 suppl Wil
768 βέβακεν   κλεινός: em Pierson   773 μέλλουσι: em Canter

CHOR.

Die freudentränen halt ich nicht.
was nie zu hoffen ich gewagt,
ich seh' ihn wieder, meinen ächten könig.

CHORFÜHRER.

Denkt auch an das, was drinnen sich begiebt.
erreicht ihn wol was wir ihm gönnen, freunde?

LYKOS *von innen.*

Weh mir.

CHOR.

Horch. aus dem schloſs ertönt ein lied,
ich hör' es gern, nah ist der tod.
auf stöhnt der fürst, der dumpfe schrei
ist seines falles vorspiel.

LYKOS *von innen.*

Kadmeisch volk, ich falle durch verrat.

CHORFÜHRER.

Verräter selbst. dich trifft was du getan,
nun dulde deiner missetaten strafe.

CHOR.

Wer war es, der, ein schwacher mensch,
sich unterfieng mit narrenwort
des himmels sel'ge herrn zu zeihn der ohnmacht?

CHORFÜHRER.

Gefährten, überwunden ist der frevler,
es schweigt das haus: beginnt den lobgesang.

CHOR.

Reigen, reigen und festesschmaus
    waltet im heiligen Theben.
    schatten des glückes verschwanden,
    tränen verschwanden, es kehrten jubel und lieder.
        fort ist der neue herr, zurück der alte,
        des todes hafen hat ihn nicht gehalten:
        was wir gehofft ist wahn nicht mehr, ist wahrheit.

Götter, göttliches regiment
    waltet der guten und bösen.

ὁ χρυσὸς ἅ τ᾽ εὐτυχία
φρενῶν βροτοὺς ἐξάγεται δύνασιν ἄδικον ἐφέλκων.   775
Χρόνου γὰρ οὔτις ῥόπαλον εἰσορᾶν ἔτλα
νόμον παρέμενος, ἀνομίᾳ χάριν διδούς·
ἔθραυσεν ὄλβου κελαινὸν ἅρμα. ═══   780

Ἰσμήν᾽ ὦ στεφαναφόρει,
ξεσταί θ᾽ ἑπταπύλου πόλεως
ἀναχορεύσατ᾽ ἀγυιαί,
Δίρκα θ᾽ ἁ καλλιρρέεθρος,
σύν τ᾽ Ἀσωπιάδες κόραι   785
βᾶτε λιποῦσαι
πατρὸς ὕδωρ συναοιδοί,
Νύμφαι, τὸν Ἡρακλέους
καλλίνικον ἀγῶνα. [ὦ]
Πυθίου δενδρῶτι πέτρα   790
Μουσῶν θ᾽ Ἑλικωνιάδων
δώματα,
ἀχεῖτ᾽ εὐγαθεῖ κελάδῳ
† ἐμὰν πόλιν ἐμά τε τείχη,
† Σπαρτῶν ἵνα γένος ἐφάνη
χαλκασπίδων λόχος, ὃς γᾶν   795
τέκνων τέκνοις μεταμείβει,
Θήβαις ἱερὸν φῶς. ───

ὦ λέκτρων δύο συγγενεῖς
εὐναί, θνατογενοῦς τε καὶ
Διός, ὃς ἦλθεν ἐς εὐνὰς   800
νύμφας τᾶς Περσηίδος· ὡς
πιστόν μοι τὸ παλαιὸν ἤ-
δη λέχος, ὦ Ζεῦ,
τὸ σὸν [οὐκ] ἐπ᾽ ἐλπίδι φάνθη.
λαμπρὰν δ᾽ ἔδειξ᾽ ὁ χρόνος   805
τὰν Ἡρακλέος ἀλκάν·

---

775 φρονεῖν: em L. Dindorf   777 οὔτις ἔτλα τὸ πάλιν (ῥόπαλον Wil) εἰσ.:
traiec. Hermann   781 Ἰσμηνῶ στεφανοφορία: em Tyrwhitt   782 ἑπτάπυλοι:
em Stephanus   784 καλλιρέεθρος   785 Ἀσωπίδες: em Hermann   786 πατρὸς
ὕδωρ βᾶτε λ.: traiec. Wil   789 del Wil   792 ἀχεῖτ᾽ Fix: ἦξετ᾽   793 πόλι:
em c   794 ἔγανε: em Hermann   801 ὡς Musgrave: καὶ   804 del Wil
805 ἔδειξεν

gold und glanz des erfolges
führen zu höhen den menschen und machen ihn schwindeln.
  doch ihre keule schwingt die Zeit: da schaudert
  wer pflichtvergessen mit der sünde buhlte;
  zerscheitert stürzt der wagen blut'gen ruhmes.

Schmück' dich, Ismenos, mit kränzen,
auf zum reigen, ihr gassen
siebentoriger Thebe.
komm aus der tiefe,
Dirke, sprudelnde quelle,
kommt, ihr Asopostöchter.
stimmt in die festlichen lieder
ein, ihr Nymphen, zu singen
kampf und sieg des Herakles.
waldige kuppe von Pytho,
träger der Musenhaine,
Helikon,
hallet vom festlichen lobe
unsrer mauern, unsrer stadt,
wo der erdgebornen Sparten
erzgeschirmte saat entsprungen, Thebens
angestammte fürsten, Thebens ehre.

Wunder, den helden zu zeugen
nahten sich einem bette
gott und sterblichgeborner,
und es umfieng sie
Perseus enkelin beide.
längst bekannte mein glaube
deinen göttlichen vater:
jetzt bestätigt die zeit dir
deine gröfse, Herakles.

ὃς γᾶς ἐξέβα θαλάμων,
Πλούτωνος δῶμα λιπὼν
νέρτερον.
κρείσσων μοι τύραννος ἔφυς
† ἢ δυσγένει᾽ ἀνάκτων·   810
† ἃ νῦν ἐσορᾶν φαίνει
ξιφηφόρων ἐς ἀγώνων
ἅμιλλαν, εἰ τὸ δίκαιον
θεοῖς ἔτ᾽ ἀρέσκει. ═ ⌇

ἔα ἔα·   815
ἆρ᾽ ἐς τὸν αὐτὸν πίτυλον ἥκομεν φόβου,
γέροντες, οἷον φάσμ᾽ ὑπὲρ δόμων ὁρῶ; ──

φυγῇ φυγῇ
νωθὲς πέδαιρε κῶλον, ἐκποδὼν ἔλα. ──

ὦναξ Παιάν,   820
ἀπότροπος γένοιό μοι πημάτων. ── >

ΙΡΙΣ.

θαρσεῖτε Νυκτὸς τήνδ᾽ ὁρῶντες ἔκγονον
Λύσσαν, γέροντες, κἀμὲ τὴν θεῶν λάτριν,
Ἶριν· πόλει γὰρ οὐδὲν ἥκομεν βλάβος,
ἑνὸς δ᾽ ἐπ᾽ ἀνδρὸς δώματα στρατεύομεν,   825
ὅν φασιν εἶναι Ζηνὸς Ἀλκμήνης τ᾽ ἄπο.
πρὶν μὲν γὰρ ἄθλους ἐκτελευτῆσαι πικρούς,
τὸ χρή νιν ἐξέσῳζεν, οὐδ᾽ εἴα πατὴρ
Ζεύς νιν κακῶς δρᾶν οὔτ᾽ ἔμ᾽ οὔθ᾽ Ἥραν ποτέ·
ἐπεὶ δὲ μόχθους διεπέρασ᾽ Εὐρυσθέως,   830
Ἥρα προσάψαι κοινὸν αἷμ᾽ αὐτῷ θέλει
παῖδας κατακτείναντι, συνθέλω δ᾽ ἐγώ.
ἀλλ᾽ εἶ᾽, ἄτεγκτον συλλαβοῦσα καρδίαν,
Νυκτὸς κελαινῆς ἀνυμέναιε παρθένε,
μανίας τ᾽ ἐπ᾽ ἀνδρὶ τῷδε καὶ παιδοκτόνους   835
φρενῶν ταραγμοὺς καὶ ποδῶν σκιρτήματα
ἔλαυνε κίνει, φόνιον ἐξίει κάλων,

---

810 ἡδὺς γένει: distinx Canter   812 ξιφηφόρον C¹   825 σώματα: em
Scaliger   828 τὸ χρῆν margo C   831 καινόν: em Wakefield   833 σὴν
λαβοῦσα: em apogr.

denn aus den klüften der erde
kehrtest du wieder, die hölle
hielt dich nicht.
bist mir ein besserer herrscher
als des Lykos niedrigkeit.
in des schwerterkampfs entscheidung
ist er eingetreten, hat erfahren,
daſs die götter noch das recht beschützen.

In der luft erscheinen Iris und Lyssa.

CHORFÜHRER.

Ha,
erfaſst des unheils strudel uns von neuem?
dort überm haus schaut die erscheinung, greise.

EIN GREIS.

Flieht,
flieht eilig, ist der fuſs auch träg, entweicht.

EIN ANDERER.

Phoibos,
hilf, heiland, wende mir das unheil ab.

IRIS.

Faſst mut, ihr greise. freilich, Lyssa ist's,
der Nacht ist sie entsprossen die ihr seht,
und ich bin Iris, heroldin der götter;
doch kommen wir der stadt zu keinem schaden,
wir suchen eines mannes haus nur heim,
des, der des Zeus und der Alkmene sohn
sich nennen läſst. solang die schweren kämpfe
er noch nicht überstanden, war das schicksal
sein schirm, und lieſs es vater Zeus nicht zu,
daſs Hera oder ich ein leid ihm täten,
doch jetzt, wo er, was ihm Eurystheus auftrug,
vollbracht, will Hera blutschuld auf ihn laden
durch seiner kinder mord; so will auch ich.

Auf, jungfräuliche tochter finstrer Nacht,
zusammen nimm dein unerweichlich herz
und hetze wahnsinn wider jenen mann,
treib' seinen fuſs zu tollem tanz, sein hirn
zu kindesmörderischer raserei,

ὡς ἂν πορεύσας δι' Ἀχερούσιον πόρον
τὸν καλλίπαιδα στέφανον αὐθέντῃ φόνῳ
γνῷ μὲν τὸν Ἥρας οἷός ἐστ' αὐτῷ χόλος,   840
μάθῃ δὲ τὸν ἐμόν· ἢ θεοὶ μὲν οὐδαμοῦ,
τὰ θνητὰ δ' ἔσται μεγάλα, μὴ δόντος δίκην.

ΛΥΣΣΑ.

ἐξ εὐγενοῦς μὲν πατρὸς ἔκ τε μητέρος
πέφυκα, Νυκτὸς Οὐρανοῦ τ' ἀφ' αἵματος·
τιμὰς δ' ἔχω τάσδ', οὐκ ἀγασθῆναι ⟨θεοῖς⟩,   845
οὐδ' ἥδομαι φοιτῶσ' ἐπ' ἀνθρώπων φίλους.
παραινέσαι δέ, πρὶν σφαλεῖσαν εἰσιδεῖν,
Ἥρᾳ θέλω σοί τ', ἢν πίθησθ' ἐμοῖς λόγοις.
ἀνὴρ ὅδ' οὐκ ἄσημος οὔτ' ἐπὶ χθονὶ
οὔτ' ἐν θεοῖσιν οὗ ⟨σύ⟩ μ' ἐσπέμπεις δόμους,   850
ἄβατον δὲ χώραν καὶ θάλασσαν ἀγρίαν
ἐξημερώσας θεῶν ἀνέστησεν μόνος
τιμὰς πιτνούσας ἀνοσίων ἀνδρῶν ὕπο·

. . . .

σοί τ' οὐ παραινῶ μεγάλα βούλεσθαι κακά.
— μὴ σὺ νουθέτει τά θ' Ἥρας κἀμὰ μηχανήματα.   855
— ἐς τὸ λῷον ἐμβιβάζω σ' ἴχνος ἀντὶ τοῦ κακοῦ.
— οὐχὶ σωφρονεῖν γ' ἔπεμψε δεῦρό σ' ἡ Διὸς δάμαρ.
— Ἥλιον μαρτυρόμεσθα δρῶσ' ἃ δρᾶν οὐ βούλομαι.
εἰ δὲ δή μ' Ἥρᾳ θ' ὑπουργεῖν σοί τ' ἀναγκαίως ἔχει
τάχος ἐπιρροίβδην θ' ὁμαρτεῖν ὡς κυνηγέτῃ κύνας,   860
εἶμί γ'· οὔτε πόντος οὕτω κύμασι στένων λάβροις
οὔτε γῆς σεισμὸς κεραυνοῦ τ' οἶστρος ὠδῖνας πνέων,

---

845 δ' ed. Hervag.: τ'   θεοῖς Hartung: φίλοις   850 σύ Hartung: γέ
853 hiatum sign. Wil   855 κἀμὰ Reiske Heath: κακά   856 – 8 sigua
personarum huc revocat Musgrave. in codice praefixa 857 – 9   856 λῶστον: em
Nauck   ἐμβιβάζουσ': em Musgrave   860 κυνηγέτει: em apogr.   861 λάβρως:
em Wil

laſs alle zügel seiner mordlust schieſsen,
es stosse seiner söhne blühn'de schar
mit eignen händen in des todes rachen
hinunter: dann erkennt er Heras haſs,
und auch wie ich ihn hasse lernt er dann.
aus wär' es mit den göttern, wenn ein mensch
für ihre strafen unerreichbar bliebe.

LYSSA.

ein geflügeltes weib, schlangen in den haaren, in der hand eine geissel.
Erlaucht ist meine mutter, ist mein vater,
vom Himmel stamm' ich ab und von der Nacht;
doch widerwärtig ist mein amt den göttern,
und selber treib' ichs ohne freudigkeit,
wenn ich ein liebes haus betreten muſs.
so will ich, Iris, dich und Hera warnen,
eh ich euch straucheln sehn muſs, ob ihr nicht
vielleicht auf meine worte hören mögt.
der mann, in dessen wohnung ihr mich sendet,
ist nicht gering auf erden noch im himmel:
unwegsam land und unwirtliches meer
hat er gefriedigt, hat der götter dienst,
der unter frechen frevlerhänden wankte,
auf erden aufgerichtet, er allein.
darum laſst ab, ich rat' es Zeus gemalin,
ich rat' es dir: ihr wollt ein arges unrecht.

IRIS.

Richte du nicht meine plane, Heras plane richte nicht.

LYSSA.

Nur zu lenken deine schritte such' ich auf die rechte bahn.

IRIS.

Nicht zur tugend hat berufen dich die himmelskönigin.

LYSSA.

Zeug' es mir die sonne droben, nicht mein will' ists was ich tu'.
aber muſs ich denn der Hera, muſs ich dir zu willen sein,
muſs ich springen, hetzen, kläffen, folgsam wie des jägers hund,
vorwärts denn. die see, wenn wütend woge wider woge tost,
stöhnet also nie, die erde zuckt erbebend also nie,

οἶ' ἐγὼ στάδια δραμοῦμαι στέρνον εἰς Ἡρακλέους·
καὶ καταρρήξω μέλαθρα καὶ δόμους ἐπεμβαλῶ,
τέκν' ἀποκτείνασα πρῶτον· ὅ δὲ κανὼν οὐκ εἴσεται 865
παῖδας οὓς ἔτικτεν ἐναρών, πρὶν ἂν ἐμὰς λύσσας ἀφῇ.
ἢν ἰδοὺ καὶ δὴ τινάσσει κρᾶτα βαλβίδων ἄπο
καὶ διαστρόφους ἑλίσσει σῖγα γοργωποὺς κόρας,
ἀμπνοὰς δ' οὐ σωφρονίζει, ταῦρος ὣς ἐς ἐμβολήν,
δεινὰ μυκᾶται δὲ Κῆρας ἀνακαλῶν τὰς Ταρτάρου. 870
τάχα σ' ἐγὼ μᾶλλον χορεύσω καὶ καταυλήσω φόβῳ.
στεῖχ' ἐς Οὔλυμπον πεδαίρουσ'. Ἶρι, γενναῖον πόδα·
ἐς δόμους δ' ἡμεῖς ἄφαντοι δυσόμεσθ' Ἡρακλέους.

ΧΟΡΟΣ.

ὀτοτοτοτοτοῖ, στέναξον· ἀποκείρεται 875
σὸν ἄνθος πόλεος, ὁ Διὸς ἔκγονος.
μέλεος Ἑλλάς, ἃ τὸν εὐεργέταν
ἀποβαλεῖς, ὀλεῖς μανίαισιν Λύσσας
χορευθέντ' ἐναύλοις. ⬦ >

βέβακεν ἐν δίφροισιν ἃ πολύστονος, 880
ἅρμασι δ' ἐνδίδωσι κέντρον
ὡς ἐπὶ λώβᾳ Νυκτὸς Γοργὼν
ἑκατογκεφάλοισ⟨ιν⟩ ὀφέων ἰα-
χήμασι Λύσσα μαρμαρωπός. ⬦ >

ταχὺ τὸν εὐτυχῆ μετέβαλεν δαίμων, 885
ταχὺ δὲ πρὸς πατρὸς τέκν' ἐκπνεύσεται. ⬦ >

ΑΜΦΙΤΡΥΩΝ.

ἰώ μοι μέλεος. — ἰὼ Ζεῦ, τὸ σὸν γένος ἄγονον αὐτίκα

---

863 σταδιαδραμοῦμαι et o supra α altero.   866 ἔτικτεν αἱρῶν, γρ. ἔτικτ'
ἐναίρων C marg. corr Wil   867 ἦν   870 δεινός: em Canter   875 ἀπόκειρέ
τε: em Canter   876 πόλεος et ις suprascr. C   883 ἑκατὸν κεφαλαῖς: em Reiske;
-οισιν Wil   886 ἐπνεύσατε: em Elmsley   887 Ἀμφ. add Wil; C aut C² in
spat. vac. paragraphos habet ante 890 893 900 901 904 906 910 912 (ἀλ.) 914 916;
ante 917 χορ. 919 ἐξαγγ. 921 ἀγγ.: 909—20 olim emendata; reliqua dist. Wil
888 τὸ σὸν ἰὼ Ζεῦ C sed litteris suprapositis correxit

nie der himmel, wenn in wilden blitzesschwangern wehn er kreisst,
wie jetzt meine stöfse rütteln an der brust des Herakles;
und das haus, ich reifs' es nieder, und den hof, ich werf' ihn drauf;
doch zuerst mord' ich die kinder, und der mörder ahnt es nicht,
dafs er tötet die er zeugte, bis ich löse meinen bann.
 Ha, sieh da. die bahn betritt er, schüttelt grimmig schon das haupt,
stehet lautlos, rollt die trotz'gen augensterne starr und stumm,
hoch und unstet geht der atem — stier, nun brich zum stofse vor.
furchtbar brüllt er auf, er ruft die Keren aus der höll' empor.
wart', ich lehr' dich besser tanzen, schauder pfeife dir den takt.
 Iris, schwinge nur zum himmel den erlauchten götterfufs:
Lyssa schlüpfet ungesehen in das haus des Herakles.
beide verschwinden.

CHOR.

Weh, weh, weh, weh,
abgemähet wird die blüte
meiner stadt, der sohn des Zeus.
armes Hellas, du verlierest
deinen hort: in Lyssas wüten
tanzt er nach dem schrillen takt.

der tränen fürstin fährt daher,
zu wagen fährt sie,
die geissel schwingt sie,
als wär's zum hohn,
der Nacht gorgonenhaftes kind.
mit tausend zungen
die nattern zischen
um Lyssas aschenfahles haupt.

es stürzt geschwinde
das glück der daemon:
geschwinde hauchen
von vaters händen
die kinder ihre seelen aus.

AMPHITRYON von innen.

Weh, weh, ich armer.

CHOR.

Weh Zeus, bald wird dein sohn
sohnlos am boden liegen.

228

λυσσάδες ὠμοβρῶτες ἄδικοι Ποιναὶ
κακοῖσιν ἐκπετάσουσιν . . . . . . ━━> 890
— ἰὼ στέγαι
— κατάρχεται χόρευμα τυμπάνων ἄτερ
οὐ βρομίῳ κεχαρισμένα θύρσῳ. ━━>
— ἰὼ δόμοι
— πρὸς αἵματ᾽ οὐχὶ τᾶς Διονυσιάδος
βοτρύων ἐπὶ χεύμασι λώβας. ━━> 895
— φυγῇ, τέκν᾽, ἐξορμᾶτε. — δάιον τόδε,
δάιον μέλος ἐπαυλεῖται·
κυναγετεῖ τέκνων διωγ-
μόν· οὔποτ᾽ ἄκραντα δόμοισι Λύσσα βακχεύσει. ━━>
— αἰαῖ κακῶν.
— αἰαῖ δῆτα, τὸν γεραιὸν ὡς στένω 900
πατέρα τάν τε παιδοτρόφον ⟨ᾇ⟩ μάταν
τέκεα γεννᾶται.
— ἰδοὺ ἰδού, 905
θύελλα σείει δῶμα, συμπίπτει στέγη.

889 λύσσα δέ σ᾽ ὠμόβροτος: em Wakefield   ἀποινόδικοι δίκαι: em Wil
898 τὲ τέκνων: em Hermann   902 suppl Musgrave

es bringen ihn arge daemonen,
blutlüsterne höllische geister
mit gräfslichen freveln zu fall.

AMPHITRYON *von innen.*

Weh, mein haus.

CHOR.

Jetzt geht es zum reigen;
aber es bleibet die pauke dem feste fern,
ferne der schwärmende thyrsos.

AMPHITRYON *von innen.*

Weh mein dach.

CHOR.

Jetzt geht es zum opfer;
aber nicht böckchen und hinde zerreisst die lust
wilddionysischen taumels.

AMPHITRYON *von innen.*

Flieht, kinder, flieht.

CHOR.

Ha, welch ein ruf des grauns.
ein graunvoll lied ergellt,
den kindern gilt die jagd,
und Lyssas wilde wut
verfehlt des zieles nimmer.

AMPHITRYON *von innen.*

Weh, weh, jammer.

CHOR.

Weh weh, wie klag' ich
den greisen vater,
die arme mutter,
die ihre kinder
umsonst gebar.

AMPHITRYON.

Sieh, sieh,
am hause rüttelt sturm, die säulen stürzen.

— ἢ ἤ, τί δρᾷς, ὦ Διὸς παῖ, μελάθρῳ;
τάραγμα ταρτάρειον ὡς
ἐπ᾽ Ἐγκελάδῳ ποτέ, Παλλάς, ἐς δόμους πέμπεις. ——>

ΑΓΓΕΛΟΣ.

ὦ λευκὰ γήρᾳ σώματ᾽ ΧΟ. ἀνακαλεῖς με τίνα   910
βοάν; — ἄλαστα τὰν δόμοισι. — μάντιν οὐχ
ἕτερον ἄξομαι.
— τεθνᾶσι παῖδες — αἰαῖ
— στέναζεθ᾽, ὡς στενακτά. — δάιοι φόνοι,
δάιοι δὲ τοκέων χέρες.   915
— οὐκ ἄν τις εἴποι μᾶλλον ἢ πεπόνθαμεν.
— πῶς παισὶ στενακτὰν ἄταν, ἄταν
πατέρος, ἀμφαίνεις; [λέγε] τίνα τρόπον ἔσυτο θε-
όθεν ἐπὶ μέλαθρα κακὰ τάδε τλήμονας   920
τε παίδων ψυχάς; ——>

---

908 Ἐγκελάδω   917 supra alterum ἄταν ὦ C quod facile referas ad versum
superiorem, (post χέρας 915)   919 λέγε del Wil   920 ἔσυτο P: ἔσσυτο C
921 τύχας: cm Wil

CHOR.

Halt, halt,
was suchst du im schlosse,
du himmelstochter?
wie einst zu dem kampfe
du zogst der Giganten,
so schreitest du, Pallas,
und bis in die tiefsten
grundvesten erschüttert
der boden erbebt.

BOTE
kommt aus dem hause.

Ihr altersgrauen häupter . . .

CHOR.

Was will, was will dein ruf von mir?

BOTE.

Da drin ist alles grausen . . .

CHOR.

Zu deuten braucht's nicht fremder mund.

BOTE.

Tot sind die kinder . . . .

CHOR.
Wehe,

BOTE.

Ja weint. 's ist weinenswert.

CHOR.
Grausamer mord,
Grausame vaterhand.

BOTE.

Wie grausam, weh, sie war, wer kann es schildern?

CHOR.

Wie willst du das gräfsliche melden,
der kinder, des vaters verhängnis?
wie brach, von den göttern gesendet,
das haus und das leben der kinder
zerstörend, das unheil herein?

— ἱερὰ μὲν ἦν πάροιθεν ἐσχάρας Διὸς
καθάρσι' οἴκων, γῆς ἄνακτ' ἐπεὶ κτανὼν
ἐξέβαλε τῶνδε δωμάτων Ἡρακλέης·
χορὸς δὲ καλλίμορφος εἱστήκει τέκνων   925
πατήρ τε Μεγάρα τ'· ἐν κύκλῳ δ' ἤδη κανοῦν
εἵλικτο βωμοῦ, φθέγμα δ' ὅσιον εἴχομεν.
μέλλων δὲ δαλὸν χειρὶ δεξιᾷ φέρειν
ἐς χέρνιβ' ὡς βάψειεν Ἀλκμήνης τόκος
ἔστη σιωπῇ καὶ χρονίζοντος πατρὸς   930
παῖδες προσέσχον ὄμμ'· ὃ δ' οὐκέθ' αὑτὸς ἦν,
ἀλλ' ἐν στροφαῖσιν ὀμμάτων ἐφθαρμένος,
ῥίζας τ' ἐν ὄσσοις αἱματῶπας ἐκβαλὼν
ἀφρὸν κατέσταζ' εὐτρίχου γενειάδος.
ἔλεξε δ' ἅμα γέλωτι παραπεπληγμένῳ   935
„πάτερ, τί θύω πρὶν κτανεῖν Εὐρυσθέα
καθάρσιον πῦρ καὶ πόνους διπλοῦς ἔχω,
ἐξὸν μιᾶς μοι χειρὸς εὖ θέσθαι τάδε;
ὅταν δ' ἐνέγκω δεῦρο κρᾶτ' Εὐρυσθέως,
ἐπὶ τοῖσι νῦν θανοῦσιν ἁγνιῶ χέρας.   940
ἐκχεῖτε πηγάς, ῥίπτετ' ἐκ χειρῶν κανᾶ.
τίς μοι δίδωσι τόξα, τίς ⟨δ'⟩ ὅπλον χερός;
πρὸς τὰς Μυκήνας εἶμι· λάζυσθαι χρεὼν
μοχλοὺς δικέλλας θ', ὡς τὰ Κυκλώπων βάθρα
φοίνικι κανόνι καὶ τύκοις ἡρμοσμένα   945
στρεπτῷ σιδήρῳ συντριαινώσω πάλιν."
ἐκ τοῦδε βαίνων ἅρματ', οὐκ ἔχων, ἔχειν
ἔφασκε δίφρου τ' εἰσέβαινεν ἄντυγα
κἄθεινε, κέντρῳ δῆθεν ὡς θείνων, χερί.
διπλοῦς δ' ὀπαδοῖς ἦν γέλως φόβος θ' ὁμοῦ.   950
καί τις τόδ' εἶπεν, ἄλλος εἰς ἄλλον δρακών
„παίζει πρὸς ἡμᾶς δεσπότης ἢ μαίνεται;"
ὃ δ' εἷρπ' ἄνω τε καὶ κάτω κατὰ στέγας,
μέσον δ' ἐς ἀνδρῶν' ἐσπεσὼν Νίσου πόλιν

---

924 ἐξέβαλε om C¹P¹ add C²P²   925 τέκνων Canter: πέπλων   930 πάρος:
em Musurus   931 οὐκέτ' αὐτὸς   933 αἱματώπους   934 εὐτρίχου   936 θυμῶ:
em Stephanus   941 ῥιπτεῖτ'   942 suppl Barnes   944 ὡς τὰ Wakefield:
ὥστε   945 τύχαις: em Brodaeus   946 συντριαινώσειν: em Stephanus
πόλιν: em Scaliger   949 θένων   953 εἷρπεν

BOTE.

An dem altar des Zeus stand Herakles,
zur sühnung seines hauses von dem blute
des Lykos, den er aus dem haus getilgt,
ein reinigendes opfer zu vollziehn;
in holdem kranz umgaben ihn die söhne,
Amphitryon und Megara. wir hielten
rings um den altar schon empor die körbe
in andachtvollem schweigen, Herakles
erhob den feuerbrand schon mit der rechten,
in das geweihte wasser ihn zu tauchen —
da hielt er inne; schwieg; der greis, die kinder
blickten verwundert auf sein zögern hin,
doch er war wie verwandelt. unstet rollten
die sterne seiner augen, während blutig
im weifsen sich ein rot geäder zeigte;
schaum troff ihm von dem vollen bart herab,
und also hub er an in wirrem lachen:
'was zünd' ich vater, jetzt die reine flamme,
dieweil Eurystheus lebt? 's ist doppelt arbeit,
wo ich die hand nur einmal rühren könnte.
erst hol' ich des Eurystheus haupt dazu,
dann will ich mich von diesem blut entsühnen.
die spenden ausgegossen, fort die körbe,
wer gibt mir pfeil und bogen? wo die keule?
wider Mykene zieh' ich. hebebäume,
brechstangen schafft herbei mir. wolgefügt
steht der Kyklopenbau mit lot und richtscheit:
ich reifs' ihn doch mit eisenhaken nieder.'
nach diesen worten fieng er an zu gehn,
und sagte dafs er führe, tat als stieg' er
zu wagen, machte mit der hand geberden
als schwäng' er eine geissel. lächerlich
kam es uns dienern vor und doch entsetzlich.
und einer sah den andern fragend an
'ist das ein scherz des herrn? ist er von sinnen?'
er aber wandelt' auf und ab im hause,
und als er mitten auf dem flure stand,
war er nach seinem wort in Megara,

ἥκειν ἔφασκε, δωμάτων ⟨τ᾽⟩ ἔσω βεβώς 955
κλιϑεὶς ἐς οὖδας ὡς ἔχει σκευάζεται
ϑοίνην. διελϑὼν δ᾽ ἐν μονῇ βραχὺν χρόνον
Ἰσϑμοῦ ναπαίας ἔλεγε προσβαίνειν πλάκας
κἀνταῦϑα γυμνὸν σῶμα ϑεὶς πορπαμάτων
πρὸς οὐδέν᾽ ἡμιλλᾶτο κἀκηρύσσετο 960
ὑπ᾽ αὐτὸς αὑτοῦ καλλίνικος οὐδενὸς
ἀκοὴν προσειπών. δεινὰ δ᾽ Εὐρυσϑεῖ βρέμων
ἦν ἐν Μυκήναις τῷ λόγῳ. πατὴρ δέ νιν
ϑιγὼν κραταιᾶς χειρὸς ἐννέπει τάδε
„ὦ παῖ, τί πάσχεις; τίς ὁ τρόπος ξενώσεως 965
τῆσδ᾽; οὔ τί που φόνος σ᾽ ἐβάκχευσεν νεκρῶν,
οὓς ἄρτι καίνεις" ὁ δέ νιν Εὐρυσϑέως δοκῶν
πατέρα προταρβοῦνϑ᾽ ἱκέσιον ψαύειν χερός
ὠϑεῖ, φαρέτραν δ᾽ εὐτρεπῆ σκευάζεται
καὶ τόξ᾽ ἑαυτοῦ παισί, τοὺς Εὐρυσϑέως 970
δοκῶν φονεύειν. οἱ δὲ ταρβοῦντες φόβῳ
ὤρουον ἄλλος ἄλλοσ᾽, ἐς πέπλους ὁ μὲν
μητρὸς ταλαίνης, ὁ δ᾽ ὑπὸ κίονος σκιάν,
ἄλλος δὲ βωμὸν ὄρνις ὡς ἔπτηξ᾽ ὕπο.
βοᾷ δὲ μήτηρ „ὦ τεκών, τί δρᾷς, τέκνα 975
κτείνεις;" βοᾷ δὲ πρέσβυς οἰκετῶν τ᾽ ὄχλος.
ὁ δ᾽ ἐξελίσσων παῖδα κίονος κυκλῶ⟨ν⟩
τόρνευμα δεινὸν ποδός, ἐναντίον σταϑεὶς
βάλλει πρὸς ἧπαρ· ὕπτιος δὲ λαΐνους
ὀρϑοστάτας ἔδευσεν ἐκπνέων βίον. 980
ὁ δ᾽ ἠλάλαξε κἀπεκόμπασεν τάδε
„εἷς μὲν νεοσσὸς ὅδε ϑανὼν Εὐρυσϑέως
ἔχϑραν πατρῴαν ἐκτίνων πέπτωκέ μοι."
ἄλλῳ δ᾽ ἐπεῖχε τόξ᾽, ὃς ἀμφὶ βωμίαν
ἔπτηξε κρηπῖδ᾽ ὡς λεληϑέναι δοκῶν. 985
φϑάνει δ᾽ ὁ τλήμων γόνασι προσπεσὼν πατρός

---

955 suppl Wil   956 δ᾽ ἐς: em Wil   ἐκεῖ: em Dobree   957 εἰς βραχὺν
χρόνον μονῆς: em Wil   960 κἀξεκηρύσσετο: em Reiske   961 αὐτὸς πρὸς
αὑτοῦ: em Wil   962 ὑπειπών: em Wil   977 suppl Wil   978 τόρ.ευμα C,
τόρευμα P: C¹ restituerunt Dobree Matthiae   980 ὀρϑοστάδας   981 ἠλάλαζε C¹

trat in das zimmer, warf sich, wie er war,
zu boden um das frühmal einzunehmen.
nachdem er also kurze rast gehalten
erklärt' er durch des Isthmos schluchten hin
zu wandern. hier warf er die kleider ab
und rang und focht mit niemand, hieſs als herold
niemanden schweigend horchen, wie zum sieger
er selbst sich selber ausrief. endlich wollte
er in Mykene sein mit fürchterlichen
drohworten an Eurystheus. da ergreift
der vater ihn bei der gewalt'gen hand
'mein sohn, was ist dir? diese wanderschaft,
was soll sie? hat des frischvergossnen blutes
dunst deinen sinn umnachtet?' aber er
stöſst ihn zur seite, wähnend seine hand
berühr' Eurystheus' vater gnade flehend,
und des Eurystheus söhne zu erschiessen
spannt er den bogen, legt den pfeil darauf
wider die eignen kinder. zitternd stürzen
entsetzt sie auseinander; in den schoſs
der armen mutter flüchtet sich der eine,
in einer säule schatten springt der andre,
der dritte duckt wie ein gescheuchter vogel
sich hinterm altar; und die mutter schreit
'halt, willst du, vater, deine kinder morden?'
so schreit der greis und all die dienerschaar.
doch er, mit schauerlicher hurtigkeit,
läuft vor der säul' im halbkreis hin und her,
bis er dem knaben gegenüber steht,
und trifft ihn in das herz. rücküber stürzt
der knabe, purpurn färbt die marmorfliesen
sein blut. und während er sein leben aushaucht,
erhebt der vater gellen siegesschrei
'das wär' der erste von Eurystheus' söhnen,
der mit dem tod des vaters haſs mir büſst'
und auf den zweiten richtet er den bogen,
der hinter des altares stufen sicher
sich wähnte. doch nun springt er rasch empor
und stürzt dem vater, eh er schiessen kann

καὶ πρὸς γένειον χεῖρα καὶ δέρην βαλών
„ὦ φίλτατ'‟ αὐδᾷ „μή μ' ἀποκτείνῃς, πάτερ·
σός εἰμι, σὸς παῖς, οὐ τὸν Εὐρυσθέως ὀλεῖς.‟
ὃ δ' ἀγριωπὸν ὄμμα Γοργόνος στρέφων,   990
ὡς ἐντὸς ἔστη παῖς λυγροῦ τοξεύματος,
μυδροκτύπον μίμημ' ὑπὲρ κάρα βαλὼν
ξύλον καθῆκε παιδὸς ἐς ξανθὸν κάρα,
ἔρρηξε δ' ὀστᾶ. δεύτερον δὲ παῖδ' ἑλών,
χωρεῖ τρίτον θῦμ' ὡς ἐπισφάξων δυοῖν.   995
ἀλλὰ φθάνει νιν ἡ τάλαιν' ἔσω δόμων
μήτηρ ὑπεκλαβοῦσα καὶ κλῄει πύλας.
ὃ δ' ὡς ἐπ' αὐτοῖς δὴ Κυκλωπίοισιν ὢν
σκάπτει μοχλεύει θύρετρα, κἀκβαλὼν σταθμά
δάμαρτα καὶ παῖδ' ἑνὶ κατέστρωσεν βέλει.   1000
κἀνθένδε πρὸς γέροντος ἱππεύει φόνον·
ἀλλ' ἦλθεν εἰκών, ὡς ὁρᾶν ἐφαίνετο,
Παλλὰς κραδαίνουσ' ἔγχος ἐπίλογχον χερὶ⟩
κἄρριψε πέτρον στέρνον εἰς Ἡρακλέους,
ὅς νιν φόνου μαργῶντ' ἐπέσχε κἀς ὕπνον   1005
καθῆκε· πίτνει δ' ἐς πέδον, πρὸς κίονα
νῶτον πατάξας, ὃς πεσήμασι στέγης
διχορραγὴς ἔκειτο κρηπίδων ἔπι.
ἡμεῖς δ' ἐλευθεροῦντες ἐκ δρασμῶν πόδα   1010
σὺν τῷ γέροντι δεσμὰ σειραίων βρόχων   1009
ἀνήπτομεν πρὸς κίον', ὡς λήξας ὕπνου
μηδὲν προσεργάσαιτο τοῖς δεδραμένοις.
εὕδει δ' ὁ τλήμων ὕπνον οὐκ εὐδαίμονα,
παῖδας φονεύσας καὶ δάμαρτ'. ἐγὼ μὲν οὖν
οὐκ οἶδα θνητῶν ὅστις ἀθλιώτερος.   1015

ΧΟΡΟΣ.
ὁ φόνος ἦν ὃν Ἀργολὶς ἔχει πέτρα
τότε μὲν περισαμότατος καὶ ἄπιστος Ἑλλάδι

990 Γοργόνοστρέφων   995 δυεῖν C¹   998 Κυκλωπείοισιν C²P   1003 ἐπὶ
λόφω κέαρ: em Canter   1005 μαργῶντος ἔσχε: em Nauck   1010.9 traiec.
Pierson Reiske   1009 σειρεύων βρόχω: em Pierson Reiske   1016 πάτρα: em
Hartung   1018 τό τὲ μέν C¹   ἄριστος: em Reiske

entgegen, streckt nach hals und kinn die hand
um gnade flehend, ruft 'mein liebster vater,
ich bin's, ich bin dein sohn. du schiefst nach mir,
nicht nach Eurystheus' knaben.' Herakles
rollt höhnisch wild das auge, hebt die keule,
weil für den schufs zu nah der knabe stand,
gleichwie ein schmied den hammer hoch empor,
und nieder fährt sie auf das blonde köpfchen
und bricht den schädel. nach dem zweiten opfer
geht es nun an des dritten knaben mord.
den aber hatte Megara im zimmer
geborgen und die türe fest verschlossen.
doch er beginnt zu brechen und zu bohren,
als wär' er nun vor dem Kyklopenbau,
die tür weicht aus den angeln, und es streckt
mutter und kind derselbe pfeil zu boden.
und weiter jagt er zu des greises mord.
da trat ein gott dazwischen. sichtbarlich
erschien ein bild, ganz deutlich zu erkennen:
Athena war's, den erzgespitzten speer
leicht in der linken wiegend. und sie warf
ein felsstück an die brust des Herakles.
das hemmt' ihn auf der frevelbahn. er brach
in schlaf zusammen; mit dem rücken schlug
er wider eine säule, die gestürzt
beim fall des hauses auf den fliesen lag.
da wagten wir uns von der flucht zurück
und halfen dem Amphitryon den herrn
mit stricken und mit gurten an den stumpf
der säule fest zu binden, dafs er nicht
erwacht noch weitere frevel üben könne.
nun schläft der ärmste, keinen süfsen schlaf.
gemordet hat er weib und kind, sein elend
hat in der menschenwelt nicht seines gleichen. *ab*

CHOR.

Einst erschien der Danaiden bluttat,
die das felsenschlofs von Argos schaute,
fürchterlich, unfafsbar den Hellenen:

τῶν Δαναοῦ παίδων. τὰ δ᾽ ὑπερέβαλε, παρέ-
δραμε τὰ τότε κακὰ ..... τάλανι διογενεῖ κόρῳ. ━━>

μονοτέκνου Πρόκνης φόνον ἔχω λέξαι   1021
ϑυόμενον Μούσαις· σὺ δὲ τέκνα τρίγον᾽, ὦ
δάιε, τεκόμενος, λυσσάδι συγκατειργάσω μοίρᾳ. ━━>

ἒ ἒ τίνα στεναγμὸν   1025
ἢ γόον ἢ φϑιτῶν ᾠδὰν ἢ τίν᾽ Ἀί-
δα χορὸν ἀχήσω; ━━>

φεῦ φεῦ·
ἴδεσϑε, διάνδιχα κλῆϑρα
κλίνεται ὑψιπύλων δόμων.   1030
ἰώ μοι·
ἴδεσϑε τάδε τέκνα πρὸ πατρὸς
ἄϑλια κείμενα δυστάνου
εὕδοντος ὕπνον δεινὸν ἐκ παίδων φόνου·
περὶ δὲ δεσμὰ καὶ πολύβροχ᾽ ἀμμάτων   1035
ἐρείσμαϑ᾽ Ἡράκλειον
ἀμφὶ δέμας τάδε λαΐνοις
ἀνημμένα [ἀμφὶ] κίοσιν οἴκων.
ὃ δ᾽ ὥς τις ὄρνις ἄπτερον καταστένων
ὠδῖνα τέκνων, πρέσβυς ὑστέρῳ ποδὶ   1040
πικρὰν διώκων ἤλυσιν πάρεσϑ᾽ ὅδε. ━━>

ΑΜΦΙΤΡΥΩΝ.

Καδμεῖοι γέροντες, οὐ σῖγα σῖγα τὸν ὕπνῳ παρει-
μένον ἐάσετ᾽ ἐκλαϑέσϑαι κακῶν;

1020 τάδ᾽   1023 τρίγονα τεκόμενος ὦ δαῖς: δάιε Canter, traiec. Wil
1025 ἒ ἒ Kirchhoff: ἐς (αἰαῖ Hartung)   1027 τίν᾽ Dobree Kirchhoff: τὸν
1032 πρὸς: em c   1034 ἐκποδών: em Dobree   1038 del Elmsley   οἰκεῖν:
em Brodaeus   1041 λύσιν: em Canter

aber mehr,   fürchterlicher
ist es was der sohn des Zeus begangen.
Auch von Proknes bluttat
an dem einz'gen sohne
weiſs ich wol zu sagen;
schallen doch noch heute
ihre klagelieder.
aber dir,   gottverlassner!
dreier söhne saat war dir ersprossen:
alle drei,   rasender, erschlugst du.
Oh, oh.
wo find' ich einen wehruf,
wo einen grabgesang,
wo einen totenreigen?

*Die hinterwand öffnet sich; man sieht das innere des hauses, **Herakles**, schlafend an eine säulentrommel gefesselt, rings liegen die pfeile verstreut, köcher, bogen und keule; die leichen Megaras und der kinder.*

ha,
es weichen die riegel,
es springen die pforten
des hohen palastes.
wehe,
da liegen die söhne
entseelt um den vater
in grauser gemeinschaft:
er aber schläft den fürchterlichsten schlaf,
vom morde seines eignen bluts ermattet,
und gurten und fesseln und taue
verankern den leib des helden
gespannt an die säulen des schlosses.
       Amphitryon tritt auf.
und hier Amphitryon. unsichren schrittes
wankt harmvoll er heran. wie um das nest
mit schrillem schrei ein vogel flattert, wo
in scherben seines brütens hoffnung liegt.

          AMPHITRYON.
Leise, leise, fürsten Thebens.
seine glieder löst der schlummer,
gönnt vergessen ihm des elends.

240

— κατὰ σὲ δακρύοις στένω, πρέσβυ, καὶ τέκεα καὶ τὸ καλ-
        λίνικον κάρα. — >   1045

— ἑκαστέρω πρόβατε, μὴ κτυπεῖτε, μὴ βοᾶτε, μὴ
        τὸν εὕδι᾽ ἰαύονϑ᾽ ὑπνώδεά τ᾽ εὐνᾶς ἐγείρετε.   1050

— οἴμοι φόνος ὅσος ὅδ᾽
        — ἆ ἆ διά μ᾽ ὀλεῖτε — κεχυμένος ἐπαντέλλει. — >

— οὐκ ἀτρεμαῖα θρῆνον αἰάξετ᾽, ὦ γέροντες;
    ἢ δέσμ᾽ ἀνεγειρόμενος χαλάσας ἀπολεῖ πόλιν,   1055
    ἀπὸ δὲ πατέρα, μέλαθρά τε καταράξει.

— ἀδύνατ᾽ ἀδύνατά μοι.

— σῖγα, πνοὰς μάθω·
    φέρε πρὸς οὖς βάλω.

— εὕδει; — ναί, εὕδει,   1060
    ὕπνον ⟨γ᾽ ἄ⟩υπνον ὀλόμενον, ὃς ἔκανεν ἀλο-
        χον ἔκανε δὲ τέκεα τοξήρει ψαλμῷ.

[τοξεύσας] — >

1046 καλλίνεικον C¹   1050 εὖ διαύοντα: corr. Reiske Kirchhoff   1052 δια-
μολεῖτε   Χο add. Hermann   κεχυμένον C¹   ἐπαντέλλοι: corr. apogr.
1054 ἀτρεμέα   αἰάζετ᾽: em Hermann   1055. 56 μὴ (sed in rasura C²) —
καταράξη: em Pflugk   1061 ὕπνον ὕπνον: em Dobree γ᾽ add Wil   1064 το-
ξεύσας del Madvig

CHOR.

Meine tränen, meine seufzer
gelten dir, mein greiser feldherr,
deinen enkeln, deines sohnes
siegumstrahltem heldenhaupte.

AMPHITRYON.

Tretet zurück, meidet geräusch, meidet geschrei, wecket ihn nicht,
er ruhet so sanft, er schlummert so fest.

CHOR.

Wehe, was **für** blut

AMPHITRYON,
                    O schonet,
schonet mein.

CHOR.
                    ist dort vergossen.

AMPHITRYON.

Greiser genofs, mäss'ge den ruf, hebe gedämpft klagegesang.
sonst fährt er empor und sprenget die bande,
und mordet die bürger
und mordet den vater;
sonst schlägt er in trümmer
die ganze stadt.

CHOR.

Nein, ich kann, ich kann nicht schweigen.

AMPHITRYON.

Still, ich tret' herzu, ich horche,
horche seines atems zügen.

CHOR.

Schläft er noch?

AMPHITRYON.
                    Ja, er schläft,
schläft der schuld   dumpfen schlaf;
seine pfeile schwirrten
zischend von der sehne,
trafen weib und kind.

242

— στέναζέ νυν — στενάζω.   1065
— τέκνων ὄλεθρον — ἰώ μοι.
— σέθεν τε παιδός. — αἰαῖ.
— ὦ πρέσβυ — σῖγα σῖγα·
παλίντροπος ἐξεγειρόμενος στρέφεται· φέρε,
ἀπόκρυφον δέμας ὑπὸ μέλαθρον κρύψω.   1070
— θάρσει· νὺξ ἔχει βλέφαρα παιδὶ σῷ. —— >

— ὁρᾶθ᾽ ὁρᾶτε. τὸ φάος ἐκλιπεῖν μὲν ἐπὶ κακοῖσιν οὐ
φεύγω τάλας, ἀλλ᾽ εἴ με κανεῖ πατέρ᾽ ὄντα,
πρὸς δὲ κακοῖς κακὰ μήσεται   1075
πρὸς Ἐρινύσι θ᾽ αἷμα σύγγονον ἕξει
— τότε θανεῖν σ᾽ ἐχρῆν, ὅτε δάμαρτι σᾷ
φόνον ὁμοσπόρων ἔμελλες πράξειν
περίκλυστον ἄστυ Ταφίων πέρσας. —— >   1080

1065–68 Χο. στ. ν. Αμφ. στ. τ. ο. Χο ἰώμοι (ἰώμοιμοι P) σ. τ. π. al. ὦ
πρ. Αμφ, σ. σ.: corr. Hermann   1072 τὸ μὲν φάος ἐκλ. ἐπί: corr. Wil   1073 οὐ
edit. Hervag.: ὦ   τάλας φεύγω C¹   1079 ἐπράξειν C¹ ἐκπράξειν C²P: corr.
Wil   1080 Ταφ. πρ. ἄστ.: traiec. Wil

CHOR.

Klage nun

AMPHITRYON.

Ich klage.

CHOR.

Um die enkel,

AMPHITRYON.

Wehe.

CHOR.

Um den sohn auch,

AMPHITRYON.

Wehe.

CHOR.

Greis . . .

AMPHITRYON.

O schweiget, schweiget
sehet im schlaf, wie er sich regt, drehet sich um, hebt sich, erwacht —
hier im schutz des hauses will ich mich verbergen.

CHOR.

Fasse mut. nacht bedeckt   deines sohnes lider.

AMPHITRYON.

Seht euch vor,   seht euch vor.
ich in meinem jammer,
ich unsel'ger fürchte
wahrlich nicht den tod.
aber wenn er seinen vater erschlägt,
wenn er von frevel zu frevel stürmt,
wenn er mit blutschuld die blutigen hände besudelt —.

CHOR.

Wärest du doch da gefallen.
als du wider Pterelaos
auf den trümmern seiner veste
dich zum einzelkampfe stelltest,
deiner schwäher tod zu rächen.

16*

244

— φυγὰν φυγάν, γέροντες, ἀποπρὸ δωμάτων
διώκετε, φεύγετε μάργον
ἄνδρ' ἐπεγειρόμενον.
⟨ἢ⟩ τάχα φόνον ἕτερον ἐπὶ φόνῳ βαλὼν
ἀναβακχεύσει Καδμείων πόλιν.   1085
— ὦ Ζεῦ, τί παῖδ' ἤχθηρας ὧδ' ὑπερκότως
τὸν σόν, κακῶν δὲ πέλαγος ἐς τόδ' ἤγαγες; ⟶ ⟩ ϩ

ΗΡΑΚΛΗΣ.

ἔα·
ἔμπνους μέν εἰμι καὶ δέδορχ' ἅπερ με δεῖ,
αἰθέρα τε καὶ γῆν τόξα θ' Ἡλίου τάδε·   1090
ὡς ἐν κλύδωνι καὶ φρενῶν ταράγματι
πέπτωκα δεινῷ καὶ πνοὰς θερμὰς πνέω
μετάρσι' οὐ βέβαια πνευμόνων ἄπο.
ἰδού, τί δεσμοῖς ναῦς ὅπως ὡρμισμένος
νεανίαν θώρακα καὶ βραχίονα   1095
πρὸς ἡμιθραύστῳ λαΐνῳ τυκίσματι
ἧμαι, νεκροῖσι γείτονας θάκους ἔχω⟨ν⟩;
πτερωτὰ δ' ἔγχη τόξα τ' ἔσπαρται πέδῳ,
ἃ πρὶν παρασπίζοντ' ἐμοῖς βραχίοσιν
ἔσῳζε πλευρὰς ἐξ ἐμοῦ τ' ἐσῴζετο.   1100
οὔ που κατῆλθον αὖθις εἰς Ἅιδου πάλιν
Εὐρυσθέως δίαυλον ⟨ἐντολαῖς δραμών;⟩
ἀλλ' οὔτε Σισύφειον εἰσορῶ πέτρον,
οὐ δῶματ' οὐδὲ σκῆπτρα Δήμητρος κόρης.
ἔκ τοι πέπληγμαι· ποῦ ποτ' ὢν ἀμηχανῶ;   1105
ὠή, τίς ἐγγὺς ἢ πρόσω φίλων ἐμῶν,
δύσγνοιαν ὅστις τὴν ἐμὴν ἰάσεται;
σαφῶς γὰρ οὐδὲν οἶδα τῶν εἰωθότων.
ΑΜ. γέροντες, ἔλθω τῶν ἐμῶν κακῶν πέλας;
ΧΟ. κἀγώ γε σὺν σοί, μὴ προδοὺς τὰς συμφοράς.   1110

1081 φυγᾶ φυγᾶ: em Wakefield   1084 suppl Wil   1089 Herculis
notam a v. 1086 huc revoc. Heath   1089 ἔμπους C¹P¹   1093 πλευμόνων C²
1096 πρόσειμι θραυστῶ: em Elmsley   τειχίσματι: em Fix   1097 ἦ μὲν:
em Musgrave   suppl Musgrave   1098 δ' Hermann: τ'   τ' Canter: δ'
1101 οὔπω: em Dindorf   1102 δίαυλον εἰς ἅιδου μολών: ἐντολαῖς Pierson,
δραμών Wil   1103 πτερόν: em Brodaeus   1104 Πλούτωνα τ' οὐδέ: em Wil
1110 προδῷς: em Stephanus

AMPHITRYON.

Flieht, flieht.
hinweg von dem hause, hinweg.
er erwachet, der rasende mann.
sonst stürmt er von morde zu morde
und reiſst in dem tosenden taumel
ganz Theben dahin.

CHORFÜHRER.

Woher der grimm dir, Zeus, in dieses meer
von jammer deinen eignen sohn zu stürzen?
Der Chor weicht auf die seite, ebenso Amphitryon.

HERAKLES.

Ha,
ich lebe. vor den augen liegen hell
himmel und erd' im strahl des Helios:
wie hat den sinn mir einer wüsten wirrsal
brandung ergriffen? heiſser atem strömt
unsteten zuges aus den lungen auf.
und hier? verankert lieg ich wie ein schiff,
und taue fesseln brust und heldenarm
an einer halbgeborstnen säule stumpf;
und leichen liegen rings um meinen sitz,
der bogen, die befiederten geschosse
zerstreut am boden, die an meiner seite,
mein bester schutz, in sichrem schutze ruhten.
bin ich im Hades wieder? hat Eurystheus
als doppelläufer mich hinabgesandt?
nein, nirgend wälzt hier Sisyphos den stein,
und nicht ist dies das reich Persephones.
ich starre, staune, bange mich; wo bin ich?
ho, hört mich denn kein freund, von keiner seite,
kann keiner mich von dieser dumpfheit heilen?
denn jedes bild verschwimmt mir im gedächtnis.

AMPHITRYON *tritt hervor.*

Darf ich mich meinem schmerze nahn, ihr greise?

CHORFÜHRER *tritt mit dem chore hervor.*

Ich wag' es mit, verlaſs' dich nicht im unglück.

HP. πάτερ, τί κλαίεις καὶ συναμπίσχῃ κόρας
    τοῦ φιλτάτου σοι τηλόθεν παιδὸς βεβώς;
AM. ὦ τέκνον· εἶ γὰρ καὶ κακῶς πράσσων ἐμός.
  — πράσσω δ' ἐγώ τι λυπρὸν οὐ δακρυρροεῖς;
  — ἃ κἂν θεῶν τις, εἰ μάθοι, καταστένοι.   1115
  — μέγας γ' ὁ κόμπος, τὴν τύχην δ' οὔπω λέγεις.
  — ὁρᾷς γὰρ αὐτός, εἰ φρονῶν ἤδη κυρεῖς.
  — εἴπ' εἴ τι καινὸν ὑπογράφῃ τὠμῷ βίῳ;
  — καί σ' εἰ βεβαίως εὖ φρονεῖς ἤδη σκοπῶ.   1121
  — παπαῖ, τόδ' ὡς ὕποπτον ἠνίξω πάλιν.   1120
  — εἰ μηκέθ' Ἅιδου βάκχος εἶ, φράσαιμεν ἄν.   1119
  — οὐ γάρ τι βακχεύσας γε μέμνημαι φρένας.   1122
  — λύσω, γέροντες, δεσμὰ παιδὸς ἢ τί δρῶ;
  — καὶ τόν γε δήσαντ' εἴπ'· ἀναινόμεσθα γάρ.
  — τοσοῦτον ἴσθι τῶν κακῶν· τὰ δ' ἄλλ' ἔα.   1125
  — ἀρκεῖ σιωπὴ γὰρ μαθεῖν ὃ βούλομαι;
  — ὦ Ζεῦ, παρ' Ἥρας ἆρ' ὁρᾷς θρόνων τάδε;

1115 ἀκανθεῶν τις ‹ἔπαθ' οἱ καταστένοι (στένει C¹, correxit ipse): distinxit
Canter, μάθοι Vahlen   1119.21 traiec. Wil (1118. 19 post 21 Nauck)   1119 μὴ
καθ': em Canter   ἐκφράσαιμεν: em Musgrave   1126 ἀρκεῖ· σιωπή (σιωπῇ P)
— οὐ βούλομαι: em Heath

HERAKLES.

Mein vater, was verhüllst du dich, was weinst du?
was bleibst du deinem lieben sohne fern?

AMPHITRYON.

Mein kind — du bist's, du bleibst es auch im elend.

HERAKLES.

Du weinst um mich? stiefs mir denn etwas zu?

AMPHITRYON.

Ja, und ein gott selbst müfste mit dir weinen.

HERAKLES.

Ein schweres wort; doch sagst du noch nicht, was.

AMPHITRYON.

Du siehst es selbst, wenn du bei sinnen bist.

HERAKLES.

Was soll an mir denn anders sein? sprich aus.

AMPHITRYON.

Noch prüf' ich, bist du wirklich ganz bei sinnen?

HERAKLES.

Ha, wieder weichst du aus; du birgst ein unglück.

AMPHITRYON.

Wenn dich die höllenraserei verliefs —

HERAKLES.

War ich denn rasend? mir ist nichts bewufst.

AMPHITRYON *löst die fesseln.*

Darf ich des sohnes fesseln lösen, freunde?

HERAKLES.

Sag' mir auch wer sie band; ich schäme mich.

AMPHITRYON.

Genug des jammers den du weifst. lafs ab.

HERAKLES.

Reicht denn dein schweigen hin mich zu belehren?

AMPHITRYON.

Kannst du das ansehn, Zeus, von Heras thron?

— ἀλλ᾿ ἦ τι κεῖθεν πολέμιον πεπόνθαμεν;
— τὴν θεὸν ἐάσας τὰ σὰ περιστέλλου κακά.
— ἀπωλόμεσθα· συμφορὰν λέξεις τινα.   1130
— ἰδού, θέασαι τάδε τέκνων πεσήματα.
— οἴμοι· τίν᾿ ὄψιν τήνδε δέρκομαι τάλας;
— ἀπόλεμον, ὦ παῖ, πόλεμον ἔσπευσας τέκνοις.
— τί πόλεμον εἶπας; τούσδε τίς διώλεσεν;
— σὺ καὶ σὰ τόξα καὶ θεῶν ὅς αἴτιος.   1135
— τί φής; τί δράσας; ὦ κάκ᾿ ἀγγέλλων πάτερ.
— μανείς· ἐρωτᾷς δ᾿ ἄθλι᾿ ἑρμηνεύματα.
— ἦ καὶ δάμαρτός εἰμ᾿ ἐγὼ φονεὺς ἐμῆς;
— μιᾶς ἅπαντα χειρὸς ἔργα σῆς τάδε.
— αἰαῖ· στεναγμῶν γάρ με περιβάλλει νέφος.   1140
— τούτων ἔκατι σὰς καταστένω τύχας.
— ποῦ δ᾿ οἶστρος ἡμᾶς ἔλαβε, ποῦ διώλεσεν;   1144

1130 ἕξεις: em Brodaeus τίνα   1133 ὁ σπεύσας: em c   1144.5 traiec. Wil

HERAKLES.
Hat sie in ihrem haſs mich heimgesucht?

AMPHITRYON.
Laſs' Heras tun und schick' dich in das deine.

HERAKLES.
Du tötest mich; du weiſst um ein verbrechen.

AMPHITRYON.
Wolan. schau her: hier liegen deine kinder.

HERAKLES.
Welch anblick! wehe mir, ich unglücksel'ger.

AMPHITRYON.
Mein sohn, das war kein kampf, mit kindern kämpfen!

HERAKLES.
Was für ein kampf? wer ist der kinder mörder?

AMPHITRYON.
Du selbst und deine pfeile, und der gott
von dessen willen du das werkzeug warst.

HERAKLES.
Ich? wie das? vater, unheilsbote, sprich.

AMPHITRYON.
Im wahnsinn hast du es vollbracht; die antwort
auf solche frage muſs wol graun enthüllen.

HERAKLES.
So bin ich auch der mörder meines weibes?

AMPHITRYON.
Wohin du rings umher das auge wendest:
nur eine hand hat sich darum gerührt.

HERAKLES.
Weh, welche flut von klagen schwellt mich, weh.

AMPHITRYON.
Das war es, was mich um dich weinen lieſs.

HERAKLES.
Wo fiel der sturm mich an? wann schlug er mich?

— ὅτ' ἀμφὶ βωμὸν χεῖρας ἡγνίζου πυρί. 1145
— ἦ γὰρ συνήραξ' οἶκον ἐν βακχεύμασιν; 1142
— οὐκ οἶδα πλὴν ἕν· πάντα δυστυχεῖ τὰ σά.
— οἴμοι· τί δῆτα φείδομαι ψυχῆς ἐμῆς 1146
τῶν φιλτάτων μοι γενόμενος παίδων φονεύς,
κοὐκ εἶμι πέτρας λισσάδος πρὸς ἅλματα,
ἢ φάσγανον πρὸς ἧπαρ ἐξανοντίσας
τέκνοις δικαστὴς αἵματος γενήσομαι, 1150
ἢ σάρκα τὴν νεᾶνιν ἐμπρήσας πυρὶ
δύσκλειαν ἢ μένει μ' ἀπώσομαι βίου;
ἀλλ' ἐμποδών μοι θανασίμων βουλευμάτων
Θησεὺς ὅδ' ἕρπει συγγενὴς φίλος τ' ἐμός·
ὀφθησόμεσθα, καὶ τεκνοκτόνον μύσος 1155
ἐς ὄμμαθ' ἥξει φιλτάτῳ ξένων ἐμῶν.
οἴμοι, τί δράσω; ποῖ κακῶν ἐρημίαν
εὕρω, πτερωτὸς ἢ κατὰ χθονὸς μολών;
† φέρ' ἂν τι ... κρατὶ περιβάλω σκότον.
αἰσχύνομαι γὰρ τοῖς δεδραμένοις κακοῖς. 1160
οἴκῳ δὲ προστρόπαιον αἷμα προσβαλὼν
οὐδὲν κακῶσαι τοὺς ἀναιτίους θέλω.

ΘΗΣΕΥΣ.

ἥκω σὺν ἄλλοις οἳ παρ' Ἀσωποῦ ῥοὰς
μένουσιν ἔνοπλοι γῆς Ἀθηναίων κόροι
σῷ παιδί, πρέσβυ, σύμμαχον φέρων δόρυ. 1165
κληδὼν γὰρ ἦλθεν εἰς Ἐρεχθειδῶν πόλιν,
ὡς σκῆπτρα χώρας τῆσδ' ἀναρπάσας Λύκος
ἐς πόλεμον ὑμῖν καὶ μάχην καθίσταται.
τίνων δ' ἀμοιβὰς ὧν ὑπῆρξεν Ἡρακλῆς
σώσας με νέρθεν ἦλθον, εἴ τι δεῖ, γέρον, 1170

1142 ἦ βάκχευσ' ἐμὸν: em Wil   1146 δή γε: em Schaefer   1151 τὴν
νεᾶνιν Wil: τὴν ἐμὴν   1156 φιλτάτων: em Reiske   1159 σκότος   1161 καὶ
τῷδε: em Wil   προσλαβών: em Canter

AMPHITRYON.

Am altar, als du deine hände sühntest.

HERAKLES.

Und auch das haus rifs ich im wahnsinn nieder?

AMPHITRYON.

Ich habe nur die antwort: überall,
wohin du dich auch wendest, triffst du unheil.

HERAKLES.

Weh mir, was karg' ich dann mit meinem blut,
und schlug doch schon mein liebstes, meine söhne.
was such' ich nicht den sturz von jähem felsen,
was stofs' ich nicht ein schwert in meine brust
als richter und als rächer meiner kinder?
was strotzt der leib mir noch in manneskraft
und sucht nicht in den flammen aus der schande,
die ihm das leben sein mufs, ein entrinnen?
doch sieh, ein hindernis der todesplane
naht sich mein freund, mein vetter Theseus dort.
so soll ich doch gesehen werden, sehen
soll meinen kindesmord mein liebster freund!
weh mir, wohin? in himmel oder erde,
wo kann ich mich vor diesem fluche bergen?
umhülle wenigstens mein haupt die nacht.
was ich begieng, ist schmach und gram genug;
mit blutschuld ist mein haus durch mich verpestet:
vor ansteckung will ich die reinen wahren.

er verhüllt sich.

THESEUS

mit bewaffnetem gefolge kommt von der seite, von der Herakles gekommen war.

Ich komme beistand deinem sohn zu leisten,
Amphitryon, und am Asopos liegt
in waffen eine schar Athenerjugend,
die mir gefolgt ist; denn es drang zu uns
die nachricht, dafs das scepter dieses landes
Lykos an sich gerissen und zu kampfe
und schlacht sich wider euch erhoben habe.
so kam ich, Herakles es zu vergelten
dafs er mich aus der unterwelt erlöst,

ἢ χειρὸς ὑμᾶς τῆς ἐμῆς ἢ συμμάχων.
ἔα· τί νεκρῶν τῶνδε πληθύει πέδον;
οὔ που λέλειμμαι καὶ νεωτέρων κακῶν
ὕστερος ἀφῖγμαι; τίς τάδ᾽ ἔκτεινεν τέκνα;
τίνος γεγῶσαν τήνδ᾽ ὁρῶ ξυνάορον;   1175
οὐ γὰρ δορός γε παῖδες ἵστανται πέλας,
ἀλλ᾽ ἄλλο πού τι καινὸν εὑρίσκω κακόν.

ΑΜ. ὦ τὸν ἐλαιοφόρον ὄχθον ἔχων ⟨ἄναξ⟩,
ΘΗ. τί χρῆμά μ᾽ οἰκτροῖς ἐκάλεσας προοιμίοις;
— ἐπάθομεν πάθεα μέλεα πρὸς θεῶν.   1180
— οἱ παῖδες οἵδε τίνος, ἐφ᾽ οἷς δακρυρροεῖς;
— ἔτεκε μέν ⟨νιν⟩ οὑμὸς ἶνις τάλας,
       τεκόμενος δ᾽ ἔκανε, φόνιον αἷμα τλάς.
— εὔφημα φώνει. — βουλομένοισιν ἐπαγγέλλῃ.   1185
— ὦ δεινὰ λέξας. — οἰχόμεθ᾽ οἰχόμεθα πτανοί.
— . . . . — . . . .
       ἑκατογκεφάλου βαφαῖς ὕδρας.   1190
— τί φῄς; τί δράσας; — μαινομένῳ πιτύλῳ
       πλαγχθείς.   1188. 89

1173 οὔπω τι (i. e. οὔπω et οὔτι): em Dindorf   1174 ἀφεῖμαι: em apogr.
1175 ξυνάορον P, συνάορον C   1177 τί που: em Wil   1178 suppl
Hermann   1181 τίνες: em Wil Wecklein   1182 suppl Elmsley   1183 ἔκ-
τανε: em Matthiae   1190 traiec Wil

ob meines armes oder meines heeres,
Amphitryon, ihr etwa hier bedürftet.
    doch sieh? was liegt der boden voller leichen?
ich bin doch nicht zu spät gekommen, treffe
doch nicht schon unerhörte tat vollbracht?
die kinder hier, wer schlug sie? hier ein weib?
wer war ihr gatte? nein, das war nicht kampf,
denn‚kinder bleiben fern dem handgemenge,
hier ist ein andres, schreckliches geschehn.

AMPHITRYON.

Weh, könig der felsigen stadt der oliven —

THESEUS.

Weshalb beginnt mit wehruf deine rede?

AMPHITRYON.

Uns sandten die götter ein grauses verhängnis.

THESEUS.

Wes sind die kinder hier, um die du weinst?

AMPHITRYON.

Mein sohn ist ihr vater, der unglücksel'ge:
er ist auch ihr mörder, befleckt mit blutschuld.

THESEUS.

Bewahre deinen mund —

AMPHITRYON.

Wie gerne, wie gern, wenn ich könnte.

THESEUS.

Furchtbare kunde —

AMPHITRYON.

Verloren sind wir, sind vernichtet.

THESEUS.

Wie schlug er sie?

AMPHITRYON.

Mit den ehernen buckeln der keule,
mit dem Hydragifte der pfeile.

THESEUS.

Wie? was verführt' ihn?

— Ἥρας ὅδ᾽ ἀγών· τίς δ᾽ ὅδ᾽ οὖν νεκροῖς, γέρον;   1191
— ἐμὸς ἐμὸς ὅδε γόνος ὁ πολύπονος, ⟨ὃς⟩ ἐπὶ
    δόρυ γιγαντοφόνον ἦλθεν σὺν θεοῖ-
    σι Φλεγραῖον ἐς πεδίον ἀσπιστάς.
— φεῦ φεῦ· τίς ἀνδρῶν ὅδε δυσδαίμων ἔφυ;   1195
— οὐκ ἂν εἰδείης ἕτερον πολυμοχθότερον πολυ-
    πλαγκτότερόν τε θνατῶν.
— τί γὰρ πέπλοισιν ἄθλιον κρύπτει κάρα;
— αἰδόμενος τὸ σὸν ὄμμα
    καὶ φιλίαν ὁμόφυλον   1200
    αἷμά τε παιδοφόνον.
— ἀλλ᾽ ὡς συναλγῶν γ᾽ ἦλθον, ἐκκάλυπτέ νιν.
— ὦ τέκνον, πάρες ἀπ᾽ ὀμμάτων
    πέπλον, ἀπόδικε, ῥέθος ἀελίῳ δεῖξον·   1205
    βάρος ἀντίπαλον δακρύοισιν ἁμιλλᾶται,
ἱκετεύομεν ἀμφὶ γενειάδα καὶ γόνυ καὶ χέρα σὰν
    προπίτνων πολιόν τε δάκρυον ἐκβάλλων.

1191 ἀγών   τίς δ᾽ ὅδ᾽ οὖν Reiske: τίς δόλου   1192 suppl Canter
1196 εἰδίης C¹   1202 εἰς συναλγοῦντ᾽: em Wakefield   1205 δακρύοις συναμ.:
em Hermann   1207.8 σὰν post ἀμφί: trai. Wil.   προσπίτνων: corr Wil
1209 ἐκβαλών: em Wil

AMPHITRYON.

Wahnsinnsanfall ergriff ihn.

THESEUS.

Dann ist es Hera, die ihn also heimsucht.
doch sag', wer sitzt dort mitten unter leichen?

AMPHITRYON.

Mein sohn, mein sohn;
er ist es, der dulder unsäglicher mühen,
er ist es, der schildgenosse der götter
im blachfelde Phlegras, da die Giganten sie schlugen.

THESEUS.

Oh,
wen hätte je das schicksal so verfolgt?

AMPHITRYON.

Keinen, keinen
vermagst du zu nennen auf erden,
den schwerere prüfungen trafen,
den wildere stürme verfolgten.

THESEUS.

Was birgt er sein unselig haupt im mantel?

AMPHITRYON.

Scham erfüllt ihn, scham vor dir,
scham vor dem kreise der treuen,
scham vor dem blute der kinder.

THESEUS.

So kam ich mitzuweinen; deck' ihn auf.

AMPHITRYON.

Herakles,
lüfte den mantel,
streif' dir vom auge die hülle,
zeige der sonne dein antlitz.
schämst du der tränen dich? schaue mein flehen,
wiegt es nicht mehr als die scham?
dir zu den füfsen lieg' ich, ich fasse
bittend die rechte, ich fasse dein kinn.
schau auf die tränen des greises.

ἰὼ παῖ, κατάσχεθε λέοντος ἀγρίου θυμόν, ὡς   1210
δρόμον ἐπὶ φόνιον ἀνόσιον ἐξάγει,
κακὰ θέλων κακοῖς συνάψαι, τέκνον. —— >

ΘΗ. εἶέν· σὲ τὸν θάσσοντα δυστήνους ἕδρας
αὐδῶ φίλοισιν ὄμμα δεικνύναι τὸ σόν.   1215
οὐδεὶς σκότος γὰρ ὧδ' ἔχει μέλαν νέφος,
ὅστις κακῶν σῶν συμφορὰν κρύψειεν ἄν.
τί μοι προσείων χεῖρα σημαίνεις φόβον;
ὡς μὴ μύσος με σῶν βάλῃ προσφθεγμάτων;
οὐδὲν μέλει μοι σύν γε σοὶ πράσσειν κακῶς·   1220
καὶ γὰρ ποτ' εὐτύχησ'· ἐκεῖσ' ἀνοιστέον,
ὅτ' ἐξέσωσάς μ' ἐς φάος νεκρῶν πάρα.
χάριν δὲ γηράσκουσαν ἐχθαίρω φίλων
καὶ τῶν καλῶν μὲν ὅστις ἀπολαύειν θέλει,
συμπλεῖν δὲ τοῖς φίλοισι δυστυχοῦσιν οὔ.   1225
ἀνίστασ', ἐκκάλυψον ἄθλιον κάρα,
βλέψον πρὸς ἡμᾶς. ὅστις εὐγενὴς βροτῶν,
φέρει τὰ θεῶν γε πτώματ' οὐδ' ἀναίνεται.

ΗΡ. Θησεῦ, δέδορκας τόνδ' ἀγῶν' ἐμῶν τέκνων;
— ἤκουσα καὶ βλέποντι σημαίνεις κακά.   1230
— τί δῆτά μου κρᾶτ' ἀνεκάλυψας ἡλίῳ;
— τί δ'; οὐ μιαίνεις θνητὸς ὢν τὰ τῶν θεῶν.
— φεῦγ', ὦ ταλαίπωρ', ἀνόσιον μίασμ' ἐμόν.
— οὐδεὶς ἀλάστωρ τοῖς φίλοις ἐκ τῶν φίλων.
— ἐπῄνεσ'· εὖ δράσας δέ σ' οὐκ ἀναίνομαι.   1235

1211 ὅπως: em Elmsley   1212 βρόμον: em Reiske   1216 ἴδ' εἰ σκότους: em Canter   1218 φόνον: em Wil   1219 βαλεῖ   1228 τὰ τῶν θεῶν:
em Stiblinus

hemme den rasenden löwengrimm,
denn in die blutige bahn des verbrechens
will er dich wieder verführen, von freveln
wieder zu freveln, mein sohn.

THESEUS.

Steh auf, der du so jammervoll hier kauerst.
enthülle dich: ein freund ist's der dir ruft,
und also schwarz ist keine finsternis,
dein schaudervolles unglück zu verbergen.
was winkst du ängstlich mit der hand mich fort?
dich anzureden werde mich besudeln?
mit dir geteiltes unglück fürcht' ich nicht;
ich teilte ja dein glück. das geht in rechnung
auf jenen tag, wo du zum sonnenlicht
mich aus der unterwelt emporgeführt.
den freund veracht' ich dessen lieben altert,
der wol die guten tage mit geniefst,
doch sich der fahrt im sturm versagen will.
steh auf, enthülle dein unselig haupt,
blick' mir in's auge: das ist menschenadel,
der seine schickung ohne murren trägt.
enthüllt ihn.

HERAKLES.

Theseus, du siehst, hier liegen meine kinder.

THESEUS.

Du zeigst mir jammer den ich sah und hörte.

HERAKLES.

Und konntest doch mein haupt dem lichte zeigen?

THESEUS.

Warum nicht? ewig ist das element:
du bist ein mensch und kannst es nicht besudeln.

HERAKLES.

Flieh, sterblicher, vor meines fluches pest.

THESEUS.

Es wird der freund dem freunde nie zum fluche.

HERAKLES.

Hab' dank. was ich an dir tat, reut mich nicht.

— ἐγὼ δὲ πάσχων εὖ τότ᾽ οἰκτίρω σε νῦν.
— οἰκτρὸς γάρ εἰμι τἄμ᾽ ἀποκτείνας τέκνα.
— κλαίω χάριν σὴν ἐφ᾽ ἑτέραισι συμφοραῖς.
— ηὗρες δέ γ᾽ ἄλλους ἐν κακοῖσι μείζοσιν;
— ἅπτῃ κάτωθεν οὐρανοῦ δυσπραξίᾳ.   1240
— τοιγὰρ παρεσκευάσμεθ᾽ ὥστε καὶ κρατεῖν.
— δοκεῖς ἀπειλῶν σῶν μέλειν τι δαίμοσιν;
— αὔθαδες ὁ θεός, πρὸς δὲ τοὺς θεοὺς ἐγώ.
— ἴσχε στόμ᾽, ὡς μὴ μέγα λέγων μεῖζον πάθῃς.
— γέμω κακῶν δή, κοὐκέτ᾽ ἔσθ᾽ ὅπῃ τεθῇ.   1245
— δράσεις δὲ δὴ τί; ποῖ φέρῃ θυμούμενος;
— θανών, ὅθενπερ ἦλθον, εἶμι γῆς ὕπο.
— εἴρηκας ἐπιτυχόντος ἀνθρώπου λόγους.
— σὺ δ᾽ ἐκτὸς ὢν γε συμφορᾶς με νουθετεῖς.
— ὁ πολλὰ δὴ τλὰς Ἡρακλῆς λέγει τάδε;   1250
— οὐκ οὖν τοσαῦτά γ᾽· ἐν μέτρῳ μοχθητέον.

1237 πάρειμι: em Reiske   1241 καὶ κρατεῖν Weil: κατθανεῖν   1249 δ᾽
Wakefield: γ᾽   1251 ἐν Hermann: εἰ

THESEUS.
Mein retter warst du: mitleid biet' ich dir.

HERAKLES.
Ja, mitleid brauch' ich, meiner söhne mörder.

THESEUS.
Und dankbar trag' ich fremde schmerzen mit.

HERAKLES.
Weißt du ob irgend wer so schweres litt?

THESEUS.
Nein. himmelhoch ist deines unglücks gröſse.

HERAKLES.
Indess, ich bin bereit. ich mach' es wett.

THESEUS.
Wähnst du, die götter rühre solches prahlen?

HERAKLES.
Trotzt mir die gottheit: trotzen kann auch ich.

THESEUS.
Schweig. hohen worten folgt ein tiefer fall.

HERAKLES.
Mein maſs ist voll; mehr leiden faſst es nicht.

THESEUS.
Was planest du? wohin führt dich der grimm?

HERAKLES.
Zum Hades; wo ich war. diesmal als leiche.

THESEUS.
An selbstmord denkt nur ein gemeiner sinn.

HERAKLES.
Dich traf das unheil nicht, leicht magst du meistern.

THESEUS.
Spricht so der groſse dulder Herakles?

HERAKLES.
Dies hier ist mehr als jemals ich ertragen,
und ihre grenzen hat auch die geduld.

17*

— εὐεργέτης βροτοῖσι καὶ μέγας φίλος;
— οἶδ᾽ οὐδὲν ὠφελοῦσί μ᾽, ἀλλ᾽ Ἥρα κρατεῖ.
— οὐκ ἂν ⟨σ᾽⟩ ἀνάσχοιθ᾽ Ἑλλὰς ἀμαθίᾳ θανεῖν.
— ἄκουε δή νυν, ὡς ἁμιλληθῶ λόγοις   1255
πρὸς νουθετήσεις σὰς ἀναπτύξω τέ σοι
ἀβίωτον ἡμῖν νῦν τε καὶ πάροιθεν ὄν.
    πρῶτον μὲν ἐκ τοῦδ᾽ ἐγενόμην, ὅστις κτανὼν
μητρὸς γεραιὸν πατέρα προστρόπαιος ὢν
ἔγημε τὴν τεκοῦσαν Ἀλκμήνην ἐμέ.   1260
ὅταν δὲ κρηπὶς μὴ καταβληθῇ γένους
ὀρθῶς, ἀνάγκη δυστυχεῖν τοὺς ἐκγόνους.
Ζεὺς δ᾽, ὅστις ὁ Ζεύς, πολέμιόν μ᾽ ἐγείνατο
Ἥρᾳ (σὺ μέντοι μηδὲν ἀχθεσθῇς, γέρον·
πατέρα γὰρ ἀντὶ Ζηνὸς ἡγοῦμαι σὲ ἐγώ)   1265
ἔτ᾽ ἐν γάλακτί τ᾽ ὄντι γοργωποὺς ὄφεις
ἐπεισέφρηκε σπαργάνοισι τοῖς ἐμοῖς
ἡ τοῦ Διὸς σύλλεκτρος, ὡς ὀλοίμεθα.
ἐπεὶ δὲ σαρκὸς περιβόλαι᾽ ἐκτησάμην
ἡβῶντα, μόχθους οὓς ἔτλην τί δεῖ λέγειν;   1270
ποίους ποτ᾽ ἢ λέοντας ἢ τρισωμάτους
Τυφῶνας ἢ Γίγαντας ἢ τετρασκελῆ
κενταυροπληθῆ πόλεμον οὐκ ἐξήνυσα;
τήν τ᾽ ἀμφίκρανον καὶ παλιμβλαστῆ κύνα
ὕδραν φονεύσας μυρίων τ᾽ ἄλλων πόνων   1275
διῆλθον ἀγέλας κἀς νεκροὺς ἀφικόμην,
Ἅιδου πυλωρὸν κύνα τρίκρανον ἐς φάος
ὅπως πορεύσαιμ᾽ ἐντολαῖς Εὐρυσθέως.
τὸν λοίσθιον δὲ τόνδ᾽ ἔτλην τάλας πόνον,
παιδοκτονήσας δῶμα θριγκῶσαι κακοῖς.   1280

1254 suppl Barnes   1256 νουθεσίας: em Pierson   1267 ἐπεισέφρησε
1272 τετρασκελεῖς: em Reiske   1279 φόνον: em Reiske

THESEUS.
Du, einer welt woltäter und beschützer?

HERAKLES.
Was hilft mir eine welt! hier waltet Hera.

THESEUS.
Hellas verbeut dir unbedachten selbstmord.

HERAKLES.
So höre mich, ich werde widerlegen
was du mir mahnend vorhältst, will beweisen,
daſs ich kein recht zu leben mehr besitze
noch je besaſs. denn hier von diesem stamm' ich,
der mit dem blute seines ältervaters
befleckt Alkmene meine mutter freite.
und wo ein haus nicht auf gesundem grunde
errichtet ist, da büſsen es die kinder.
dann hat mich Zeus erzeugt — ich will von Zeus
nichts weiter sagen, und, Amphitryon,
sei mir nicht böse, meine kindesliebe
gilt dir allein, nicht ihm. ihm aber danke
ich Heras haſs. noch lag ich an der brust,
da sandte seine gattin mich zu töten
glutäug'ge nattern in die wiege mir.
und seit die jugend meine muskeln stärkte —
soll ich erst all die mühen her euch zählen,
die ich durchkämpft? wo ist ein leu, ein riese,
ein feuerspeiend scheusal wie Typhoeus,
ein kampf vierhufiger Kentaurenhorden,
den ich nicht zu bestehn gehabt? die Hydra,
das ungeheuer dessen hundert häupter
sich immerfort nachwachsend nur vermehrten,
muſst' ich bezwingen, muſste nach bestehung
von ganzen schaaren solcher abenteuer
sogar ins schattenreich, der todespforte
dreiköpf'gen wächter auf zum licht zu holen,
weil mir Eurystheus es gebot. und hier
siehst der aufgaben letzte du vollendet:
die eignen kinder hab' ich umgebracht,
das ist der schluſsstein in dem unglücksbau.

ἥκω δ' ἀνάγκης ἐς τόδ'· οὔτ' ἐμαῖς φίλαις
Θήβαις ἐνοικεῖν ὅσιον· ἢν δὲ καὶ μένω,
ἐς ποῖον ἱερὸν ἢ πανήγυριν φίλων
εἶμ'; οὐ γὰρ ἄτας εὐπροσηγόρους ἔχω.
ἀλλ' Ἄργος ἔλθω; πῶς, ἐπεὶ φεύγω πάτραν;   1285
φέρ' ἀλλ' ἐς ἄλλην δή τιν' ὁρμήσω πόλιν;
κἄπειθ' ὑποβλεπώμεθ' ὡς ἐγνωσμένοι,
γλώσσης πικροῖς κέντροισι †κληδουχούμενοι
„οὐχ οὗτος ὁ Διός, ὃς τέκν' ἔκτεινέν ποτε
δάμαρτά τ'; οὐ γῆς τῆσδ' ἀποφθαρήσεται;“   1290
[κεκλημένῳ δὲ φωτὶ μακαρίῳ ποτὲ
αἱ μεταβολαὶ λυπηρόν, ᾧ δ' αἰεὶ κακῶς
ἔστ', οὐδὲν ἀλγεῖ, συγγενῶς δύστηνος ὤν.]
ἐς τοῦτο δ' ἥξειν συμφορᾶς οἶμαί ποτε·
φωνὴν γὰρ ἥσει χθὼν ἀπεννέπουσά με   1295
μὴ θιγγάνειν γῆς καὶ θάλασσα μὴ περᾶν
πηγαί τε ποταμῶν, καὶ τὸν ἁρματήλατον
Ἰξίον' ἐν δεσμοῖσιν ἐκμιμήσομαι.
[καὶ ταῦτ' ἄριστα μηδέν' Ἑλλήνων μ' ὁρᾶν,
ἐν οἷσιν εὐτυχοῦντες ἦμεν ὄλβιοι.]   1300
τί δῆτά με ζῆν δεῖ; τί κέρδος ἕξομεν
βίον γ' ἀχρεῖον ἀνόσιοι κεκτημένοι;
χορευέτω δὴ Ζηνὸς ἡ κλεινὴ δάμαρ
κρούουσ' Ὀλύμπου ⟨δώματ'⟩ ἀρβύλῃ ποδός,
ἔπραξε γὰρ βούλησιν ἣν ἐβούλετο   1305
ἄνδρ' Ἑλλάδος τὸν πρῶτον αὐτοῖσιν βάθροις
ἄνω κάτω στρέψασα. τοιαύτῃ θεῷ
τίς ἂν προσεύχοιθ'; ἣ γυναικὸς εἵνεκα,
λέκτρων φθονοῦσα Ζηνί, τοὺς εὐεργέτας
Ἑλλάδος ἀπώλεσ' οὐδὲν ὄντας αἰτίους.   1310
ΘΗ. οὐκ ἔστιν ἄλλου δαιμόνων ἀγὼν ὅδε
ἢ τῆς Διὸς δάμαρτος· εὖ τόδ' αἰσθάνῃ.

. . . .

παραινέσαιμ' ἂν μᾶλλον ἢ πάσχειν κακῶς.

1291—93. 99. 1300 del Wil (alii alia sustulerant)   1293 συγγενῶς Stob.
104, 4: συγγενῶν   1297 ἁρματηλάτην: em Musgrave   1299. 1300 sic C in
marg. P, C in textu μηδ' ἐν Ἑλλήνων βορᾷ ἐν τοῖσιδ' εὔτ.   1302 γ' Reiske: τ'
ἀνόσιον: em Wil   1303 δὴ Hermann: δὲ   1304 κρούουσα C¹P¹ Ὀλυμ-
πίου: em Heath.   δώματ' ἀρβύλῃ ποδὸς Dobree: Ζηνὸς ἀρβύλῃ πόδα   1313 hiat.
sign. Reiske

und nun bin ich in solcher zwangeslage:
in meinem lieben Theben darf als mörder
ich nicht mehr weilen. doch gesetzt ich bliebe,
kann ich mich einem tempel, einem kreis
festlicher freunde nahen? nein, mich drückt
ein fluch, dem zu begegnen jeder schaudert.
kann ich nach Argos? nein, ich bin verbannt.
nun gut, so zieh' ich in ein fremdes land.
und soll ich da den scheuen blick ertragen,
mit dem mich jeder mißt (denn jeder kennt mich),
soll mich von solchem hohne hetzen lassen.
'ist das nicht Herakles, der sohn des Zeus,
der mörder seiner frau und seiner kinder?
fort mit ihm in das elend, weist ihn aus.'
ich sehe schon, wohin es mit mir kommt:
mir schallt von jedem fluß, von meer und land
der ruf, 'zurück, du darfst uns nicht betreten.'
und also werd' ich endlich gleich Ixion,
des feuerrad in ew'gem wirbel kreist.
was soll ich da noch leben? welchen wert
hat solches dasein eines fluchbeladnen?
nein, tanze nur des Zeus erlauchte gattin
den siegesreigen, lasse den Olympos,
Zeus berg, erdröhnen unter ihren tritten:
sie hat's erreicht, ihr ist ihr wunsch erfüllt,
zerschmettert liegt der erste mann von Hellas,
sein haus zertrümmert bis ins fundament.
das ist ein gott zu dem man beten könnte?
aus eifersucht auf eine sterbliche,
aus misgunst wider ihres gatten neigung
hat Hera den woltäter der Hellenen
zu grund gerichtet ohne seine schuld.

CHORFÜHRER.

Das hast du recht vermutet. diese schickung
kommt dir von keinem andern gott als Hera.

THESEUS.

Es ist wol leichter zur geduld zu mahnen
als selbst geduldig schicksalsschläge tragen,

οὐδεὶς δὲ θνητῶν ταῖς τύχαις ἀκήρατος,
οὐ θεῶν, ἀοιδῶν εἴπερ οὐ ψευδεῖς λόγοι. 1315
οὐ λέκτρ᾽ ἐν ἀλλήλοισιν ὧν οὐδεὶς νόμος
ξυνῆψαν; οὐ δεσμοῖσι διὰ τυραννίδα
πατέρας ἐκηλίδωσαν; ἀλλ᾽ οἰκοῦσ᾽ ὅμως
Ὄλυμπον ἠνέσχοντό θ᾽ ἡμαρτηκότες.
καίτοι τί φήσεις, εἰ σὺ μὲν θνητὸς γεγὼς 1320
φέρεις ὑπέρφευ τὰς τύχας, θεοὶ δὲ μή;
  Θήβας μὲν οὖν ἔκλειπε τοῦ νόμου χάριν,
ἔπου δ᾽ ἅμ᾽ ἡμῖν πρὸς πόλισμα Παλλάδος·
ἐκεῖ χέρας σὰς ἁγνίσας μιάσματος
δόμους τε δώσω χρημάτων τ᾽ ἐμῶν μέρος. 1325
ἃ δ᾽ ἐκ πολιτῶν δῶρ᾽ ἔχω σώσας κόρους
δὶς ἑπτά, ταῦρον Κνώσιον κατακτανών,
σοὶ ταῦτα δώσω. πανταχοῦ δέ μοι χθονός
τεμένη δέδασται· ταῦτ᾽ ἐπωνομασμένα
σέθεν τὸ λοιπὸν ἐκ βροτῶν κεκλήσεται 1330
ζῶντος. θανόντα δ᾽, εὖτ᾽ ἂν εἰς Ἅιδου μόλῃς,
θυσίαισι λαΐνοισί τ᾽ ἐξογκώμασιν
τίμιον ἀνάξει πᾶσ᾽ Ἀθηναίων πόλις.
καλὸς γὰρ ἀστοῖς στέφανος Ἑλλήνων ὕπο
ἄνδρ᾽ ἐσθλὸν ὠφελοῦντας εὐκλείας τυχεῖν. 1335
κἀγὼ χάριν σοι τῆς ἐμῆς σωτηρίας
τήνδ᾽ ἀντιδώσω· νῦν γὰρ εἶ χρεῖος φίλων.
[θεοὶ δ᾽ ὅταν τιμῶσιν οὐδὲν δεῖ φίλων·
ἅλις γὰρ ὁ θεὸς ὠφελῶν, ὅταν θέλῃ.]
HP. οἴμοι, πάρεργα ⟨μὲν⟩ τάδ᾽ ἔστ᾽ ἐμῶν κακῶν· 1340
ἐγὼ δὲ τοὺς θεοὺς οὔτε λέκτρ᾽ ἃ μὴ θέμις
στέργειν νομίζω, δεσμά τ᾽ ἐξάπτειν χεροῖν
οὔτ᾽ ἠξίωσα πώποτ᾽ οὔτε πείσομαι,
οὐδ᾽ ἄλλον ἄλλου δεσπότην πεφυκέναι.
δεῖται γὰρ ὁ θεός, εἴπερ ἔστ᾽ ὀρθῶς θεός, 1345
οὐδενός· ἀοιδῶν οἴδε δύστηνοι λόγοι.
  ἐσκεψάμην δὲ καίπερ ἐν κακοῖσιν ὢν
μὴ δειλίαν ὄφλω τιν᾽ ἐκλιπὼν φάος·

1316 λέκτρα τ᾽: em Lobeck   1317 τυραννίδας: em Dobree   1327 Κνώσσιον
1331 θανόντος: em Dobree   1338. 39 del Nauck   1340 suppl ed. Brubach.
1345 ὀρθῶς Clemens str. 5 p. 691: ὄντως CP cum Plutarcho de stoic.
repugn. 40   1346 ἀοιδῶν Clem. et Plut.: ἀοιδῶν δ᾽

allein — kein einz'ger mensch ist ohne sünde,
kein gott, wenn wahr ist was die dichter singen.
sind nicht im himmel ehen welche jedes
gesetz verbietet? war es nicht ein gott,
der seinen vater um des thrones willen
in schmach und ketten warf? und dennoch wohnen
sie im Olymp und haben sich darein
gefunden, daſs sie schuldig worden sind.
wie also darfst du, sterbliches geschöpf,
ein schicksal unerträglich finden wollen,
dem sich die götter fügen? darum meide
zwar Theben, denn die sitte will es so,
doch komme mit mir in die stadt der Pallas.
dort sühn' ich von der blutschuld deine hände
und gebe wohnung dir und unterhalt.
den ehrensold, den mir die stadt verliehen,
weil ich den stier in Kreta überwand
und so die vierzehn kinder rettete,
den schenk' ich dir. im ganzen lande sind
mir güter ausgesteckt; so lang du lebst,
sollst du ihr einziger besitzer heiſsen,
und wenn du sterbend in den Hades eingehst,
so wird mit opfern und mit ehrenbauten
das land Athenas dein gedächtnis ehren:
der preis ist wert, daſs ihn Athen verdiene,
von dem gesammten Hellas ruhm zu ernten,
weil einem groſsen mann wir hilfreich waren.
ich aber kann dir also meine rettung
vergelten: jetzt bedarfst du eines freundes.

HERAKLES.

Ach; freilich ist das spiel in meinem weh,
doch daſs ein gott verbotner liebe fröhne,
daſs götterarme fesseln je getragen,
das hab' ich nie geglaubt und wills nicht glauben,
noch daſs ein gott dem andern gott gebiete:
wahrhafte gottheit kennet kein bedürfnis,
nur frevle märchen dichten es ihr an.
ich aber hab' in allem meinem jammer
bedacht, ob nicht der selbstmord feigheit sei,

ταῖς ξυμφοραῖς γὰρ ὅστις οὐχ ὑφίσταται,
οὐδ' ἀνδρὸς ἂν δύναιϑ' ὑποστῆναι βέλος.   1350
ἐγκαρτερήσω βίοτον· εἶμι δ' ἐς πόλιν
τὴν σὴν χάριν τε μυρίαν δώρων ἔχω·
ἀτὰρ πόνων δὴ μυρίων ἐγευσάμην,
ὧν οὔτ' ἀπεῖπον οὐδέν' οὔτ' ἀπ' ὀμμάτων
ἔσταξα πηγάς, οὐδ' ἂν ᾠόμην ποτὲ   1355
ἐς τοῦϑ' ἱκέσϑαι, δάκρυ' ἀπ' ὀμμάτων βαλεῖν·
νῦν δ', ὡς ἔοικε, τῇ τύχῃ δουλευτέον.
εἶέν· γεραιέ, τὰς ἐμὰς φυγὰς ὁρᾷς,
ὁρᾷς δὲ παίδων ὄντα μ' αὐϑέντην ἐμῶν·
δὸς τούσδε τύμβῳ καὶ περίστειλον νεκροὺς   1360
δακρύοισι τιμῶν (ἐμὲ γὰρ οὐκ ἐᾷ νόμος)
πρὸς στέρν' ἐρείσας μητρὶ δούς τ' ἐς ἀγκάλας,
κοινωνίαν δύστηνον, ἣν ἐγὼ τάλας
διώλεσ' ἄκων. γῇ δ' ἐπὴν κρύψῃς νεκρούς,
οἴκει πόλιν τήνδ', ἀϑλίως μέν, ἀλλ' ὅμως   1365
ψυχὴν βιάζου τἀμὰ συμφέρειν κακά,
ὦ τέκν', ὁ φύσας καὶ τεκὼν ὑμᾶς πατὴρ
ἀπώλεσ', οὐδ' ὤνασϑε τῶν ἐμῶν καλῶν,
ἁγὼ παρεσκεύαζον ἐκμοχϑῶν βίου
εὔκλειαν ὑμῖν, πατρὸς ἀπόλαυσιν καλήν.   1370
σέ τ' οὐχ ὁμοίως, ὦ τάλαιν', ἀπώλεσα
ὥσπερ σὺ τἀμὰ λέκτρ' ἔσῳζες ἀσφαλῶς,
μακρὰς διαντλοῦσ' ἐν δόμοις οἰκουρίας.
οἴμοι δάμαρτος καὶ τέκνων, οἴμοι δ' ἐμοῦ,
ὡς ἀϑλίως πέπραγα κἀποζεύγνυμαι   1375
τέκνων γυναικός τ'· ὦ λυγραὶ φιλημάτων
τέρψεις, λυγραὶ δὲ τῶνδ' ὅπλων κοινωνίαι.
ἀμηχανῶ γὰρ πότερ' ἔχω τάδ' ἢ μεϑῶ,
ἃ πλευρὰ τἀμὰ προσπίτνοντ' ἐρεῖ τάδε
"ἡμῖν τέκν' εἷλες καὶ δάμαρϑ'· ἡμᾶς ἔχεις   1380

1351 βίοτον Wecklein Wil: ϑάνατον   1352 μυρίων: em Wakefield
1354 οὐδέν   1362 ἀγγάλας   1364 ἐπὰν   1367 καὶ ὁ τεκών C¹ χὼ
C²P: em Wil   1369 ἐκ μόχϑων: em Reiske   βίᾳ: em Dobree   1370 ἀπόλ-
λυσιν: em Canter   1377 δὲ Hermann: τε

denn wer des schicksals willen sich nicht fügt,
wagt nimmer vor das feindesschwert zu treten.
ich trag's zu leben. auf denn nach Athen
mit dir, und tausend dank für deine woltat.
hab' ich doch tausend mühen auch gekostet,
und keiner wich ich aus, und keine träne
kam in mein auge; hätt' ich wol gedacht
dafs es noch dahin mit mir kommen sollte,
zum weinen. aber jetzt gebeut das schicksal;
es sei: sein sclave mufs ich wol gehorchen.

 vater, du siehst, ich zieh' hinaus ins elend,
du siehst, ich bin der mörder meiner kinder.
nimm du dich ihrer an, bestatte sie,
gönn' ihnen du der letzten tränen ehre,
mir wehrt ja diesen liebesdienst die sitte.
leg' sie der lieben mutter an die brust,
in ihren arm. vereinigt lafs' sie ruhn,
die ich vereinigt ahnungslos erschlug.
und bleib' in Theben wohnen; elend freilich
wird es dir sein, allein bezwinge dich,
und hilf auch du mir mein verhängnis tragen.
er erhebt sich und tritt im folgenden zu den einzelnen leichen.

 o kinder, ich, der vater der euch zeugte,
bin euer mörder. all mein leben lang
hab' ich mich abgemüht, das erbteil euch
zu schaffen, das der vater seinen kindern
als schönste hinterlassenschaft vermacht,
des namens ehre — ihr genofst sie nicht.
und dich, mein armes weib, hab' ich getötet,
ein schlechter dank für langes banges harren,
in dem du meines bettes keuschheit wahrtest.
weh, wehe meine gattin, meine kinder,
weh, weh auch über mich, wie elend bin ich.
losreissen soll ich mich von weib und kindern.
wie bitter dieser letzte, süfse kufs,
wie bitter diese waffen hier zu tragen —
noch schwank' ich, nehm' ich oder lafs' ich sie.
wenn sie nun mahnend meine seite schlagen
ʽmit uns erschlugst du weib und kind, du trägst

παιδοκτόνους σούς." εἶτ᾽ ἐγὼ τάδ᾽ ὠλέναις
οἴσω; τί φάσκων; ἀλλὰ γυμνωθεὶς ὅπλων,
ξὺν οἷς τὰ κάλλιστ᾽ ἐξέπραξ᾽ ἐν Ἑλλάδι,
ἐχθροῖς ἐμαυτὸν ὑποβαλὼν αἰσχρῶς θάνω;
οὐ λειπτέον τάδ᾽, ἀθλίως δὲ σωστέον.   1385
 ἔν μοί τι, Θησεῦ, σύγκαμ᾽· ἀγρίου κυνὸς
κόμιστρ᾽ ἐς Ἄργος συγκατάστησον μολών,
λύπῃ τι παίδων μὴ πάθω μονούμενος.
 ὦ γαῖα Κάδμου πᾶς τε Θηβαῖος λεώς,
κείρασθε, συμπενθήσατ᾽, ἔλθετ᾽ ἐς τάφον   1390
παίδων, ἅπαντας δ᾽ ἐνὶ λόγῳ πενθήσατε
νεκρούς τε κἀμέ· πάντες ἐξολώλαμεν
Ἥρας μιᾷ πληγέντες ἄθλιοι τύχῃ.
ΘΗ. ἀνίστασ᾽, ὦ δύστηνε· δακρύων δ᾽ ἅλις.
 — οὐκ ἂν δυναίμην· ἄρθρα γὰρ πέπηγέ μοι.   1395
 — καὶ τοὺς σθένοντας γὰρ καθαιροῦσιν τύχαι.
 — φεῦ·
 αὐτοῦ γενοίμην πέτρος ἀμνήμων κακῶν.
 — παῦσαι· δίδου δὲ χεῖρ᾽ ὑπηρέτῃ φίλῳ.
 — ἀλλ᾽ αἷμα μὴ σοῖς ἐξομόρξωμαι πέπλοις.
 — ἔκμασσε, φείδου μηδέν· οὐκ ἀναίνομαι.   1400
 — παίδων στερηθεὶς παῖδ᾽ ὅπως ἔχω σ᾽ ἐμόν.
 — δίδου δέρῃ σὴν χεῖρ᾽, ὁδηγήσω δ᾽ ἐγώ.

1386 ἀθλίου: em Wakefield   1391 ἅπαντες: em Dobree Hermann
1393 ἀθλίῳ: em Nauck

in uns die mörder deiner lieben'. nein,
nicht duld' ichs an der schulter sie zu führen.
und doch — von diesen waffen mich zu trennen
mit denen mir das herrlichste gelang,
das Hellas je geschaut, und meinen feinden
zu schnödem tode selber mich zu liefern —
elend ist's sie zu tragen: doch ich trag' sie.
   in einem unterstütze du mich, Theseus,
begleite mich und hilf den höllenhund
nach Argos schaffen; wag' ich es allein,
so stöfst in meinem gram mir etwas zu.
   ganz Theben ruf' ich endlich: volk des Kadmos,
schert eure häupter, teilet meine trauer,
kommt zur bestattung meiner kinder, weint,
doch weinet um uns alle, weint um mich
wie um die toten. alle hat uns Heras
schickung vernichtet: alle sind wir elend.

THESEUS
tritt zu Herakles, der wieder zusammengesunken ist.
Steh auf, unseliger, genug der tränen,

HERAKLES.
Ich kann nicht; meine glieder sind erstarrt.

THESEUS.
So wirft das unglück auch den stärksten nieder?

HERAKLES.
Ach,
versteinert' ich, dafs ich vergessen könnte.

THESEUS.
Hör' auf und reich' die hand dem treuen diener.

HERAKLES.
Die hand ist blutig, sie wird dich besudeln.

THESEUS *erhebt ihn.*
Greif' immer zu, getrost, ich fürcht' es nicht.

HERAKLES.
Treu wie ein sohn pflegst du den söhnelosen.

THESEUS.
Ich will dich führen, fasse meine schulter.

— ζεῦγός γε φίλιον· ἄτερος δὲ δυστυχής.

— . . . .

— ὦ πρέσβυ, τοιόνδ' ἄνδρα χρὴ κτᾶσθαι φίλον.

_ΑΜ._ ἡ γὰρ τεκοῦσα τόνδε πατρὶς εὔτεκνος.   1405

_ΗΡ._ Θησεῦ, πάλιν με στρέψον, ὡς ἴδω τέκνα.

_ΘΗ._ ὡς δὴ τὸ φίλτρον τοῦτ' ἔχων ῥάων ἔσῃ;

_ΗΡ._ ποθῶ, πατρός τε στέρνα προσθέσθαι θέλω.

_ΑΜ._ ἰδοὺ τάδ', ὦ παῖ· τἀμὰ γὰρ σπεύδεις φίλα.

_ΘΗ._ οὕτως πόνων σῶν οὐκέτι μνήμην ἔχεις;   1410

_ΗΡ._ ἅπαντ' ἐλάσσω κεῖνα τῶνδ' ἔτλην κακά.

_ΘΗ._ εἴ σ' ὄψεταί τις θῆλυν ὄντ', οὐκ αἰνέσει.

— ζῶ σοι ταπεινός; ἀλλὰ πρόσθεν οὔ, δοκῶ.

— ἄγαν γ'· ὁ κλεινὸς Ἡρακλῆς οὐκ εἶ νοσῶν.

— σὺ ποῖος ἦσθα νέρθεν ἐν κακοῖσιν ὤν;   1415

— ὡς ἐς τὸ λῆμα παντὸς ἦν ἥσσων ἀνήρ.

— πῶς οὖν ἔμ' εἶπας ὅτι συνέσταλμαι κακοῖς;

1403 γε Reiske: δε   1404 paragraphus praefixa _C_   1407 τὸ Wil: τι
1408 τε Musgrave: γε   1410 personae nota deest _C_, deinde paragraphi usque
ad 1421, nisi quod 11 et 19—21 Herculis nota adest, 1412 ἀμφ.   1412 εἰσόψεται
ὄντα κοὐκ ἂν αἰνέσῃ: em Musgrave   1413 προσθεῖναι δοκῶ: em Iacobs
1414 ποῦ κεῖνος ὤν; em Wil (νοσῶν Musgrave Iacobs)   1415 ἧς ἂν; em Hermann   1417 ἔτ' εἴπῃς: em Paley

HERAKLES.

Ein freundespar, doch elend ist der eine.

THESEUS.

Des andern glück giebt ihm die freude wieder.

HERAKLES.

O vater, welch ein schatz ist solch ein freund.

AMPHITRYON.

Selig die stadt, die solche männer trägt.

HERAKLES.

Theseus,
laſs mich umkehren, meine kinder sehn.

THESEUS.

Soll das dem vaterherzen balsam sein?

HERAKLES.

Es zieht mich hin, auch an des vaters brust.

AMPHITRYON *ihn umarmend.*

Hier, meinen wunsch erfüllst du, komm, mein sohn.

THESEUS.

So hast du deiner taten ganz vergessen?

HERAKLES.

Was ich auch litt, es reicht an dieses nicht.

THESEUS.

Wer dich so weibisch sieht wird dich nicht loben.

HERAKLES.

Schwach schein' ich dir? es ist das erste mal.

THESEUS.

Ja, du verleugnest Herakles, den helden.

HERAKLES.

Was war im Hades drunten deine gröſse?

THESEUS.

Verloren hatt' ich mut und selbstvertraun.

HERAKLES.

Und sagst von mir, daſs mich das unglück beuge?

— πρόβαινε. ΗΡ. χαῖρ᾿, ὦ πρέσβυ. ΑΜ. καὶ σύ μοι,
    τέκνον.
— θάφθ᾿ ὥσπερ εἶπον παῖδας. — ἐμὲ δὲ τίς, τέκνον;
— ἐγώ. — πότ᾿ ἐλθών; — ἡνίκ᾿ ἂν θάψῃς τέκνα   1420
καὶ σὲ εἰς Ἀθήνας πέμψομαι Θηβῶν ἄπο.
ἀλλ᾿ ἐσκόμιζε τέκνα, δυσκόμιστ᾿ ἄχη.
ἡμεῖς δ᾿ ἀναλώσαντες αἰσχύναις δόμον
Θησεῖ πανώλεις ἑψόμεσθ᾿ ἐφολκίδες.
ὅστις δὲ πλοῦτον ἢ σθένος μᾶλλον φίλων   1425
ἀγαθῶν πεπᾶσθαι βούλεται, κακῶς φρονεῖ. ⁊
ΧΟ. στείχομεν οἰκτροὶ καὶ πολύκλαυτοι,
    τὰ μέγιστα φίλων ὀλέσαντες. ⁊

1418 πρόσβαινε: em Reiske   1421 — πῶς Ηρ. εἰς Ἀ.: em Wil   1422 δυσ-
κόμιστα γῇ: em Wil

THESEUS.

Brich auf.

HERAKLES *löst sich aus der umarmung.*

Leb', vater, wol.

AMPHITRYON.

Leb' wol, mein sohn.

HERAKLES.

Wie ich dich bat, bestatte meine kinder.

AMPHITRYON.

Und wer, mein sohn, wird mich bestatten?

HERAKLES.

Ich.

AMPHITRYON.

Wann kehrest du zurück?

HERAKLES.

Wenn du die kinder
bestattet, hol' ich nach Athen dich nach.
doch trage fort die leichen, diese last
von untragbarem jammer; aber mich,
der schmachvoll ich mein haus zertrümmert habe,
ein lastschiff fluchbeladen, schleppet Theseus.
ein tor, dem seine schätze, seine stärke
ein höher gut sind denn ein treuer freund.

CHORFÜHRER.

So gehen denn auch wir, voll schmerz, voll tränen;
den wir verloren, war der freunde treuster.

*Herakles und Theseus nach der seite ab von der sie kamen; der chor nach der
andern. Amphitryon tritt zu den kindern ins haus, dessen tore sich schliessen.*